本期责任编辑：
史志磊　程　迈　韩丽欣　周锦依　石聚航　商　韬

2018年 第二辑

南昌大学法律评论
NanChang University Law Review

主编 胡学军

厦门大学出版社 国家一级出版社
XIAMEN UNIVERSITY PRESS 全国百佳图书出版单位

图书在版编目(CIP)数据

南昌大学法律评论.第二辑/胡学军主编.—厦门:厦门大学出版社,2019.9
ISBN 978-7-5615-7217-7

Ⅰ.①南… Ⅱ.①胡… Ⅲ.①法学－文集 Ⅳ.①D90－53

中国版本图书馆 CIP 数据核字(2019)第 054032 号

出 版 人	郑文礼
责任编辑	李　宁
封面设计	蒋卓群
技术编辑	许克华

出版发行	厦门大学出版社
社　　址	厦门市软件园二期望海路 39 号
邮政编码	361008
总　　机	0592-2181111　0592-2181406(传真)
营销中心	0592-2184458　0592-2181365
网　　址	http://www.xmupress.com
邮　　箱	xmup@xmupress.com
印　　刷	厦门兴立通印刷设计有限公司

开本　720 mm×1 000 mm　1/16
印张　19.75
字数　340 千字
插页　2
版次　2019 年 9 月第 1 版
印次　2019 年 9 月第 1 次印刷
定价　79.00 元

本书如有印装质量问题请直接寄承印厂调换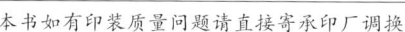

厦门大学出版社
微信二维码

厦门大学出版社
微博二维码

卷首语

《南昌大学法律评论》第 2 辑即将付梓，作为主编，我的这项工作基本告一段落，又到了该说点什么的时候。作为一个法学者或法律人，回顾近期很多身边琐事乃至家国大事，似乎感觉有很多话要说，但稍一沉思，却发现其实也无话可说。

翻看《南昌大学法律评论》创刊号，发刊词的第一句便是"雨生百谷"。很巧的是，现在又正逢"谷雨"。书上说，谷雨是春季最后一个节气，谷雨节气的到来意味着寒潮天气基本结束，气温回升加快，大大有利于谷类农作物的生长。谷雨时秧苗初插、作物新种，最需要雨水的滋润，所以说"春雨贵如油"。

但现在可不是这样：据统计，从 2018 年年底至 2019 年，中国南方多地出现长时间连续雨雪天气，占据了整个冬季的大部分时间。中央气象台统计显示，2018 年 12 月以来，贵州、湖南、湖北、江西、浙江、安徽、江苏等 7 省平均降水日数均为 1961 年以来同期最多。直至现在，天气似乎还没有转好的迹象。

连续阴雨天气难免使人心情发霉，这被称为"春困"。中医认为春困会影响肝的疏泄，一旦肝失疏泄、气机郁滞，脾因湿困而致运化失职，则出现易困嗜睡、情绪低落。

不仅如此，连续阴雨天气也将对农业生产造成不小的危害，将延误春播作业，使作物成熟期推迟，早稻秧苗缺乏热量和光照，易造成烂种烂秧死苗，影响夏收作物生长。

而且，谷雨时若阴雨频繁，必使病虫害发生和流行。将来又要根据天气变化，做好病虫害防治。

谷雨虽带来生长的气息，但久居城市钢筋森林中，我们早已不觉季节转换，也只能在睡梦中期待听到布谷鸟的欢叫声提醒人们播种希望。

是的，从长期来看，丰富的降水，特别是珍贵的春雨，可以有效改善土壤墒情，对农业生产还是有好处的。好消息是：最近时期，南方阴雨天气将逐渐减少，晴暖的日子将逐渐增多，阳光灿烂的日子或许真的不远了。如果气象预报还可以相信的话。

胡学军

2019 年 4 月

目　录

卷首语

江西法治

江西营商法治环境问题研究 …………………………………………… 赖丽华　1

学术专论

医疗技术损害责任因果关系证明的现实困境与破解之道 ………… 亢居阁　23

主观要件证明责任分配规则探析 …………………………………… 孔令南　57

证明标准理论的新范式
　　——功能视角下审判实务中证明标准的路径完善 ………… 王娱瑷　68

论刑法公众认同的时代价值
　　——读马荣春教授的《刑法公众认同研究》……… 王超强　金泽刚　104

判解实务

危害食品安全犯罪的因果关系认定 ………………… 马荣春　张榆宁　113

ICSID 仲裁员独立性问题初探 ……………………………………… 曲秋实　122

"管办分离"视野下中国职业足球联盟之构建 ………… 李　状　丁　青　148

论土地承包经营权在农地"三权分置"中的地位 ……………… 赖华子　161

网络时代下虚拟财产继承的实现路径 ……………………… 卢萍霞　170

新三板转板制度研究 ………………………………………… 吴　迪　183

论检察侦查权应然性及公诉环节自行侦查权之完善 ………… 卢瑜珺　196

学术新锐

知识重组与交互论证：刑事裁判的形成逻辑 ………………… 石聚航　208

域外译评

19世纪德国的私法科学与国家 …… 汉斯-彼得·哈佛坎普著　衷妍译　237

南大法学

民国时期永佃权之没落及其在抗日根据地法中的表达 ……… 陈和平　260

具体举证责任理论下现代诉讼事实证明难题之化解 ………… 胡学军　288

《南昌大学法律评论》征稿启事 ……………………………………… 311

◆江西法治◆

江西营商法治环境问题研究

赖丽华*

摘要:营商法治环境是市场经济的产物,市场经济的健康有序发展需要营商环境的法治化。近些年,江西在营商法治环境建设方面取得了不少成绩,但是也存在政府与市场边界不够清晰、公平有序的市场竞争环境不够健全、政府权力制约不足、市场主体的法治保障有待提升等诸多问题。为此,需要在包括市场准入、商事登记、征信体系、行政效率与服务水平、信息透明化等方面加大力度,加强营商环境的法治化建设。

关键词:营商法治环境;市场准入;商事登记;征信体系;行政效率与服务水平

自改革开放以来,经过 30 多年粗放式速度型增长,我国的土地、环境、资源约束日益加剧。单纯依靠环境、资源型的经济推动已经步履维艰,区域经济的发展开始进入综合环境竞争时代。营商环境的优劣,很大程度上决定了高端要素资源的流向与集聚,成为能否在经济技术竞争中获胜的关键因素。十八大以来,党中央、国务院把营商环境建设提高到国家战略层面,出台了一系列政策和措施加强对营商环境的完善和优化。全国各地也纷纷行动,把营商环境建设作为提升地区软实力的重要手段深入推进。江西作为欠发达中部省份,营商环境的优化与改善更加迫在眉睫。近些年,江西在推进营商环境建设方面也采取了诸多举措,尤其是 2016 年 4 月江西省委、省人民政府推出"关于开展降低企业成本优化发展环境专项行动",提出"降低企业成本优化发展环境 80 条",2017 年 11 月,省政府印发了《关于精准深入推进降低企业成本优

---

* 赖丽华,江西省社会科学院法学研究所研究员、副所长,主要从事民商法学、地方法治理论研究。

化发展环境的补充意见》。这些政策的出台,对优化和改善江西营商环境起到了重大的推动作用,取得不少成效。然而,要改善江西经济欠发达的现状,实现经济跨越式发展,重在建立良性政商关系,需要以制度推进营商环境优化,实现营商环境法治化。

一、营商环境与营商法治环境的基本理论

(一)营商环境

营商环境的概念在21世纪才正式提出。根据世界银行2004年发布的第一份《营商环境报告》,营商环境是指一个企业在开设、经营、贸易活动、纳税、关闭及执行合约等方面遵循政策法规所需要的时间和成本等条件。概括地说,营商环境是指一个国家或地区私营企业的外部发展软环境,是伴随企业活动整个过程(包括从开办、营运到结束的各环节),并影响企业商事经营性活动的一切外部因素的总和。一般说来,营商环境包括两大部分:宏观环境和微观环境。宏观环境是企业的外部社会环境,包括政治环境、经济环境、科技环境、社会文化环境、自然环境、人口环境。微观环境是指行业环境因素,包括市场需求因素、供给因素、竞争因素。[1]

一个地区营商环境的优劣直接影响着区域招商引资的多寡,同时也直接影响着区域内的企业发展,对区域经济发展状况、财税收入、社会就业情况等产生重要影响。良好的营商环境是一个国家或地区经济软实力的重要体现,是一个国家或地区提高综合竞争力的重要方面。当前,我国经济发展处于转型升级新阶段,在持续改善基础设施提升硬件环境的同时,大力优化营商软环境,是实现经济跨越式发展,促进绿色崛起的重要路径。

(二)营商法治环境

营商法治环境,又称法治化营商环境,是制度化、法治化的营商环境,是依照法律和制度保障和维护的营商环境。法治化使得市场经济下的营商环境基于法治而公平公正透明,其本质是依法而治、依法办事,以法治保障经济发展。营商法治环境的根本是要求政府、企业、社会和个人的行为和活动必须在法治的框架下进行,任何组织或者个人不得有超越法律之外的特权。现代市场经济是法治经济,法治思维是构建公平市场机制的基础,营商法治环境是良好营商环境的必要组成部分,同时也是良好营商环境的根本性保障。

---

[1] 韩靓:《优化营商环境增强城市竞争力》,载《特区实践与理论》2012年第5期。

计划经济不存在营商环境，营商法治环境就更无从谈起。营商法治环境是市场经济的产物，市场经济的健康有序发展需要营商环境的法治化。良好的市场经济至少是平等的、竞争的、法治的。这也就意味着营商法治环境具有必不可少的三个内涵要求——平等、竞争、法治。平等，即意味着市场主体在市场竞争中地位的平等、机会的平等，要求任何市场主体，无论是国有企业、集体企业，还是私营企业、外资企业，在法律面前都应当是平等的，不允许有任何超越于其他市场主体的特权存在。竞争，是市场经济生命力的源泉和保障。市场主体在地位和机会平等的前提下，公平参与市场竞争。法治化营商环境即通过法治手段规范和保障市场主体的平等和自由竞争，遏制不正当竞争和恶性竞争，形成法治化的良性有序的市场竞争机制。法治，包含着营商环境法治化要求市场主体的设立、权利义务、行为规则、市场秩序、宏观调控等都呈现法律化和制度化。现代市场经济是法治经济，法治是市场经济的保证。法治化是判断营商环境好坏的重要标志，没有法治化就没有充满活力、吸引投资的公平竞争的营商环境。[1]

营商法治环境是良好营商环境的重要组成部分和根本保障，法治化的营商环境必须具备以下根本要素。

其一，市场在资源配置中起决定性作用。评价营商法治环境的首要标准，在于生产资源要素配置方式，即确保市场在资源配置中占有支配地位。市场这只无形之手，通过供给和需求所决定的价格机制进行资源的有效配置。此种情形下，广大的市场参与者决定了供需，因此，自由市场是由多数人决策而进行的资源配置手段。与市场经济相对的是计划经济，在计划经济下，市场资源配置不是通过市场进行，而是由行使公权力的政府这只有形之手进行。在计划经济时代，我们的政府曾是全能政府，无所不包。尽管时至今日政府已经把很多职能和权力转给了市场和社会，但其仍然支配很多资源，具有太多太广泛的职能。在新的发展阶段，要优化营商环境，完善法治化营商环境，关键是政府要真正转变职能、转变理念，重新合理定位政府、市场与社会的关系，将市场和社会能完成的事情重新交回给市场，让市场通过自身的各种作用机制，完成资源的有效配置，回归有活力的、蓬勃发展的市场环境，回归政府为社会和市场提供良好公共服务和社会管理的基本角色与功能定位。法治化的良好的营商环境，不怕市场这只"看不见的手"，就怕政府这只"闲不住的手"。

其二，公平、有序的市场竞争机制。公平竞争、秩序保障、机会均等，是市

---

[1] 杨帆：《着力建设多种所有制经济共同发展的法治化营商环境》，载《理论学习》2014年第7期。

场主体顺利从事商业活动的必要前提，也是法治化营商环境的必然要求和核心内容，是营商法治环境的根本要素。保障公平有序、机会均等的市场竞争秩序，要求从立法、行政、司法各个环节，以法治为手段和目标，加以推进。其主要包含两个方面的要求：一是在市场准入、产权保护、政策支持等各个方面的平等保护。对市场主体而言，法不禁止即自由。在市场准入、产权保护、政策支持等各个方面，实行负面清单管理模式，减少公权力对私法主体行为的过度干预，为所有市场参与主体提供平等的机会。废除妨碍统一市场和公平竞争的规定和做法，营造统一市场和公平竞争的良好环境，依法规范市场主体的竞争行为。二是所有市场主体拥有参与竞争所需要的透明公开的信息。公平有序的法治化营商环境在信息公开和透明时才能保障市场主体进行市场行为时有公平的竞争环境。唯有在信息完全公开和透明的营商环境下，市场主体才能对自己的经营行为做出合理的判断，进而对经营行为做出有利的决策。只有信息公开透明、知己知彼的市场环境才能保障市场主体的竞争是真正的机会均等，才能保障实质意义的公平。

其三，任何市场主体都能够得到公平公正的法治保障。为市场主体提供公平公正的法治保障是营商法治环境的根本要素之一，也是法治化营商环境的必然要求和重要保障。公平公正的法治保障，其实质就是具有良好的法治环境。首先，在这种良好的法治环境下，政府的公务人员和市场参与主体都具有比较良好的法治思维，并在这种法治思维的支配下履行特定管理职能和参与市场经营行为。法治思维是构建良好营商环境的基础。其次，有科学完备的法律法规可依。经济和商事法规的完备性以及与经济发展的匹配度，可直接反映出法律对市场主体的经济活动的规范是否到位。良法是善治之前提。推进经济和商事活动的科学立法，是完善法治化营商环境的前提。法律和制度制定得不科学会束缚资源合理流动与优化配置，不仅造成资源浪费，而且阻碍企业创新。最后，有比较完善的司法权力运行机制，平等保护市场主体的合法权益。主要是指具有真正的司法公开和阳光司法的法治环境，司法行为能够得到进一步规范，司法机关独立行使审判权和监督权能依法得到保障。司法活动本身得到有力监督，才能有良好的司法公信力。

法治化营商环境对经济社会发展具有长期的可持续的积极推动作用。首先，法治化营商环境有利于增加投资者信心，为招商引资保驾护航。国际经验表明，营商法治环境是影响一国投资吸引力的重要因素，这个规律同样适用于区域之间的招商引资问题。在法治化水平低的营商环境下，信息不透明，市场主体容易出现恶性竞争，企业设立阻碍重重，企业财产权和生产经营权利得不到有效保障。非法治化的恶劣营商环境必然影响投资者对企业正常经营获取利润的信心，客观上将阻碍资本进入。这就直接导致阻碍招商引资正常的实施，难以促进区域之间以及境内外投资者的合作。反之，法治化的营商环境，市场竞争公平公开、井然有序，市场主体对自己的经营行为具有可预见性，能够清晰地预见经营成本和经营利润，增加投资信心。其次，法治化营商环境有利于提高企业经营的安全系数，减少投资风险。法治化营商环境对经济发展的另一个积极作用表现为保障市场主体的财产权利，保障企业经营行为的顺利运行，保障和维护市场交易的安全有序。通过对市场主体的财产权利、经营行为和交易秩序的安全保障，大大提高了企业经营的安全系数，减少投资风险，从而推动经济社会良好有序发展。具体从如下四个方面进行：一是法律保障财产权，安全的财产权是确保人们安心从事生产和交易的基本保障；二是契约自由和承诺信守得到法治保障，并且得到司法强制执行；三是市场交易秩序得到法律的维护，能够维持市场交易的有序进行；四是公平高效的司法保障体系能够保证纠纷的顺利解决。[1] 最后，法治化营商环境有利于政府加快职能转变。营商法治环境下，一切市场主体的经营行为依法进行，政府对市场的管理和服务也必须按照法律和制度的规定，在相关职责内依法进行。这就意味着市场主体可以免受政府的过度干预，意味着政府要精简审批事项、减少对资源的直接配置以及对微观市场主体经济活动的直接干预，变管理型政府为服务型政府。

营商法治环境要求营商环境法治化，在法治框架内实现市场在资源配置中的决定性作用，让市场具有公平、有序的竞争机制，并使市场主体都得到公平公正的法治保障。在具体的营商法治环境中，需要通过一系列具体的制度加以体现。在对江西营商法治环境问题进行研究考察时，笔者参考世界银行评估各国营商环境时主要采取的指标，即开办企业、办理施工许可、获得电力、登记产权、获得信贷、保护少数投资者、纳税、跨境贸易、执行合同和解决破产等，综合构成的企业营商便利度，置换成我们的话语体系，即主要从市场准入、商事登记、征信体系、行政服务效率与水平、信息透明化等方面对江西营商法治环境建设问题进行探讨。

---

[1] 李玉虎：《论我国经济发展的法治基础》，载《现代经济探讨》2009 年第 2 期。

二、江西营商法治环境的现状与分析

对江西营商法治环境的现状的考察,主要从市场准入、商事登记、征信体系、行政服务效率与水平、信息透明化等几个主要方面的制度化和法治化水平进行分析和探讨。

(一)江西营商法治环境的现状

1.市场准入制度

市场准入制度,相当于经济学中所称的"进入壁垒",是指国家法律和政策规定的阻止或限制经济活动主体进入市场,弱化市场竞争的制度或因素。具体地说,就是指政府部门或行业组织,以矫正和限制市场竞争机制为目的,制定的对社会经济活动主体进行限制的各种规则。[1] 市场准入制度是政府对经济实施管理的重要手段,也是法治化营商环境的重要组成部分。市场准入制度和规则的设置应该以适应和促进市场经济发展为目的,以公共利益的需要为边界,过于严苛的市场准入制度将产生不公平竞争,不利于市场经济的发展。

(1)江西市场准入法治化建设取得的成效。首先,在制度建设方面加大了改革步伐。近些年来,江西在市场准入方面加大了改革力度,省、市、县各级政府都制定出台了相关的规范性文件,进一步推动促进市场公平竞争,维护市场正常秩序,加大推动放宽市场准入的制度改革。近几年江西出台的涉及市场准入的规范性文件主要有:《江西省人民政府关于促进市场公平竞争维护市场正常秩序的实施意见》《江西省人民政府关于全面深化投资体制改革的意见》《江西省人民政府关于鼓励和引导民间投资健康发展的实施意见》,并在修订《江西省企业投资项目核准暂行办法》和《江西省企业投资项目备案办法》的基础上,出台了《江西省政府核准的投资项目目录(2015年本)》(即市场准入清单)等。2016年"降低企业成本优化发展环境80条"明确提出,以市场准入负面清单为依据,清理废除妨碍统一市场、公平竞争的各项规定和做法,加快放开垄断行业竞争性环节。2017年,《江西省人民政府关于在市场体系建设中建立公平竞争审查制度的实施意见》和《江西省人民政府办公厅关于进一步激发社会领域投资活力的实施意见》规定,在市场准入和退出标准方面,不得设置不合理和歧视性的准入和退出条件,公布特许经营权目录清单,不得限定经营、购买、使用特定经营者提供的商品和服务,不得设置没有法律法规依据的

---

[1] 焦玉良:《对市场准入制度的经济学分析》,载《改革》2004年第2期。

审批或者事前备案程序,不得对市场准入负面清单以外的行业、领域、业务等设置审批程序,要全面放开医疗卫生、养老、教育、文化、体育领域等行业准入。根据省政府的相关规定,省直各主要行政部门也在各自管辖领域内制定了相关市场准入的规范性文件,或者在相关文件中规定关于市场准入的相关内容,如江西省交通运输厅《江西省公路养护工程市场准入管理办法(试行)》。2014年,江西省出台改革铁路投融资体制加快铁路建设的实施意见,提出多方式多渠道筹措铁路建设资金。各地市县也根据自身特殊性,加大了市场准入方面的制度化和规范化改革,放宽市场准入条件。

其次,在清单制度上取得了一定突破。我国的官方文件上正式提出的清单制度,是十八届三中全会提出的权力清单制度。权力清单制度的提出旨在坚决消除权力寻租,建设透明廉洁政府。第十二届全国人大三次会议进一步将"权力清单"扩展为"权力清单""负面清单"和"责任清单"相结合的"三张清单"制度,重在确立政府权力边界,限定制约政府权力。负面清单是直接限制政府对市场干涉,在准入门槛上实行"法无禁止即可为"的市场准入制度,最大限度地放宽政府对市场的管控。权力清单和责任清单实质上是通过限制政府权力反向地加大市场自由度。江西相继正式推出了三张清单制度,目前,江西省在省政府门户网站正式公布的清单主要有:行政权力清单、市场准入清单和行政事业性收费清单、行政审批中介服务清单及部门责任清单等五大类。在清单制度改革上,江西将进一步推进开放型经济体制改革,放宽投资市场准入,研究负面清单外资管理方式,赋予各类投资主体公平参与市场竞争的机会。

(2)江西市场准入法治化建设的不足。根据《国务院关于在市场体系建设中建立公平竞争审查制度的意见》中有关公平竞争市场准入的相关规定,江西在市场准入法治化建设上,尽管取得了一定成绩,但仍有不少差距,存在不少问题。一是江西民营经济市场准入的门槛高,行业前置审查审批环节多,一些可放开的领域和行业,仍限制民营经济进入,造成市场机会中的不均等和国民待遇中的不公平。二是政府容易借助行政管理职能,实行变相的部门和行业垄断。三是清单制度比较笼统、粗糙。负面清单内容上设置得比较粗糙,在负面清单的公示和查询上,存在不清晰、不方便的问题。对于放宽的市场准入范围,江西省政府网站以及其他网站并没有将已经取消的市场准入限制予以公布,公众难以知悉具体的放宽的市场准入范围。四是在市场主体的退出机制上,市场机制发挥的作用非常有限,政府干预较多。

2.商事登记制度

现代意义的商事登记是指为取得、变更或终止商事主体资格,依照法律法规规定的程序,向主管机关提出申请,并由主管机关依法对申请事项审查、登记的一种法律行为和法律程序。[1] 商事登记制度是国家干预经济克服市场失灵的一种信息传递机制,为市场主体的信任与合作提供博弈的制度框架,是一般市场准入的程序安排,为市场交易搭建了信息公示和信用保障的平台,提供了市场博弈的规则体系。政府借助商事登记掌握商事主体的基本情况,实现对市场的有效监管,市场主体以此判断交易相对人资信等状况为交易提供决策依据。[2]

(1)江西商事登记制度改革取得的成效。近几年,江西根据国务院颁发的《注册资本登记制度改革方案》在商事登记制度上做了重大改革,取得了诸多成效。一是出台了一些有关商事登记制度的规范性文件,如《江西省人民政府关于"先照后证"改革后加强事中事后监管的实施意见》《江西省工商行政管理局关于进一步推动企业简易注销改革试点有关工作的通知》等,颁发了中央、省、市、县各级《江西省企业登记前置许可项目目录》。二是全面实行了注册资本认缴制。将公司注册资本由实缴登记制改为认缴登记制,放宽注册资本登记条件,取消公司设立的最低注册资本、首次出资比例、出资方式、出资期限等方面的限制;简化登记事项和登记文件,实收资本不再作为公司登记事项,公司登记时不需要提交验资报告。三是简化了住所登记手续,实行"一照多址""一址多照",允许"住改商"等方式,着力破解制约投资创业的住所(经营场所)资源瓶颈,降低投资者成本。四是实行"先照后证",对前置审批事项进行全面清理,仅保留40项前置审批事项。2017年在企业"五证合一、一照一码"登记制度改革和个体工商户"两证整合"的基础上,将涉及企业、个体工商户登记、备案等有关事项和各类涉企证照事项进一步整合到营业执照上,实现"多证合一、一照一码",使"一照一码"营业执照成为企业唯一的"身份证",实现企业"一照一码走天下"。五是推行企业信息公示、年检改年报、企业公示信息抽查。南昌市开展企业事中事后监管改革试点,研发了"南昌市企业监管警示系统",通过整合相关执法监管信息等资源,实现了部门间信息共享和对企业的信用监管。企业登记的变化,大大减少了登记的事项和流程,江西企业营商环境进一步提升发展。

---

[1] 赵旭东:《商事登记的制度价值与法律功能》,载《工商登记制度改革》2013年第6期。

[2] 刘训智:《商事登记制度的法经济学分析》,载《东北大学学报(社会科学版)》2013年第2期。

（2）江西商事登记制度存在的问题。江西商事登记制度改革取得了一定的成就，但是就推行营商环境法治化而言，目前的商事登记制度仍旧存在着不少问题。

一是商事登记的程序复杂，效率不高。从整体上看，公司的设立、变更和解散，都需要在登记机关进行登记以保障交易安全，这是世界各国立法的通例。但是过度注重安全带来的商事登记成本大量增加的后果，给公权力过度介入限制商事自由提供了空间。当安全阻碍了效率进而影响市场发育时，那么这些安全防范措施就该受到质疑。[1] 江西商事登记制度存在着重安全而轻效率的问题，在商事登记过程中所需审批和核准的内容和要求过多，在商业登记的经营范围、经营场地，以及行业审查、行业许可等方面设置比较严格。这种限制措施阻碍了商事主体组建与运转的便捷性，增加了商事主体设立成本，影响了市场的发展。

二是商事登记的登记信息不完全。商事登记的有关法律规定是为了保护交易安全，维护社会公共利益。登记机关通过将商事主体的经营状况登记造册，并向社会公布，便于社会公众了解商事主体的经营范围与经营状况，在市场交易活动中能够通过商事登记的信息判断是否与之交易，从而确保交易的安全与社会公共利益的安全。同时，通过商事登记的公示制度，能够保证信息安全、便捷、有效地在市场主体之间进行传递，使商事主体能够更准确抓住稍纵即逝的商机。[2] 但是，就江西的商事登记的具体内容而言，从整体上看，企业的商事登记的信息不够完全，许多关键性的信息未登记在商事登记系统内，投资者难以从有效的途径去获得与投资有关的关键企业的信息，对企业的真实运行状况不能够完全了解清楚。

三是商事登记的信息公示效率低。当前，江西商事登记信息公示效率仍旧处于低水平状态。商事登记信息的公示方式主要是以公告的方式向社会公布，公告的登记主体信息往往存在内容不够全面、信息真实性难以得到保障等问题。尤其是公司法将资本实缴制改为资本认缴制后，企业资本状况的真实性公示不足，市场主体在判断交易对象时难以获得真实有效的信息。商事登记公示制度覆盖面较窄、公示的效力不明确等也是江西目前商事登记公示存在的问题。此外，工商登记的查询制度设置不合理，如查询企业的某些信息需要立案通知书，《房屋权属登记信息查询暂行办法》规定查询房屋原始登记凭

1　王雪丹：《有限责任公司资本认缴登记制度解析》，载《暨南学报》2013 年第 6 期。
2　朱慈蕴：《我国商事登记立法的改革与完善》，载《国家检察官学院学报》2014 年 12 月。

证实行限制查询,等等。

3.征信体系

信用不仅是一个道德问题,也是一个经济问题,更是一个法律问题。健全的信用法律制度是现代经济社会体系的基石。[1] 信用制度主要包括公共信息和征信数据开放制度、规范的市场化征信制度和严厉的失信惩罚机制。"由于英国建立了全国联网的个人信用信息系统,加上长期注重个人商业信用的教育,全社会经济秩序良好,诚实信用、公平、公正、自愿、平等观念深入人心,保证了其投资人申报的公司投资资金的真实性。"[2] 可见,良好的征信体系、征信体系的制度化和法治化,是营商法治环境的应有之义。

(1)江西信用体系建设取得的成效。目前,全国范围的信用体系建设正在大力推进,统一信用体系的建立取得了一定的成就,如《征信业管理条例》为征信行业的发展提供了法律依据。2014年《国务院关于印发社会信用体系建设规划纲要》为江西省信用体系的建设指明了方向。经过多年的积极探索和推进,江西社会信用体系建设取得了初步进展。一是省政府建立了省社会信用体系建设工作联席会议制度,一些部门成立了信用协调机构,部门之间搭建了信用信息共享机制。二是出台了《关于社会信用体系建设的实施意见》《江西省公共信用信息归集和使用暂行办法》《江西省企业信用行为联合激励与惩戒暂行办法》《2016年江西省社会信用体系建设工作要点》,为我省社会信用体系建设提供了基本的制度保障。三是相关部门制定了部门行业信用信息采集、整合、审核、管理和使用办法,或依托"金保""金信""金税""金质"等国家重大信息化工程,建立信用信息数据库、诚信档案、"黑名单"制度,推行行业信用分级分类管理。四是金融信用信息基础数据库建设深入推进,实现了信贷信用信息共享,为防范信贷风险、促进经济金融健康发展和改善社会信用环境等发挥了积极作用。五是启动了江西省小微企业信用体系建设试验区建设。萍乡市列入首批全国小微企业信用体系建设试验区,打造了"萍乡市小微企业信用信息辅助管理系统"。鹰潭等地市也启动了辖区内小微企业信用体系试验区建设。

(2)江西征信体系存在的问题。尽管江西在社会信用体系建设方面取得了一定成效,但在具体的信用体系建设过程中仍旧存在着许多问题,社会信用制度,特别是企业信用制度不够健全,社会信用危机仍然存在。主要问题有:

---

[1] 彭晓娟、魏纪林:《论我国中小企业信用制度的建设》,载《甘肃社会科学》2012年第5期。

[2] 肖建民:《英国公司登记注册制度及其启示》,载《中国工商管理研究》2002年第1期。

一是征信系统覆盖不全面,多数成员信用记录缺失;二是以守信激励和失信惩戒为主的相关法规制度尚不健全,守信激励不足,失信成本偏低,守信联合激励和失信联合惩戒机制不完善;三是信用服务市场发展缓慢,服务体系不成熟,信用信息主体权益保护机制缺失,未引入第三方征信机构协同监管,目前实行的信用红黑名单制度的威慑力不够;四是社会诚信意识和信用水平偏低,履约践诺、诚实守信的社会氛围尚未形成;五是行政许可、行政处罚信息"双公示"未全部上线,政务诚信度、司法公信度离人民群众的期待还有较大的差距。

4.行政服务效率与水平

高效率高水平的行政服务和公共产品供给是良好营商法治环境的重要体现,是营商法治环境的应有之义。

(1)江西在提升行政服务效率与水平方面取得的成效。江西一直将提升政府行政服务效率和水平作为法治政府建设的重中之重。在制度上不断推进,先后颁发了《江西政务服务网建设方案》《江西省网上审批系统建设工作方案》《江西省人民政府办公厅关于在全省推行"三单一网"工作的通知》《2016年全省政务服务工作要点》等制度性文件,从制度上规范和提升省、市、县各级政府的行政服务效率与服务水平。在具体内容上,行政服务效率和水平得到明显提高。一是确立政务服务网建设目标——"统一导航、统一认证、统一申报、统一办理、统一查询、统一互动、统一评价";二是推动了集行政审批、便民服务、阳光政务、电子监察、互动交流等功能于一体,省市县三级标准统一、资源共享、业务协同的政务服务平台建设,服务规范化、办事便捷化、建设集约化、资源共享化覆盖全省的网上政务服务大厅正在逐步建设完成;三是逐步推行无缝对接网上审批系统、电子政务统一监察平台、电子政务共享数据交换平台;四是推行行政审批等"一站式"网上办理与"全流程"效能监督建设。截至2015年年底,省、市、县三级政府完成本级政务服务网开发建设,具备网上展示、咨询、查询功能,省、市两级(部分县级)政府完成了网上审批等系统升级改造,无缝对接本级政务服务网,具备网上申报、受理、办理等功能。

(2)江西省政府服务存在的问题。一是政府服务机构繁杂,服务效率与水平低。就江西而言,行政服务效率低下、服务水平不高是一个比较突出的问题。虽然许多政府机构已经取消,但是对于基数颇大的政府服务机构来说,仍旧存在着机构臃肿、职能交叉与重叠、权责不清、授权不明的情形。在机构设置上,存在管理幅度过大、管理层次过多的问题。管理的层次越多,意味着信息沟通的迟缓,信息失真的可能性加大,各部门在协调上显得尤为困难,降低了行政效率。二是政府行政透明度低、服务手段单一。政府行政决策和执行的透明度不足是当前各地方普遍存在的问题。同时江西面临政府行政服务方式过于单一,网上行政方式没有得到全面有效的推广,现行的网上审批处于初步发展阶段,也是较大的问题。三是各级行政服务中心"窗口问题"较为严重。各设区市、县(市、区)行政服务中心(窗口)审批、服务过程中,有的窗口授权不到位,"一窗式服务"未真正实现,造成企业群众窗口、部门两头跑;部分窗口单位或审批事项未纳入中心管理,有的未在全省网上审批系统实时办理;个别地方和部门违规增设前置条件或违规收费;部分窗口存在指定中介机构或强制企业参加协会、培训、评比等问题;少数行政服务中心的工作人员服务态度冷漠、生硬,业务不熟,审批程序办理不规范等。四是公务人员人事管理制度存在不足。江西现行的人事管理制度在选人、用人、培养人、激励人等环节上都存在诸多不足之处,这是造成行政服务效率低的一大重要原因。公务人员管理方法较为单一,人员流动和晋升机制僵化,考核任用制度与奖惩制度不够健全,造成许多行政工作人员缺乏动力,影响积极性。部分公务人员官本位意识严重,在依法行政能力、处理社会冲突能力、拒绝腐败和抵御风险能力等方面都较为欠缺,严重阻碍了政府工作人员服务意识的树立,制约了行政服务水平的提高。

5. 大数据平台建设

大数据技术的出现,为改善政府信息资源的应用、建立信息资源共享机制带来了机遇。大数据可以迅速将大量的政府信息进行处理,实现信息数据价值的最大化,大力提升政府各部门之间的协调能力与工作效率,给政府信息的共享、决策等活动带来革命性的变化。[1] 推动数据资源整合汇聚,加快政府数据开放共享,给市场主体提供透明公开的公共服务信息,促进平等公开的市场竞争机制,是良好营商环境的根本要求。加快大数据平台的法治化和制度化建设,是营商法治环境建设的重要内容。

(1)江西大数据平台建设的现状及目标。当前,江西已经开始建立统一的政府大数据平台,但尚处于初步建设阶段。2016年1月,江西出台《促进大数据发展实施方案》,制定了江西省大数据平台的发展目标与具体的发展与保障措施,为改善政府信息资源的应用、建立信息资源的部门共享机制提供了制度保障。根据《促进大数据发展实施方案》,江西省大数据平台建设未来几年间将开展以下工作:一是加快政府数据开放共享,推动数据资源整合汇聚,提

---

[1] 徐晓日、李思聪:《大数据背景下政府信息资源共享问题研究》,载《长白学刊》2015年第6期。

升政府社会治理水平;二是完善信息网络基础设施,整合优质公共服务数据资源,形成面向大数据相关领域的公共服务平台;三是推动产业创新发展农业农村大数据;四是健全信息数据安全保障体系;五是加速引进和培育大数据龙头骨干企业,拓展大数据产业链,逐步打造大数据产业集群,形成大中小企业相互支撑、协同合作的大数据产业生态体系。此外,江西省商务厅将联合工信委、发改委等部门建立跨部门、跨地区的信息资源目录体系和交换体系,构建政府数据统一共享交换平台,对政府数据存储资源、计算资源和宽带资源实施统一管理。2018年年底前建成省级政府数据统一开放平台,2020年年底前,省级层面实现数据共享交换全覆盖。

(2)江西大数据平台建设面临的挑战。就整体状况而言,当前80%的信息资源是由政府掌握,并且多数不向公众开放,即便是在政府部门之间信息资源也多为独立和封闭的状态,部门间的互通共享较为匮乏,信息资源碎片化现象严重。真正全面的、统一的、以各部门信息共享为基础的全省统一大数据平台建设面临着许多挑战。具体表现在:一是实现全省统一的政府大数据平台所需要的信息技术落后。统一大数据平台的建设需要先进的技术与理念支撑,但就目前来说,江西对大数据所需要的信息技术不足,大数据相关理论研究、技术研发、数据共享、应用推广比较欠缺。大数据技术储备和处理分析工具达不到要求的水平,信息推送手段以及信息的控制力处于低水平状态。同时,大数据技术的创新与提升需要大量的资金支撑,目前投入不足,制约了大数据技术的发展。二是各部门间的信息交流与共享机制匮乏,信息管理能力不够到位。我国政府机构属于一种自上而下的管理体制,因而信息总是较多的在纵向地内部交换,而缺乏横向信息资源共享,部门行政协调模式、部门间信任机制以及信息共享奖励补偿机制尚未形成。[1] 各地区处于一个相互竞争的状态,尚未意识到数据资源共享的重要性。这种趋于垄断独占信息资源的心态,客观上制约了各部门间横向的信息资源共享。此外,政府各部门信息管理能力不足,数据管理不够健全,多数政府部门对于信息管理、运行、维护以及安全的建设都比较落后,大量有价值的信息资源亟待规范和整理。

除上述与营商法治环境建设水平紧密相关的五个方面以外,融资与税费政策以及司法保障,也是法治化营商环境建设水平的重要体现。良好的融资和税费环境是衡量营商法治环境的重要指标。为企业发展尽可能地提供良好的融资环境和税费环境,加大融资和税费制度保障,是企业得到良好发展的重

---

[1] 郭琪:《政府信息资源共享的障碍因素分析与对策研究》,载《特区经济》2008年第3期。

要环节。近几年江西在企业融资和税费政策环境优化上取得不少成效,但是面对国际国内金融市场,尤其是互联网金融的快速发展,以及国家税费体制改革的全面推进,江西企业融资和税费环境的提升和改善,尤其在法治化和制度化上还存在较大空间。另外,司法是社会正义的最后一道防线。市场经济作为法治经济,就是要利用法治的方法发挥市场配置资源的优势,保护企业投资者的权利,约束政府权力,把经济的运行控制在法治的轨道上。[1] 因此,法治化营商环境的建设还要通过完善的司法制度,实现公正司法来保障实行,司法的良好运行也是建设法治国家或法治社会的重要组成部分。

(二)江西营商法治环境的评析

根据前述对江西营商法治环境建设现状的分析可知,近些年江西在营商法治环境建设上进行了大量卓有成效的改革和推进,成绩自不待言。但总体来讲,江西营商法治环境并不好,不能完全适应当前江西市场经济发展的客观需要。

其一,政府与市场边界不够清晰。在计划经济时代,政府习惯大包大揽。近年来通过简政放权和行政审批等制度改革,我们虽然进一步规范了政府这只"有形之手",放活了市场这只"无形之手",但在一些地方仍然存在政府职能错位、越位、缺位的现象。政府与市场边界不够清晰,在市场准入、市场机制运行和市场主体的退出等各个方面,对市场存在较多的过度干预。模糊市场和政府的边界,其结果是导致市场被束缚了手脚,增加了运行成本,市场主体的创造性和积极性难以发挥。

其二,公平有序的市场竞争环境不够健全。公平有序的市场竞争环境是市场主体赖以生存、发展、创新的土壤。在区域经济发展上,市场主体需要完备透明公开的市场信息。然而,当前我国普遍存在区域性政府大数据平台缺失、商事登记和公开制度不健全不规范现象,致使市场信息透明度不高,严重影响市场主体经营决策的准确度。同时,由于征信体系不健全、涉企收费管理和涉企中介服务规范不足,企业负担重,市场主体的竞争力和创新性也受到严重影响。这些问题程度不等地体现在江西营商环境中。

其三,政府权力必须受到进一步制约。我国以简政放权、转变政府职能等为核心的法治政府建设是自上而下、由政府主导的社会变革,政府权力在推动改革中起决定性作用。法治政府建设在某种程度上是政府的自我革命,需要

---

[1] 殷国伟、穆方平:《论"法治浙江"的法治环境评价体系——以湖州市法治环境评价为个案》,载《湖州师范学院学报》2006年第6期。

政府自我革新的决心和勇气。由于政府权力制约不足,在江西营商法治环境建设中,不少领域仍然存在政府行政权力过度膨胀、政商关系清晰化不足、权力寻租滋生腐败等现象,企业财产权保护、政策支持未能得到有效贯彻、行政服务效率不高和公共服务水平不足等问题也仍然存在,这在一定程度上影响了法治化营商环境的建设成效。

其四,市场主体公平公正的法治保障需要进一步提升。就法治化、制度化的营商环境而言,立法是前提,执法是体现,司法是保障,监督是衡量良好营商环境的试金石。江西在营商环境的法治保障上,立法上较为欠缺,制度化提升空间大。有的尚属空白,有的较为宏观缺乏可操作性,有的没有得到很好的执行。在市场机制和市场主体权益的司法保障方面,司法的公正性和保障的实效性与现实需求存在较大差距。这些问题的存在容易导致市场机制不能正常发挥作用,而政府在经济活动中又无所不能,极大地破坏了营商法治环境建设的实际效果。

三、推进江西营商法治环境建设的重点路径

营商法治环境涉及市场主体的方方面面和市场经济活动的全过程。营商法治建设,重在提升营商环境的法治化和制度化水平。因此,江西需要通过大力推进制定和完善关于市场经济运行的各种地方性法规和政府规章建设,以公正司法为目标加快司法体制改革步伐,加强对市场经济活动的司法保障力度,以法治手段实现政府对经济发展的规范化和制度化管理。

(一)完善市场准入制度

根据前述对江西市场准入制度存在的问题分析,江西应该着重从以下几个方面,推进市场准入制度改革,完善市场准入规范。

其一,减少政府权力对市场的过多干预。世界银行报告指出:"那些营商便利度排名最高的经济体不是那些没有监管的经济体,而是那些建立了有助于推动市场交往,同时不对私营部门的发展设置不必要障碍的政府。"[1] 法治化营商环境建设的根本在于如何处理好市场与政府控制之间的关系,减少政府公权力对市场的干预,正确定位市场与政府角色。作为两种基本的资源配置方式,市场与政府各自扮演着重要的角色。政府通过设立市场准入门槛对经济活动进行管控,重点在于维护公共利益安全,对市场不愿进入的公共领域加

---

[1] 参见《更聪明地对中小企业进行监管——比较185个经济体国内企业面临的监管》,载《中国民商》2013年第4期。该文章选自世界银行《2013营商环境报告》。

以调控。政府更多的功能是间接的宏观调控,给市场主体提供充分有效的公共服务产品和市场信息。为此,江西在市场准入制度上,应加快推进市场准入方面的法规和制度建设,破除对国有经济市场准入优先的制度壁垒,取消市场准入规则中对民营经济等不同主体的歧视性规定,以法规和政府规章或其他规范性文件的形式,保障各类经济成分的市场主体公平、平等的市场准入机会。

其二,推进"三张清单"制度建设。一是完善政府权力清单制度,真正实现政府权力"法无授权不可为"。首先,在法律授权的范围内制定统一的权力清单标准。江西应该立足于现行的相关法律规定,对各级政府的权力进行统一清理,清除地方性法规、部门规章、红头文件中的非规范性权力。消除人为私藏非规范性权力类型,保障政府权力清单的科学统一。[1] 在统一清理的基础上,制定规范完整详细的权力清单,包括省市县各级政府的整体权力清单,以及各个部门、各个岗位具体的权力清单。权力清单的内容要一目了然,不产生歧义,职能部门间的权力清单内容不交叉、不重复。其次,全面及时公开权力清单内容。结合信息化政府建设,对行政清单制度进行完善。通过政府网络信息共享平台,将各层级政府及其工作部门的权力事项、权力运行的信息全面及时公开,同时利用电子监察、考核评估、信用管理等手段加强监督,实现权力监督的信息化。二是完善负面清单制度,实现市场"法无禁止即可为"。首先,消除负面清单存在的隐形壁垒。负面清单关系到政府权力的运行和既有利益的调整,因此为保证负面清单的顺利实施,必须消除负面清单存在的隐形壁垒。通过立法从制度上对负面清单予以保障,解除现行法律对负面清单的束缚,消除负面清单实施的阻力,从根本上保证负面清单的顺利有效推广实施。其次,科学制定负面清单并给予及时全面公开。以相关法律法规、国务院《政府核准投资项目目录》以及《产业结构调整指导目录》为依据,加快"负面清单"的制定。负面清单的制定需要明确具体的清单领域,以保障市场主体充分自由的市场准入和公平竞争为出发点,保证清单内容的详细、科学合理、切实可行。[2] 负面清单应该全面及时地给予公开。三是加快责任清单制度建设,完善责任追究制度。权力清单与负面清单的实施必须以责任清单为保障。梳理和出台

---

[1] 石亚军:《当前推进政府职能根本转变亟需解决的若干深层问题》,载《中国行政管理》2015年第6期。

[2] 陈朝兵:《"负面清单"管理在我国的缘起、应用价值与推广路径》,载《现代经济探讨》2015年第8期。

相应的详细责任清单,依据责任清单对违反权力清单与负面清单的行为进行追究,确保权力清单和负面清单的严肃、权威和实效。加快制定完善"三张清单"具体实施办法的程序性规定,建立科学完备可操作的实施机制,保障权力清单和负面清单的顺利实施。[1]

其三,破除地方保护主义。完善市场准入制度,需要尽快打破地方保护主义和部门保护主义。市场经济是竞争经济,地方保护主义和部门保护主义不符合市场经济的原则,破坏统一市场的建立与形成,破坏市场的公平竞争机制,最终削弱被保护主体的市场竞争实力,不利于企业真正实力的提升。因此,对当前我省各部门各行业,各级市(县)政府实施的部门保护和地方保护的各种显性和隐形的政策制度,应加以清理整顿,剔除不利于形成统一市场的制度和政策。同时,制定产业政策代替区域政策,提高产业集中度,形成产业链和产业集群,最终提升企业在统一大市场中的竞争力。

其四,完善市场退出机制。在放宽市场准入的同时,还应完善市场退出机制。一方面,采取优胜劣汰机制,对违反法律法规禁止性规定的市场主体和达不到节能环保、安全生产、食品药品、工程质量等强制性标准的市场主体,依法予以取缔;另一方面,严格执行法律法规中有关市场主体的退市制度,执行企业破产制度,优化破产重整、和解、托管、清算等规则和程序,强化债务人的破产清算义务,依法依规推行竞争性选任破产管理人的办法,探索对资产数额不大、经营地域不广或者特定小微企业实行简易破产程序。

(二)完善商事登记制度

其一,健全商事登记的登记内容,完善商事登记的公示方式。健全的商事登记公示制度能保证信息安全、快捷、有效地传递,使市场主体能够顺利获得所需要的交易信息,并作出理性的交易决策。江西应以政府信息共享平台为依托,建立统一的商事登记管理信息平台和商事主体信息公示平台,保证商事登记信息能够得到完整全面真实的公示。一是进行商事登记的公示制度改革。大力推行多样化的公示方式,不仅仅局限于目前的公告方式,探索推广其他形式的公示方式,如大力推广商事登记信息网上公示方式。二是推行商事登记信息查询制度改革,保证市场主体能够方便迅速获得交易信息。商事登记主管机关将商事登记簿登入本机关商事登记网站,使社会公众可以根据需要上网查询。开放商事登记簿的阅览,使任何潜在交易主体可以依据法定程

---

[1] 赵含栋:《从权力清单制度入手深入推进地方行政审批制度改革》,载《中国机构改革与管理》2014年第12期。

序,不需任何附加条件地查询和阅览特定商业对象的商事登记簿。加强跨地区信息交流与合作,建立商事登记档案信息资源共享机制,实现跨境跨机构的商事登记资源共享。

其二,简化商事登记的程序,实行"宽进严管"。一是商事登记制度改革重在简化前置审批程序,对商事登记实行"宽进严管"。简化商事主体登记手续,清理行政审批事项,将重视商事登记制度的事先登记转为重视事后监管。二是进一步强化商事登记的服务功能,逐渐弱化其监管作用。当前的商事登记前置审批程序体现了商事登记的管理功能,满足了商事登记制度的安全价值,却难以保障商事交易的效率价值,且容易成为政府对商事主体市场准入的控制手段。多数西方市场经济发达国家现逐步弱化了商事登记的监管性质,而将商事登记定位为服务功能,通过商事登记制度为社会公众提供商事主体的公示服务和信息查询服务,强调商事登记的公示作用。[1] 在日本,根据《日本商业登记法》的规定,商事登记仅仅具有公示的作用。[2] 江西甚至是我国未来的商事登记制度改革,应该明确商事登记的公示功能。商事登记应该是政府为维护交易安全而提供的服务内容,其是为社会提供信息服务,而不是监管手段。在具体程序上改革,行政机关进行商事登记只对内容进行形式审查。

(三)加快推进征信体系建设

其一,建立全面统一的全省信用系统,推动信用信息共享。首先,扩展当前企业和个人信用信息数据库。在人民银行等金融机构征信系统的基础上,整合收集各部门日常监管的企业信用信息,建立一个包含银行信息、工商注册信息、税务信息、司法信息(法院判决与诉讼执行)等信息在内的统一信用数据库;打造一个更加完整的企业信用平台,建立市场主体信用体系。注重深入开展对中小企业信用信息的征集,不断丰富企业征信系统的数据量,进一步提升企业和个人征信系统的数据采集、挖掘、整理、分析和服务等功能,不断提高系统数据信息质量。其次,加强各部门信用信息的共享。将包含金融、财政、税务、工商、公安、法院等部门的重要信用信息予以整合,形成全省范围内统一的信息共享系统,并及时向社会公众公开,确保信用服务机构以及其他需要查询信用记录的个人或者企业能够快速全面地获得所需的信用信息。

其二,完善信用体系奖惩机制。首先,加强对守信主体的奖励和激励。对诚信企业与模范予以大力表彰与宣传,营造守信光荣的氛围,同时给予守信者

---

[1] 邹小琴:《商事登记制度的属性反思及制度重构》,载《法学杂志》2014 年第 1 期。
[2] 吴建斌:《现代日本商法研究》,人民出版社 2003 年版,第 19 页。

一定的物质或者荣誉奖励,并且在改革市场监管与公共服务部门过程中加强对信用信息和信用产品的应用,对诚实守信者实行优先办理、简化程序等"绿色通道",以政策来实际激励守信者。其次,加大对失信主体的惩戒力度。社会信用体系的最终目的是通过奖励守信者、惩罚失信者来建立一个具有良好信用的营商环境。因此,加大对失信主体的惩罚力度是社会信用体系建设的重要方面。建立各行业黑名单制度和市场退出机制,对失信者在市场准入、资质认定和行政审批等事项上予以一定的限制。及时记录失信者的失信信息并同时向社会予以公布,使得失信者在市场活动中受到制约。加强各行业协会及普通民众对失信企业与个人的监督,提高失信行为惩戒的威慑力,提高失信成本,约束企业和个人行为。

其三,加快信用信息服务市场建设。社会信用体系的建立离不开健全的信用信息服务市场。因此,必须大力推进信用中介服务行业的发展,引导扶持建立各类信用服务机构,形成公共信用服务机构和社会信用服务机构互为补充,信用信息基础服务和增值服务相辅相成的多层次、全方位的信用服务组织体系。信用信息中介机构是社会信用体系的机构主体之一,包括信用调查公司、信用征集公司、信用评价公司、信用担保公司、信用咨询公司等。信用中介服务机构对于市场经济主体的微观信用管理,甚至是国家宏观信用管理体系建设都具有非常重要的意义。信用中介机构自身应处于中立的位置,独立、客观、公平地向社会各界提供信用产品或服务。为了保证信用中介服务中立、客观、公平的性质,促进信用中介机构的健康发展,信用中介机构应当由民间投资设立和经营管理,政府从宏观角度促进信用中介服务市场的发展。

(四)加快提升行政服务效率与水平制度建设

良好的法治化营商环境的建设离不开一个高效率、高水平的服务型政府。当前江西改善政府服务环境与水平,提高政府服务效率,应从以下几方面入手。

其一,精简审批机构,简化审批程序。一是加强制度建设,规范审批程序。制定相关制度,规范运行权力清单和责任清单,以制度推进行政审批效率提升。二是精简审批机构,简化审批程序。行政审批坚持高效便民的原则,由统一的职能部门行使行政审批职能,大力推行行政服务中心建设,将行政审批职能向行政服务中心集中,推行行政审批权相对集中制度建设,确保行政审批的便捷、高效,真正形成"一站式审批""一条龙服务"。三是完善集中行政审批权的配套措施,制定严格的行政审批岗位制度,建立审批集中、办公集中、以窗口为主导的行政审批机制,保障需审批的事项及时有效进入审批服务中心,确保审批部门对审批窗口工作人员的审批授权,进一步加强人员配备、项目进驻等。四是加强检查和监督。加大对行政审批的监督和检查,规范行政收费、改良行政机关工作作风,实现行政审批从封闭运行到阳光操作,提升审批服务的效率和质量,优化行政服务水平。针对部分外经贸业务审批时限较长的问题,加大力度精简相关事项,缩短办理时限,促进外贸投资便利化运作。

其二,创新政府服务方式,提高政府服务透明度。政府透明度越高,广大群众越了解办事的流程,越清楚政府工作人员的工作与职能。政府提高透明度,有助于提高政务人员的办事效率,让市场主体了解办事流程,有利于行政服务效率的提升。一个透明度高的政府,有利于降低政府对市场的操控,减少权钱交易,减少腐败滋生,有利于安全透明高效的营商法治环境形成。创新服务方式,应该改变政府传统的行政服务流程,打破传统的低效率的行政服务,在精简机构、压缩编制、分流人员的同时,利用信息化平台,大力推行电子政务,实现自动化、智能化的行政管理模式,降低行政成本,提高行政服务效率。[1] 根据江西省 2015 年公布的《政务服务网建设》,打造江西现代化高效率的服务型政府,一要进一步拓宽政府服务的方式,大力推行网上服务。全面实现政府信息网上公开,进一步推行网上审批、申报等,进一步实现各部门的网上事项的联通,加强运用微博、微信等公众平台与公众的互动,进一步提高行政透明度。在推行新方式的同时,也应该注重提升网上办理事项的深度与效率,加强部门服务整合,实现各部门服务的联通与连贯,形成一站式网上办理,节约公众时间,简化手续,使办事更便捷。二要将网上服务相关配套措施予以完善,建立一套包含服务事项目录、服务平台和服务窗口等方面在内的健全的网上服务标准。建立统一的网上服务平台是电子化行政服务的发展趋势,应大力推行基础设施建设,在整合统一服务平台时,可以运用云计算搭建一个统一的服务平台,提升基础设施的利用率,提高政府服务效率,实现数据的收集与共享。这种统一平台可以搭建在政府现有云平台之上,也可以通过购买外部云服务的方式,减轻政府自身平台运维的负担。[2]

其三,提升政府服务人员素质,完善政府服务工作的监督机制。一是提升政府服务人员的素质。提升政务人员的综合素质是提高政府服务水平与办事效率的重要方面;提高公务人员的政治、业务素质,充分发挥个人的积极性是

---

[1] 蒙云龙:《服务型政府的价值意蕴及构建路径》,载《理论建设》2013 年第 6 期。
[2] 王璟璇:《政府网上办事服务的模式分析及整合建议》,载《电子政务》2015 年第 6 期。

提高行政效率的关键。其中最主要的是要提高领导者的素质。大力提高公务员素质,通过教育和培训,实行竞争上岗,充分激发公务人员的工作热情和危机意识,对不合格人员坚决予以淘汰。同时,加强对行政人员的监督,完善责任追究制度。责任追究制度必须保证监督有效,追责到位,对此可以实行限时办结制、责任追究制和社会评议制度等,通过制度来规范行政人员处理行政事务的方方面面。同时,加强对行政人员的监督。通过设立电子监察室和投诉窗口对行政人员的行政服务进行实时监控和预警纠错。通过电子监察系统,对各服务窗口行政服务情况予以实时监督,及时纠正不合法和违反规定的行政服务行为,保证责任追究到位、问责执行到位。在日常监督上,可以采取领导带队巡查、现场抽查、随机暗访、现场评价、聘请媒体监督和专门的政务服务监督员等有效监督手段,对窗口开展的行政服务全过程进行全面监督,提高行政服务水平和效率。

(五)加快全省统一政府大数据平台建设

全省统一政府大数据平台建设,需要以制度化的方式加以整体推进。将大数据的采集、管理、共享、隐私保护以及大数据平台研发创建等各项工作规范化具体化,全面推动全省大数据资源的采集整合与开放共享。

其一,加快技术基础建设,提升大数据服务支撑能力。加快大数据技术建设应该尽力加快数据载体建设,对新一代移动通信网络、光纤宽带网络、无线网络、物联网络等基础设施建设加大投入,进行重点建设,提升大数据的服务能力。同时,进一步推进江西省的信息资源数据的整合,坚持跨部门数据共建与共享,打破"信息孤岛",形成"数据仓库",依托现有的三大电信运营商数据中心硬件基础,联合政府各部门与公共服务机构、企业,共同建立一个覆盖全省区域,涵盖各部门、各行业的政务数据和公共服务大数据平台。

其二,创新大数据研发投资体系,强化大数据产业发展。大数据技术的创新发展离不开强大的资金支持。对此,应加大政府财政资金的投入,对大数据基础设施建设、项目建设、商业模式创新等进行财政补贴。同时,在财政补贴之外,还应该支持和引导社会资金对大数据的投入,大力发展大数据融资平台,加强引进和培育大数据发展风险投资机构,对大数据企业提供信贷上的支持,形成多机构、多层次、多渠道的集政府与社会全体资本力量的大数据投资体系,解决大数据建设的资金需求。此外,大力扶持大数据产业和云计算应用项目,依托江西省新一代信息技术产业布局,建立大数据产业园区,进而吸引国内外知名云计算、大数据企业入驻,形成集聚效应,打造大数据产业发展高地。设立大数据重大科技专项科研资金,在大数据产业园区内建立大数据技术应用创新平台,支持各高等院校共同参与建设大数据协同研发平台中心。

其三,推进江西省信息跨地区跨部门合作。建立跨部门、跨地区的信息资源目录和交换体系,建立大数据的共享交换机制,对政府数据的资源进行统一的管理,实现政府数据的全面共享。确立统一的大数据平台管理机构,统一管理政府信息资源,承担信息资源跨地区跨部门共享职责。制定具体制度,建立完善部门间信息合作监管机制,寻求部门间的协作,避免跨部门信息共享过程中的腐败与不作为等现象。

其四,加强保护数据隐私,防范数据犯罪。大数据背景下,数据应用会出现在不同部门、不同的个人之间,使隐私保护存在着系统性风险。在高额利润的利益驱动下,产业化信息犯罪将对个人隐私、公共安全和国家利益构成强烈威胁。因此,建立严格的隐私保护监督机制,规范政府部门的个人数据采集十分必要。一要加强数据安全立法。目前,我国对个人数据的保护已经得到了相应程度的立法重视。应吸取之前的经验教训,建立以信息法、信息安全法为核心的,符合我国国家安全要求的数据保护法律体系。将大数据的采集、开放、管理、共享等规范化、制度化。根据江西大数据技术的发展情况制定数据共享的法规或者规章。推动数据资源的地方立法,规范数据资源采集、管理、共享、隐私保护等关键环节,明确涉及信息安全的范围、危害信息安全的责任,避免商业秘密、个人隐私等信息的泄露和滥用,确保国家安全和公民的人身财产安全不受侵犯。[1] 二要建立多元主体协同治理机制。发挥民间组织和公民的适度监督作用,建立隐私泄露监督举报制度,采取相应的激励措施,做到隐私保护有对称的信息、充足的资金、可靠的技术、统一的标准、健全的法规。对在政府部门间共享的涉及信息主体的资料,应明确各部门的保密责任。

---

[1] 徐晓日、李思聪:《大数据背景下政府信息资源共享问题研究》,载《长白学刊》2015年第6期。

◆学术专论◆

医疗技术损害责任因果关系证明的现实困境与破解之道

亢居阁[*]

摘要：《侵权责任法》将医疗侵权责任细分为三种类型：医疗技术损害责任、医疗伦理损害责任和医疗产品损害责任。司法实践中以医疗技术损害责任的认定最为棘手，其症结恰在该责任构成之因果关系要件的证明。通过立法分析与实证考察可以得出医疗技术损害责任因果关系证明的现实困境主要表现为：证明对象内涵界定不一、证明责任负担主体在立法与司法上莫衷一是、患方证明标准过高至举证负担过重、证明责任裁判泛滥。面对上述困局，通过对域外医疗证明制度进行深入的研究，并结合我国具体情况，提出了相应的对策：医疗技术损害纠纷中的因果关系在法律上应属相当因果关系；在对证明对象有了明确统一的内涵界定前提下，摒弃现有立法对证明责任寄予"一劳永逸"之不切实际的期待，正确辨析证明责任与举证责任，在坚持因果关系之证明责任由患方承担的同时，以围绕患方之具体举证减负为中心，建构促进因果关系信息最大化的精细配套证明制度——降低患方证明标准并进行有条件的因果关系推定，课予医方事案阐明义务并赋予患方摸索证明。双向调节，共同推进案件信息的明晰。凭借配套制度的合力作用体系性解决医疗技术损害责任因果关系的证明困境，远比仅依赖证明责任制度对该难题的破解，更扎实有效、更现实可行。

关键词：医疗技术损害责任；因果关系；证明标准；事案阐明义务；摸索证明

---

[*] 亢居阁，青海省西宁市中级人民法院法官。

一、医疗技术损害责任因果关系证明的现实困境

（一）医疗技术损害责任因果关系之内涵界定

2010年《侵权责任法》的颁布，改变了"医疗侵权责任"于医疗纠纷领域的"一统天下"，形成了——医疗技术损害责任、医疗伦理损害责任与和医疗产品损害责任之"三足鼎立"的新格局。医疗技术损害责任即为由于医方的诊疗技术行为给患者造成了实际的损害，于是产生的一种责任。医疗伦理损害责任实为医方对患方的隐私、知情等权利造成侵犯，进而引发相应的损害结果时所需要承担的责任。医疗产品损害责任则为因医务药品、医用器材等有质量问题或缺陷，从而对患方造成不良后果时所要承担的一种责任。三者于司法实践中，以医疗技术损害责任的认定最为棘手，其症结恰在该责任构成之因果关系要件的证明。[1] 作为证明对象的"因果关系"，其本身之内涵应当如何诠释是诉讼中当事人对该要件开展具体证明活动前必须予以正视的。纵观因果关系发展史，近一个多世纪来，两大法系的众多优秀法学家沉迷于此，从而演化出了形形色色的关于医疗技术损害责任因果关系之内涵界定的学说理论，概其要者如下：

1.必然因果关系说。必然因果关系理论产于19世纪初的大陆法系国家，其本身在传统大陆法系之因果关系学说史上并没有特别重要的地位。但是，苏联法学家后来对该理论进行了新的挖掘——赋予其马克思主义法学新内涵，从而在中国及前苏东等社会主义国家的因果关系学说史上一度占据重要位置。[2] 该理论继受了哲学固有思维模式，执着于事物的内在规律之于外现结果的作用，认为只有满足一方行为与另一方的损害具内在、必然之引发关系时，才可谓法律上的因果关系。该理论将因果关系中的"因"与"果"相割裂，不具必然属性的偶然事件、介入事件等不能作为认识的对象，只有内因才属因果关系中的"因"，行为人只对具有必然因果关系的行为负责。必然因果关系理论对外因的排除，直接限制了民事赔偿责任主体波及范围，同时也成为诸多被告逃避责任的工具。[3] 该理论混淆了法律上的因果关系与哲学上的因果关系，

---

[1] 判断医疗技术损害所需之技术性及局限性，不仅对缺乏专业医学知识、缺乏医疗信息的患方而言极难说明其原理，即便是相对处于技术设备与医学知识优势的医方对此也往往没有很好地认识与把握。医疗技术损害的机理很多时候是需要随着科学实验的累积日后才能得以认识，这是医学进步、发展所要承受的必然风险代价。于此背景下，法官在司法实践中对医疗技术损害责任的认定就显得尤为棘手。

[2] 韩强：《法律因果关系理论研究——以学说史为素材》，北京大学出版社2008年版，第96页。

[3] 刘信平：《侵权法因果关系理论之研究》，法律出版社2008年版，第76页。

直接对其进行了简单等同化处理,忽略了法律层面因果关系的判定并不仅仅为了追求因果律上的绝对客观真理,更多的是要服务于责任的划定与纠纷的解决。所以,要根据因果作用的具体情境对外因进行斟酌取舍,不能完全将其排除在法律上起作用的原因之外。

诉讼中要查明的事实都是过去发生、现已消失的事实,鉴于事件的不可复制性与不可再现性,当事人只能凭借残余的现有证据努力拼凑一幅最接近原发事件的画面。在民事诉讼中,当事人要受当事人主义、辩论主义原则的制约,当事人未主张之事实,法院通常不得主动调查,当事人可以申请法院凭借公权力依法调查的事项又多限于程序性事实,而证据偏在型案件(诸如环境污染侵权案件、医疗纠纷侵权案件等)中案件信息分配天然不对称,弱势方仅凭借一己之力很难搜集提供翔实、完整的诉讼资料,而对立的优势方出于自身利益的考量,非但不会主动提供于己不利的证据材料,甚至还会虚构事实、伪造证据材料等,为案件事实真相的还原增添层层障碍。同时,诉讼中的证明要受法定期间、指定期间的限制,不准许仅为寻觅更高层次的客观真实而以牺牲时间为代价让诉讼无止境地耽搁下去。在手段单一、时间有限等诸多困难条件下,如若仍然让原告对损害行为与损害结果进行必然性的因果关系证明,显然难以完成。此外,必然因果关系还具有"原告证实难、被告证伪易"的固有属性。[1] 正是必然因果关系理论忽略了人类认识能力与举证能力的有限,对原告的证明提出了过于苛刻、近乎不可能完成的"必然性"要求,从而使得在司法审判实践中完全贯彻该理论,必将造成不公的裁判结果,于是该理论随着实践的推进和理智的反思慢慢走向了衰落。

2.疫学因果关系说。疫学因果关系理论始于日本法,主要基于流行病学原理对因果关系进行推定,在实践中从四个方面的肯定性具备来判定某因子与某损害间存在事实因果关系:首先,某因子存在于该损害结果发生之前;其次,基于该因子的作用使得该损害结果发生率显著提高;再次,剔除该因子的存在则该损害结果发生率极低,而反向增强该因子的作用力则致使该损害结果的发生率随之升高,二者呈现出发展趋势之波谷、波峰同向一致性特征;最后,生物学对该因子为该损害结果的发病机制已做出明确说明。[2] 从上述四个必备条件不难看出,运用疫学因果关系理论对某因子与损害结果之间的联系进行判定时,某因子无须为必要条件,原告只需证明该因子较其他原因对损害

---

[1] 胡学军:《环境侵权中的因果关系及其证明问题评析》,载《中国法学》2013年第5期。
[2] 夏芸:《医疗事故赔偿法——来自日本法的启示》,法律出版社2007年版,第203页。

结果的发生具有更加高度之可能性,如此这般,原告的初步举证责任即告完成,对立方的被告如若坚持己方行为与损害结果之间不具因果关系,则需要具体举证证明,否则,法官将基于原告成功的初步举证推定因果关系的存在。

3.法医学因果关系说。法医学因果关系理论源于法国法,它将外来行为与损害结果间的因果关系明细为五种情形：第一,外在行为导致损害结果发生的机理没有受到质疑,同时于事实层面也完全具有可能性；第二,外来行为导致损害结果发生的机理受到了质疑,但是在科学层面却具可能性(即有实证先例)；第三,外来行为导致损害结果发生的机理在科学层面具备可能性,然其于本案中的适用仍需进一步检验；第四,外来行为导致损害结果发生的机理在科学上是可能的,不过该点事实暂且未被证明(即无实证先例印证,仅为纯粹理论上之可能)；第五,外在行为导致损害结果发生的机理不具可能性。[1] 第一、第二情境下均可肯定因果关系的存在,而第三种境况下则有待检验。

法医学因果关系鉴定结论还存在另类划分：①存在因果关系；②欠缺因果关系；③可疑之因果关系；④部分因果关系。于第③种情况下,倘若受损方为证明责任负担主体,那么就可进行可归责性(imputabilité)的事实推定；在第④种因果关系情形下,则触及多因一果之聚合的原因。[2]

法医学因果关系理论不要求外在介入行为与损害结果之间存在确定性、必然性的联系,只要在科学层面前者导致后者发生的机理具有可能性,并且有实证先例做支撑即可。法医学因果关系理论与医学因果关系理论具有本质上的相似性,都是运用了统计学上的方法在满足"可能性"条件下,对病因进行推定。两者都大幅减轻了因果关系证明任务的难度,从而为受害者损害的索赔提供了极大的便利。

有关医疗技术损害责任因果关系内涵定义的学说,除了上述较具代表性的三者外,还有盖然性因果理论、表面因果理论、参与度理论等。这些学说理论或得之于逻辑推导与科学实践,或源自于道德理想与政策衡量,除必然因果关系理论外,其他学说都是对危害行为与损害结果之间需存"必然性"联系之窠臼的突破,在不同角度为我们对复杂因果关系的判定提供了一定的具体标

---

[1] R.Barrot, N. Nicourt, Le lien de causalité: Actualité médico—légales de réparation du dommage corporel, Volume IV, Masson, Paris, 1986, p.86.转自叶名怡:《医疗侵权责任中因果关系的认定》,载《中外法学》2012年第1期。

[2] R.Barrot, N. Nicourt, Le lien de causalité: Actualité médico—légales de réparation du dommage corporel, Volume IV, Masson, Paris, 1986, p.86.转自叶名怡:《医疗侵权责任中因果关系的认定》,载《中外法学》2012年第1期。

准。然而，令学者们喟然长叹的是，目前尚无一个理论能彻底解决因果关系问题，众多理论在展现自我、揭示彼此缺陷的同时，始终未能就具体的医疗技术损害责任因果关系的内涵形成统一的认识。于此背景下：部分学者武断地认定因果关系问题在法律上是一个无解之谜；[1] 还有一些学者消极地认为——对争议如此大的问题继续讨论注定是一种自不量力。[2] 但毕竟司法中的因果关系判定首先取决于采用何种因果关系理论，只有对医疗技术损害责任因果关系的内涵有了统一清晰的界定才能为后续当事人的诉讼证明及法官的认定提供统一明确的目标，也只有对该要件的内涵予以科学的定义才能使医疗技术损害责任中的因果关系之证明具有现实可操作性。正是指导理论的不统一，会直接导致司法实践新的混乱，故而，在法律层面给医疗技术损害责任因果关系以恰切统一的内涵诠释仍为医疗技术损害责任因果关系证明问题研究的"头等大事"，亟待解决。

（二）医疗技术损害责任因果关系证明责任之立法变迁

首先，我们来考察一下证明责任负担主体之立法演变。囿于医疗技术领域的特殊性，医疗技术损害责任因果关系被赋予异于其他一般侵权案件中因果关系之高度专业性、复杂性及不可预见性等特征。这些特性直接造就无论于患方还是医方对该要件的证明都很艰难：①人类历史的发展与疾病的斗争相同步，从而使得医疗科学成为目前自然科学中分类较细、专业化极高的学科。[3] 患者通常情况下没有经过专业的学习培训，不具备专业的医学知识，难以判断某一医疗技术行为与相关医疗规程是否相符，其医方行为对损害后果的发生是否具有关联、促进作用。此外，依据目前医疗规章，住院病历、医学影像检查资料、手术麻醉记录单等主要证据材料基本都为院方管理掌握，信息分配偏离患方。所以，由患方对医疗技术损害责任中的因果关系进行证明通常可谓"心有余而力不足"。②同时，医学也是一个兼具复杂、不确定、试验性的学科。医学属于经验科学，每种治疗方法均要历经多次的实验与临床考证，在不断的试错中得以发展，还不属真正的精密科学。[4] 当前人类对医疗科学的探索尚处初级阶段，由于缺乏缜密的理论指导，加之个体差异的客观存在，仍有

---

[1] See Jeremiah Smith, Legal Cause in Action of Tort. [Concluded], *Harvard Law Review*, Vol. 25, No. 4, 1919, p.318.

[2] See James Angell McLaughlin, Proximate Cause, *Harvard Law Review*, Vol. 39, No.2, 1925, p.149.

[3] 代光敏：《论医疗损害赔偿中因果关系与原因力的认定》，安徽大学 2014 年硕士学位论文。

[4] 宋永堂、张晋：《医疗纠纷导引》，湖北科技出版社 2005 年版，第 3 页。

许多不为知晓的生命禁区,在很多医学领域,医疗专家也不能准确掌握致病机理。[1] 因此,让医方对医疗技术损害责任因果关系进行证明很多情况下也很艰难。

面对此般境遇,以我国目前的相关立法为视角,"证明责任的配置"被作为该困境之出路的不二选择。对于我国医疗技术损害责任因果关系之证明责任分配规则,其历程可归纳为"两次变迁、三个阶段":

阶段一,以《民事诉讼法》为中心。1991 年的《民事诉讼法》,出于"预防原告随意提起诉讼、被告滥用抗辩权利"考虑,于第 64 条[2]确立了"谁主张,谁举证"的一般证明责任分配规则。与此同时,对部分特殊类型案件的证明责任分配进行了例外规定,以此体现原则性与灵活性的相结合。然而,医疗诉讼案件当时并未归入上述特殊类型案件的范畴,于是,在医疗纠纷诉讼中当事人就要对自己主张的法律关系存在的待证要件事实进行一一证明。具体于患方而言,就需要对医方侵权责任成立的四要件——医方行为具违法性、患方发生损害结果、医方违法行为与患方的损害结果间具有因果关系、医方具有过错,逐一证明。以此开创医疗技术损害责任因果关系要件的证明责任由患方承担的新纪元。

阶段二,以《证据规定》为中心。2002 年最高院出台了《证据规定》,第 4 条明确列举八种特殊侵权类型。对于共同危险行为致人损害、环境污染致人损害及医疗侵权损害案件中的"因果关系要件"均适用证明责任"倒置"。对于医疗侵权案件和物件倒塌、脱落、坠落致人损害案件中的"过错要件"也都适用证明责任"倒置"。从而,确立了医疗损害诉讼中"因果关系"与"过错"双重倒置的证明规则[3]。于是在医疗纠纷诉讼中,患方只要对医方行为具违法性、有损害结果发生进行了证明,即告完成初步证明任务。此时如若医方不对"因果关系"和"过错"两要件之不存在进行证明或提交的证据不充分致使证明达不到法定证明标准,法官即可推定两要件的确定存在。由此,医疗技术损害责任中因果关系要件的证明责任由先前的患方转移分配给了医方。

阶段三,以《侵权责任法》为中心。2010 年《侵权责任法》开始施行,该法第七章对《证据规定》之于医疗损害诉讼中因果关系要件的证明责任分配做出新

---

[1] 宋平:《我国医疗侵权举证责任分配之反思与重构》,载《河北法学》2010 年第 6 期。
[2] 《民事诉讼法》第 64 条:"当事人对自己提出的主张,有责任提供证据。"
[3] 《证据规定》第 4 条第 8 款:"因医疗行为引起的侵权诉讼,由医疗机构就医疗行为与损害结果之间不存在因果关系及不存在医疗过错承担举证责任。"

的修改。该法第 54 条明确"过错责任原则"为医疗技术损害责任的一般性归责原则(仅出现本法第 58 条情形时,例外地推定医方有过错);第 57 条确立了"过错推定原则"为医疗伦理损害责任的归责原则,医方只有对"倾尽所能地尽到了与当时医疗水平相应的诊疗义务"进行了充分的证明,方可免除其败诉风险;第 59 条规定"无过错责任"为医疗产品损害责任的归责原则,该种形态的责任可视为产品责任于医疗领域的具体表现,属特殊的产品责任类型。

《侵权责任法》的实施,使"不同医疗侵权类型对应不同证明责任分配规则"之新模式从此诞生。但是,该法对具体的"因果关系"要件事实的证明责任却没有明确规定,由此引发了热烈的讨论:部分学者认为——既然《侵权责任法》未明确规定,就应该继续沿用《证据规定》之因果关系要件的证明责任倒置。另一部分学者则坚持——鉴于《侵权责任法》未对其予以明确规定,那么不同侵权类型中的因果关系要件就要以各自对应的一般归责原则为指导进行证明责任分配。事实上,《侵权责任法草案(第二次审议稿)》曾对此争议问题做出明确规定并近乎沿用 2002 年《证据规定》中的因果关系要件之证明责任倒置[1]。不过,在二次审议中遭到了部分常委(有医疗卫生背景)的反对,最终使得该条"胎死腹中"[2],于后来的审议稿中被删除。全国人大法工委对于《侵权责任法》没有涉及"因果关系"规定的回应是:因果关系要件的证明规则可交由证据制度予以解决。

我国沿用了大陆法系的主流"法律要件分类说",即由实体法对证明责任的配置予以规定。而我国有关医疗侵权的最新实体法就是 2010 年正式实施的《侵权责任法》。而该法第 54 条[3]也明确了医疗技术损害责任的归责通常适用过错责任原则。依据法理,证明责任"正置"与过错责任原则对应,证明责任"倒置"则与过错推定原则、无过错责任原则相对应。不同国家的立法机关对某一侵权行为及其具体的某一要件事实适用过错推定或无过错归责原则时,其态度通常是一致的谨慎,必定会在相关的实体法中予以明示(譬如《侵权责任法》对环境污染和高空抛物、坠物致人损害中的因果关系要件适用过错推定归责原则——即因果关系的证明责任倒置,就通过第 66 条、第 87 条予以明

---

[1] 《侵权责任法(第二次审议稿)》第 59 条:"患者的损害可能是由医务人员的诊疗行为造成的,除医务人员提供相反证据外,推定该诊疗行为与患者损害之间存在因果关系。"

[2] 杨立新:《当前审理医疗损害责任纠纷的难点问题及对策》,载《中国审判》2014 年第 4 期。

[3] 《侵权责任法》第 5 条:"患者在诊疗活动中受到损害,医疗机构及医护人员有过错的,有医疗机构承担赔偿责任。"

示 [1]),以规避法官的乱用,最大限度地减少实体与程序的不公。既然实体法未对因果关系的证明责任分配做出明确的规定,那么按照过错责任构成要件,就应由患方对"因果关系"要件进行证明。[2] 此种见解也是学界当前的主流观点。[3] 此外,最高院于 2015 年 2 月 4 日发布的《最高人民法院关于适用〈中华人民共和国民事诉讼法〉的解释》第 91 条指出:除法律另有规定,当事人需对支持己方主张之法律关系产生的要件事实承担积极的举证证明责任。因为我国当前最新法律并没有对医疗技术损害责任中的因果关系给以明确的"例外""另有"规定,所以,同样得出——原告的患方需对支持自己主张之医方损害责任成立的因果关系要件事实承担证明责任。

其次,我们可以对这一问题上的立法变迁的原因及背景加以分析。2002 年《证据规定》实施前,1991 年民诉法将医疗侵权责任成立之四要件的证明责任均分配给患方主要基于两个原因:第一,生活中某人想博取他人对自己主张事实的认可,通常需要提供足够的关联证据加以证明,进而达成说服效力形成一致认识。同理,在诉讼实践中,当事人对自己主张之法律关系存在的相关要件事实,就也需要提供足够的证据以说服法官,使其形成内心确信。第二,便是基于"预防原告随意提起诉讼、被告滥用抗辩权利"的良好初衷。但是医学的不断发展、医疗技术的日益精进,使得原本就未经过系统学习、缺乏医疗专业知识的患方对医方行为是否存有不当及医方行为与自身损害结果间是否具有引发关系也相应变得更加扑朔迷离。同时,依据医疗规章,住院病历、用药记录及病理标本等绝大部分资料也都偏离患方。正是为"专业知识匮乏、医疗信息分配偏离"的双重限制,患方在医疗侵权诉讼中的举证变得异常艰难,实践中的胜诉率极低,患者"流血又流泪"成为一种常态[4],于是引发公众、媒体的强烈不满,医疗诉讼的公平性受到了社会的普遍质疑。

反观医方,一方面医方具有丰富的专业知识和临床经验,另一方面医疗侵权诉讼中所需要的绝大部分信息资料也都为医方所掌握。因此,在损害判断及提供证据能力等方面,医方均处于强势地位,由便利提供证据的一方当事人承担于己有利的证明任务,似乎显得更加公平合理,更利于具体举证的完成。同时,这也是践行诉讼经济理念的客观需求。

1　周翠:《〈侵权责任法〉体系下的证明责任倒置与减轻规范》,载《中外法学》2010 年第 5 期。
2　胡学军:《解读无人领会的语言——医疗侵权诉讼举证责任分配规则评析》,载《法律科学》2011 年第 3 期。
3　杨立新:《医疗损害责任的因果关系证明及举证责任》,载《法学》2009 年第 1 期。
4　艾尔肯、方博:《我国医疗损害赔偿案件法律适用问题研究报告》,载《河北法学》2010 年第 2 期。

此外，社会变迁将医院市场化，药品划价要随市场规律的波动而变动。公立医院尽管整体仍具公益性属性，但在公力财政拨款不足的境况下，为谋求更好发展（引进先进医疗设备等）就需要创收。医方与患者间本属内在统一的合作关系，但在利益的驱动下，医方侵害患者权益的情形（开贵药、大处方等）频频发生，双方间的对立性凸显，正常关系被异化。在医患矛盾激化的背景下，由医方承担不构成医疗侵权的证明责任，也似乎更加符合由获益较大方承担更难的证明任务之惯有思维。[1]

正如立法专家宋春雨所言：最高院结合医疗侵权案件的特殊性，综合衡量医患双方在专业、技术及证据掌握方面的强弱，为适应不断变化的客观实际生活，为使弱势的一方在遭受损害时可以获得应有的赔偿、更好实现法律的公平正义，2002年《证据规定》应运而生——对医疗侵权责任中过错和因果关系两要件实行证明责任倒置。

2002年《证据规定》的颁布实施，带来了积极的效应：首先，患者的证明负担得以减轻、被保护力度得以增强。医学的复杂性、探索性及滞后性决定了医疗领域目前对部分疾病的病理分析、对策研究仍存盲区。很多疾病的未愈、恶化，除却医方的过失懈怠，不排除患方自身体质、心理抗压能力等因素的影响，损害的发生很多情况下是多因所致。但基于人类认知能力的局限，即使是医方也不能对部分损害发生的致病机理予以明确阐释。医方尚且如此，那么对"专业知识"和"证据掌握"均处弱势的患方而言更是自不待言。于此语境下，证明责任倒置无疑减轻了患方的证明负担，同时也在一定程度弥补了医患双方的信息不对称，增强了对患方的保护力度。其次，有效遏制违法私力救济的频发。在"谁主张，谁举证"证明责任分配规则下，患方需要对医疗侵权责任构成四要件均承担证明责任，其天然的劣势地位决定了这一任务的难以完成，从而产生"自身损害凭借公力救济（司法途径）难以实现"的观念，暴力解决医疗纠纷也就成了一种"合乎情理"的选择，而证明责任倒置的实施有效阻断了这一不良趋势的恶化。最后，提升了医疗机构的责任心。证明责任的倒置，于医方而言，增加了其法律责任，促使医方在高度谨慎状态下工作，更加注重医疗服务的质量，更加注重疾病研究、治疗措施的步骤方法，警示其在具体医疗行为前，做好前期分析筹划，以最大化减少损害的发生，确保医疗科学于程序合规合法下稳步前进。

医疗侵权证明责任倒置在实施之初，其积极效应可谓立竿见影。但是，随

---

[1] 秦雅静：《医疗侵权举证责任分配制度研究》，西南财经大学2014年博士学位论文。

着时间推移，其弊端也不断呈现：第一，恶意诉讼爆发、滥用诉权现象不止。医疗纠纷中损害的发生具有不可回复性，所以证明责任倒置于医疗侵权领域的推行其初衷是填平患方的损失。然而部分患者为谋取私利，在侥幸心理的催化下，滥用诉权，过度维权，恶意诉讼爆发。据相关统计数据显示，2002年《证据规定》颁布后医疗纠纷诉讼案件迅猛提升并高居不下。[1] 第二，保守性医疗层出，医学发展受阻。正如人类认知能力具时代局限性、医疗领域存有盲区，故而发生误诊、不可预知性的损害结果都属情理之中。但医疗侵权证明责任倒置的实施使得医务人员因技术无法达到的领域亦被追究法律责任成为一种可能，于是医疗机构基于规避风险的自保心态，对待部分棘手疾病往往不敢做出大胆、前卫性的判断，更倾向于选择传统保守手段甚至不接手。而医学的进步发展恰恰需要在理论之大胆创新和临床实践之不断试错中得以实现。因此，医疗侵权证明责任倒置下的保守型医疗，使医疗科学的发展严重受挫。第三，防御型医疗显现，医疗成本倍增。基于医方对因果关系要件、过错要件需负担证明义务，如若没有证据或证据不足则要承担败诉风险，对患方进行赔偿。为此，医方为保留证据、规避风险对于一般的常见疾病也要求患方进行烦琐的系列抽血、化验、拍片检查等。所有这些看似额外附加、浪费医疗资源的检查、化验单据报告，在医疗纠纷提升至诉讼层面时则往往会起到直接决定医方诉讼成败的效果。防御型医疗导致医疗成本倍增，患方对医疗费用的提升则怒火中烧，同时基于自身证明负担的锐减而大胆启动诉讼，如此往复，医患之间形成一种恶意循环，使得原本就紧张的医患关系直逼"冰点"。证明责任倒置制度的初衷是倾向于对患方的保护，然而医方却为此付出过高代价，并随着实践的深入医方最终成功地将成本转嫁给患方，致使该制度于实然层面事与愿违。此外，医疗纠纷案件的急剧爆发与司法资源有限的客观现实（法院人少案多）相悖，法官审判压力骤升，通过法律制度的调整以减少案件数量也成为一种情势所需。于是，2010年《侵权责任法》颁布实施，确立了医疗技术损害责任之构成要件的"证明责任正置"。

（三）医疗技术损害责任因果关系证明责任之司法考察

通过以时间轴形态的纵向立法演变分析，我们对中国医疗技术损害责任中因果关系的证明责任分配规则有了初步的认识，但这只是一个起点，为了达

---

[1] 奚晓明主编：《〈中华人民共和国侵权责任法〉条文理解与适用》中数据显示：2002—2008年，全国法院一审受理医疗损害赔偿案件分别为：10249、9079、8854、9601、10248、11009、13875件，结案分别为：8741、9046、8738、9029、10129、10477、12858件。

到全面解读中国医疗技术损害赔偿诉讼证明责任分配规则的终极目标,还需对司法实务中的证明责任分配适用情况进行考察。因为理论研究常为先验结论、原理及价值等框架所限,理论研究者惯于从应然的角度借助"镜面反射原理"当然地认为:法律犹如一束光,照射物体表面后,便会按照预设轨道反射出去。这一假设成立的前提是物体表面为平整光滑状态,而实际中的物体表面不排除凸凹不平情形的存在,此时理论研究者所追求的预期效果就必须服从于客观事实的影响,从而产生实然与应然的偏差。[1] 为此,我们要突破理论研究的局限性,凭借实证研究,在对一项制度的理论和实践状况均有清醒认识的基础上,才能深刻了解到该制度的真实价值。实证考察的方法通常有两种:第一,文献分析法,即通过对法院裁判文书的归类、整理以解读相关制度于司法实务中的运行状况。第二,田野调查法,即直接与不同个体的法官进行访谈。囿于现实条件所限,本文采用第一种方法,主要借助"中国裁判文书网"获取2010年《侵权责任法》实施后产生的医疗损害责任纠纷案件的裁判文书,通过对这些裁判文书的研读、对比、分类,择其较具代表性的案例,以揭示中国医疗技术损害责任中因果关系要件之证明责任分配的司法现状。

案例一[2]:2012年8月11日12时45分,钟母因"孕约足月,见红伴下腹坠胀感3+小时"入住恩平市甲医院产科待产,产婴过程中出现"胎头不降、持续性枕横位等难产现象",于是产科医师初次建议进行剖宫产,但遭到钟母和小钟外祖母的拒绝。几经周折,产程仍无实质进展,在医务人员的再次建议下,钟母及其小钟外祖母终在剖宫产手术知情书上签字同意。小钟出生时身体症状无异常,此有新生儿入室记录为证,次日亦正常。但是,医护人员于8月13日为小钟洗澡时,小钟突现抽搐并持续近1分钟,随即医务人员将其转入儿科会诊,并在为小钟做了头颅CT检查后建议马上进行手术治疗。小钟家属经过权衡最终决定将其转入江门市乙医院,入院诊断为:"左额骨骨折且膜外血肿、新生儿病理性黄疸、新生儿脐炎",并在当晚就开展手术治疗,术后住院观察调理15天,最终于2012年8月28日出院。

小钟的家属认为:小钟出生时一切正常,随后的因伤入住江门市乙医院完全是恩平市甲医院的医护人员为其洗澡时导致。小钟受伤时仍在恩平市甲医院的监管之下,其医护人员为小钟洗澡的行为当属医疗行为,故院方应对己方权益的受损,进行赔偿。恩平市甲医院则辩称,小钟属于临床上因难产而改行

---

[1] 白建军:《论法律实证分析》,载《中国法学》2010年第4期。
[2] 广东省江门市中院(2013)江中法民一终字第105号民事判决。

剖腹产的"高危儿",对于这类群体,通常需要历时的观察,在观察过程中,疾病进展到一定程度并出现临床症状时,医务人员才能采取适当的措施对其进行相应的诊治。同时,院方借助《中国妇产科学》《新生儿产伤》及《妇产科学第7版》中相关理论和《中华妇产科学》宫缩对胎头推进力的公示,结合钟母的难产过程,坚持认为:小钟转入江门市乙医院进行治疗的"伤"是其难产中"潜在产伤"的自然外现,院方的医护人员均按照合理的操作程序进行,不存在导致小钟受损的医疗行为。随后双方就赔偿事项协商无果,诉至恩平市人民法院。

一审法院在对当事人双方提交的证据进行审查后,认为该案属于医疗损害责任纠纷。由于,小钟一方没有提供足够的证据以证明恩平市甲医院及其医务人员存在过错行为及己方的损害与医方的行为间具因果关系。故而,依据《民事诉讼法》第64条第1款、最高院《关于民事诉讼证据的若干规定》第2条[1]和《侵权责任法》第54条规定,由患方承担因果关系要件、过错要件证明不能不利结果责任,判决驳回原告诉讼请求。

小钟一方不服一审判决,在法定期间内向江门市中院提起上诉,请求依据《证据规定》第4条第8款[2],由恩平市甲医院对自身行为无过错且与患方所受损害之间无因果关系承担证明责任。江门市中级人民法院认为,2010年《侵权责任法》较之2002年的《证据规定》为新法,法律效力位阶更高,一审法院依据《侵权责任法》让患方对过错要件和因果关系要件承担证明责任完全正确,因此,判决驳回上诉,维持原判。

案例二[3]:2011年6月21日,两岁零五个月的小顾因发热、流鼻涕在家人带领下来到于镇镇于北村卫生分室郝某处就诊。郝某对小顾进行了检查并确诊为"上呼吸道感染",进而让诊室的另一工作人员高某为其输液治疗。次日上午,小顾来到杞县第二人民医院进行了血常规检查,检查报告显示正常。然而,小顾在经历了两天的输液治疗后病情非但没有好转,反而更加严重——精神极差、肢体抖动。情急之下,家人火速将其送往杞县人民医院治疗,入院诊断为"手足口病"。随即转至开封市儿童医院,入院诊断报告:重症手足口病;

---

1 最高人民法院《关于民事诉讼证据的若干规定》第2条:"当事人对自己提供的诉讼请求所依据的事实或者反驳对方诉讼请求所依据的事实有责任提供证据以加以证明。没有证据或者证据不足以证明当事人的主张,由负有举证责任的当事人承担不利后果。"

2 最高人民法院《关于民事诉讼证据的若干规定》第4条第8款:"因医疗行为引起的侵权诉讼,由医疗机构就医疗行为与损害结果之间不存在因果关系及不存在医疗过错承担举证责任。"

3 河南省开封市中院(2013)汴民终字第916号民事判决。类似案例:(1)河南省开封市中级人民法院(2013)汴民终字第801号民事判决。(2)湖南省宜阳市郝山区人民法院(2009)益郝民一重初字第4号民事判决。

脑炎(病毒性);中枢性呼吸衰竭;神经源性肺水肿等。小顾于开封市儿童医院住院治疗18天,终因呼吸循环衰竭不幸病终。小顾离世后,其家人认为郝某、高某及杞县第二人民医院对小顾的死亡应承担相应的法律责任,随即以上述三者为共同被告诉至杞县人民法院。

杞县人民法院综合衡量医患双方的证据并经查证,认为:医方违反法律法规(高某无从事卫生技术行为资格),延误小顾病情的及时诊治,进而造成患方病情加重,故郝某卫生分室对小顾的死亡应承担相应的赔偿责任;杞县第二人民医院对于镇镇北村郝某卫生分室有监管责任,此外,小顾在本院进行了血常规检查,医生未询问检查原因、未对小顾可能患手足口病予以注意并采取相应措施。因此,杞县人民医院对小顾的死亡也应承担定量的责任;原告在最初发现小顾手上起红点,有手足口病之嫌时,没有及时去定点正规医院接受诊治,本身也存有过错,是故原告方也该自担部分责任。对一审判决,郝某、高某及杞县第二人民医院均表示不服,在上诉期内向开封市中级人民法院提起上诉。

开封市中级人民法院法院审理查明的基本事实与一审一致,并认为该案属医疗损害赔偿案件,明确表态:医疗机构应就其医疗行为与患方损害间不具因果关系承担证明责任。鉴于郝某、高某和杞县第二人民医院均未能提交证据以证明自身行为与小顾损害之间不具因果关系,所以一审法院判令其对小顾的死亡进行赔偿的法律依据正确且赔偿比例划分合理,遂驳回上诉,维持原判。由此可见,该案例中的一审、二审法院对于医疗技术损害责任中因果关系要件证明责任分配适用的是2002年《证据规定》第4条第8款,而非2010年《侵权责任法》第54条的规定。

综上所述,对于医疗技术损害责任中的因果关系要件,在医患双方都陷入证明"沼泽"时,经历了两次变迁,我国最终于立法层面确立了由患方对其进行积极证明的分配规则。然而,立法却止于此,没有进一步对"作为证明责任负担主体的患方普遍缺乏专业医学知识、医疗信息分布不对称(更偏向于医方)等客观事实"予以立法层面的回应,于是便催生部分法官(如例二及其类似案件中)于司法实践中以实用主义为导向,执着于"个案妥当性",全然无视现行法律规则,毅然决然地让医方对自身行为与患方损害间不具引发关系承担证明责任,这直接造就了司法对立法的抵牾,法的安定性、统一性荡然无存。对同样情形适用同样规则或标准,是法律体系内在统一性的基本要求,规则的设计及实际运用应避免"双重标准"。[1] 当然,正所谓"鞋子合不合适,只有脚最清楚",司法对立法的抵制从侧面也给我们以积极警示:正如所有的制度都有其自身局限性一般,证明责任分配制度也不例外,我们要纠正现有立法对证明责任制度之于因果关系证明难问题的解决寄予"一劳永逸"之不切实际的期待,正视现有制度的不足,通过相关辅助制度的不断完善,以真正保障法律之定纷止争作用的发挥。

(四)证明责任裁判泛滥:医疗信息分配不对称,患方证明标准过高

首先,医疗信息分配不对称。医疗侵权、环境污染、共同危险行为及专利纠纷四者同属高度专业性、技术性领域,在这些领域产生的纠纷案件通常具有一个共同的特点:涉案证据偏离受损方,关键证据几乎完全为加害方掌握。具体于医疗行为引起的医疗损害责任纠纷诉讼中,依据我国现有医疗规章制度,患方住院病历、用药记录、手术同意书、手术麻醉记录单、医嘱单、化验报告、体温表、特殊检查同意书、护理记录表、病理标本及影像检查资料等绝大部分重要材料均为医方保管,患方仅掌握门诊病历手册、医疗收费发票单据和挂号单等少数"无关痛痒"的信息。同时,患方普遍缺乏专业的医学知识,所以对医方的具体医疗行为可能造成的损害结果缺乏大致预见性,从而直接影响其术后对记录了相关具体医疗行为和检查项目之单据、报告的及时复制、保全。此外,患方在接受医方治疗时,部分情况下处于麻醉无意识状态,作为见证人的其他在场医护人员基于行业利益、同事情感,通常也不会本着中立的态度陈述出不利于同行的证言。所有这些共同决定了医患双方的"武器不对等"。

诉讼双方平等是现代民诉法的一项基本原则和理论预设。然而,当事人在实然层面对案件资讯和事实材料的掌控却并不总是平等。[2] 此种不平等使得在医疗损害纠纷中如果严格按照"谁主张、谁举证"由患方对医方侵权责任成立的四要件承担全部的具体举证责任,将造成患方难以接近事实真相的不公结果。于是,弱势的患方向拥有强大公权力的法院申请调查取证,便成为解决这一问题的初步路径。尽管我国民事诉讼法及相关司法解释一直有关于当事人向法院申请调查取证及证据保全的规定,但是《证据规定》第17条对其范围进行了限定。同时,2015年《最高人民法院关于适用〈中华人民共和国民事诉讼法〉的解释》第96条,对法院可以主动调查收集证据的范围也进行了明确的限缩。正是法律对法院可主动及依申请调查取证范围的限制,使得患方借

---

[1] 霍海红:《提高民事诉讼证明标准的理论反思》,载《中国法学》2016年第2期。
[2] 胡学军:《拥抱亦或拒斥:摸索证明论的中国待遇》,载《东方法学》2014年第5期。

助法院获取与实体性事项相关的关键证据之企望难以实现。同时,基于我国当前立法尚未确立"当事人事案阐明义务",所以作为对立方的医方出于自身利益的考量,通常不会主动提供于己不利的证据。因此,在我国现有立法框架下,医疗诉讼中结构性的"信息不对称"或"证据偏在"依然客观存在。

其次,患方证明标准过高至证明负担过重。纵观我国民事程序法,一直以来都没有关于民事证明标准的明确规定,但透视相关法条,又似乎可以得到间接暗示,诚如《民事诉讼法》第 2 条、第 63 条、第 64 条第 3 款,学者[1]一般认为上述条款从正面对证据的审查提出了双层要求:①形式层面:须依法定程序对证据进行审查;②实体层面:须全方位、实事求是(客观)地对证据材料进行严格审查,亦即满足"证据确实"的标准;而第 170 条第 2 款和第 3 款则从反面逻辑结构上对"事实清楚,证据确实充分"做出要求。[2] 同时又为传统客观真实追求理念的影响,所以,自 1991 年《民事诉讼法》颁布后,我国民诉法在很长一段时间于观念和操作上都奉行着与刑诉法同样的证明标准。

20 世纪 90 年代后期,学术界开始了"反思客观真实"讨论热潮,对"一元制"证明标准理论展开激烈批评,主张实行"二元制"的证明标准理论。其间,有的学者义正词严地提出:鉴于民诉案件与刑诉案件之结果的性质、错判之危害、诉讼之效率要求及标准之可行性上存有巨大差异,因此我们应当理性区别民事诉讼和刑事诉讼的案件证明标准,采用"民、刑证明标准二元化";[3] 部分学者明确指出:司法证明的终极目标虽为客观真实,然而其标准却是法律真实,客观真实为一元化,而法律真实则具多元化特点,为此,在司法实践之具体运用中,民事诉讼与刑事诉讼实行区别化的标准才是合轨之道。[4] 还有学者认为:诉讼中法官对案件待证事实的认定,实质上仅为借助定量证据进而对其存在与否的一种可能性推测,因为法院在民事诉讼中要受到辩论原则等诸多因素的制约,所以法官对争议事实所做的判断结论往往只满足于某种程度的盖然性真实,此为现实中的无奈选择,故而,民诉中的证明标准不能采用同于刑诉的证明标准。[5] 尽管同期不乏为"客观真实"辩论的簇拥,但"用法律真实替代客观真实","区别对待民、刑诉讼,并对民事诉讼适用低于刑事诉讼的证明

---

[1] 蒙晓毅:《民事诉讼证明标准的类型化研究》,载《广西民族大学学报》2013 年第 2 期;武文举:《构建我国多元化的民事诉讼证明标准》,载《中州学刊》2011 年第 3 期。

[2] 武文举:《构建我国多元化的民事诉讼证明标准》,载《中州学刊》2011 年第 3 期。

[3] 王圣元:《论诉讼证明标准的二元制》,载《中国法学》1999 年第 3 期。

[4] 毕玉谦:《证明标准研究》,载《诉讼法学论丛》(第 3 卷),法律出版社 1999 年版,第 463 页。

[5] 李浩:《证明标准新探》,载《中国法学》2002 年第 4 期。

标准"确已成为不容置疑的风向标。

随着 2002 年《证据规定》的颁布,其第 73 条首次对民事证明标准给予了正面规定。《证据规定》第 73 条为法官对当事人提供的证据予以确认,明确了一方当事人之证据证明力"明显大于"另一方当事人之证据证明力的标准。依据 2002 年《证据规定》制定者(亦及最高人民法院时任大法官)的解释,该条的颁布为我国民事诉讼设定了"高度盖然性"的证明标准。[1] 最高院的司法解释,虽然不属全国人大及常委会的立法,但是其毕竟为我国民诉法的正统渊源之一。故而,学界主流也认为该条的实施意味着"高度盖然性"标准在我国的正式法定化。[2] 至此,理论界与实务界的主流达成了"高度盖然性"为民诉一般证明标准的深层共识。而 2015 年《最高人民法院关于适用〈中华人民共和国民事诉讼法〉的解释》中第 108 条第 1 款的进一步"明示",无疑更加巩固了"高度盖然性"作为民事一般证明标准的地位。

域外证明标准理论认为:法律上的证明标准要结合具体证明对象、具体语境而定,并非一个亘古不变的准则,性质不同的案件及其待证事实(如因果关系或过错等)适用的证明标准也存在差异,即"特定案件事实适用特定证明标准"。而我国民事诉讼中除了"当事人对恶意串通、胁迫、欺诈、赠与事实及口头遗嘱的证明"适用例外的"排除合理怀疑"标准,其他性质的案件及其具体待证事实因缺乏《民诉法解释》第 108 条第 3 款中的"法律另有规定"之前提,均须适应"高度盖然性标准"。医疗技术损害纠纷虽属证据偏在型案件,证据材料偏向掌握于医方,双方当事人武器不对等,但鉴于我国立法并未基于此而对降低患方证明标准有明确之法律上的"另有规定",是故,严格依照现有立法,患方就必须在"缺乏医学专业知识、缺乏医疗信息"条件下对医疗技术损害责任因果关系仍然进行"高度盖然性标准"的证明,于是其往往"证明不能"的结果也就成了一种无可奈何的必然,绝大多数案件的裁判终沦为"证明责任裁判",这既造就了"立法中证明责任之所在,司法中败诉之所在"的病态司法,也有违证明责任制度的初衷。证明责任所追求的是为诉讼中的证明提供逻辑起点,而非做出最终的证明责任裁判,恰恰相反,极大程度上正是为了防止证明

---

[1] 李国光主编:《关于民事诉讼证据的若干规定的理解与适用》,中国法制出版社 2002 年版,第 462 页。

[2] 何家弘、刘品新主编:《证据法学》,法律出版社 2013 年第 5 版,第 336 页。持类似观点的学者还有常怡、田平安、陈彬等。

责任裁判的出现。[1] 事实上,也正是患方因天然不利地位的缘故而致使其具体举证不能并最终被判处败诉明显有违法律公平正义的基本理念,所以,才会出现上述部分法官(如前文例二及其类似案件)于司法实践中为维护个案的正义,抵制立法规定——坚持由医方对医疗技术损害责任中的因果关系进行证明,从而造成了立法与司法不统一的混乱局面。

二、医疗技术损害责任因果关系在法律上属相当因果关系

因果关系的判定,是任何一个侵权案件都无法回避的问题,盖侵权责任的成立必须具备因果关系,是最没争议的一个共识。[2] 伴随着侵权法的发展,因果关系理论也呈现出一派百花齐放、百家争鸣的景象。对此,哈特和奥诺尔认为:于因果关系范畴,试图将民事责任统一纳入单一模式的"一元论"不可取,"多元化"才是大势所趋。[3] 但也有学者认为:理论的单纯化是理论体系的应有追求与应有之意。只不过,在特定阶段及范围内,部分理论为实现正义容纳特定的例外也具必要性。然而随着例外的倍增,理论更新的迫切也骤然上升,更具包容力的新的单纯化理论,便成为一种迫切的需求,因其在技术或价值层面都更利于实现正义的目标。[4] 基于理论的不统一会造成司法中新的混乱、统一的理论内涵诠释能给诉讼证明、认定活动以明确的目标,故笔者更认同后者的观点,且在对现有因果关系理论体系审视的基础上,经过反思认为:"相当因果关系理论"可以担当医疗技术损害责任中的一般性因果关系理论。

"相当因果关系说"由德国生理学家 Johnnvon Kries 于 1888 年在其撰写的《客观可能性的概念》中首次提出。该说面世后很快便得到德国司法界的绝对认可,随即又受到法国、奥地利等国的热捧。[5] 该说认为断定一方行为与另一方损害间存有因果关系,须满足两个前置性要件:第一,该行为之于另一方损害的发生为不可或缺的条件,即"条件关系"要件;第二,此行为大大增加了发生损害结果的概率,即"相当性关系"要件。为此,通过对条件关系要件和相

---

[1] 胡学军:《解读无人领会的语言——医疗侵权诉讼举证责任分配规则评析》,载《法律科学》2011 年第 3 期。

[2] 有学者在考察欧美十国的侵权责任法后得出结论:所有的法域中侵权责任构成均需具备因果关系要件。See.Spier(ed.),*Unification of tort law: Causation*, Kluwer Law International,2000,p.127.

[3] H.L.A.Hart, Tony Honore, *Causation in the law*, Oxford: Clrendon Press, 2nd.ed.1985, p.478.

[4] 叶金强:《相当因果关系理论的展开》,载《中国法学》2008 年第 1 期。

[5] Ernst von Caemmerers, Das Problem des Kausalzusammenhangs im Privatrecht, Freiburg: Hans Ferdinand Schulz Verlag, 1956.S.5.

当性关系要件的梳理,以实现对相当因果关系理论的全面准确认识,不失为一良好渠道。

首先,有关"条件关系"要件。相当因果关系理论中的"条件关系"要件,其实质为被告行为是原告损害结果发生之必不可少的条件,亦即充分必要条件。其通常的判断方法类似于英美法系中"but for rule":如果没有被告的作为或不作为,原告的损害将不会发生,则被告行为是原告损害发生的原因。相反,如若没有被告的不作为或作为,原告依旧会遭受损害,则原告损害的发生就不是基于被告行为的引发。值得注意的是,人们基于常识并运用逆向思维,推断得出的可单独引发原告损害之可能性的事实,与原告损害的关系通常为"充分条件"。在这些可能性事实中,只有对原告的实际损害发生起到真正助推作用的某一或某些具体事实与原告损害的关系才真正属于相当因果关系理论中的"充分必要条件"。认识到这一点至关重要,典型如"瓦斯爆炸案",被告运用"but for rule"辩称:即使没有自己的过失行为,原告的房屋照样会因随后来临的敌军空袭而被炸毁,所以自身的过失行为与原告房屋的毁损不存在因果关系。乍听之虞,被告的辩称似乎确有道理,但经理性分析便可看出误因之所在:对原告房屋的毁损起实际助推作用的是被告过失行为引致的爆炸,所以被告过失引发的爆炸是原告房屋毁损的"充分必要条件";敌方的空袭确实可以单独引发原告房屋的毁损,但是敌方空袭来临时,原告的房屋已经不复存在,所以敌方的空袭对原告房屋的毁损没有发挥实际作用,永远停留在"可能"的层面,所以与原告房屋毁损之间仅为"充分条件"关系。如此一来,就避免了运用"but for rule"得出类似于"被告行为过失引起的爆炸与其直接导致的房屋受损之间不存在因果关系"的荒谬结论。

"条件关系"要件的优点在于能够有效过滤与具体损害发生无实际关系的诸多充分条件,筛选出真正导致原告损害的充分必要条件。但是,由此得出的充分必要条件通常表现为一根因果关系链条,链条上的先前事实于后发事实而言均为原因,依据"but for rule"判定,先前事实均为后发事实的充分必要条件,如此便会因为事物间延绵不断的联系得出无数个"充分必要条件",从而难以避免"肯尼迪遇刺案"[1]中"凶手祖母应对肯尼迪的死亡负责"的尴尬。此时,"相当性关系"要件便有了存在的必要及发挥"二次过滤"作用的空间。

其次,"相当性关系"要件。相当因果关系理论中"相当性关系"要件的本质为"被告行为内在增大了原告损害之产生的概率"。由此不难看出,相当性

---

1 韩强:《法律因果关系理论研究——以学说史为素材》,北京大学出版社2008年版,第96页。

判断的核心就是原告损害发生之可能性的判断。对于行为与损害发生之"可能性"的判断一般适用"理性人"标准，即以理性人普遍具有的知识、理性人于损害发生场所能获得的知识为原则，加之以被告人自身拥有的高于理性人的额外知识。这里之所以把"被告人自身知识低于理性人知识的情形"排除于外，是基于以常人知识量为底线利于维护受害方的基本信赖，使其对自身权益的保障有基本的期待。这种将相当性的判断与科学知识及具体场景知识相结合的模式显然更利于实现个案处理的妥当性。譬如：赵某驾车不当，与醉酒驾车的钱某发生车辆碰撞，致使道路一侧的电杆倒地压断输往医院的线路，使得甲医院停电。无巧不成书，甲医院负责临时应急供电的工作人员孙某擅离职守未能及时启动发电机，最终造成依赖电能运转生命装置存活的病人李某死亡。[1] 该例中的赵某驾车不当行为、钱某醉酒驾车行为、孙某的擅离职守行为均与李某的死亡构成"充分必要条件"，但是以理性人标准——赵某、钱某的行为通常只会使交通事故发生的可能性实质增加，因为即使交通事故引发医院断电，医院通常还会及时启动临时发电机；而医院的设备多依赖电能运转，在断电情况下，不及时启动临时发电机，则通常会增加依赖电能生命装置存活的病人死亡发生之可能性，所以只有孙某的擅离职守行为与李某的死亡存有相当性关系。由此可以看出，"相当性关系"要件实质发挥着在"条件关系"要件初次过滤出的因果关系链条上进行"二次过滤"，通过排除在时间、空间、法律关系等方面距离结果"较远"的一些"充分必要条件"，从而在因果关系链条上确定一个"特定点"，最终确定对损害结果负责的近因。

相当因果关系理论具备担当医疗技术损害责任中的一般性因果关系理论的条件，主要体现在两个层面：①相当性因果关系的"条件关系要件"为原告的患方设定了积极证明的任务，符合"谁主张，谁举证""预防原告滥诉"的理念，同时其"相当性关系要件"只要求被告的行为实质上增加了损害发生的可能性，并不要求绝对的必然性，仅需证明存有相当程度的助推可能性即可，无疑减轻了患方的具体举证责任，[2] 同时照应了医疗技术损害纠纷领域中患方普遍缺乏医学知识、信息资料的客观现实。②相当因果关系理论中的"相当性关系要件"可以指引法官有效地划定归责范围：医方只需对"与医疗过错行为具相当性关系的损害事实"赔偿，避免因事实性因果联结的无限延伸使医方负担过重从而影响医学的科学向前发展。

---

[1] 何志：《侵权责任判解研究与适用》，人民法院出版社2009年版，第86页。
[2] 刘信平：《侵权法因果关系理论之研究》，法律出版社2008年版，第88页。

通过上文对相当因果关系理论之内在构造、判断考量因素的必要的梳理与阐明,可以发现该理论与医疗技术损害领域具有高度的契合性,该理论的运用可以有效减轻患方的具体举证负担,利于限定医方的赔偿责任。同时,其"相当性"的内在弹性也利于法官应对现实司法的复杂,给法官的综合价值衡量留下了可操作性的空间。为此,笔者认为:医疗技术损害纠纷中的因果关系适用"相当因果关系理论"最为适宜。

三、医疗技术损害责任因果关系证明责任由患方承担

(一)对证明责任与举证责任概念的简要辨析

"举证责任"是民事诉讼中的一个重要法学理论问题,该词始于古罗马法,随后历经传播相继被其他各国接受并使用。该法律术语真正被引入中国,则要追溯至近代——清末修律。1910年清政府发起了《大清民事诉讼律草案》的起草,在固守封建制度的框架下,引入了西方的部分法学理论、法律原则、相关制度及其法律术语。在此次律法制定过程中,清政府特别邀请了日本法学家松冈正义对该草案的参与。由于日本法学家的直接介入、中国与日本均使用汉字及我国法律研习者在彼时惯于用日译概念对其他国家的各种法律术语进行表述,于是"举证责任"从日本照搬进入我国《大清民事诉讼律草案》也便成了一种合乎情理的自然。[1] 然而,"举证责任"并非原产于日本,实则为日本对德国法律词汇"Beweislast"的"误译",所以从源流上分析,"举证责任"是以日本为中介并在"误译"情境下输入我国的一个德国民诉术语。

"举证责任"被引入我国后,法律学者于较长时间内均是仅从"提供证据责任"的视角对其掌控,[2] 直到后来证据法的不断向前发展,才推动理论界对"举证责任"的历史性突破,给予"举证责任"的本质以返璞归真式的重新诠释,认为"举证责任"具有双重含义:①行为意义上的举证责任——当事人对己方于诉讼过程中所主张的事实应承担起相应的提供证据的责任,即 Burden of producing evidence(举证责任);[3] ②结果意义上的举证责任——诉讼中的当事人用尽所有证明方法后,待证事实仍处真伪不明的"灰色地带"时,对该事实积极主张的一方应承担的一种诉讼不利益之责任,即 Burden of proof(证明责

---

[1] 陈刚:《证明责任概念辨析》,载《现代法学》1997年第2期。
[2] 日本学者松冈正义所著《民事证据论》:"举证责任者,简言之,即当事人为之避免败诉之结果,而有证明特定事实之必要也。"正是对"提供证据责任"立场的佐证。
[3] 周国均:《证明责任与举证责任及其适用》,载《山西大学学报》2003年第3期。

任)。¹ 故而,笔者于下文中提及的"举证责任""证明责任"分别指代"行为意义上的举证责任"和"结果意义上的举证责任"。

证明责任与举证责任的关联性体现在:第一,证明责任与举证责任都是现代"证明责任"理论的组成部分。证明责任与举证责任组成了一种二元的调控结构,对当事人的诉讼证明活动既提供内在动力又施加外在压力,共同推进着案件事实的更大化呈现。两者相得益彰,将其结合使用有利于平衡普遍的公正与个案的妥当。第二,辩论主义语境下,具体举证责任是客观证明责任的反射。早于每个案件的正式处理,法律已对相应的证明责任之分配进行了抽象的预先前置设定。证明责任负担的潜在风险为承担此种诉讼不利益的当事人积极举证提供了动因。本证一方为了规避证明责任这一理论层面的风险最终转化为现实层面的败诉,将穷尽一切积极手段对待证事实举证证明。

证明责任与举证责任的差异性体现在:第一,两种责任的承担主体不同。证明责任是立法者通过对政策、经验规则,盖然性及公平等多种影响因素慎重取舍后于实体法中的一种预置,是为了指导法官在事实真伪不明时也能做出裁判,固定由诉讼当事人中的一方承担;举证责任则是加之于诉讼双方的一种责任。在案件推进过程中,证明责任负担主体通常会首先对其自身的主张进行积极地提供证据,当其证明达至法定程度,对立方便产生了"举证的必要",防御方便需要举证把法官的心证拉回真伪不明的灰色地带,这就促使攻击方再次努力举证,从而形成诉讼双方当事人之若干回合的对抗局面,所以举证责任是由诉讼当事人双方交替进行承担。²

第二,两种责任的承担原因不同。证明责任承担的原因是事实真伪不明的客观存在与法院的不得拒绝裁判。实践中或是历时弥久致使物证与书证灭失、证人死亡、合同订立缺乏要式要件的客观记录,或了解案情的人基于自身利益与其他因素考量不愿出庭作证,诉讼中的当事人总是面临潜在的无法收集到必要证据的情形,于是案件事实真伪不明的存在也就成了一种可能。³ 而法院对案件审理的意义与其说是为了在双方当事人之间划出清晰的是非,毋宁说是为了稳定社会整体的经济生活秩序。所以,在现代法治理念下,即使案件事实真伪不明,法院也不得拒绝裁判。然而,客观证据裁量原则要求法院决判中认定的事实要有足够的证据支持,于是在案件事实真伪不明时法院便无

---

1 刘信平:《侵权法因果关系理论之研究》,法律出版社2008年版,第52页。
2 胡学军:《具体举证责任论》,法律出版社2014年版,第60页。
3 李浩:《我国民事诉讼中举证责任含义新探》,载《西北政法学院学报》1987年第3期。

法按照通常的"三段论"[1]做出裁判。在此背景下,立法者通过多种考量因素的价值取舍预先设定好证明责任的负担主体,使得在用尽一切证明方法、待证对象依旧不明晰时,法官可以证明责任分配规范替代实体法律规范进而对案件做出裁判,证明责任为法官对事实真伪不明案件的解决提供了正当性裁判依据;举证责任的承担是辩论主义的内在要求。辩论主义是大陆法系民事诉讼中的一种基本理念,其核心思想可归为三点:双方当事人于法庭辩论中未主张之事实,法院在判决中不得对其认定;双方当事人之间无争议之事实,法院于判决中则应当予以认定;对诉讼双方未向法院申请的案件材料,法院通常不得主动收集。而审判人员对诉讼中当事人主张的案件事实既不能预先了解,也不能凭空想象,只能凭借客观证据对其判定,于是在辩论主义指导下,案件当事人就产生了对自身主张进行积极呈现材料以证明之必要,否则其主张将得不到支持。[2]

第三,两种责任的承担规则不同。证明责任的承担主要依据立法意旨。证明责任的实质是法律的适用而非案件事实之认定。其本身的分配顺应实体法上的价值选择;举证责任的承担规则为法官的裁量。具体诉讼证明过程中,举证责任的归属是由法官根据证明情境决定的,基于情境因素的多样性、变化性,举证责任也会在双方当事人之间不断转化,该种责任的承担具有高度的情境依赖性。

第四,两种责任所属的法域不同。证明责任是立法者设置于实体法中的一种败诉风险预置,于法官而言是作为在事实真伪不明时的裁判指引,本身的分配侧重于从实体法的立法目的为依据,体现着实体法的规范目的,因此所属法域为实体法;而举证责任、证据评价与证明标准三者共同构成法官对于案件中的事实之审查和裁判,举证责任本身所属法域为程序法。

第五,两种责任所针对的对象不同。证明责任所针对的对象为法律要件事实,其本身的分配与证明责任的分配同向一致,均为实体法之立法意旨决定;举证责任的对象则为案件中的生活经验事实,亦即案件中的所有待证事实,其子项有要件事实、次要事实与辅助事实。

第六,两种责任所要解决的问题不同。证明责任是诉讼双方当事人的具

---

[1] 三段论推理:在案件事实清晰时,根据案件事实(小前提)符合法律规定(大前提)从而得出法律设置的效果作为裁判(结论)。

[2] 辩论主义内在地要求法院对于当事人未申请的证据通常不得主动依职权调查收集,而最高院《关于民事诉讼证据的若干规定》第17条对当事人可以向法院申请证据调查的事项范围进一步进行了极大的限缩,从而使得当事人借助法院获取与实体性事项相关的关键证据之企望通常难以实现。

体证明活动已结束而案件事实依旧处于真伪不明状态时指引法官做出裁判的一种裁判规范,内含了法律价值的取舍,其本质是为了解决法律的适用问题,与诉讼当事人的具体证明行为没有联系;[1]举证责任所要解决的实为事实的认定问题,法官通过对情境因素的具体把握对举证责任的分配以合理的裁量,从而实现随着诉讼程序推进,案件事实的最大化呈现与准确判定。

第七,两种责任所导致的相应后果不同。证明责任的后果是实体法所设定的证明责任负担主体之主张得不到法院的支持,该方须承担诉讼的不利益,即败诉;举证责任对应的后果则不包括败诉风险,而是形成对举证责任负担主体于某一事实争议层面的不利判断或直接对所主张的事实拟制为真实。[2]

(二)医疗技术损害责任中因果关系要件的证明责任应由患方承担

法律术语是法学理论研究与司法实践的基础,所以对法律术语的内涵及相互间关系进行明确的界定与辨析于理论研究或司法实践而言均具有重大的现实意义。在医疗技术损害纠纷案件中,有一种较具代表性的观点:医方比患方更接近证据材料、更具有医学专业知识,所以将"因果关系"之证明责任课予医方承担才是自然公正的。司法实践中也确有部分法官持类似见解:忽视医疗技术损害纠纷案件中当事人举证能力之差异性因素,严格依照"法律要件分类说"进行证明责任分配,会导致个案裁判结果的不妥当,于是便裁量让医方承担因果关系要件的证明责任,当该要件真伪不明时由医方承担不利的诉讼结果。这些认知的产生显然源自于对证明责任与举证责任内涵的混同。

证明责任的实然恰在于解决法律之具体适用。法律层面的公正,关注的仅为抽象之一般情形,至于具体情境下的处理则通常选择视若无睹。立法者对证明责任于实体法中的预置,考量的是双方当事人背后各自所代表的潜在利益群体,从而最终决定哪方所代表的利益更值得法律保护,所以其考量标准实为抽象的分配正义而非个案中具体的矫正正义。[3] 为此,证明责任的分配具有法定性,不能由法官于具体个案中裁量调整。相反,举证责任则恰恰是出于对当事人具体举证证明行为调整的现实需求而提出。在诉讼进程中,法官通过对证据所持、举证能力、举证成本及举证期待可能性等具体个案中的情境性因素进行衡量并最终对举证责任的承担进行裁量分配,以便合理引导当事人积极举证,并促使案件信息的最大化呈现与事实的准确认定。所以,面对医疗

---

1 [德]汉斯·普维庭:《现代证明责任问题》,吴越译,法律出版社2000年版,第26页。
2 胡学军:《具体举证责任论》,法律出版社2014年版,第60页。
3 胡学军:《我国民事证明责任分配理论重述》,载《法学》2016年第5期。

技术损害责任纠纷中患方缺乏专业知识、缺乏有效信息资料、缺乏举证期待可能性等个案情境性因素，法官出于个案处理的妥当性、正义性考虑，所要做的便是合理裁量双方当事人对举证责任的承担，而非简单的证明责任倒置（即由医方承担因果关系要件的证明责任）。否则，既混淆了证明责任与举证责任各自的内涵与调整范畴，也会直接破坏法的安定性与稳定性。

此外，2002年《证据规定》第4条确立的"医方需对医疗技术行为与患方的实际损害间不具因果关系进行积极证明"在我国实施8年有余，实施之初确实带来了积极的效应——患者的证明负担得以减轻、被保护力度得以增强；有效遏制违法私力救济的频发；提升了医疗机构的责任心。然而随着实践的推进，其消极影响也浮出水面——恶意诉讼爆发、滥用诉权现象不止；保守性医疗层出，医学发展受阻；防御型医疗显现，医疗成本倍增。通过正反两面的影响对比，不难看出医疗侵权中的"证明责任倒置"有矫枉过正之嫌，总体而言其弊大于利。也正是在这种背景下，立法者结合现实情况并在进行充分的价值判断、政策考量之基础上，最终选择改变《证据规定》中的相关规定，恢复由患方对医疗技术纠纷中的"因果关系"要件事实承担证明责任。

在医疗损害纠纷领域，西方各国也基本一致倾向于由受害患方对医疗侵权责任中的因果关系承担证明责任。比如：①日本的民事法律就未将医疗侵权行为纳入过错推定原则范畴。《日本民法典》第709条规定：一方基于主观故意或过失对他人的合法权利造成损害，该方则需承担相应的损害赔偿责任。鉴于过错推定和无过错责任原则的适用通常会有法律之明示规定的特殊性。所以，日本医疗纠纷诉讼中医方的损害行为被纳入了过错责任的规制。[1] 根据归责原则与证明责任分配的关系，过错责任原则与证明责任"正置"相对应，所以，在日本立法上医疗技术责任中因果关系由患方承担。②法国民事法律中，在医疗技术损害责任范畴内，其因果关系的证明责任同样是由患方承担。[2] ③出于防止医疗保险危机的重演，澳大利亚进行了新的民事立法，规定由患方对因果关系进行积极证明。[3] ④在德国民法上，其医疗诉讼中的因果关系要件的证明责任在立法上也是分配给了患方。[4]

1　宋平：《我国医疗侵权举证责任分配之反思与重构》，载《河北法学》2010年第6期。

2　A.Laude,B.Mathieu,Droit de la Sante,2e edition,PUF,2009,no 420. 转自夏芸：《医疗事故赔偿法——来自日本法的启示》，法律出版社2007年版，第137页。

3　Wrongs Act 1958(Vic), s 52; Civil Liability 2002 (NSW), s 5E; Civil Liability Act 2003 (QId), s 12.

4　[日]木川统一郎：《德国医疗诉讼中的证明责任》，载《判例时报》第420期15版。

通过对证明责任与举证责任的内涵梳理,我们认识到:在司法实践层面,法官为了追求个案的正义与妥当,可以结合具体情境对举证责任的承担在双方当事人之间裁量调控,而证明责任的承担则必须遵照实体法的隐形设定。而《证据规定》在我国近9年的实践效果以及西方各国关于医疗侵权证明责任的分配状况则启示我们:在立法层面,将医疗技术纠纷中因果关系的积极证明任务恢复至患方承担,既是我国实践出的真理也是与世界的潮流相顺应。鉴于目前我国立法关于医疗技术纠纷领域中因果关系由患方积极证明之规定的正确性,笔者认为:在司法实践中对于因果关系之证明责任的承担,法官必须严格顺应实体法的预置,即坚持由患方承担,从而实现医疗技术损害责任因果关系之证明责任负担主体的立法与司法相统一。

四、降低患方证明标准并进行有条件的因果关系推定

（一）域外减轻患方证明负担的先进经验

医疗侵权因果关系构成要件因其高度专业性及不可预见性等特征使得诉讼双方当事人对其证明都很艰难普遍存在于世界各国的司法实践。为此,西方各国经过不断的探索与经验总结,对待医疗技术损害责任因果关系证明难题,除了把证明责任分配给患方,还全面考虑到患方的天然劣势因素,为避免患方在实践中举证不能致使医疗纠纷裁判普遍沦为"证明责任裁判",于是在立法上还采取了一些特定的原则与制度来减轻患方的证明负担,这是西方国家医疗法制先进之所在,也正是我国目前立法之欠缺,对于其中较具代表性的规则或学说列举如下:

首先,美国法之"事实说明自己规则"。Res Ipsa Loquitur 源于罗马法,中译即为"事实说明自己"(the thing speaks for itself)。该规则为普洛克法官(英国)在1863年审理的波恩诉博德尔案[1]中首创,后来被美国法继承,并得以不断地完善,在诉讼中发挥着重要的作用。

在美国医患纠纷诉讼中,一方面因果关系的判定在特定情形存在客观的困境,而另一方面课予原告担起相应的具体举证责任又显得过于苛刻,为实现对上述问题解决的同时又不失对弱者的保护,"事实说明自己规则"便被当作一般过失举证原则的有益补充。该法则是指无任一事情基于事件本身说明自己,作为"情况证据"[2]的一种,法官便可凭借具体损害的客观存在推定因果关

---

[1] 潘维大:《英美侵权行为法案例解析》,高等教育出版社2005年版,第121页。
[2] 龚赛红:《医疗损害赔偿方法研究》,法律出版社2001年版,第212页。

系之具备,无须其他证据加以佐证。一旦法官做出上述推定,被告方就产生提交证据以推翻此种推论的必要。自该规则诞世于今,美国共有 37 个州将其适用于司法实践(其初衷恰是为减轻原告的举证责任),其中 34 个州将其具体适用于医疗损害诉讼。

其次,德国法之"表见证明规则"。"表见证明"(Anscheinsbeweis)是由德国以判例形式确立起来的一项规则。该规则的适用最开始限定于被侵权方的"过失"举证困难,随后该规则的适用范围逐渐得以拓展至因果关系的举证责任领域。"表见证明"的详述是为:倘若于生活经验法则层面呈现为一定之原因兼通常也均往某一特定的方向演化,那么便可将其视为"经过定型的事象",此时便可直接推定因果关系要件或过失要件的存在。相对人想要把这种推定推翻,就必须对该事件的发生有其他渠道可以替代进行举证,如此便可使法官对先前的定型事象产生怀疑。一旦相对人举证成功,原始负担举证责任的当事人就必须对该事件的内容进行二次举证,直至说服法官使其形成确定的心证。其中"定型事项的经过"实为:于经验法则范畴内,某一事件的诱发、进程、结果,通常顺应特定的历程。譬如,含有重金属的污水被人为地排入河流之中,于是重金属便会附着在河中的浮生物上,鱼虾对浮生物的食用使得重金属进一步扩散,最终食物链顶端的人类食用该类鱼虾时便会产生重金属中毒事件。针对此种事项历程,便可勾勒出相应的形态,一旦事件发生,只需吻合上述历程的一部分,便可判定其间的因果关系。

最后,日本法之"盖然性因果关系说"。日本的"盖然性因果关系说"是日本学者学习德国法时具体关涉矿业损害诉讼萌发的一种新思路。在矿业损害诉讼中,地下开采行为的特殊性使得损害后果与加害行为间的因果关系通常并不明朗,要求受害方对因果关系的存在进行证明,于技术或经济层面均可谓困难重重,难言实质公平。于是,德本镇认为:出于公平救济的良好初衷,德国矿业损害纠纷中其因果关系的证明程度实际已被放宽至"盖然的证明",这是绝佳的尝试,日本对事实因果关系的证明标准进行适当的宽松化调控也有其必要性。[1] 此外,该学说于水气污染、医疗损害等案件中同样具有生存的土壤。

德本镇教授对"盖然性因果关系说"的论述具体分为三个层次:首先,作为被损害主体的原告需对事实因果关系承担提供证据的责任;其次,原告提供证据证成达至"相当程度的盖然性"即为举证成功,此时对法官而言便可推定因果关系的存在;最后,原告举证成功后,被告就必须对"不存在因果关系关

---

[1] 曾淑瑜:《医疗过失与因果关系》,台湾翰芦图书出版有限公司 2007 年版,第 540 页。

系"进行具体的举证,其证明标准是为"高度盖然性",无法提出证据进行反证或达不到反证证明标准时则视事实因果关系为确定的存在。[1]

总体来说,上述不同的规则与学说之间具有以下共性:①这些学说都要求由受损方最先对因果关系的具备进行某种程度的证明;②受害原告的初步证明无须为"高度盖然性",只需达到"相当程度的可能性";③都采用了因果关系的有条件推定。这些规则与学说的运行机理有效减轻了在医疗领域处于天然弱势地位之受害患者的举证负担,使其在司法实践中对因果关系的证明成为一种可能,较好解决了医疗领域因果关系证明难的困惑。

(二)我国患方证明负担减轻机制的新径探索

"他山之石,可以攻玉",上述西方各国用以化解医疗技术损害责任因果关系证明困境的特殊规则与学说虽然名称各异,但是其制度机理却为相似——都降低了弱势患方的证明标准,从而使得患方的具体举证负担得以减轻并进而产生较易证明自身诉讼主张的效果,这无疑给我们以良好的启示。事实上,在医疗技术损害责任因果关系证明方面,尽管我国于立法层面尚未建构相应的患方证明负担减轻机制,但是近年来学术界不乏讨论之声,而且很多优秀的学者也都提出了精彩的策略:

有著名民法学家认为,在医疗损害责任领域,由于医疗资讯分配不均衡及患方较之医方所处地位特殊,对于自身受损与医方行为间具备因果关系,患方能够对其进行举证证明的多存在于医疗产品与医疗伦理损害领域,而非医疗技术损害纠纷中。所以,日本的"盖然性因果关系规则"与美国的"事实自证规则"可被移植运用于我国医疗技术纠纷中因果关系的证明,特殊情形下,还可以采用"医学因果关系规则"或"概率因果关系规则"。患方只需对自己在就医期间受到了损害及所受损害与医方医疗行为之间具有"相当程度"的联系进行证明。在患方对因果关系的证成达至可能性程度之虞,法官即可对该要件的存在进行推定。[2]

而我国证明责任研究的代表性学者认为:面对医疗侵权诉讼中的证明难题,我们必须在"证明责任分配"这一固有思路之外寻求其他的化解路径——使客观证明责任与具体举证责任(即提供证据责任)相分离,在坚持实体法之预设的证明责任由患方承担的基础上,采取一些特定的原则或制度来减轻患方的具体举证负担,如借鉴德国的"表见证明"与日本的"大概推定"等制度机

---

[1] 夏芸:《医疗事故赔偿法——来自日本法的启示》,法律出版社2007年版,第181页。
[2] 杨立新:《医疗损害责任的因果关系证明及举证责任》,载《法学》2009年第1期。

理。至于医疗侵权案件中的证据信息分配不均衡,则可通过事证开示、证明妨碍等制度的确立以一定程度上来较好地解决。胡教授还指出,对不同性质的要件事实强行适用同一证明标准犹如刖趾适履。我国以往理论与实践中对高证明标准的坚持,直接引发了绝大多数医疗纠纷案件的处理以"证明责任裁判"告终。如此一来其产生的错判成本可谓巨大,极易为潜在的诉讼群体传达错误的信息,明显有违证明责任制度的初衷。为此,鉴于医疗损害纠纷中因果关系的证明应适用较低的证明标准,美国民诉中的"优势证据"标准无疑值得参照,以此在患方之损失弥补与医学之健康向前发展间寻求最佳的平衡。[1]

也有民事证明责任研究者从证明标准的把握角度指出:在高度盖然性之"高"标准于我国已确立并作为当前一般性的证明标准被严格使用的情境下,我国民诉证明标准体系的发展方向应趋于"降低"。中国立法对医疗侵权过错、医疗侵权因果关系、环境侵权因果关系等要件事实的"特殊证明困难"未予以恰切考量,在当前立法下成为高度盖然性之"高"标准"一刀切"的牺牲品,所以对上述案件中的特定要件事实的证明应降低其证明标准,宜用"优势证据标准"。[2]

无疑,上述学者的观点对于较好化解弱势方(患方)证明负担过重,使其具体的举证证明成为一种现实的可能,具有异曲同工之效,同时也为我国今后的立法完善(即患方证明负担减轻机制的建构)提供了优良的思路。

中国的诉讼文化衷于强调法官对真相发现的义务以及司法体制对客观真实挖掘的承诺,执着于"求真",而非对"平等对抗"的保障。[3] 正因中国不具有英美法的对抗制诉讼文化背景,所以当前阶段"证据占优"尚缺乏作为我国民事诉讼一般性证明标准的基础。故而笔者认为:为了实现制度的平稳过渡,当前民诉证明标准领域应继续坚持以"高度盖然性"为原则,同时在证据偏在型案件中对弱势方适用"证据占优"标准[4],以此兼顾特殊性质案件中特定主体的特殊证明困难,通过证明标准体系的多层次化来更好地实现法律的公正价值。在此理念下,笔者对我国患方之于医疗技术损害责任因果关系要件的具体证

---

[1] 胡学军:《解读无人领会的语言——医疗侵权诉讼举证责任分配规则评析》,载《法律科学》2011年第3期。

[2] 霍海红:《提高民事诉讼证明标准的理论反思》,载《中国法学》2016年第2期。

[3] 季卫东:《宪政新论:全球化时代的法与社会变迁》,北京大学出版社2005年版,第106页。

[4] 2015年《最高人民法院关于适用〈中华人民共和国民事诉讼法〉的解释》第108条第3款:"法律对待证事实所应达到的证明标准另有规定的,从其规定。"为证据偏在型案件中的特定要件事实适用"证据占有"标准提供了契机,预留了可操作性的立法空间。

明减负路径进行了铺设。

首先,由患方对因果关系的存在进行初步的证明。在医疗技术纠纷诉讼开始前,依据"法律要件分类说"和我国实体法的相关规定,医疗技术损害责任中因果关系要件的证明责任被抽象预先分配给了患方承担,证明责任负担的潜在风险为承担此种诉讼不利益的患方积极举证提供了动因。受害患者作为本证一方基于规避证明责任这一理论层面的风险最终转化为现实层面的败诉,客观上需要首先且主观上也必将会穷尽一切积极手段对待证事实要件进行举证证明。

其次,法官对医疗技术损害责任因果关系的有条件推定。作为证明责任负担主体的患方在对医疗技术损害责任因果关系进行了初步的举证证明后,法官则会对本证患方所举的事实与理由进行判断和认定,同时法官还会考虑患方损害的发生是否确有医务人员的参与、患方损害的发生是否确属医务人员的职务范围及患方损害的发生是否符合医疗行为实施在前、损害结果发生在后的时间顺序等,通过综合衡量最终得出是否具备因果关系的心证。在法官心证形成过程中,最为关键的便是对患方关于因果关系存在之证明程度的把握,鉴于医疗侵权属证据偏在型案件、弱势患方对因果关系要件证明的特殊困难,患方只需证明具备因果关系概率"大于"不具备的概率时法官便可对因果关系进行存在的推定,而无须达至"明显大于"之高度盖然性的标准。

最后,允许医方对存在因果关系要件之推定进行反证。当法官对因果关系要件进行了有条件的推定,患方的初步举证即告成功,此时医方便陷入败诉之虞的境地。出于平等保护诉讼双方的权益,此时于法律层面医方享有自我救济的权利——医方可以自主或根据法院的指示提供证据证明自身行为与患者受损事实间不具备因果关系。但是,毕竟已有原告之初步举证与可能的专家辅证,法官对于事实的认定已经有了相对稳定的看法,同时出于"医强病弱"的客观实际考虑,医方此时的举证证明需要遵照一般性的"高度盖然性"标准。[1] 如果医方不能证明或证明程度不足,则先前之因果关系的暂时推定成立正式上升为法律层面的确定成立,即患方的损害结果与医方的医疗行为之间具备因果关系。

---

1 [日]德本镇:《企业的不法行为责任之研究》,一粒社1974年版,第130页。转自夏芸:《医疗事故赔偿法》,法律出版社2007年版,第181页。

五、课予医方事案阐明义务并辅以摸索证明

(一)课予医方事案阐明义务

社会的发展推动了纠纷的日益多样化,医疗纠纷、专利侵权纠纷、产品缺陷及环境污染等现代型诉讼不断涌现,此类案件中的弱势受害方通常很难获取必要的信息资讯,从而导致传统辩论主义之基础的双方当事人信息对称和地位平等等实质要件丧失,于是"谁主张、谁举证"的提供证据责任分配法则难以贯彻,直接对相关待证要件事实的客观证明责任之分配进行倒置又涉矫枉过正,正是在这种背景下,事案阐明义务理论应运而生,并对现代型案件之证明困境的化解发挥了重要的作用。

"事案阐明协力义务"的内涵可概述为:诉讼当事人对于案件事实的厘清,不仅负陈述相关事实(有利与不利)的义务,同时负提供文书、勘验物等相关证据及忍受必要之勘验的义务。剖析内涵可看出,事案阐明义务的承受主体实为诉讼"双方",不过在证明责任分配理论指导下,证明责任负担主体方本就对自己拥有的证据有积极提出的内在驱动力,所以学者们在理论层面更多关注的是不负证明责任一方的事案阐明义务。[1] 笔者于此文中同样是把焦点聚集在了医疗技术损害纠纷中对其因果关系要件不负证明责任的医方,重点分析医方的事案阐明义务。

事案阐明义务理论自德国学者提出并面世后,学界便开始对其进行激烈的讨论与严格的审视,已达成共识的是:该理论确有其存在的必要性。一方面,原辩论主义是以诉讼双方当事人武器平等、实体法完备为预设前提,但是实践中这些预设在很多案件(尤以证据偏在型案件为典型)中并不具备,此时固守传统辩论主义便会致使天然弱势方的举证不能,进而难言实现公正。事案阐明义务的引进,使得弱势方举证困难时,强势一方应担起解明相应事实的义务,是对弱势方举证的一种补充,有利弥补弱势方对证据材料搜集能力与手段的不足,是对传统辩论主义的一种修正,更利于实现当事人双方在程序上的平等和案件处理上的实质公正。[2] 另一方面,不负证明责任方在满足特定条件下对相关事实的解明势必减少事实不清的出现,可以有效规避证明责任裁判泛滥之病态司法现象的产生。

然而,事案阐明义务的适用范围——一般化地要求当事人承担事案阐明

---

[1] 胡学军:《前进抑或倒退:事案阐明义务论及其对我国的启示》,载《法学论坛》2014 年第 5 期。

[2] 柯阳友、严洁:《不负举证责任当事人的事案解明义务初探》,载《河北工业大学学报》2011 年第 2 期。

义务？或是当事人仅对特定案件中的特定要件事实承担阐明义务？在理论层面尚无定论。以施蒂尔纳为典型代表的一派，以诉讼法为基点，认为通过对诉讼当事人之于证据资料的平等接近便于民诉法"公平""正确"及"效率"三大基本价值目标的实现，所以应将诉讼当事人事案阐明义务的承担设定为一般性的原则，仅在例外时（如解明事证将对己方的秘密权或隐私权造成侵害）方可拒绝；而持事案阐明义务特定化的派系，以实体法为基点，认为仍应以证明责任分配来划定诉讼双方当事人各自的举证范围为原则，即通常情况下当事人对于己不利的证据和事实有自由处分权，不能毫无限制地要求当事人在任何情形下都有事案阐明的必要，仅在特定性质的案件中，由于证明责任负担方对相关证据没有取得的"期待可能性"时，才能例外地要求不负证明责任一方承担相应的事案阐明义务。

尽管法律全球化的今天，事案阐明义务一般化较之事案阐明义务特定化更为明朗，但是法律的移植必须结合本国特有的法制观念、制度环境及所处的特定时期，基于我国已基本形成"以辩论主义为基石，以证明责任为脊梁的现代对抗式民事诉讼结构"[1]，一般化的事案阐明义务会在相当程度上颠覆我国现有的诉讼构造，造成当事人双方权利义务的混乱，同时事案阐明义务一般化还可能造成诉讼双方当事人陷入积极举证对方陈述不真实以期对其制裁而实体证据的呈现反而退居二线，再者便是事案阐明义务理论的初衷意在平衡当事人的证据能力，一般性质案件中的双方当事人并不存在明显的诉讼地位差异，即武器基本对等，事案阐明义务理论缺乏适用的正当性，故而笔者认为事案阐明义务在我国的适用范围宜限定为"特定化"，仅在特定性质案件中予以合理适用，是一种解决因事证信息分布不均衡所产生的证明救济措施，是弥补客观证明责任分配极端的附属制度。

医疗技术损害纠纷中的双方当事人其诉讼地位存在明显差异（即武器不对等），此类证据偏在型案件无疑属于上述"特定化"的范畴，正是事案阐明义务这把利器发挥作用的战场。不负证明责任一方的事案阐明义务作为具体举证责任减轻的有机组成部分，是在证明责任负担方举证困难下便于还原真相而进行的协助活动，该义务的履行是以遵循证明责任分配法则为前提，所以对因果关系的证成，在证明责任分配制度指导下首先由患方对支持该要件成立的相关证据材料进行积极举证，患方穷尽一切手段仍达不到"相当程度的可能性"时，法官并不急于做出证明责任裁判，允许患方对自己所主张的事实及关

---

[1] 胡学军:《前进抑或倒退:事案阐明义务论及其对我国的启示》，载《法学论坛》2014年第5期。

联证据进行一般概括性的陈述并提供合理的线索,如果患方确因不可归责于己的事由客观上举证不能,而医方拥有或更易取得相应的证据资讯且对相应事案的解明具期待可能性,此时医方便须承担起相应的事案阐明义务,须以书面或口头形式对相关案件事实、患方证据主题、证据方法之补充及具体否认进行陈述,医方倘若对知悉的案件事实、掌握的证据拒绝陈述和提供,则直接构成对事案阐明义务的违反,此时便可推定患方的主张为真实,但同时应给予医方反驳的机会,以达到制裁与保障双方平等竞争的平衡。当然,不负证明责任的医方履行了事案阐明义务,而事案仍然处于不明确状态,此刻事案不明所致不利证据后果依旧由证明责任负担主体方(患方)承担。

在医疗技术损害纠纷中,课予对因果关系要件不负证明责任的医方以事案阐明义务,可以推动其积极参与诉讼、协力还原事实真相、平衡医患双方取证能力、打破证据资讯的垄断,能够保障诉讼双方平等、经济地取得所需要的证据和事实,避免由当事人所掌握的信息优劣势来决定诉讼成败局面的产生,对当前我国医疗技术损害责任因果关系证明困境的化解无疑会发挥强有力的作用。

(二)赋予患方可提出摸索证明

"摸索证明"(Ausforschungs beweis)亦谓"证据摸索",是指诉讼当事人对支持己方主张或其抗辩成立的重要证据或者事实欠缺足够掌握与了解的情况下,期待经由法院对对立方的证据调查以获取相关的证据材料,并企望借由此调查程序以获取新的事实或证据,进而以其作为支持自身请求成立的依据。[1] 可见,摸索证明其本质上属于一种当事人的证据搜集手段,而非能够产生某种"证明"效果的行为。

该理论的适当运用可以较好化解现代型诉讼中双方当事人攻击、防御手段的严重不对等,正因其极具实践价值,所以自面世后很快便得到了英美法系国家、日本及其他多数大陆法系国家的认可与运用。那么在已基本形成"以辩论主义为基石,以证明责任为脊梁之现代对抗式民事诉讼结构"的中国,摸索证明理论是否具有引进的可能,其本身与辩论主义又是否不能兼容?部分学者认为,辩论主义规范的是纵向之法院与当事人间关于证据和事实提出的权责分配,摸索证明则是关于横向之诉讼双方当事人关于事证的提出义务归属,所以由辩论主义推不出对摸索证明理论的不容。[2] 另有学者则主张,自由主义

---

[1] 刘显鹏:《民事诉讼中的摸索证明探析》,载《法学论坛》2010年第4期。
[2] 胡学军:《拥抱抑或拒斥:摸索证明论的中国境遇》,载《东方法学》2014年第5期。

是辩论主义的哲学基础,而责任自负又是自由主义的重要原则,为此,尽管文字表层虽不能径直得出辩论主义对摸索证明的禁止,但是此种不容纳已隐含在辩论主义之理论基础中。[1] 笔者认为,任何理论都有其时代局限性,随着时代的发展,为更好地满足新的客观现实需求,理论也应得以修正,辩论主义理论也不例外。现代型案件不断涌现的今天,倘若我们仅片面地追求诉讼模式的转型而完全否定摸索证明理论,"一刀切"式地依照辩论主义的要求进行举证,那么便会造成特定类型案件中的天然弱势方陷入举证不能的境地,从而承担败诉的不利后果便会成为一种常态,这显然背离了实质公正。因此,在我国实体法上没有广泛的资讯请求权、程序法上缺乏特定证据开示的语境下,摸索证明理论可以作为辩论主义理论适用的一种修正。以民事案件类型为视角,传统型案件(如买卖、合同、租赁等纠纷)中诉讼双方对证据材料的了解、掌握通常对等,所以几乎不涉及摸索证明的适用;而证据偏在型案件(如医疗、产品责任、专利侵权等纠纷)中则存在着明显的资讯分配偏离,所以这正是摸索证明适用的领域。

在医疗技术损害责任纠纷领域,鉴于患方缺乏专业的医学知识及证据资料对患方的客观偏离,对因果关系要件承担证明责任的患方无论于主观层面还是客观层面通常都难以了解需证事实与相干证据的详明关系。随着带来的便是不易掌握必要的具体证据,于是患方就只能对待证事实仅做一般性的概述,期望借由法院的证据调查从对方获取相关的事案证据,此即摸索证明在医疗技术损害案件中的具体表现。然而,我国当前立法暂无关系证据调查申请的详细规定。于是,其患方的申请批准与否实则完全由法院自由裁量,那么司法实践中法院该如何具体掌控?这实际上也正是医疗技术损害纠纷中患方摸索证明的适用条件问题。因为医疗技术损害纠纷案件属于私益性诉讼,所以不存在实体真实对程序利益平衡的绝对压倒。故而,患方证据摸索申请的批准要受到条件的限制:①当患方的申请事项过于宽泛、过于不特定时,法院通常会将其评价为纯碰运气式的摸索,拒绝开启证据调查。此种情形下对方当事人无法进行适当的防御,极易造成相对人权益的损害与证据调查程序的滥用。②当患方对申请事项可以进行一般性的概述并提供一定的线索与合理的根据时,基于医疗技术损害纠纷案件中患方所处的天然劣势地位及案件实质公正追求的考虑,除对方有合法的保密特权外,法院便可启动证据调查程序。当然,对"合理的根据"中"根据"程度的把握应以低度盖然性之暂时判断为宜,

---

[1] 周成泓:《论民事诉讼中的摸索证明》,载《法律科学》2008年第4期。

否则不仅容易对患方的证明权造成侵犯,也有违证明预断原则之嫌。[1]

患方的证据摸索在满足上述特定条件下,便会促使法院推动证据调查。从而促使医方对所掌握的资料予以出示,即医方对事案阐明义务的承担。由此可以看出摸索证明与事案阐明义务是相互协调的,两者分别以患方、医方为中心,通过双向调节以"削强补弱"的方式努力实现医患双方的武器平等,在使用效果上殊途同归,均有利于患方因不可归责于己的原因对医疗技术损害责任因果关系举证困难的破解。

六、结论

医疗技术损害责任中的"因果关系"是连接医方诊疗行为与患方损害事实的纽带,是确定医方对患方是否构成侵权及应否承担相应责任的判定标准与依据。仅当医方的诊疗行为与患方的损害之间具备因果关系时,医方才需承担赔偿之责。正是该要件的核心地位属性,造就了医疗技术损害纠纷案件处理过程中对其判定的不可回避。面对我国当前医疗技术损害责任因果关系之内涵不一、证明责任负担主体归属无章、患方证明标准过高致使证明责任裁判泛滥的现实困境,笔者对域外医疗证明制度进行了深入的研究,同时考虑到中外法律制度背景和法律思维方式的不同,结合我国具体情况,提出了化解现实困境的对策:医疗技术损害纠纷中的因果关系在法律上应属相当因果关系;在对证明对象有了明确统一的内涵界定前提下,摒弃现有立法对证明责任寄予"一劳永逸"之不切实际的期待,正确辨析证明责任与举证责任,在坚持医疗技术损害责任因果关系之证明责任由患方承担的同时,以围绕患方之具体举证减负为中心,建构促进因果关系信息最大化的精细配套证明制度——降低患方证明标准并进行有条件的因果关系推定,课予医方事案阐明义务并赋予患方摸索证明。双向调节,共同推进案件信息的最大化浮现。笔者相信,依靠诸多制度的合力作用体系性解决医疗技术损害责任因果关系的证明困境,远比仅依赖证明责任制度对该难题的破解,更扎实有效,更现实可行。

---

[1] 魏庆玉:《摸索证明论》,载《当代法学》2013年第2期。

主观要件证明责任分配规则探析

孔令南[*]

摘要: 如不紧密联系实体法立法目的,而仅从语义角度来理解,主观要件既可从正面理解为权利构成要件,也可从反面理解为权利阻碍要件。以此为争点的诉讼证明责任分配可能存在既可由主张肯定方承担,也可由否认方承担的问题。我国《民事诉讼法》关于"举证证明责任"的规定更加剧了主观要件证明负担的混乱。主观要件证明责任的承担应借助法律文义和规范构造从所适用的法律规范体系中析出。对此类案件事实证明困境的破解通过证明责任与事证开示、事实推定、证据摸索、证明标准等具体举证行为相分离机制来加以化解。

关键词: 主观要件;法律漏洞;证明责任分配;规范说

一、问题的引出

设例1:甲以买卖合同向法院主张要求乙交付货物。诉讼中乙并不否认双方间存有买卖合同的事实,但主张自己患有间歇性精神障碍,订立买卖合同时处于不能辨认自己行为的状态,主张合同无效。甲则反驳称订立合同时乙不存在精神障碍,主张合同有效。此案中,关于乙民事行为能力的证明责任应由甲负担还是由乙负担?亦即乙的行为能力问题在诉讼中无法查明,应由哪一方当事人承担败诉后果?

设例2:甲向法院主张遗嘱继承,并出具被继承人生前所立自书遗嘱。乙未质疑遗嘱的真实性,但主张被继承人立遗嘱时不具备相应民事行为能力,应属无效遗嘱。甲则反驳称被继承人立遗嘱时具备相应民事行为能力。该案应由哪一方当事人对被继承人立遗嘱时的行为能力负担证明责任?若被继承人立遗嘱时行为能力真伪不明时,应由哪一方当事人承担败诉后果?

以当事人主观要件为争点的诉讼证明责任长期以来是按"谁主张、谁举证"原则加以分配。但在实践中人们逐渐认识到将主观事实的证明责任完全

---

[*] 孔令南,安徽省阜阳市基层检察官,主要从事刑事诉讼法学研究。

归于主张方承担,存在加重主张方举证负担之嫌。这主要是因为证明某一法律行为的主观要件存在并不比证明其不存在简单,且形成于主观思想这一"危险领域"处于当事人自己绝对控制之下,外人很难知晓。所以实践中部分人主张由否认方承担证明主观要件事实不存在的证明责任。以上关于主观要件证明责任分配的两种截然对立的观点形成相互支持的循环论证,一方的优点正是对方的缺点,反之亦然。

当事人平等是现代民事诉讼的基本原则和理论前提,但在诉讼证明领域内诉讼当事人对案件事实及证据材料的掌控存在事实上的不平等。建立在民事实体规范分析之上的证明责任分配学说一经提出,便被大陆法学者奉为圭臬。将证明责任视作法律适用的一部分,不但证明责任抽象分配源于法律适用方式,而且具体案件证明责任负担同样源于法律规范的适用。换言之,仅在法官对法律要件获得积极心证时方可适用当事人主张的法律规范;反之,则不予适用。因此"规范说"的证明责任分配原则:不适用特定法律规范其诉讼请求就不可能获得支持的当事人,承担法律规范要素在实际发生的事件中被实现的证明责任。[1] 深受大陆法系影响的我国,民法规范之间逻辑严密,民事证明责任的规范分配学说一经引入,便迅速占据主导地位。[2] "规范说"将民事法律行为构成要件分为权利形成要件和权利消灭要件、权利阻碍要件,并以此作为民事证明责任分配依据。"规范说"分配要求主张权利方应对权利产生要件事实承担证明责任,而对方应对权利消灭(或妨碍)要件事实承担证明责任。根据《民法通则》规定,民事法律行为成立应具备:①行为人具备相应民事行为能力;②意思表示自由、真实;③不违反法律或者社会公共利益。合同、遗嘱等受当事人行为能力控制下的意思表示自由、真实与否等主观要件规定。按一般人理解民事法律行为的主观要件既可从权利形成要件角度理解,也可从权利阻碍或消灭角度理解。换言之,当合同纠纷中当事人主观要件出现真伪不明时的败诉风险是应由主张成立方承担,还是否认方承担的问题?对此有学者称之为法律漏洞,也有学者称之为法律体系的误解。民事诉讼证明领域主观要件证明除证明责任调控外是否还存在其他策略性化解之道?

二、主观要件证明责任实质分配观点

学者胡东海以表见代理合同中"善意要件"为例,指出无法根据规范说的

---

[1] [德]罗森贝克:《证明责任论》,庄敬华译,中国法制出版社2002年版,第12页。
[2] 胡学军:《证明责任"规范说"理论重述》,载《法学家》2017年第1期。

形式标准解决善意要件的证明责任分配问题。作者着重分析"规范说"、盖然性、证明危机或消极事实作为分配依据的可能性与不足。指出证明责任分配实质性原则问题至今尚未提出令人信服的解决方案,进而主张民事证明责任分配应依据民法基本原则。[1] 不可否认,主观要件证明责任承担采用上述任何分配标准均存在缺陷。善意要件的特殊性使得既可以从权利构成角度将其视为权利产生要件,由主张方承担证明责任;也可以从权利消灭(阻碍)角度将其视为权利消灭(阻碍)要件,由否认方承担证明责任。另外,每个人主观善恶与否现实中往往很难证明,容易滑向事实真伪不明地带,更加剧了主观要件证明责任由谁负担问题的争议。

作为民法的从属概念,民事证明责任隐匿于民法规范并与民法实质价值保持一致自不待言,但将这种实质性分配标准付诸司法实践有待商榷。首先,如何客观界定实质价值平衡存在争议。司法人员法学素养良莠不齐难以驾驭模糊的实质利益平衡,且当下民众对司法存在一定程度的信任危机都是不争的事实。具体案件中由法官依实质价值平衡分配证明责任,实际上就是赋予法官更大的自由裁量余地,反而不容易为当事人所接受,相反,依据规范所做的证明责任裁判易被当事人接受。实践中存在负证明责任当事人为了规避败诉风险而尽最大努力举证,但仍然不能为法官的自由心证提供充分证据材料,那么他也会败诉。在此败诉取决于当事人主张适用的法律要件未被充分证明,而不是未提供证据证明。以此增加证明责任裁判的接受性,毋宁说,是当事人自己选择了证明责任裁判。另外,任何对实质正义的追求都可能成为打破程序正义底线最好的理由,成为法官抛弃中立的理由。实现实质正义只是一种良好的愿望与动机,但实质正义的实现总是以突破程序形式为前提的,因此就不能保证其结果上的正义。[2] 其次,法官选择法律适用依据存在争议。民法中存在的主观要件证明责任规范,如《侵权责任法》规定无过错、过错推定类侵权案件和《合同法》对当事人意思表示错误或不自由的规范,均体现立法者立法时已考虑当事人主观要件的证明危机问题。随意突破现行规范寻求所谓实质价值平衡分配无异于缘木求鱼。再次,实质价值平衡分配效果上真能保护弱者?主观要件事实形成的特殊性导致社会普遍认为应当由当事人对己方非恶意承担证明责任是对举证能力较弱一方的保护。事实果真如此吗?在民事证明领域当事人举证能力确有强弱之分,而证明责任负担领域弱者未必就

---

[1] 参见胡东海:《民事证明责任分配的实质性原则》,载《中国法学》2016年第4期。
[2] 张卫平:《转换的逻辑——民事诉讼体制转型分析》,法律出版社2004年版,第316页。

弱,强者未必就强。诚如学者苏力所言:"如果不注意在法律限度内保护弱者,而片面强调法律应当保护弱者,结果必然是把法律仅仅作为一种可以在个案中随意更改以满足情感直觉的工具。不仅作为制度的法治不可能建立,而且在形成的法治也会被破坏。"[1]最后,能否符合司法实践需要? 非反思性制度构建的谬误警示我们:只提出理论和实践有效性而没有经过对话来考虑予以接受还是拒绝的做法,无法适应司法实践需求。[2] 当下"半对抗化的诉讼构造"[3]保留了职权主义构造的精髓,与此同时引入对抗制因素,法官的庭审控制权逐渐弱化后,维持公平游戏的能力并未随之提高。于是不仅未从根本上化解法官滥用自由裁量权的老问题,反而带来了实力较强者控制法庭审理的新问题。在司法人员的法学素养参差不齐,法律规范粗疏、判例指导等保障体制尚未建立的前提下,贸然引入证明责任的实质分配学说或为学术象牙塔里的良好愿望,但恐难以符合我国当今法制现状。

学者李浩以合同当事人行为能力为例,从比较法角度认为民法对于民事行为能力证明责任分配是一个漏洞,[4]应由否认方负担的观点也值得商榷。首先,行为能力证明责任分配是否存在漏洞存在疑问。法官认定合同效力主要依据《合同法》中相关规范。此时主张适用合同无效、可撤销条款当事方负有证明责任,不再适用一般民事法律行为的效力条款。虽然各国在判别法的效力方法上各有不同,但具体法律适用方法上趋于一致。按特殊法优于一般法的适用原则,在特殊法对民事法律行为构成要件有特殊规定时法官应按其规定分配证明责任负担。其次,作者从盖然性(概率)、维护交易安全、平衡当事人双方证明负担、证明风险和有利于简化诉讼程序价值角度主张证明责任由否认方负担,难免不落入证明责任分配实质价值平衡分配的窠臼。最后,与法律推理不符。演绎推理要求法官查明案件事实作为小前提作用于大前提并得出结论,在主观要件事实真伪不明时所做的证明责任裁判只能从大前提推出。此时"唯一恰当"判决正确性,是从政治立法者所通过的规范的被预设的有效性那里借来的。[5]

---

1 苏力:《法治及其本土资源》,北京大学出版社2015年版,第211页。
2 [德]哈贝马斯:《合法化危机》,刘北成、曹卫东译,上海世纪出版集团2009年版,第17页。
3 针对司法改革中存在弱化法官庭审控制权,而诉讼双方又不能实质对抗所带来的诉讼能力较强一方间接控制庭审的现象,学者称为"半对抗化的诉讼构造"。参见陈瑞华:《量刑程序中的理论问题》,北京大学出版社2011年版,第183页。
4 李浩:《民事行为能力的证明责任——对一个法律漏洞的分析》,载《中外法学》2008年第4期。
5 [德]哈贝马斯:《在事实与规范之间》,童世骏译,三联书店2014年版,第284页。

上述关于民事主观要件证明责任分配具有一定相似性。虽不直接否认规范作为证明责任分配依据,但均强调主观要件证明责任分配应从民法实质价值中探寻。首先,存在解释上的逻辑矛盾。《民法通则》从正面规定民事法律行为生效构成要件,而《合同法》等民事特殊法从反面规定权利阻碍或消灭构成要件。某一法律要件,要么从一开始就阻碍权利效力产生,以致合同根本不能发挥应有法律效力;要么通过后来对抗其权利形成规范,以达到迟滞合同相关法律效力的发挥。具体合同效力构成要件的证明责任已预先由相关法律规定,不可能既存在按一般法由主张成立方负担,又存在按特殊法由否认方负担的法律适用逻辑。其次,民事实体法上的冲突。特殊法优先适用的法理已获普遍认同,针对主观要件证明责任负担若可以按上述两方面解释,则《合同法》相较于《民法通则》的特殊性将无法彰显。再次,增加社会交往负担。个人是自身利益最好的和唯一的裁决者。当下社会交往日趋频繁,主观要件证明责任由否认方负担对于保护交易安全、缓解主张方举证压力虽有一定积极作用,但负担依据的模糊性会造成当事人将防范诉讼的自我保护作为交往的行为准则。当事人交往中时刻不忘保存证明自己主观无过错或对方有过错的证据,那么必然使当事人之间交往从追求自身利益最大化转为尽力规避诉讼风险。这种过度自保的交往方式表面上符合自身利益,实际上却增加社会交往成本,造成社会资源浪费。最后,法的预测功能丧失,无法满足实践需求。每个人对实质正义存有不同理解,同时实质价值平衡分配赋予法官较大裁量权,法官完全可以通过分配主观要件证明责任负担左右诉讼结果,这与当下限制权力的司法改革背道而驰。一切有权力的人都容易滥用权力,这是一条万古不易的一条经验,有权力的人们使用权力一直遇到有界限的地方才休止。[1]

如此看来,主观要件证明责任的实质分配无法产生良好的法律效果和社会效果,难免遭受不公正的指责。目前关于主观要件证明责任负担理解的混乱,原因之一是相关规范的矛盾或表述不清而造成法律适用上的困难,造成同一问题的处理往往出现两个极端。那么到底什么才是主观要件证明责任负担的直接依据呢?

三、法律体系下主观要件证明责任分配的正置

主观要件证明责任负担似乎处于两难困境:若分配给主张方,由于难以举

---

[1] [法]孟德斯鸠:《论法的精神》,张雁深译,商务印书馆2006年版,第102页。

证,造成接近司法的困难;若分配给否认方,也存在实质不公,因为证明己方无过错并不比证明相对方有过错容易。因此诉讼当事人双方都存在具体举证困难和真伪不明的情形,尤其在采取相对较高证明标准时。既然有异议即应回归到隐含其中的评价上,质言之,回到相应的原则上去。[1] 民事证明责任是对分配依据及具体适用情形下如何分配两个问题的不间断回答。

　　作为败诉风险的负担,若将所有证明责任均由主张方承担,那么,事实上每个法律诉讼一开始就变得毫无希望,诉讼无法进行。若败诉风险的负担取决于参与人的善意,则法的安定性将荡然无存,等同于权利的"裸奔"。作为具体法律适用者只能以实体规范对证明责任予以分配。由此可见,民事证明责任负担并非依据实质公正原则而是取决于法律适用。在此并非否定实质公正对法的指导作用。因为只有政治立法者才可以无限制地诉诸规范的、实用的和经验的理由,包括通过公平谈判结果而形成理由……司法部门不能随意运用法律规范包含着的那些理由,当法庭适用这些理由时会起另外一种作用[2]——法的稳定性、预测性将从根本上受到破坏。因为正义的模糊性无法明确框定界限,此时法官不是在适用法律判案,而是适用个人喜好于诉讼。

　　我国系成文法系,法律适用上采取演绎推理、不承认法官立法,与"规范说"分配理论高度契合。众所周知,制定一部证明责任法既不可行,也没必要。只有在立法阶段立法者认为某个请求权的证明责任应当作特殊分配时,才用法律语言另行规定其证明责任的分配;或者借助于语言学和法律规范构造学,用经济的语言同时表达请求权和其相应的证明责任的分配两个不同的内容。[3]法官仅是适用证明责任规范而不能创设证明责任规范,主观要件也是如此。在特殊法已对该要件规定,应由主张适用规范方负担,如无效合同、可撤销、可变更合同中行为能力要件欠缺的证明风险负担。法官的任务就是听取证词、审核证据材料,仅在需要澄清任何被忽视的或不清楚的问题以及需要断定真情所在时,方可询问证人。假如他超越此限,便是自卸法官责任。

　　民事主观要件证明责任规范分配体系是否妥当,不仅取决于其伦理性,而且取决于其实用性。将体系与具体问题结合,通过解决问题彰显体系的实用性。上述案例中关于当事者行为能力控制下的意思表示真实与否证明责任负担看似无解、实则不然,只需对法律体系稍加分析即可得出答案。具体实践中

1　[德]卡尔·拉伦茨:《法学方法论》,陈爱娥译,商务印书馆2003年版,第356页。
2　[德]哈贝马斯:《在事实与规范之间》,童世骏译,三联书店2014年版,第233页。
3　[德]普维庭:《现代证明责任问题》,吴越译,法律出版社2006年版,第4页。

法官往往依据具体适用法律规定分配当事人行为能力证明责任负担。设例1适用《合同法》中关于合同无效、可撤销条款,设例2中适用《继承法》中关于无效遗嘱条款。上述条款属权利消灭(或阻碍)规范,一旦适用对方当事人的权利归于消灭。此时主张方就对该条款的适用产生了法律期待,与之附随的证明责任也由该当事人负担。法适用的方式产生了证明责任分配规则,[1]耦合于法律条文适用的证明责任分配,不仅确保了法的稳定性、可预测性,也可有效防止法官裁判的恣意性。

承认"规范说"的主导地位,并不意味着抛弃对个案正义的关注。正义是推进法律发展的原初动力,本身并非目的。诚如奥劳拉·奥内尔指出:正义的目的就是建立一些制度和实践,尽最大可能限制系统性的或无缘无故的伤害。[2] 当遇有规范的适用与法感相抵触时,虽然法官依据实质考量不失为一条捷径,但诉讼的预测性功能将丧失殆尽。德国法学家罗森贝克曾警告:虽然没有比公正更高的指路明灯,但这仅对于立法者而言如此,对于法官而言并非如此,如果法官想将具体的诉讼之船根据公正性来操作,那么他将会在波涛汹涌的大海中翻船,法的安定性也将会受到破坏。[3] 此时法官应严格依法裁判,由受判决不利影响当事人通过上诉、申诉等程序机制运作,将这种实质不公反馈至立法机构。由立法者基于新的价值抉择对法律进行修订,实现司法促进法律成长。[4]

四、主观要件诉讼证明困境的化解途径

司法实践中若将主观要件证明责任由主张适用规范方负担,很多人觉得会加重一方当事人的举证负担,不利于平衡诉讼双方权利的保护,属法律僵化适用的体现。上述观点的问题在于将证明责任负担看作调整诉讼证明的唯一途径。这种单一思维实践中往往产生矫枉过正的副作用,如医疗侵权主观过错和因果关系要件证明责任的几经反复无不体现该点。证明责任其实不过是为诉讼证明提出的一个逻辑起点,证明责任制度的存在并非为做出最终的证明责任裁判,相反,很大程度上是为了防止证明责任裁判的出现。[5] 抽象证

---

1 [德]罗森贝克:《证明责任论》,庄敬华译,中国法制出版社2002年版,第117页。
2 [美]波斯纳:《道德和法律理论的疑问》,苏力译,中国政法大学出版社2001年版,第58页。
3 [德]罗森贝克:《证明责任论》,庄敬华译,中国法制出版社2002年版,第97页。
4 [美]本杰明·卡多佐:《法律的成长》,李红勃,等译,北京大学出版社2014年版,第34页。
5 胡学军:《解读无人领会的语言——医疗侵权诉讼及举证责任分配规则评析》,载《法律科学》2011年第3期。

责任作为诉讼内在动力机制的体现是启动案件事实发现的原动力。具体的举证责任才是推动案件事实查明的中继推力，是诉讼过程中当事人的行为责任，在诉讼中取决于法官证明评价，由当事人交替承担。所以证明责任的负担与具体举证能力无关，即便在举证成本为零的情况下，证明责任如何分配对案件事实查明也没有丝毫不利影响。换言之，因不依赖具体场合的个别评价，主观要件证明责任负担永远无法帮助法官形成对生活事实的心证，它是独立的、法定的。现实中确实存在一方当事人拥有举证优势，但这并不妨碍弱势方的举证行为和纠纷的商谈解决。毕竟诉讼当事人都怀有寻求正当法律途径化解纠纷的目的。基于此现代法治国家化解诉讼证明困境不再是固守单一证明责任，而是在此基础上转而寻求具体举证制度。[1]

作为"不完善程序正义"[2]的审判制度组成部分，证明责任采用非此即彼的方式处理，不仅会造成实质不公，而且也会将权利人拒于法院大门之外。由于诸多在传统民事诉讼机制确立时无法预测的原因导致当事人之间存在信息落差。如果仍坚持原初意义上的对抗—辩论要求进行举证，当事人双方均会陷入举证困难或举证不能的窘境，从而承担败诉结果。这显然有悖于实质公正的司法理念追求。因此应在现行诉讼制度框架下，尽管不能保证实质正义彻底实现，但至少应减少或克服某些显著不公的情形，并提供程序和制度的保障。破解现实中主观要件证明难的问题应坚持证明责任负担前提下采取相应举证缓和制度，以减轻诉讼当事人的具体举证负担。具体案件中依据法律适用确定哪一方当事人负担将要件事实证明达到高度盖然性程度的主观抽象证明责任。[3] 在此基础上不负抽象证明责任一方负担具体举证责任，但具体举证责任并不存在所谓统一分配方式。以主观要件为争点的案件当事人在诉讼控制力上存在差异，一方相对另一方明显处于举证的强势地位，易形成证据偏在。对证据偏在情形的处理不涉及证明风险分配问题，仅对提供证据责任构成影响。为消弭因证据偏在而形成的信息落差，法官应采取收集、保全证据材料等措施，当事人应寻求具体举证方法，以最大化查明事实真相。

主观要件事实的特殊性导致当事人之间对相对方所掌握证据材料具有一定依赖性。为避免"诉讼竞技"的弊端，弱化事实查证领域对抗性，寻求案件事

---

[1] 参见胡学军《具体举证责任论》，法律出版社 2014 年版，第一章；王亚新《对抗与判定——日本民事诉讼的基本结构》，清华大学出版社 2010 年版，第六章。

[2] [美]罗尔斯：《正义论》，何怀宏，等译，中国社会科学出版社 1988 年版，第 80～86 页。

[3] 具体案件中的主观抽象证明责任与客观证明责任分配一致。详见胡学军：《具体举证责任论》，法律出版社 2014 年版，第 50 页。

实真相已成为普遍趋势。如美国为平衡诉讼当事人之间举证能力差异确立证据开示制度，规定当事人应将己方掌控与案件相关信息材料主动向对方开示或书面要求对方向己方开示。若不遵守证据开示规定，则导致该证据材料丧失证据能力。

德国为解决举证困难的案件创设表见证明：若依据生活经验法则上表现一定之原因，而通常皆朝该方向演变，即被认为相对方有主观过错。相对方若欲推翻此认定，必须就该事件通常经过的相反事由或与生活经验不符提出反证。日本则发展出了"大致推定"，即某种事件本身就具有招致失败的可能，当事件发生时一定条件下也可以由此推测当事者一方的主观责任。此时负举证责任方没有必要对要件事实证明达到高度盖然性程度，只需提出一般可能性的证据材料，再由对方承担己方无过错或对方有过错的举证。学者高桥宏志在质疑证明责任裁判实际效果时主张通过法官释明敦促当事人举证，具体诉讼中敦促哪一方当事人举证取决于法官心证。[1] 在诉讼证明中就平衡当事人证明利益而言法官不应倾向于任何一方，但在一方当事人占有证明对方主张真实性的证据材料时负有提供该证据材料的协助义务。上述通过让证据控制者处于防御状态"倒逼"案件事实真相的查明。

学界为解决证据偏在时持有证据方拒不提供事证材料导致一方败诉的问题，主张引入摸索证明机制。在一定条件下当事人一方出现举证困难时，为实现证明的目的而进行准备性的案件信息或证据材料搜寻，以求诉讼中卸除己方的举证负担。当事人利用摸索证明机制实现个案法律要件事实与证据材料向诉讼当事人开放，尽量使他接近证据信息，从而接近案件真相。

虽然没有那个学说会像推定这般，迄今为止人们尚不能成功阐明推定的概念，致使学者们遗憾称作"令人沮丧的残余"[2]，但推定作为缓和当事人举证负担的功能却无须赘言。实践中举证弱势方普遍运用事实推定，对其主张事实的前提进行初步举证获得有利自身的法官临时心证，而后迫使对方举证证明推定事实前提不存在或其主张事实本身不存在的反证。举证弱势方利用事

---

1 [日]高桥宏志：《民事诉讼法——制度与理论的深层分析》，潘剑锋译，法律出版社2003年版，第431~439页。
2 [德]罗森贝克《证明责任论》，庄敬华译，中国法制出版社2002年版，第206页。

实推定的"气泡"¹属性使得负证明责任方仅提供与案件事实相关的线索或证据材料证明案件事实初步成立。此时证据材料控制者（不负证明责任方）为打破法官对其不利的心证不得不提出证据予以反驳，法官借此查明案件事实。

诉讼中将特定要件事实的证明与证明标准相挂钩以缓和当事人之间的举证负担。学者曾指出证明标准属法官主观认识活动范畴，实务中并不存在一个适用于法官发现案件事实真相的介于证明为真（或伪）与真伪不明之间可以自由浮动的"刻度盘"。² 证明标准的内容只能是法官主观视为真、伪或真伪不明的思想、自然或经验规则的统一，并没有所谓升高或降低的问题。由此决定同一纠纷中的不同事实认定不存在统一模式，强行适用统一证明标准无异于削足适履。从这个角度分析"高度盖然性"或"优势证明"的证明标准并无孰高孰低的问题。忽略具体案情谈论抽象意义上的证明标准对案件事实查明毫无帮助，因为证明标准必须由法律规定，仅具指导意义。但这并不意味着法官可以随意地裁量案件事实认定。作为以限制法官恣意的制度设置，运用是否得当取决于配套措施。在心证开示等相关制度保障下，法官依据案件事实的特殊性在诉讼当事人之间适当采用不同的证明标准，"正是对当事人收集与提供证据资源不平等的部分补偿"³。

上述各国基于各自不同的法律文化形成的具体举证方法，虽名称和运作方式各有不同，但均起到缓和诉讼当事人举证负担的效果。虽然我国立法并未正式确立上述制度，实践中却早已应用诸如事实推定、证明标准降低、法院搜证、法官释明等具体举证方法，并取得一定积极效果。如笔者曾参与一健康权案件审理，庭审中对侵权行为、因果关系、主观过错（过失）、损害结果均无争议。但至法庭辩论终结前仍无法确认具体加害人（数人中无法具体确定何人碰到啤酒瓶导致爆炸），若严格依据证明责任裁判只能驳回原告诉讼请求。然而主审法官并未如此判决，而是运用"法官摸索证明"查明案件事实。主审法官依据当事人提交的证据材料为线索向原被告及证人提出自己的合理怀疑并

1　塞耶认为推定只能转移提出证据而不能转移说服责任，一旦对手提出推定事实不存在的证据，立即卸除提出证据责任，推定也从案件中消失。该理论被称为"气泡说"，它形象描述了推定的脆弱性，一旦对方提出相反证据，气泡就破裂。参见钟朝阳：《美国证据法中的刑事推定》，载《刑事证明责任与推定》，中国检察出版社2009年版。

2　[德]普维庭：《现代证明责任问题》，吴越译，法律出版社2006年版，第八章；张卫平：《证明标准的乌托邦》，载《法学研究》2003年第4期；李浩：《证明标准新探》，载《中国法学》2002年第4期；霍海红：《提高民事诉讼证明标准的理论反思》，载《中国法学》2016年4月。

3　[美]波斯纳：《证据法的经济分析》，徐昕、徐昀译，中国法制出版社2004年版，第83页。

说明理由,进而要求诉讼参与人进行阐述并记录在案,使得案件获得圆满解决。

五、结语

以主观事实为纠纷的证明责任分配并非法律的漏洞。应将其纳入法律适用体系考察,从具体案件所适用的规范中析出诉讼当事人证明责任的负担。针对现实中存在法律行为的主观要件证明责任既可由主张方负担,也可由对方负担的观点,关键在于如何理解"举证证明责任"概念。证明责任概念"分立论"认为"证明责任"仅指客观责任,在要件事实真伪不明时败诉风险的承担;而"举证责任"仅指行为责任,在诉讼中当事人的提供证据责任。[1] 之所以出现"举证证明责任"这一糅合概念,原因之一就是人们没有在同一层面讨论同一个问题。

主观要件证明责任应由主张适用某一特定法律规范方负担。在具体案件中遇有真伪不明时,一种办法是以证明责任裁判结案;另一种是最大化查明案件事实,避免发生事实糊涂裁判。这两种方法任何择一作为处理案件事实问题的绝对路径都存在先天缺陷。弥补之法在于承认证明责任规范前提下,辅以证据开示、事实推定、证明标准降低、摸索证明等具体举证方法,以协助法官查明案件事实。证明责任裁判仅在具体举证方法用尽仍不能解决案件事实认定问题时产生。诉讼证明的双轨制相较于传统证明责任这一非此即彼的调整方式而言,借助具体举证责任的负担和转换来规范诉讼证明活动这一更灵活、更精确的调整方式,最大化查明案件事实以弥补当事人之间举证能力上的鸿沟。

---

[1] 关于证明责任概念不同层次的"分立论",参见霍海红:《证明责任概念的分立论——基于中国语境的考察》,载《社会科学》2009年第6期;胡学军:《举证证明责任的内部分立与制度协调》,载《法律适用》2017年第15期。

证明标准理论的新范式

——功能视角下审判实务中证明标准的路径完善

王娱瑷[*]

摘要: 2015年《民诉法解释》明确将"高度可能性"设为我国民事证明标准,并将"排除合理怀疑"标准纳入民事诉讼范畴。虽然立法上对证明标准有了明确的规定,但司法实践中对证明标准的运用非常混乱。究其原因,是因为法官对待证事实是否达到证明标准依然处在直觉的、非理性的阶段;且证明标准的相关规范也不甚科学。但根本原因是,对于证明标准,我国一直着眼于将其客观化,从而达到对法官事实认定的约束功能,但这与事实认定的主观性是冲突的。这一功能很难实现,但将客观化的标准写入法条后,法官在办案时又不得不受其约束,从而导致法官在事实认定过程中束手束脚,甚至要认定不符合自己心证的事实。因此,笔者提出更应该重视证明标准的引导功能。在引导功能下,将证明标准内化成法官内心的标尺,实现证明标准与法官心证的统一。在这一观点基础之上,笔者对我国现行证明标准制度进行了梳理,并从两个角度对其进行完善。一方面,为了保持2015年刚出台不久的《民诉法解释》的安定性,在保留"排除合理怀疑"标准的基础上,从法解释学的角度,对我国现行两种证明标准进行合理解释,明确不同的证明标准适用的边界,使法官更好地在实践中运用;另一方面,通过比较法的方法,论述"排除合理怀疑"这种提高证明标准的做法不同于其他国家,民事诉讼证明标准正确的改革方向应该是在某些情况下对证明标准进行降低,在此基础上,对我国证明标准的建构进行再设计。

关键词: 民事诉讼;证明标准;引导功能;实证分析;排除合理怀疑

---

[*] 王娱瑷,西南政法大学2018级博士研究生,江西省政府法制办公室干部,主要从事民事诉讼法学研究。

引　言

证明标准在我国经历了刑事、民事一元制到二元制的变迁。最初,民事诉讼证明标准与刑事诉讼证明标准是相同的,并无高低之分,即"事实清楚,证据确实充分"。后经过发展,理论界普遍认为基于案件性质的不同以及当事人举证能力的不同,民事诉讼的证明标准与刑事诉讼的证明标准应有所区分,于是民事诉讼证明标准逐渐分离出来。从20世纪80年代中期开始,一直到民事审判方式改革之前,我国传统的民事审判方式的特点是"重调查,轻举证",法院有职权,甚至有义务去调取证据、积极探索案件事实,确保最终查明、认定的事实符合案件发生时的客观真相,也就是说法院一定要在案件事实清楚的情况下才能做出判决。[1] 在这种特殊背景下,证明标准一直未引起重视,因为不管当事人对待证事实的证明达到什么程度,法院都会积极了解、查明真相。直到民事审判方式逐渐改革,庭审才越来越重视当事人双方的举证责任,法官逐渐从积极地发现事实到消极地认定事实。这时,当事人的举证是否达到了证明待证事实的标准才成为人们需要考虑的一个问题。2002年《最高人民法院关于民事诉讼证据的若干规定》(以下简称《证据规定》)第73条,学界一般认为系对我国民事证明标准做出规定,初步确立了"高度盖然性"的民事证明标准。2015年施行的《最高人民法院关于适用〈中华人民共和国民事诉讼法〉的解释》(以下简称《民诉法解释》)第108条,首次明确了"高度可能性"的一般民事诉讼证明标准,更是针对不同事实,确定了不同的证明标准层级,对一些特殊事实适用"排除合理怀疑"标准。在理论界,关于民事证明标准学者们进行了很多有益探索,对民事证明标准的认识越来越丰富和完善,但学者们关于民事证明标准的激烈讨论大多局限于理论,鲜有学者去关注实践中证明标准的适用到底是何情况。

而且,这些年来理论上取得的进步,虽在立法层面上有一定影响,如针对不同的待证事实将民事诉讼证明标准进行了分级,但可以确定的是,近年来理论上的探讨甚至立法上的变迁,对我国的司法实践影响却不是很大,我国司法实践中对于民事证明标准的理解和适用依然处在初级阶段,非常混乱。

一、比较法视野下的证明标准功能定位

证明标准的相关问题,应置于功能语境下探讨才有意义。笔者认为,证明

---

[1] 张卫平:《证明标准建构的乌托邦》,载《法学研究》2003年第4期。

标准的作用可一分为二：一是引导功能，一方面可以引导法官对当事人主张的待证事实是否已完成证明有统一的判断，另一方面可以引导当事人尽量向法庭提供证据，努力达到应达到的证明标准，并预测诉讼结果；二是约束功能，旨在约束法官的自由裁量权，而证明标准可以对法官的事实认定进行约束，只有达到证明标准的待证事实才能作为定案依据，并受到上级法院的审查。对任何法律概念的考察都离不开对英美法系和大陆法系这两大法系的研究，而因为历史渊源的因素，这两大法系的证明标准理论有很大差别。现在我们一般认为，民事诉讼中，英美法系采用的证明标准是优势证明标准，而大陆法系采用的是法官自由心证。英美法系的优势证明标准是指只要当事人主张的事实存在的可能性大于其不存在的可能性，即可认定事实存在，它只要求存在一般的"盖然性"即可。而大陆法系的法官自由心证，是法官通过认为事实具有"高度盖然性"从而达到内心确信的。

（一）英美法系证明标准

与大陆法系国家事实认定和法律适用都由职业法官来完成这一点不同，英美法系国家适用二元制审判组织方式，对案件事实的认定大多是由非专业的陪审团完成。这就需要职业法官在陪审团开始评议案件前向其解释双方当事人对事实的主张达到何等程度的证明，才能认定主张的事实存在。因此，对于英美法系国家来说，职业法官能否准确、清晰地将证明标准这一概念传达给非专业的陪审团，关乎证明标准能否在司法实践中得到正确的适用。因此，英美法系对于证明标准理论的某些基本内容——如心证的目标、内容等，不像大陆法系一样赋予了同等的关注；在英美法系国家，如何向陪审团明确、清晰地传达证明标准的具体内涵和意义，才是法律界关心的问题。[1] 由此可知，英美法系中证明标准的作用主要就是由职业法官对非专业的陪审团做出指示，引导并不具备法律知识的陪审团对当事人主张的事实进行正确的认定，功能主要在于对于事实认定者的引导。有学者主张，证明标准对陪审团的作用在于制约[2]，笔者认为不然：英美法系陪审团是临时、随机组建，由多人构成的，即便明确告知陪审团证明标准为优势证明标准，但如果陪审团违反这一证明标准进行事实认定，外人也不得而知，亦无法控制和矫正；加之，如果事实认定存在

---

[1] 吴泽勇：《"正义标尺"还是"乌托邦"？——比较视野中的民事诉讼证明标准》，载《法学家》2014年第3期。

[2] 吴泽勇：《"正义标尺"还是"乌托邦"？——比较视野中的民事诉讼证明标准》，载《法学家》2014年第3期。

问题，后续也很难对陪审团进行追责。所以，这种事前无法进行有效限制、事后无法追责的约束只是一纸空文，试图通过规定证明标准来对陪审团事实认定方面进行有效约束是不可行的。事实上，认定案件事实需要由多人组成的陪审团达成一致或多数意见，这本身对组成陪审团的个体随意认定案件事实就形成了约束。法官发布指示是针对整个陪审团，而不是每个陪审员个人。陪审团制度最终是以整个陪审团的名义宣布其事实认定结果，而整个事实的评议过程中，陪审团的各个成员都在互相讨论、彼此说服，表达个人对案件事实的看法，"裁决因此是在陪审团评议的熔炉里诞生的"，陪审团这一团体会不断地对认识偏差进行纠正。因此，陪审员个人对证明标准的看法就显得不那么重要了。正是这样，让法官对陪审团的指示有了实际意义：这些指示为陪审员之间的争论提供了一个桥梁和尺度，尽管该桥梁未必坚实，该尺度未必清楚，但它的确有利于多数意见的形成。换句话说，英美法系证明标准功能实现的主要途径不是影响陪审员的个人心理状态——至少这种途径的效果很难得到证明，而是影响整个陪审团的评议过程。[1] 所以，职业法官对非专业的陪审团证明标准的指示只是为了引导非专业的陪审团，让组成陪审团的个体明白当事人对主张的事实达到何等程度的证明即可认定该事实存在。在英美法系国家，证明标准的功能主要在于，给非专业的陪审团一个指示，让其依照该指示来认定事实。因此，英美法系国家对于证明标准应该如何设定的研究比较少，如何给予陪审团准确、清晰的指示探讨得较多。

（二）大陆法系证明标准

早期的司法者素质参差不齐，为了寻求司法的标准统一以及限制司法者随意认定事实，采用法定证据主义，将司法者的自由裁量权空间尽量压缩。在这一时期，出于对司法者的不信任，法律上对司法者认定事实做了诸多限制，此时的证明标准主要起到约束司法者对事实认定的作用。然而，随着经济社会的发展，矛盾开始复杂化，法定证据主义通过预先设置各种证据证明力的方式早已满足不了现实社会的需要，这种方式下最终认定的事实可能与客观事实相去甚远。为了更好地达到客观真实，实践中越来越依赖于司法者的经验和良知。在大陆法系国家，因为采用"法官内心确信"的证明标准，而没有采用客观化的证明标准，证明标准更多地依赖于司法者的主观方面。将证明标准赋予司法者更多的自由裁量，可以看作是欧洲大陆19世纪证据制度改革的结

---

[1] 关于二元制审判组织方式与法官指示的关系，参见米尔建·R.达玛斯卡：《漂移的证据法》，李学军，等译，中国政法大学出版社2003年版，第55页。

果。过去,采用法定证据制度,意味着法律预先规定了每一种证据的效力,用每一份证据效力的简单相加来判断是否达到了法定的证明标准。然而,这种证据制度无法涵盖复杂现实的方方面面,作为对罗马教会法证据制度的反动,那种事先规定如何查明实体真实以及在何种条件下方能视一项事实主张已获证明的做法,不再被认为与司法程序的正当性目标相符。因此,1850年的图林根刑事诉讼法明确指出,就一项事实是否应当认为已获证明,不再受制于法定证据规则的规定,而是由法官根据具体案件,结合经验法则,通过心证自由来认定案件事实。

从某种意义来讲,大陆法系以"法官内心确信"作为民事诉讼证明标准的做法是合乎逻辑的。因为,"法官既要受某种特定盖然性或者主体间性的理性级别的约束,同时其个人又要决定这个台阶的达到,这样一种制度体系是自相矛盾的,而且也与自由心证原则的根基无法协调。"[1]并不是说证明标准的规定越清晰明确、越客观化,它对裁判的引导就越清晰、越有效,因为说到底,最终的事实认定更多的还是法官经验加之主观判断,再结合具体案件形成结果,客观的标准再明确、再细化,也满足不了千变万化的现实,不同的法官对同一个标准的理解在主观上也是有所不同的。如果用客观的标准无法有效对法官主观的事实认定进行约束,还不如将证明标准用于引导法官在主观上对事实认定形成一个相对稳定而统一的标准。自由心证是建立在对司法者的完全信任之上的,因为"心证"是极其主观的,它对司法者前期的事实认定几乎不设限,只能在事实认定之后通过其他手段如裁判文书的说理或上级法院监督等手段进行约束。在完全信任司法者的情况下,大陆法系下的证明标准就不是为了实现其约束功能而设定的。

(三)我国证明标准功能重在约束

我国民事诉讼的相关制度主要移植自大陆法系国家,但对于民事诉讼的证明标准,我国的规定却与大陆法系不同,没有采用"法官内心确信"这一标准,而是采用比英美法系"一般盖然性"更为严格的"高度盖然性"标准。我国的司法传统重实体轻程序,认为通过诉讼和庭审就应该查清楚案件的客观事实,不符合客观事实的就是不正义的,哪怕得出该结果的程序是正义的,群众也难以接受。相比之下,英美法系国家,其对抗制的庭审程序以及其交由普通群众参与事实认定的司法过程,加之对程序正义的重视,足够使最终的判决获得合法性。因此,我国采用高度盖然性标准,是为了适应我国的司法传统,压

---

[1] 吴泽勇:《中国法上的民事诉讼证明标准》,载《清华法学》2013年第1期。

制事实的可能性,确保法律上认定的事实无限接近客观真实,以维护最终判决的合法性,同时让群众更认可结果。从我国20世纪90年代实行的"事实清楚,证据确实充分"证明标准中就可以看出,我国大环境下群众对于客观真实的渴求还是非常高的,并通过判断判决最终认定的事实是否符合客观真实这种实体正义来判断正义是否得到实现。可是已经发生过的事实具有不可回溯性,没有人可以保证最终认定的法律事实就是符合客观真实的。这种制度功能定位的难以实现性导致证明标准在我国司法实践中无法发挥其应有作用。

二、我国民事审判中证明标准适用情况的考察

笔者在中国裁判文书网,通过搜索以下经常出现在民事判决书中涉及证明标准的关键字:"高度盖然性"(包括高度可能性,下文同)、"优势证据""明显优势""排除合理怀疑""内心确信",并对相关的判决进行搜集并统计、整理,得出下文结论。统计样本或许不够全面,但这不全面的样本都足够说明实践乱象。

(一)民事证明标准基本表述各行其是

因2015年2月4日起施行的《民诉法解释》对民事证明标准的规定做出了调整,在此之前有关证明标准的规定主要存在于《证据规定》。为更准确地对样本进行分析解读,下文对相关数据及现象的分析将分为两个时间段,一段是2002年4月1日《证据规定》生效至2015年2月3日《民诉法解释》生效前,另一段是2015年2月4日《民诉法解释》生效至今(2017年5月11日)。

通过中国裁判文书网搜索关键字,2002年4月1日至2015年2月3日近十三年中,《证据规定》生效期间,适用"高度盖然性"为证明标准的裁判文书有6856个,"高度可能性"的有2138个,"优势证据"的有15 064个,"明显优势"有6793个,"排除合理怀疑"有2237个,"内心确信"有461个。(图1)

2015年2月4日至今(2017年5月11日)两年中,《民诉法解释》生效期间,适用"高度盖然性"为证明标准的裁判文书有11458个,"高度可能性"的有12812个,"优势证据"有19666个,"明显优势"有9367个,"排除合理怀疑"有4919个,"内心确信"有649个。(图2)(表1:包含各关键词的判决书节选)

在《民诉法解释》第108条明确我国民事证明标准为"高度可能性"之前,

不论是在理论界还是实践中，我国的民事证明标准为"高度盖然性"已是通说[1]，而且根据《证据规定》的官方解释[2]，证据规定第 73 条实际上就是尝试确立"高度盖然性"的证明标准，只是因为当时立法术语不够清晰，表达得不够明确。也就是说，十五年来，我国民事证明标准一直都以"高度盖然性"为一般性标准。然而，通过前文调研可得知，我国司法实践中，对一般性证明标准的表述却五花八门，有适用"高度盖然性"（高度可能性）的，有适用"优势证据"的，也有表述为"明显优势"的，还有表述为"内心确信"的，甚至在《民诉法解释》生效之前，有大量判决适用"排除合理怀疑"作为民事证明标准的。

图 1

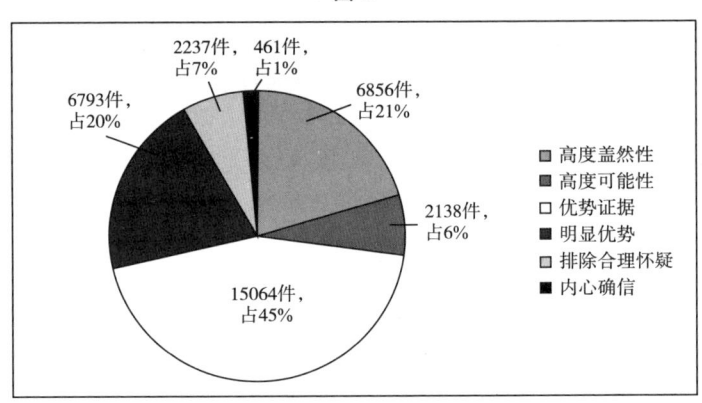

图 2

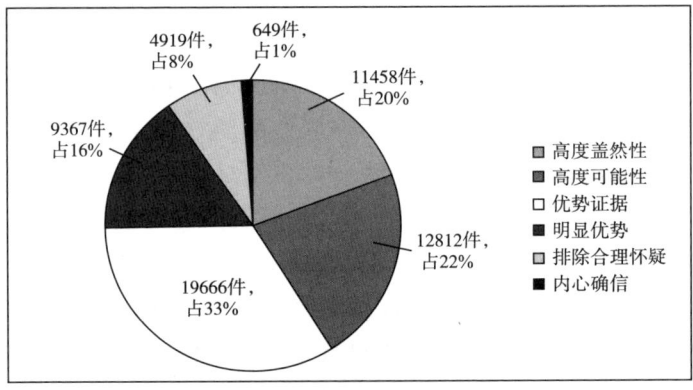

---

1 李浩：《证明标准新探》，载《中国法学》2002 年第 4 期，第 132 页；常怡主编：《民事诉讼法学》（修订版），中国政法大学出版社 2005 年版，第 218 页；田平安、陈彬主编：《民事诉讼法学》，法律出版社 2010 年第 2 版，第 210 页；何家弘、刘品新：《证据法学》，法律出版社 2013 年第 5 版，第 336 页。

2 李国光主编：《最高人民法院〈关于民事诉讼证据的若干规定〉的理解与适用》，中国法制出版社 2002 年版，第 467 页；黄松有：《民事诉讼证据司法解释的理由与适用》，中国法制出版社 2002 年版，第 353 页。

表 1

关键词	《证据规定》期间	《民诉法解释》期间
高度盖然性	……九某公司向本院提供的证据已形成高度盖然性,故本院认为被控侵权的产品确实是某家公司所销售。[1]	……该事实有证人陈某和杨某的证言予以证实,证人何某的录音资料予以佐证,根据民事证据高度盖然性的认定规则,本院确认被告费某其余款项全部归还。[2]
高度可能性	由于两被告之间存在工程分包关系,且原告李某承包工程隶属于被告范某承包工程范围之内,故被告东南网架受被告范某委托支付具有高度可能性,本院认为,不应将被告东南网架公司的付款行为视为对本案涉案合同的认可和履行。[3]	……由此可见,该995万元款项中包含替潘某偿还的600万元的可能性较大,本院对此事实予以认定。[4]
优势证据	综合考虑经一审庭审质证的李某、杨某、郴州远大广告公司法定代表人张某的证人证言及华中机械公司出具的证明等证据,根据民事优势证据原则,本院认定华中钢锄厂自2000年开始使用"银鸡"商标的事实。[5]	作为完全民事行为能力人,乐某应当知晓其签订的补签协议以及其出具《承诺》的法律效力,故根据优势证据原则和日常生活经验法则,本院认定文某与乐某之间的借贷关系存在。[6]

---

1 广东省中山市中级人民法院(2014)中中法知民初字第9号判决。本判决以及下文引用的所有判决均来自中国裁判文书网。
2 四川省乐安市中级人民法院(2014)乐民初字第155号判决。
3 四川省绵阳市游仙区人民法院(2015)游民初字第2942号判决。
4 甘肃省兰州市中级人民法院(2015)兰民一初字第50号判决。
5 最高人民法院(2010)民提字第27号判决。
6 湖南省长沙市中级人民法院(2016)湘01民初1159号判决。

续表

关键词	《证据规定》期间	《民诉法解释》期间
明显优势	……以上证据比较,被申请人杨某具有明显优势,案涉房屋也不存在其他案外人争议,故原审认定被上诉人杨某借名购房,为实际出资购房人,正确合理……[1]	……综上,原告赵某的举证具有明显优势,应确认被告宗某收到原告赵某借款。[2]
排除合理怀疑	……白某与李某之间资金往来是2008年至2010年年底,而《李某向白某借款结算表》是2012年9月,且是在张某与李某离婚诉讼期间形成的,不能排除合理怀疑……[3]	……根据"谁主张、谁举证"的原则,被告山东茗筑世家有限公司应当对以上费用进行明确的细化和分项并排查合理怀疑,否则本院将视为其相应反诉请求所依据的事实不清,反诉诉讼请求不明确,本院将全部予以驳回。[4]
内心确信	……庭审中姜某自述其工资卡一般都交给魏某保管,款项不是用于家庭生活,夫妻两人感情不是很好的主张,不能使人产生内心确信,故……[5]	……故原告张某应对其与被告戴某之间具有房屋买卖关系的主张负举证责任,该证明活动的证明标准在于使本院对待证事实的存在与否形成内心确信。[6]

如果说2015年2月4日之前,我国实践中民事证明标准的混乱是由于《证据规则》第73条立法技术不够成熟而表述不明确,导致法官对于一般性的民事诉讼证明标准是"高度盖然性"还是"优势证据"存在困惑;在之后的《民诉法解释》第108条中明确规定了"待证事实存在高度可能性的,即可认定事实存在",明确了我国"高度可能性"(高度盖然性)的民事证明标准,但实践中对于一般性事实的证明标准的表述与适用仍然非常混乱,表述和适用"优势证据""内心确信"等证明标准的裁判文书仍然大量存在。

---

[1] 辽宁省高级人民法院(2015)辽审一民申字第770号裁定。
[2] 山东省淄博市临淄区人民法院(2016)鲁0305民初305号判决。
[3] 山西省太原市中级人民法院(2014)并民初字第65号判决。
[4] 山东省济南市中级人民法院(2015)济民一初字第21号判决。
[5] 江苏省徐州市中级人民法院(2014)徐民终字第01039号判决。
[6] 江苏省无锡市南长区人民法院(2015)南民初字第1314号判决。

(二)"高度盖然性"和"优势证据"混为一谈

"高度盖然性"是指"法官基于盖然性认定案件事实时,应当能够从证据中获得事实极有可能如此的心证,法官虽然还不能够完全排除其他可能性(其他可能性在缺乏证据支持时可以忽略不计),但已经能够得出待证事实十之八九是如此的结论。"[1]然而,通过笔者调研得知,即便法官在裁判文书中引用了"高度盖然性"标准,也有可能是基于对该标准的错误理解而适用的,与之混淆的一个概念即"优势证据"标准。"优势证据"这一提法来源于英美法系。台湾学者李学灯认为:"在民事案件,通常所用证据之优势一语,系指证据力量较为强大,更为可信者而言,足以使审理事实之人对于争执事实认定其存在更胜于其不存在,因此,所谓证据之优势,也即为盖然性之优势。"[2]

1.对"高度盖然性"内涵的误解

"高度盖然性"的应有之义是当事人主张的事实发生的可能性远大于不发生的可能性,而不是一方当事人主张的事实可能性明显大于对方当事人主张的事实。但受到早期《证据规定》第73条的影响,部分法官在事实认定和说理部分,表达的对于"高度盖然性"的理解是一方当事人主张的事实可能性明显大于另一方当事人的主张,而非就一方当事人主张的事实发生的可能性进行分析。

(1)虽然被告向原告出具的便条中并未明确载明双方系买卖关系等字样,但结合该收条的内容及双方当事人的陈述以及本案的实际情况,本院认定,原告主张双方系买卖关系的盖然性大于被告所主张的双方系代销关系的盖然性,故认定原、被告系买卖关系。[3]

(2)现原告虽只提供了2个月的证据,但按照"高度盖然性"证明标准,原告对其主张的证明力大于被告对其主张的证明力,本院采信原告主张。[4]

(3)原告主张事实的真实性要高于被告抗辩事实的真实性,符合优势盖然性的证明标准,故被告关于诉讼时效已经超过的辩解不能成立。[5]

以上三个案例均取自中国裁判文书网,均可体现法官在事实认定过程中,对于当事人主张的事实是否达到了"高度盖然性"的认定,是通过对比双方当事人分别主张的事实的可能性,从而认定可能性较大的一方主张的事实,但这

---

[1] 李浩:《民事诉讼证明标准的再思考》,载《法商研究》1999年第5期。
[2] 李学灯:《证据法比较研究》,台湾五南图书出版公司1992年版,第397页。
[3] 陕西省西安市新城区人民法院(2004)新民初字第1587号判决。
[4] 上海市虹口区人民法院(2009)虹民一(民)初字第138号判决。
[5] 江苏省徐州市新沂市人民法院(2014)新民初字第01488号判决。

并不符合高度盖然性的内涵。实践中,存在着虽然一方当事人主张的事实发生的可能性远大于对方当事人主张的事实,但其实双方当事人主张的事实都不具有"高度盖然性"。

笔者在2017年曾办理过一例案件:原告自2000年至2016年年底,陆续通过银行汇款分十三次给被告438000元,原告主张这438000元汇款系付给被告的购房款,但双方没有购房合同,十七年间原告也从未向被告提出过配合办理购房手续;而且早在2014年被告给原告一套假的房屋钥匙,原告发现钥匙打不开所购房屋的房门后,仍然继续给被告打所谓"购房款"。原告向法庭出具被告所写"借条"一张,借条载"于20××年×月将人民币438000元退还给原告",并提供了被告当初提供给原告的标的房屋钥匙一串(无法打开标的房屋);而被告一会儿辩称这438000元系原告给被告用来替原告放高利贷的,被告都已还清给原告,一会儿辩称这是原告借给被告投资的,大部分都已亏损,标的房屋钥匙是原告随便找来的,被告未向法庭提供任何证据。在这一案件中,笔者通过庭审,发现原告和被告对于事实的陈述均有所隐瞒,因为双方在各自陈述中均有不合常理或矛盾之处,原告在2014年收到被告提供的房屋钥匙却发现打不开房屋还仍然继续给被告汇去"购房款"这一情况不符合常理,而被告的辩称前后不相符。原告对这438000元汇款是购房款的主张提出了一些证据,而被告未提供任何证据,确实原告方主张的事实的可能性要远大于未提供任何证据的被告方,但对于办理该案的笔者来讲,双方主张的事实都掺杂着一定程度的谎言,均无法认为达到了高度盖然性。但是,如果依前文所述的对高度盖然性标准错误的理解,即应认定原告所主张的事实为真。

2.对"高度盖然性"限度的忽略

从字面意思即可知"盖然性"与"高度盖然性"是有区别的,盖然性是指既有可能又非必然,一般盖然性、盖然性占优、高度盖然性,都是存在"盖然性"的情况。借用德国学者埃克罗夫和马森的刻度盘理论来描述"盖然性占优"和"高度盖然性"的区别,即为前者在刻度盘上为51%~74%,后者在刻度盘上显示为75%~99%。可在实践中,有的判决却在证明标准问题上不区分"高度盖然性"和"盖然性优势",只简单称证明标准为"盖然性"标准或在仅"盖然性较大"的情况下即认为达到了"高度盖然性",一般表述为认为一方当事人的事实主张"盖然性较大""可能性更高"或"可信度更高",或者一方当事人提供的证据"证明力大于"对方,或相对于另一方"具有优势"。

(1)被申请人梁某主张李某驾车系履行职务,其依据为驾车时间、地点、司机职业特征、车辆所有人等事实,而中国建筑所提交证据不足以反驳梁某所主张之请求,二审法院在证据比对的基础上根据优势证据,采用"盖然性"原则支持梁某的诉讼请求,并非申请人所称"认定事实缺乏证据证明"。[1]

(2)因此,根据盖然性的证明规则,本院认定本案原告主张的债权为借款。[2]

(3)本案中,虽原告提供村委证明与村中治保主任证言各一份,但村委与治保主任并未明确或证实争议土地确归原告使用,未达到盖然性的证明标准,故对原告的诉讼请求,本院不予支持。[3]

前文已经论述,我国适用不同于大陆法系"法官内心确信"证明标准、英美法系"一般盖然性"证明标准,我国证明标准是基于我国司法传统对客观真实的渴求,需要通过压制判决认定事实中的"可能性"来无限接近客观事实,从而获得判决的正当性。然而,很多判决却抛开了高度盖然性标准内涵对"高度"的要求,只要求一般程度的盖然性,这与我国设置高度盖然性标准的目的不符。

(三)"排除合理怀疑"和"高度盖然性"内涵等量齐观

2015年《民诉法解释》第109条规定了某些特殊的民事事实,如欺诈、恶意串通、口头遗嘱等待证事实的证明需要达到"排除合理怀疑"标准。"排除合理怀疑"标准源于英美法系刑事诉讼。英国判例有将"排除合理怀疑"标准适用于民事诉讼中的情况,其中比较经典的一例为1950年的Bater v. Bater一案,离婚案件中原告主张遭受虐待,原审法院以原告对事实主张的证明未达到"排除合理怀疑"标准为由,驳回了原告的诉讼请求,上诉法院亦维持了原判。在英美法系国家中,一般只对待证事实做"一般盖然性"的要求,而该案要求达到"排除合理怀疑"标准无疑是提高了证明标准。我国借鉴了国外经验,将"排除合理怀疑"标准引入民事诉讼法领域,旨在将我国民事诉讼证明标准进行不同等级的划分:对于一些特殊的事实,需要达到比"高度盖然性"更高的标准,即"排除合理怀疑"。然而,虽然立法上将"排除合理怀疑"标准引入民事诉讼,但很多法官对此并不适应,实践中存在诸多适用不当的问题。

1.认为"高度盖然性"与"排除合理怀疑"属同一层级标准

我国证明标准体系中,"排除合理怀疑"是比"高度盖然性"更为严格的证

---

[1] 北京市第二中级人民法院(2015)二中民申字第02044号判决。
[2] 广东省深圳市宝安区人民法院(2016)粤0306民初28276号判决。
[3] 河南省南阳市唐河县人民法院(2016)豫1328民初582号判决。

明标准,但在很多判决书中,"排除合理怀疑"都被当作是与"高度盖然性"同一层级的证明标准来使用的——有的将两个证明标准并列使用,有的判决认为只有排除合理怀疑了才算达到了高度盖然性。

(1)根据民事诉讼高度盖然性的证明标准,即"排除合理怀疑的盖然性",可认定被上诉人一审中的举证达到了"法律真实"的证明要求。一审法院确认双方具有借款关系,并判决上诉人清偿欠款并无不当。[1]

(2)故本院认为曾某习未能完成补强款项来源、排除合理怀疑的举证责任,其主张款项已交付的证据不能达到民事案件认定事实的高度盖然性标准。[2]

(3)对照本案的本证与反证,结合查明的事实,原告的本证没有达到排除合理怀疑、涉案事实的发生具有高度盖然性的标准,而被告的反证使该案事实陷于真伪不明状态。综上,原告要求被告返还借款并支付利息,证据不足,本院不予支持。[3]

以上裁判文书将高度盖然性与排除合理怀疑囫囵在一起,完全不对二者的内涵加以区分,足以体现法官在适用高度盖然性和排除合理怀疑时的主观和随意。

2.错将"高度盖然性"作为特殊事实的认定标准

自 2015 年 2 月《民诉法解释》生效,且无论我国《民诉法解释》第 109 条对民事诉讼标准的分级是否合理和实践中可操作性如何,对于欺诈、恶意串通、口头遗嘱等事实都应适用"排除合理怀疑"的特殊证明标准,而不是"高度盖然性"一般标准。然而 2015 年 2 月之后,还存在大量判决对《民诉法解释》第 109 条规定的特殊事实适用"高度盖然性"证明标准,直接违反了《民诉法解释》第 109 条的规定。

(1)在无法认定被告赛某物业欠第三人傅某萍、郑某债务的情况下,被告赛某物业却将巨额债权转让给第三人傅某萍、郑某,足以使债权人原告对双方存在恶意串通产生合理怀疑,在傅某萍、郑某无有效反证及合理辩驳的情况下,此恶意串通也达到了高度盖然性的标准,本院认定被告赛某物业无偿将巨额债权转让给第三人傅某萍、郑某系恶意串通。[4]

---

1 宁夏银川市中级人民法院(2014)银民终字第 506 号判决。
2 广西壮族自治区南宁市中级人民法院(2016)桂 01 民终字第 549 号判决。
3 山东省寿光市人民法院(2014)寿民初字第 4811 号判决。
4 山东省青岛市市北区人民法院(2016)鲁 0203 民初 1294 号判决。

（2）考虑到两被告之间的特殊身份关系，综合上述事实，通过逻辑推理和日常生活经验法则的运用，本院认为两被告恶意串通的存在已达到高度盖然性的标准，酌情推定原告该项事实主张成立。[1]

（3）结合本案审理及庭审调查情况，原告提交的证据能够达到证实被告田某霞与袁某丽存在串通的高度可能性程度，鉴于民事诉讼中的高度盖然性标准，本院认为被告田某霞与袁某丽签订的房地产买卖契约，在一定程度上损害了原告的利益，故被告田某霞与被告袁某丽于2014年11月7日签订的《房地产买卖契约》无效。[2]

以上三个案件，都是在《民诉法解释》生效之后对恶意串通的事实认定，法官适用的均是"高度盖然性"标准，但依照《民诉法解释》第109条对于恶意串通的事实应当适用"排除合理怀疑"，对证明标准的适用明显违反了法律规定。

三、审判实务中证明标准适用混乱的原因分析

（一）直接原因：直觉、非理性的证明标准运用及模糊的立法术语

1. 司法者对于证明标准的适用仍处于直觉、非理性的状态

无论学理上对民事诉讼证明标准的研究多深入，但只有司法者是证明标准的直接适用者，这一群体对证明标准的理解程度直接影响着证明标准在实践中的应用状况。前文调研已经呈现我国司法实践中证明标准适用的混乱，原因之一便是司法者对于证明标准的运用仍处于非理性、低层次的状态。

司法实践中，多数案件事实都比较简单、清楚，争议不大，当事人对其主张事实的证明程度远高于证明标准的要求，所以证明标准上下边界模糊并不影响这类案件的事实认定。然而，当遇到事实复杂、争议较大的案件，当事人对待证事实的证明恰好徘徊在证明标准上下、法官信与不信的心证之间时，对于证明标准的把握就非常重要了。笔者在办案中遇到事实争议较大、事实复杂的案件，深感如果对证明标准没有清晰的认识，就很容易陷入事实认定的两个极端——要么凭个人感觉，对事实认定过于随意；要么过于重视书证，对证据的采信过于僵化。

笔者曾遇到这样一个民间借贷案件：债权人钱某起诉债务人万某和担保人陈某，要求债务人万某归还借款190000元本金及相应利息，担保人陈某承担连带责任。债务人万某因在当地欠下巨额债务已去向不明，开庭时只有债

1　浙江省绍兴市绍兴县人民法院(2016)浙0603民初2453号判决。
2　河南省沁阳市人民法院(2015)沁民重字第00008号判决。

权人钱某与担保人陈某到庭。债权人钱某向法庭出具借条一张，载明"今借到钱某￥258000元整。贰拾伍万捌仟元整（人民币）。期限为壹年。注：全年本金利息共计258000元整，利息按月息3分计算"。借条底部有两被告的签名。在开庭前债务人万某向法庭出具答辩状，承认借款190000元，自己也愿意进行偿还，但需要宽限时间。庭上，债权人钱某主张，借款本金为190000元，一年利息以月息三分计算，为68000元，故得出借条上的金额258000元。而担保人陈某辩称，借钱时其实只借了本金150000元，一年利息以月息六分计算，为108000元，才得出借条上的258000元，自己在借条上签名时并没有月息三分这句话。债权人钱某称钱是分两次在家中给被告万某的，都是通过现金给付，担保人陈某承认这笔借款是通过现金方式给付的，只是对于金额有异议。办案法官通过计算发现，若是按照债权人钱某的主张计算，本金190000元，一年的利息应该为68400元，借条上应载明258400元。债权人钱某解释说400元是抹掉了零头数。可如果按照担保人陈某的主张计算，本金150000元，一年利息为108000元，则刚好是258000元。当地经济不发达，居民法律意识不强，群众之间进行借贷一般只打借条，借条之外还打收条或保存汇款凭证的现象较少，只通过借条举证证明借贷关系存在是普遍现象。借条上白纸黑字写明的是以月息三分计息，且办案法官认为该借条证明力强，根据《最高院关于审理民间借贷案件适用法律若干问题的规定》第16条第2款综合考虑各类因素，考虑190000元借款也确有可能发生，具有高度盖然性，却因为担保人陈某的陈述，加之考虑到债务人万某已欠下巨额债务无法偿还，无论承认本金是150000元还是190000元其都不可能进行偿还，真正有偿还能力的是担保人陈某，债务人万某答辩可能不真实，故无法对债权人钱某主张的事实形成内心确信。此案中，司法者对于民事诉讼证明标准的准确理解，对于本案事实的认定至关重要：若认定原告的主张达到了证明标准，则可认定本金190000元，若认为原告主张的事实未达到证明标准，则只能依照证明责任认定本金150000元，因为利息的认定是有法定最高额度的，超出部分无效，所以本金不同，最终债权人能够获得的债权总额是不同的。最终，办案法官采纳了借条，认定本金为190000元，可笔者认为不妥。

　　基于上述案件办案法官的困惑，结合笔者在司法实践中的亲身感受，笔者初步推测这种对于证明标准仍处于直觉、非理性状态的情况并非个例，于是笔者通过中国裁判文书网，研究了一些判决书的事实认定部分，发现法官对于案件事实的认定程度也存在着强弱之分，主要有以下几种情况：①当事人对案件事实没有争议的,或者证据很充分的,判决书中表述为"……证据确实、充分,足以认定"。②对案件事实仍有争议,但证据较为充分,能够对认定的事实进行佐证的,法官不会在判决书中作"足以认定"的主观评价,而会换用不那么确定的表述,如"原告提供的证据可以初步证明……";或者需要根据日常经验法则认定事实的,一般表述为"根据经验法则,对事实予以认定"。③事实无法查清,依据证明责任做判决时,表述为"未提供充分证据对其主张的事实进行证明,故对其主张的事实不予认可,依照证明责任……"。由此可见,就算结果同样是对待证事实进行确认,但依照当事人对待证事实证明程度,法官还是会尽量用不同的语言来区分事实的确定程度。可是,法官的这种区分,大多还处在直觉的、非理性的状态,还未有意识地进行思考和总结,无法对复杂情况下当事人是否达到了证明标准进行理性判断,而是法官各自凭借直觉和经验认定,随意性很大。

作为法律的适用者,法官对证明标准的理解只停留在直觉的、较初级的阶段,是导致我国司法实践中证明标准适用混乱最直接的原因。我国证明标准的相关规范也存在问题,下文将进行分析。

2.法律规范术语混乱导致证明标准不明确

我国民事证明标准是在借鉴学习大陆法系与英美法系的相关制度基础之上,再结合我国具体国情而设定的。可是在设置具体法律规范时,却因同时受到两大法系的影响,加之对两大法系的立法背景也不够清楚,导致我国证明标准的相关规范设置不科学而引起实践混乱。

(1)2002年《证据规定》:立法技术缺陷导致法条内涵冲突:

《证据规定》第73条规定:"双方当事人对同一事实分别举出相反的证据,但都没有足够的依据否定对方证据的,人民法院应当结合案件情况,判断一方提供证据的证明力是否明显大于另一方提供证据的证明力,并对证明力较大的证据予以确认。"但仔细研究该法条,就会发现其中存在几处问题。

据官方说法,该条旨在解决实践中出现的这种情况:已经有很多证据能够证明当事人主张的事实为真的可能性明显大于为假的可能性,但又存在一些其他证据,或其他可能性,导致事实不能够完全确定,还无法排除其他可能性的情况。[1] 无论学理上的普遍观点还是最高院出台的官方解释,都认为该条旨在确定我国"高度盖然性"的民事诉讼证明标准。但其实,该法条说的是法院

---

[1] 最高人民法院民事审判第一庭:《〈关于民事诉讼证据的若干规定〉的起草说明》,载《民事诉讼证据司法解释及相关法律规范》,人民法院出版社2002年版,第50页。

对于双方当事人提供相反证据时对证据的采纳，而非对当事人主张的待证事实需要达到的证明程度做出要求，其实是证据规则，严格来说并非是对证明标准的规定，却被普遍认为是对证明标准的规定，这就足以令人困惑。除此之外，即便认为该条就是对"高度盖然性"民事证明标准的规定，也仍然存在着问题。

①一条法条两种证明标准

本文第一部分对法官适用证明标准的情况统计显示，有不少法官认为我国民事诉讼证明标准是"优势证据"原则。笔者认为，司法实践中会出现这种误读的一大原因便是《证据规定》第73条后段立法技术上的失误：该条后段要求法官"对证明力较大的证据予以确认"，只要求证据证明力"较大"即可获确认，这与"高度盖然性"标准所要求的"明显优势"不同，却符合"优势证据"规则所对应的"盖然性占优"标准。我国当时没有其他立法明确对"高度盖然性"的证明标准做出要求，在这种情况下，司法者在理解和运用该条文时，便可能会理解为一方当事人提供的证据只要存在一定优势即可采纳，故我国司法者在判决书中会反复适用"优势证据"标准，而当事人提供的证据只存在一定优势而非明显优势时，实际上能够证明的事实只是"盖然性占优"，而非"高度盖然性"，其实并不符合我国的证明标准要求。但同时，该条的前段部分，又采用"证明力明显大于"一词进行描述，故我国也有判决书中对事实的认定采用"明显优势"这一标准。一个条文中同时出现"明显优势"与"优势证据"两种证据规则，分别对应"高度盖然性"的要求和"盖然性占优"的要求。

通过前文分析可知，《证据规定》第73条因立法用语上的不准确，前段用"明显大于"一词，后段却改用"较大"一词，将两种不同的证据认定规则放在同一法条中，导致司法者对法条理解产生偏差；因立法技术上的缺陷，误将证据规则替代对证明标准的规定，导致试图确立"高度盖然性"证明标准的立法目的被淹没，所以导致我国民事诉讼证明标准。所以才导致本文第一部分所呈现的实践中对证明标准适用乱象。

②对"高度盖然性"内涵界定错误

《证据规定》第73条规定的是将一方当事人的主张与另一方当事人的主张进行对比，采纳更有可能一方主张的证据和事实。所以实践中，有很多法官通过比较当事人双方主张的事实可能性的大小来认定案件事实，认为这是依照"高度盖然性"证明标准进行的认定，但事实上这并不符合"高度盖然性"标准的内涵。在很多论著中，同样认为"高度盖然性"是通过比较双方当事人主张事实可能性大小,认定可能性较大的一方主张的事实,[1]如要求在事实认定时"心如秤",将当事人双方提供的证据分置在两端秤盘上,衡量哪边的重量更重。但高度盖然性标准的应有之义是:"法官在判断当事人主张的待证事实是否达到证明标准时,应当达到认为待证事实非常有可能发生的心证,在一般的条件下待证事实的发生是符合社会常理的即可,并不需要达到完全排除其他可能性如此严格的程度。"[2]该内涵可以说明"高度盖然性"指的是指当事人主张的事实为真的可能性明显大于其为假的可能性,而绝不是指一方主张的事实为真的可能性大于另一方主张的事实。

笔者认为,之所以存在以上这种错误的理解和适用,主要是因为多数情况下,当事人双方所主张的事实能完全相斥且能形成一个完整的合集,如原告主张被告欠自己一万元,而被告否认原告主张的事实,答辩自己没有欠一万元。这种情况下,无论是比较原告主张的事实为真的可能性和为假的可能性的大小,还是比较原告主张的事实与被告主张的事实可能性的大小是相同的,因为原告主张事实的反面恰好是被告主张的事实。但在另一些情况下,原告主张的事实与被告主张的事实虽然相斥,但原被告双方对事实的主张并不能组成一个完整的合集。如前文提到的,原告主张双方是房屋买卖关系,向法庭提供了一些证据,被告却主张是普通的民间借贷。这个案件中,原被告之间的金钱往来,可能不是基于购房关系,也非基于民间借贷关系,也就是说,双方的法律关系不仅仅是原被告双方主张的情况,还可能是其他情况。在这种情况下,虽然原告向法庭提供了一些证据证明其主张,被告未向法庭提供任何证据,原告这一方提供证据的证明力明显大于什么证据都没有提供的被告一方,但也不能因此就认定原告主张的事实。正是《证据规定》第 73 条规定将双方当事人提供的证据的证明力进行比较和取舍,而后最高院又出书以及理论上都将该条释义为是对"高度盖然性"证明标准的规定,造成了"高度盖然性"标准是指一方主张的事实比另一方更有可能发生的误读。但对双方主张的事实进行可能性大小的比较是不科学的,这样可能会仅仅因为一方主张的事实的可能性大于另一方主张的更不可能的事实,从而认定可能性不高的待证事实。

(2)2015 年《民诉法解释》:对基础概念的理解缺乏共识:

2015 年《民诉法解释》弥补了《证据规定》的不足,改变了《证据规定》第 73

---

[1] 王圣扬:《论诉讼证明标准的二元制》,载《中国法学》1999 年第 3 期;张卫平:《证明标准构建的乌托邦》,载《法学研究》2003 年第 4 期,都对此观点有所论述。

[2] 李浩:《民事诉讼证明标准的再思考》,载《法商研究》1999 年第 5 期。

条对于证明标准语焉不详的规定,在第 108 条明确规定了"高度可能性"的民事证明标准,学界和官方都将这个"高度可能性"解释为"高度盖然性",笔者认同这种观点。该解释采用"高度可能性"一词而非"高度盖然性"一词,是因为"可能性"相对于"盖然性"更好理解,让司法者能在实践中更好地理解、运用该法条。《民诉法解释》第 109 条,引入了"排除合理怀疑"标准,是我国首次尝试对民事诉讼证明标准进行分级,对不同的待证事实适用不同的证明标准。但第 108 条刚解决《证据规定》第 73 条带来的混乱,第 109 条却在实践中和学理上带来了新的混乱。

根据沈德咏主编的《最高人民法院民事诉讼法司法解释理解与适用》以及江必新主编的《新民诉法解释法义精要与实务指引》来探寻最新民诉法司法解释的制定初衷,我国将"排除合理怀疑"证明标准引入民事证明标准领域,对于欺诈、胁迫等待证事实提高证明标准,主要是基于以下几点考量:一是为了使程序范畴的诉讼证明标准能够适应实体法的要求,最高人民法院的解释与适用一书明确指出:"对于欺诈、胁迫、恶意串通事实的证明提高证明标准,主要是根据实体法的规定","欺诈、胁迫和恶意串通的事实,在实体法立法上使用'足以''显失公平'的表述的,反映了立法者在立法之时就对于这类特殊的事实要求更高的证明标准"[1];二是出于维护法律秩序的稳定性,保障交易安全的民商事立法的需要,"如果认定了欺诈、恶意串通等待证事实,那么除了认定当事人主张的事实成立之外,还会导致现有的法律关系无效或者可撤销。因而,从维护法律秩序的稳定性、保障交易安全的民商事立法目的来看,对于这些特殊的事实不能轻易认定,需要适用更为严格的标准"[2];三是基于口头遗嘱或口头赠与事实容易捏造、易受质疑的特征,并基于涉及有关财产永久性转移的重大事项须谨慎对待的需要,"口头遗嘱是立遗嘱人在危及情况下口述的遗嘱,又没有事后可感知的载体以供确认,因而口头遗嘱更容易受到质疑","口头赠与的事实容易捏造,不可轻易认定,即使口头赠与的事实最终未能被认定,于被赠与人来说损失的仅仅是期待利益和信赖利益,相对于赠与人来说,损失更容易接受"[3]。此外,也有学者从欺诈、胁迫、恶意串通的事实若被认定可能引发刑事追诉抑或这类事实虽未被认定没有追究当事人的刑事责任,但也因行

---

[1] 沈德咏主编:《最高人民法院民事诉讼法司法解释与适用》(上),人民法院出版社 2015 年版,第 361~362 页。

[2] 江必新主编:《新民诉法解释法义精要与实务指引(上)》,法律出版社 2015 年版,第 231 页。

[3] 沈德咏主编:《最高人民法院民事诉讼法司法解释与适用》(上),人民法院出版社 2015 年版,第 232 页。

为本身的"恶意"和违反诚信造成当事人社会评价降低的角度论证提高民事证明标准的有效性和正当性。[1]

虽然立法意图是好的，但理论界对第109条批评之声强烈，大抵有以下几种观点：一是"实体法规则不符论"，此种观点认为实体法里的"足以""显失公平"等表述并不意味着就需要对这类事实的认定进行更严格的标准要求，因此，对于这类特定事实，不需要提高证明标准[2]。我国的实体法，包括相关司法解释，既无涉及针对欺诈、胁迫、恶意串通、口头遗嘱或赠与几类事实有关于证明标准的规定，也找不出"反映立法者对此类待证事实拔高证明标准的意图"，更查不到针对这几类事实要提高证明标准以达到排除合理怀疑的程度的规则或规定[3]。二是"刑事诉讼与民事诉讼模糊论"，这种观点认为"排除合理怀疑证明标准是来源于英美法系的，而我国法律制度历来是学习和借鉴大陆法系，引入该标准将产生英美法和大陆法的混搭，容易在理论上和实践中带来混乱"[4]。三是"比较法借鉴片面论"，此种观点认为无论是英国还是美国，虽然看似对不同的事实有一些弹性的民事证明标准，但其实那是忽略其立法背景的，因为不管证明标准的适用针对是哪种事实，其本质上并没有达到排除合理怀疑的程度，实质上还是属于民事诉讼范畴内的，而不像我国，引入了刑事诉讼的证明标准。四是"整体规则认定双重论"，这种观点认为，从制度的整体性角度而言，《合同法》第52条还规定了其他几种合同无效的情形，《合同法》第54条也规定了重大误解、显失公平、乘人之危其他几种当事人可请求法院或仲裁机构变更或撤销的情形，但《民诉法司法解释》单单将欺诈、胁迫、恶意串通三种情形拎出来提高证明标准，要求达到"排除合理怀疑"的程度才能予以认定，同一类和一个体系的事实，却适用两种不同的双重证明标准，这不符合对同种情形应适用同样规则或标准，这一法律体系内在统一性的基本要求。五是"妨碍民事诉讼目的效率论"，此种观点认为，针对欺诈、胁迫、恶意串通等几类事实提高标准增加当事人的维权难度，降低了当事人的胜诉率，实际上抑制了当事人通过起诉维护合法权益的内心欲望，同时，民事诉讼中运用"排除合理怀疑"这种证明标准，会使司法裁判者在认定时陷入纠结、摇摆，因很难形成内心确信而迟迟不能下判，影响了民事司法效率。

---

1 王学棉：《证明标准研究——以民事诉讼为中心》，人民法院出版社2007年版，第89页。
2 霍海红：《提高民事诉讼证明标准的理论反思》，载《中国法学》2016年第2期。
3 刘学在、王静：《民事诉讼中"排除合理怀疑"证明标准评析》，载《法治研究》2016年第4期。
4 霍海红：《提高民事诉讼证明标准的理论反思》，载《中国法学》2016年第2期。

学理上对《民诉法解释》第 109 条有争议是不无道理的，"排除合理怀疑"是源于英美法系的刑事证明标准，这种将英美法系的刑事证明标准引入具有大陆法系传统的我国的民事诉讼证明标准的做法，唐突地将"排除合理怀疑"标准适用于民事证明标准，在我国司法者连一般性的"高度盖然性"标准都还未理解透彻的情况下，引入一个区分于"高度盖然性"的新的证明标准，而且这个标准还是传统适用于刑事诉讼领域的，它的引入引起了新的混乱。虽然将民事诉讼证明标准进行了分级，但是"排除合理怀疑"其实就是"高度盖然性"的一种情况，这也很容易引起司法者的困惑，对排除合理怀疑证明标准的质疑声中也存在此种弄说法。而其他立法或后续的官方解释中也并没有真正明确"高度盖然性"与"排除合理怀疑"标准的界限，即何时才在高度盖然性的基础之上，达到了排除合理怀疑的标准，两标准之间模糊的边界，导致实践中"排除合理怀疑"标准与"高度盖然性"标准难以真正区分，进而进一步导致混乱。

（二）根本原因：功能定位错误导致制度运行紊乱

如本文第一章分析，无论是英美法系还是大陆法系，设置证明标准的目的在于实现其指示性、引导性的功能，只不过英美法系主要是对陪审团的指示，大陆法系在于对法官内心的引导。然而，在我国，证明标准的功能主要在于约束法官对事实的认定。

我国在法条中明确"高度可能性"证明标准是为了将证明标准客观化，以实现其约束的功能。在案件的审理过程中，有且只有当事人主张的事实达到了高度可能性，才能认识事实存在。它与高度盖然性其实是同一概念，而"高度盖然性"这一标准主要来源于大陆法系，因为英美法系适用的是"盖然性标准"。

但严格来说，"高度盖然性"并非大陆法系的民事诉讼证明标准——"内心确信"才是；确定待证事实达到"高度盖然性"只是法官达成"内心确信"的一种辅助手段。[1] 大陆法系对证据的评价采用自由心证主义，通过当事人提供的证据判断主张的事实是否得到了证明，是由法官自由裁量的，它对当事人提供的证据评价、主张的事实是否成立几乎不设外部限制，全凭法官主观判断，采用的是一种主观化的证明标准。在大陆法系中，法官的这种"内心确信"并不需要达到绝对的确定，即便存在一定的怀疑，但法官认为当事人主张的事实符合生活中的经验法则，具有"高度盖然性"，即可以使法官达到内心确信，这与我

1　Vgl. Christian Katzenmeier, Beweismabreduzierung und probabilistische Proportionalhaftung, ZZP 117 (2004), S. 195; Gottfried Baumgartel/ lHans－Willi Laumen/ Hanns Prutting, Handbuch der Beweislast: Grundlagen, Aufl2. Carl Hezmanns Verlag. 2009, S.101.

们对"确信"的一般性理解是有一定差异的。以德国法为例,证据评价是事实问题,适用自由心证主义,对证据的证明力大小由法官自由裁量;而证明标准是法律问题,需要法律做出原则性规定,也即"法官内心确信"。[1] 而在自由心证的过程中,法官实则是通过认定当事人提供的证据所主张的事实具有高度盖然性从而达到内心确信,达到法定的证明标准。

否认"高度盖然性"能成为证明标准,只有"内心确信"才是证明标准的,还有这么一种观点:"高度盖然性"不是大陆法系的证明标准,也不可能成为大陆法系的证明标准,因为真正具有法律意义的是法官对于待证事实的内心确信,是主观上的,它使得当事人主张的具有"高度盖然性"的事实得以固定,成为在法律上确定的事实。大陆法系适用法律的过程是三段论,将特定案件的事实套入相对应的法律条文规定的要件事实中,并依照当事人能够证明的事实适用法律进行裁判。在这种情况下,作为法律三段论法则的大前提,就是作为裁判规范的实体法律的具体规定。[2] 法律具体规定的要件事实一定是确定的事实,所以法院最终认定的事实一定是确定的事实,而不仅仅是"很有可能发生"的事实,否则将无法适用三段论,一份判决书中也不可能写"因为当事人主张的事实很有可能发生,所以我们据此判决……"。因此,证明一个事实高度可能发生,并不能称其达到了证明标准,而只有这一高度可能发生的事实使法官产生了内心确信,认定这就是过去发生的事实,才算是达到了证明标准。

以法官"内心确信"作为证明标准的大陆法系,除非法官在表达自己对证明标准的理解时有明显错误,否则都不能改变法官对事实的认定结果。普维庭指出,在德国法中,对于事实认定问题可以上告的问题包括"法官对于证明标准等级的法律规定是否正确理解",即"认为要达到法律规定的证明标准需要完全符合客观事实(标准太高),或者只需要一定的可信度即可(标准太低)",而对于当事人对待证事实的证明到底达到了何种盖然性,是不可上告的。[3] 因此,对于大陆法系法官来说,高度盖然性只是引导其对事实进行认定的手段,并没有约束作用,真正决定事实认定与否的还是法官对待证事实是否达到了内心确信。

与大陆法系通过"自由心证"赋予法官在事实认定的自由裁量权不同,我

1　Vgl. Reinhard Greger, Beweis und Wahescheinlichkeit, KolnL Carl Handbuch 1978, S. 8 f.

2　罗筱琦、段文波:《证明标准再探——最高人民法院证据规则第73条质疑》,载《河北法学》2006年8月。

3　Vgl. Hans Prutting, Gegenwartsprobleme der Beweislast, Munchen: C.H.Beck 1983, S.59 f.

国构建证明标准制度努力的方向一直是试图将证明标准客观化以约束法官对事实的认定,避免法官对相同情况下的事实认定不同,以达到法律适用的统一性。但是,对于是否达到了我国法律规定的证明标准,即是否达到了高度盖然性,这一判断却依然要回归法官的主观认知,且这种认知是外界不可知的。因此,难以通过外设一个客观化的证明标准来约束法官对事实的认定。这种不可能实现的目的却成为我国立法者构建民事证明标准时长期努力的方向,并且在事实认定问题,上级法院是有权对下级法院认定的是否达到了高度盖然性进行改判,导致下级法院法官在认定事实时缩手缩脚,甚至违背自身心证来认定事实。试图通过客观化证明标准来实现对法官主观活动的约束,无异于用拖把洗碗,没有把证明标准这一制度应有的功能发挥出来,长此以往实践中自然会出现各种各样的问题。

四、证明标准应在引导功能视角下探讨

(一)证明标准约束功能的弱化

当事人主张的事实都是过去的、业已发生的事实,而想要完全查清过去发生的事实,确保认定的事实绝对正确是不可能的事情;即便自认为事实查清了,也无法将认定的事实与客观发生的事实进行对比,仍然无法得知认定的事实是否完全符合客观事实。因此,除了那些证据确凿的案件,对其他案件的事实认定与否,很大程度上取决于法官的主观方面,而法官的主观是由其的经历和生活经验决定的,才会有"法律的生命不在于逻辑而在于经验"这句谚语。将法律规范适用到逻辑三段论中比在复杂的生活事实中运用经验法则发现案件真相要更容易。然而,我国证明标准主要是为了约束法官认定事实,通过将证明标准客观化和提高认定事实的确定性来增加判决的合法性。学术上谈及证明标准,都主要着眼于证明标准的约束功能,如论证证明标准的约束功能非常弱,而后对证明标准的建构持否定态度,甚至连张卫平教授都在 2003 年著文称证明标准的构建是"乌托邦"。[1] 证明标准要实现其约束功能,使之成为外界审查法官在事实认定时是否准确的标尺,必须将其客观化、外部化,这也是我国不同于大陆法系,将证明标准明确为"高度盖然性"的原因。可要将"高度盖然性""排除合理怀疑"这类极其抽象化、主观化的标准成为具有可操作性、能精确衡量的标准,无疑将落入用主观衡量主观的死循环中,永远不可能成就

1　张卫平:《证明标准建构的乌托邦》,载《法学研究》2003 年第 4 期。

客观的事实认定。如有理论尝试对"盖然性"进行客观的分级,赋予这客观的证明标准更强的可操作性——50％以下是一般盖然,50％以上是盖然性优势,75％以上是高度盖然;或者分为微弱的心证、大致的心证、盖然的确信心证、必然的心证。理论界对盖然性的分级方式层出不穷,可不论对盖然性进行多仔细的划分,对证明标准的层级进行多细致的划分,一旦落实在具体案件时,判断待证事实被证明到何种程度,依然是法官主观认定的过程。虽然外界一直尝试通过客观方式约束法官主观的对待证事实是否达到证明标准的认定,却终究逃不出主观的判断。

想要脱离主观的判断,那必须将事实认定过程完全客观化,完全摆脱法官的主观意识,但这只会导致可笑的结果。有两种方式能让事实认定过程完全客观化,一是历史上的法定证据制度,二是通过统计概率方式认定事件发生的盖然性是否达到"高度盖然"。法定证据制度,意味着法律预先规定了每一种证据的效力,用每一份证据效力的简单相加来判断是否达到了法定的证明标准。通过统计概率方式认定则是以单个事实发生的概率计算,最终得出待证事实发生的概率。如事件 A 发生的概率为 30％,事件 B 发生的概率为 50％,而待证事实是由事件 AB 构成的,则认定事件 AB 发生的盖然性为 15％。可概率只对数量众多的群体有意义,在个案中的意义是不大的,如果一个事件发生的可能性为 75％,达到了高度盖然性,难道就可以抛开案件的具体情况而一贯认定该事件发生吗?通过群体特征推定组成该群体的个体也都具有该特征,是典型的逻辑错误,如从"老李家的花园是全村最美的花园"而得出"老李家花园的每一朵花都比村里其他花美"是必然错误的。通过描述群体性的概率去推定一个具体的案件事实发生与否,而忽略具体个案单独特性,是注定荒谬的。综上,对事实认定去主观化的两种尝试都失败了。

其实,李浩教授在 2002 年《证明标准新探》一文中就对证明标准的特点进行了归纳,其中就认为证明标准具有主观性和模糊性,既然认定待证事实是否达到证明标准一定需要经过法官的主观判断,那种主观判断在细节上便很难受到外部的约束。面对当事人主张的纷繁复杂的待证事实,本就需要法官通过直接的庭审来感知当事人陈述的真假,再结合经验法则来认定事实,这些都倚仗着法官的主观活动。如果给这样的主观认定加上详细、具体的客观标准,那么这样的客观标准将完全无法满足实践中出现的各种复杂情况;如果这种客观的标准是比较抽象的,能够适应绝大部分情况的,那么最终是否达到这一抽象的客观标准,还是需要依赖于法官的主观认定。所以,试图为事实认定设置一个客观的标准,以此来约束法官事实认定,这是不符合司法实践规律的,后果之一就是会造成笔者在实践中遇到的,法官心证案件事实并非如此,可对证据的分析却认为应当认定其达到了高度盖然性,从而不得不认定该事实。在这种情况下,在判决书的说理部分,法官甚至要违背自身的心证来说理,这是违背逻辑的。因此,证明标准的外部约束功能因事实认定的主观性而被弱化了,它的约束功能很难有效实现。证明标准的功能主要在于对法官的引导,也只有在引导功能的语境下去研究证明标准才有意义和可行性。

(二)证明标准最重要的功能在于对法官的引导

除了约束功能之外,证明标准还具有引导功能,一方面是对当事人的引导,另一方面是对法官的引导。对当事人的引导功能在于,当待证事实是否会被法官所采纳有一个统一而明确的标准时,当事人便可以比照该标准来预测自己主张的事实是否会被法官采纳,在举证的时候也会比照证明标准的要求尽量举出证据。"对于当事人而言,证明标准为当事人何时完成了其主张事实的证明提供了可预测的、现实的尺度"。[1] 笔者认为,这个功能不是最重要的。因为当事人并不会因为其提供的证据已经达到了证明标准,就不再向法庭提供更多的证据。在进行诉讼活动之时,当事人一定是尽全力对其主张的事实进行证明,而不会因其证明已达到了证明标准就在举证方面有所松懈,所以证明标准对当事人举证方面的引导意义并不大。而证明标准对当事人预测判决结果的功能意义也不是很大:如前文所述,是否达到证明标准是个人主观的判断,每个人的答案都可能不一样,对特定案件应证明到何种程度才算达到了证明标准的理解也有偏差,所以除非在当事人对待证事实的证明已达到了相当高的程度,否则当事人并无法仅仅依照证明标准就准确预知其主张的事实是否会被法官采纳。加之,当事人对结果的预计,仅仅是当事人的心理预期,对案件最终的结果不会产生实质影响。因此,证明标准在当事人方面的功能不是最重要的。

笔者认为,证明标准最容易实现、最重要的功能就是对法官的引导功能。虽然是否达到证明标准具有主观性,无法作为一把外部"标尺",让人通过客观的证明标准从外部来衡量法官的事实认定正确与否,但证明标准可以作为一把法官内心的"标尺",让法官在自己的内心用这把"标尺"来衡量待证事实是否已达到证明标准。只有法官内心这把标尺具有明确的刻度,才能更好地评

---

[1] 沈德咏主编:《最高人民法院民事诉讼法司法解释理解与适用(上)》,人民法院出版社2015年版,第357页。

价其面对的事实;如果法官内心标尺的刻度模糊,判断待证事实是否应该采纳时全凭直觉和非理性,在面对游走于证明标准上下的待证事实时,只会得出"这个'似乎'达到了证明标准,那个'好像'没有达到证明标准"这样模糊的答案,也就会出现本文第一部分所呈现的混乱局面,甚至同一法官在不同的时间段对相同的案件所做的事实认定都有可能不同。

同理,对证明标准进行分级也应当突出其引导功能。通过对证明标准分级作为外部约束,衡量法官认定的事实是否达到了应达到的证明标准是不可行的,但不同的证明标准可以在法官内心形成分级,让法官对于高的证明标准和相对低一些的证明标准有一个清晰的认识和明确的参照,这样在认定事实时才能有的放矢。然而,我国《民诉法解释》所建立的一般性证明标准"高度盖然性"以及更高的证明标准"排除合理怀疑"标准,两者之间的区分和界限,在实践中很难进行界定。问法官"高度盖然性"和"排除合理怀疑"应如何在具体个案中进行区分,只怕对于事实认定问题还停留在直觉、非理性层面的法官也难以回答。如本文第一部分所述,有的判决就认为只有"排除合理怀疑"才能被认为达到了"高度盖然性",可根据《民诉法解释》第109条的规定,可以知道立法者的意图是将"排除合理怀疑"标准设置成比"高度盖然性"一般标准要更高的证明标准;也有法官疑惑,"排除合理怀疑"本身就是"高度盖然性"的一种情况,怎么就变成了两种标准呢?那么,"排除合理怀疑"与"高度盖然性"的边界在哪里?只有对这两种不同的证明标准有着明确的理解和把握,才能在实践中面对变化万千的具体案例时保持清醒的头脑,用证明标准这把"标尺"去衡量每一个案件。也就是说,无论对证明标准进行怎样精细的分级,都无法排除对是否达到证明标准的判断的主观性,而无法排除主观性就很难通过证明标准对事实认定进行外部约束,从而实现证明标准的约束作用;但证明标准科学、准确的分级制度可以在法官内心形成一把标尺,让法官在判断当事人主张的事实是否达到了证明标准时有相对稳定的一套参照制度。

五、我国"引导功能下"证明标准制度探究

(一)我国证明标准制度实然路径

我国现将民事诉讼证明标准分为两级,一级是一般性的"高度盖然性"证明标准,另一级是略高于"高度盖然性"的证明标准,即"排除合理怀疑"。设置这两级证明标准,是对法官在事实认定时提出要求,约束法官只有达到了某种证明标准才能认定事实。学界一直在尝试将盖然性进行数字化的分级,以便

理解和适用。例如，认为可能性程度达到 75% 甚至 85% 以上才能算达到了高度盖然性。笔者并不认同用数字来表示盖然性，因为法官对待证事实发生的可能性一般是不会通过数字的形式反映出来的，但为便于论证，笔者暂且采用这种数字化的方式进行表述。排除合理怀疑是高度盖然性的子集，属于高度盖然性的一种情况。于是有学者认为，因为排除合理怀疑属于高度盖然性的一种情况，故将排除合理怀疑设置为比高度盖然性要更高一级的证明标准是不正确的："从字面理解的角度来看，排除合理怀疑就是高度盖然性的一种情况，任何一种情况如果能够排除合理怀疑都是高度盖然性的。可是《民诉法解释》却将高度盖然性与排除合理怀疑的证明标准分别规定于第 108 条和第 109 条，并进而将其划分至不同的层级，规定排除合理怀疑的证明力大于高度盖然性。"[1] 但证明标准具有最低性，也就是说，它是民事诉讼证明中需要达到的最低的标准，只有达到了这个标准，才能认定待证事实为真，需要达到高度盖然性的标准和需要达到排除合理怀疑的标准肯定是有区别的，而且划分也是科学的。如考试 60 分算及格，故 60～100 分都能称为及格，但只有 90 分以上才能被称为优秀，我们并不能说因为优秀的分数完全被及格的分数包含，所以关于优秀和及格的划分是不科学的。因此，前面这种说法是不正确的。

2015 年《民诉法解释》首次例外地将"排除合理怀疑"这一英美法系刑事证明标准的经典表述引入民事诉讼证明标准的做法激起了千层浪，引发了学者著文驳难和批评，阐述了民事诉讼中适用"排除合理怀疑"证明标准给民事司法实践带来诸多困境、弊端等宝贵观点，深化了相关领域的理论研究。学者提出的提高民事诉讼证明标准的质疑和担忧包括但不限于：是否对民事实体法规则的证据法理解存在误解，是否在"借鉴"英美两国的相关规则方面存在片面理解，民刑证明标准的混搭是否会模糊民事诉讼与刑事诉讼的界限，是否对同种情形同种规则的认定存在双重标准，是否会妨碍民事诉讼的目的与效率。有学者批判"既然高度盖然性和排除合理怀疑分别反映了民事诉讼法和刑事诉讼法特点和精神，前者"混搭"便有"混淆"后者的风险，"源于英美刑诉法的排除合理怀疑标准直接进入传统上追随大陆法系的民诉法领域，产生英美法和大陆法的混搭，会带来更多理论混淆和实践混乱"[2]。

如今我国实践中，两种证明标准的适用确实遇到了一些问题：较高的证明标准"排除合理怀疑"与一般的证明标准"高度盖然性"在高低层次上非常接

---

[1] 阎巍:《对我国民事诉讼证明标准的再审视》，载《人民司法》2016 年第 31 期。
[2] 霍海红:《提高民事诉讼证明标准的理论反思》，载《中国法学》2016 年第 2 期。

近；加之排除合理怀疑是刑事诉讼中的概念，现在引入民事诉讼中让民事法官对概念进行理解和运用，并与高度盖然性标准做出区分，在我国当下这种法官对于证明标准的运用还处在直觉的、非理性的初级阶段的背景下，很难实现立法之初想要的效果。《最高人民法院关于适用〈中华人民共和国民事诉讼法〉的解释》第 109 条的适用现状是，虽然法官在判决中引用该条，认定当事人主张欺诈、恶意串通等事实没有达到"排除合理怀疑"标准，并非是因为法官对于"排除合理怀疑"标准的理解多透彻，而是因为案件当事人在主张这类特殊事实时，鲜少提出证据，对事实的证明远远未达到"高度盖然性"标准，更不用说达到要求更高的"排除合理怀疑"标准，因此，根本不需要法官对排除合理怀疑有准确的认知；而少数认定欺诈、恶意串通等事实存在的，其实也难以区分"排除合理怀疑"与"高度盖然性"标准的区别，似乎事实发生的可能性为"高度盖然性"，就可以认为其已经排除合理怀疑了。也就是说，虽然判决书中援引了第 109 条，适用了"排除合理怀疑"标准，但实际上"排除合理怀疑"标准是有名无实——第 109 条所规定的特殊事实在实际认定中，法官还是通过认定事实是否达到了"高度盖然性"，如果达到了"高度盖然性"就援引"排除合理怀疑"标准认定事实为真。也就是说，"排除合理怀疑"的证明标准在实践中几乎被闲置了，并未发生引入该标准时预期的作用。

　　实践中会出现以上情况，与我国不科学的证明标准分级息息相关，而之所以会出现这种客观化的证明标准分级，实则是为了从外部对法官事实认定进行约束；但这种约束功能只是理想化的，在实践中起不了太大作用。在 2015 年《最高人民法院关于适用〈中华人民共和国民事诉讼法〉的解释》引入"排除合理怀疑标准"之前，实践就证明，即便只使用"高度盖然性"标准，在民事案件中对于欺诈、胁迫、恶意串通等事实达到证明标准的案件就少之又少。民事案件的当事人不比刑事案件的检察院，对于证据的保留意识和收集能力都要弱很多。尤其是存在欺诈、胁迫、恶意串通之类的情况，民事当事人已经处于弱势或被欺骗的状态，更不可能完好地保留证据，所以对于类似事实的证明都比较难以达到证明标准。而且，怎样才算构成欺诈、胁迫、恶意串通以及口头遗嘱和赠与事实，在实体法中已经对要件做出规定，对于这些比较特殊的事实，实体法对其构成要件就做了更为严格的限制。因此，即便仅仅是适用"高度盖然性"标准，当事人也应该对这些更为严格构成要件进行证明，自然就比其他普通事实更难证明了，也就能在更大程度上防止出现错误的事实认定。以口头遗嘱为例，《中华人民共和国继承法》第 17 条第 5 款规定"口头遗嘱应当有两个以上见证人在场见证",且第 18 条对遗嘱见证人做了较为严格的标准,规定了利害关系人不能作为见证人。因此,当事人若主张口头遗嘱有效,则需要两个以上无利害关系的见证人作为证人出庭,若其无法证明这一要件,将承担证明责任的不利后果。因此,对于这些特殊事实,并不需要在诉讼法上对其证明标准做额外的规定,因为实体法中已经基于其特殊性对其法律要件做出特别的规定,当事人需要对这些法律要件进行证明,事实上已经是加重当事人的证明责任了,以确保对这类特殊事实的认定更严谨、准确。

(二)我国证明标准制度应然路径

1.我国证明标准应朝着降低的方向改革

(1)比较法视角下的必要性

我国证明标准分级中目前有一般性的证明标准和提高的证明标准,但其他国家的一般做法都是有一般性的证明标准,并在此标准上对于一些特殊情况适当降低证明标准,而不会有提高证明标准的做法。德国法上的证明标准对待不同事实也会有所区分:一是达到高度盖然性,这也是法官形成心证所要达到的一般标准,主要适用于实体法事实;二是达到盖然性占优即可,程序性事实可以适用此标准;三是提高后的"显而易见"标准。德国法上的证明需要当事人对其主张事实的真实性达到很高的程度,而疏明只要求较小的可能性,只需要当事人主张的事实真实的可能性有占优势的可能性即可。对于因果关系等难以证明的事实适用表见证明,表见证明是指法院利用日常生活中具有高度盖然性的经验法则,就一再重复出现的典型的事项,通过某一客观存在的事实,便可以推断某一待证事实的证据提出过程,[1] 其实质在于将证明对象从要件事实转化为更易证明的典型关联事实,通常以"典型事实经过"为前提,以盖然性较高经验法则为基础,防止法官恣意和提高判决说服力。为动摇表见证明结论,对方只需提交反证证明其他"非典型事实经过"存在重大可能性。[2] 同疏明一样,表见证明是降低证明标准的一种状况。在日本法上,证明是指当事人通过证据对其主张的待证事实进行验证,使法官达到内心确信。如果达到"不动摇人们日常生活上决定或行为的基础"这种高程度的盖然性,法官则可以形成确信。而疏明,是通过证据予以印证,虽未达到证明这种较高程度的确定,但法官可做出大致确定之推则的状态。[3] 日本法中的"大致的推定"与表

---

[1] 陈荣宗、林庆苗:《民事诉讼法》,台湾三民书局股份有限公司 1996 年版,第 509 页。
[2] 参见周翠:《从事实推定走向表见证明》,载《现代法学》2014 年第 6 期。
[3] 参见[日]新堂幸司:《新民事诉讼法》,林剑锋译,法律出版社 2008 年版,第 371~373 页。

见证明功能相同,也是降低证明标准的一种情况,多用于对过失或因果关系的证明。当事人只要证明客观的事态发展外形的经过,法院无须对更细微、具体的事实进行认定,或者只进行"存在某种过失事实"的概括式认定,或者"注射液体不良,或是注射器消毒不完全"的二选一认定。[1]

(2)实践视角下的必要性

虽然我国只对一般性的证明标准和提高的证明标准做出统一规定,但实践中存在灵活理解和适用实体法,对证明标准进行降低,减轻当事人举证责任的现象。实践中遇到的案件具体情况千千万万,每一例案例都有具体情况及其特殊性,如果只适用一种证明标准,对于达不到一般证明标准的待证事实一律依照证明责任作出判决而不对事实做出认定,会导致很多当事人应有的实体权利得不到实现,实体不正义。所以,除了一般性的证明标准之外,结合具体案件的情况,对于一些特殊的情况适当地降低证明标准是符合公平正义也是确有必要的。笔者通过裁判文书网找到如下判决节选,在以下实际案例中,法官对证明标准进行了适当的降低。

①在审理法人人格否认案件时,考虑到债权人处于信息劣势而举证困难等因素,人民法院通常会根据上述规定合理分配举证责任,在债权人用以证明股东滥用公司法人独立地位和股东有限责任的证据令人产生合理怀疑的情形下,将没有滥用的举证责任分配给被诉股东。但上述举证责任调整的前提,应是作为原告方的债权人已举出盖然性的证据证明股东存在滥用公司法人独立地位和股东有限责任的行为以及由此产生了损害的结果,而不是当然的举证责任倒置。[2]

②但就本案实际情况而言,蒋e老人在被告处住养,给蒋e老人喂食的护工是被告方工作人员,原告客观上存在举证困难。原告举不出证据,是否就能直接推定被告没有过错而无须承担责任。本院认定,被告在护理蒋e老人时不能排除有一定过失,而该过失与死亡后果之间有一定因果关系,故被告应当承担相应的法律责任。[3]

③在劳动关系的缔结过程中用人单位处于优势地位,往往不与劳动者签订书面的劳动合同,而其他能够证实存在劳动关系的证据往往由用人单位掌

---

[1] 参见[日]高桥宏志:《民事诉讼法:制度与理论的深层分析》,林剑锋译,法律出版社2003年版,第461页。

[2] 最高人民法院(2015)民二终字第85号判决。

[3] 上海市闵行区人民法院(2012)闵民一(民)初字第4007号判决。

握,客观上造成了劳动者的举证困难,因此劳动者只需要初步证明其曾在一定期限内在用人单位提供过劳动,与用人单位存在一定的隶属关系,即应在认定双方是否存在劳动关系问题上做出对劳动者有利的判断。[1]

(三)证明标准应予降低的几种情况

我国法律和司法解释对于证明标准的降低是有相关规定的,只是分散在各种法条中,尚未统一和明确。总结可知一般对于存在证明困境、证据偏在或是证明妨碍的情况应该降低证明标准。

1.证明困境

存在证明困境时,由于这种困境是客观存在的,并且是使得当事人双方都无法提出有力的证据,但这种困境又不是负有举证责任的一方当事人造成的,不宜按证明责任判决。这种情况下,依照民事诉讼的特点,对待证事实的证明不要求像刑事诉讼般那么严格,不应适用"高度可能性"标准,只需要达到盖然性占优的标准即可。这样,能使得法院不随意依照证明责任判决,能在客观条件有限的情况下做出更可能公平的判决,因为如果一味依照证明责任判决,则很有可能让无辜的当事人败诉,导致实体不公正;同时,又能够促使双方当事人在证明困境、证据有限的情况下依然积极举证,从而有利于最大限度地查明案件事实。民事案件中,当事人保存证据的意识、收集证据的能力都相对较弱,案件经常会出现缺少书证、物证等证明力较高的证据资料,只有人证的情况。在这种情况下,法官若一味认定未达到"高度盖然性"标准,依照证明责任做出判决,将难以实现实体正义,且达不到法律效果与社会效果的相统一。

2.证据偏在

所谓证据偏在现象,主要是证据资料的占有、控制在双方当事人之间不平衡的问题。具体是指双方当事人与证据之间的距离不对等,距离证据较近的一方当事人更容易控制证据,从而获得较大的证据利益。[2] 在这种情况下如果还一味按照一般的原则对双方当事人课以证明责任,将会给处于弱势的一方当事人带来极大的不公平。所以,需要外力去矫正这种当事人双方之间的不公平。证据偏在最典型的就是医疗侵权纠纷,基于医疗行业的高专业性,信息极度不对称。绝大部分与医患关系相关的证据资料都掌握在医院方,患者几乎接触不到什么证据,而且就算接触到了,也很难充分利用手上的证据资料。

---

[1] 江苏省靖江市人民法院(2016)苏1282民初2567号判决。

[2] 周洪江、胡树新:《证据偏在下的医疗侵权证明责任分配——以司法与立法的冲突为视角》,载《山西高等学校社会科学学报》2015年第3期。

在这种情况下,患者起诉医院的侵权行为,如果仍以高度盖然性的标准要求患者证明所主张的事实,几乎是不可能完成的任务。在这种情况下,适当降低对患者所主张事实的证明标准的要求,借鉴域外法经验,适用表见证明或大致推定诉讼制度,能更好地保护患者的利益。

3.证明妨碍

针对证明妨碍的情况,早在二百八十年前,英国法院已经在著名的Armony v. Delamirie 案中,确立"所有的事情应被推定不利于破坏者"这一经验法则。这种推定实际上降低了当事人的证明标准,当事人只需要证明被妨碍的证据不利于对方当事人,即可认定待证事实成立。当然,不能一出现举证妨碍的情形就认定待证事实成立,只有受妨碍的证据是对待证事实具有重要性或者不可替代性的证据时,才能直接认定待证事实成立。对于其他的情况,应当综合考虑其他证据,根据被妨碍的证据的重要性以及和待证事实的关联性程度相对应地降低证明标准,而不需要达到"高度可能性"这一标准。我国最高人民法院《证据规则》第75条对证明妨碍也做出规定,"有证据证明一方当事人持有证据无正当理由拒不提供,如果对方当事人主张该证据的内容不利于证据持有人,可以推定该主张成立",当事人只要能够证明初步证明对方当事人手中握有该证据,且该证据是不利于证据持有人的,即可认定该证据证明的事实是成立的,而不需要再达到"高度盖然性"的证明标准。

(四)对我国现有两种证明标准的合理解释

1.排除合理怀疑标准

前文已论述,排除合理怀疑的证明标准引入民事诉讼在学理上引起了很大的反对,认为其不符合一般的法学理论,且在实践中也并未发生其应有的作用。《最高人民法院关于适用〈中华人民共和国民事诉讼法〉的解释》自2015年施行,排除合理怀疑的证明标准引入民事诉讼至今不过三年时间,当下即主张对其进行废止将有损法律的严肃性,且可能会在实践中造成更大的混乱和疑惑;但《最高人民法院关于适用〈中华人民共和国民事诉讼法〉的解释》第109条在实践中得不到很好的落实同样有损我国司法权威。故笔者主张对该证明标准进行合理解释,使其能符合一般理论及国外先进国家的立法实践,同时又能与实践中的认定相一致。

前文民间借贷案例已证明,我国的"高度盖然性"标准和法官的"内心确信"并不必然同时发生,很有可能当事人主张的事实以及相应的举证达到了"高度盖然性",但基于其他考虑法官仍无法产生"确信"。但刑事诉讼的证明标准"排除合理怀疑"则不同,这一证明标准最终达到的结果便是法官"内心确信";同时,法官达到"内心确信"的过程也是逐渐"排除合理怀疑"的过程,二者之间几乎是可以画等号的。"从裁判者最终认定案件事实的心理状态而言,二者的应然要求确实可以直接等同。"[1]从英美法系国家的司法实践来看,关于如何向陪审团解释排除合理怀疑的含义时,也会直接将排除合理怀疑等同于"确信"状态,毕竟所有合理怀疑都排除了,法官不可能仍没有产生确信。但是,在刑事诉讼中和民事诉讼中,"排除合理怀疑"中的"合理怀疑"内涵是一样的吗?笔者认为不然,出于刑事案件所涉法益严肃性和不可逆性,法官在认定事实的时候总是需要更加谨慎小心,很多在民事案件中可能不合理的、过分谨慎的怀疑在刑事案件中却可以成为合理的怀疑,故可以对《民诉法解释》中的"排除合理怀疑"标准的"合理怀疑"做限缩解释。只要将"合理怀疑"做一定程度的限缩,其便可以无限接近"高度盖然性"证明标准,因为高度盖然性本身就是排除一定合理怀疑的结果。而出于整个《民诉法解释》的合理结构方面来讲,第109条对于欺诈、恶意串通及口头遗嘱等事实单独拿出来规定"排除合理怀疑"标准,而不是将其放入第108条"高度盖然性"标准中统一规定,是因为这些事实在民事案件中容易被虚假主张,或者容易捏造、易受质疑,所以单独将其列出,强调需要排除合理怀疑,这样的事实认定才能让当事人信服。但实践证明,这类特殊事实在民事诉讼中只要符合实体法律要件,证明达到了"高度盖然性"的证明标准,法官便会认定,也不易引来质疑。故《最高人民法院关于适用〈中华人民共和国民事诉讼法〉的解释》第109条更大意义上是要强调对于这类容易引起质疑的特殊事实的认定需要慎重,避免事实认定后引来当事人质疑,而不在于区分强调与"高度盖然性"证明标准的区别。

2.高度盖然性标准

大陆法系直接将法官"内心确信"作为民事诉讼的证明标准,"高度盖然性"只是法官为了达到"内心确信"的一种手段。笔者认为,我国的高度盖然性证明标准可以参照大陆法系的证明标准理解。虽然法官"内心确信"并未明确写入我国成文法,但在我国是普遍获得认可的;而如果生硬适用"高度盖然性"证明标准,仅仅根据当事人双方所提供证明的证明力大小来判断当事人主张的事实是否具有高度盖然性,则可能会与法官内心确信相悖。如前文所述民间借贷案例,原告方所提供的书证(借条)具有很强的证明力,而被告方未提出有力证据,故原告方所主张的事实具有高度盖然性,但因为被告方的反驳加上

---

[1] 李昌盛:《排除合理怀疑等于内心确信吗?》,载《比较法研究》2015年第4期。

原告方在当地所从事的活动(放高利贷),法官又无法形成内心确信。在法官自己内心都不相信其所认定的事实,却要在判决书的说理部分说服当事人其判决所依据的认定事实,这与一般逻辑相悖。而如果参照借鉴大陆法系对证明标准的理解,将"高度盖然性"理解为为了使法官达到"内心确信"的一种必经过程,二者则可以统一,不致发生法官在"高度盖然性"与"内心确信"之间不知如何选择的情况。

(五)证明标准规范的再设计

基于证明标准的主观性,对于证明标准制度的构建,并非在于其约束作用或其实践中的可操作性,而是为了建立我国司法者在特定案件中认定事实的理性主义,排除当下的直觉和非理性,即不同的案件情况需要达到的内心确信程度是不同的,对不同的情况应坚持不同的主观确信程度。只有在引导功能视角下,从法官的内心心证出发,明晰不同层级标准的区别,才能让法官在判断当事人的证明是否达到了证明标准,是否可以认定当事人主张的事实时有的放矢,而不全凭直觉认定而造成实践中的混乱。毕竟"排除合理怀疑"标准在理论上争议十足,与"高度盖然性"标准又异常接近,如果不做厘清,实践中的混乱将继续延续下去。而现今我国法律中关于民事证明标准的相关规范术语过于模糊,不足以让司法者对不同级别的证明标准形成一个明确而清晰的认识。基于前文对我国两种证明标准层级的合理解释分析,笔者将基于我国已构建的两级证明标准对我国证明标准规范再设计,并引入降低的证明标准,以备后续证明标准制度完善时用。

我国目前关于证明标准最紧迫的问题,并非在理论和立法层面对证明标准该如何分级的争议,而是需要解决已经设定好的不同证明标准在司法实践中的准确适用问题。基于民事诉讼证明标准无法脱离主观判断、难以具体化的特性,应在对我国已构建的两级证明标准基础上对其进行合理解释,使之能够合理运用于实践之中而不致混乱,在合理解释的基础上,描述证明标准时应尽量使用详尽而客观的语言,否则会陷入将"高度盖然性"与"排除合理怀疑"证明标准混淆等一系列问题。毕竟,法官的裁判依据主要是法律条文,多数法官,尤其是接触案件最多的、在一线办案的基层法官,对于学理都少有研究。若是法条语焉不详,很难指望法官会对背后的学理问题进行深入的研究和探讨,面对含义模糊的法条,法官大多数时候是依照自己对于法条的理解进行判决。加之基层法官很多都是法学科班出身,对于英美法系"证据优势"、大陆法系"法官内心确信"等名词也有一定了解,但又不够深刻,所以在法条规定不够清晰的情况下,法官仅凭借直觉,也容易将这类概念混杂进我国的民事诉讼证明标准中,作为认定事实的标准。在这种情况下,法律规范清晰、明确程度直接决定在司法实践中相关法条能否被准确适用。同时,证明标准规范的构建也应逐渐转向以实现其引导功能为主,并达到与法官"内心确信"相一致。

目前,我国证明标准的相关规范应明确怎样才算达到了"高度盖然性",以及在表述中注意"高度盖然性"与"排除合理怀疑"证明标准的区别,这样才能在法条中统一学理上尚有争议的问题,使法官在实际认定待证事实时能有的放矢,而不是单凭直觉。日后,鉴于我国关于证明标准降低的相关规定仍然比较分散,民诉法或其相关解释中没有对证明标准的降低有统一的规定,对于存在证明困境、证据偏在或是证明妨碍的情况,还需要加入证明标准降低的统一规范,并逐渐将证明标准的提高部分剔除出去。

有学者认为,我国民事诉讼证明标准的规范性语言应抛弃在实践中已经混乱的"高度盖然性"一说,转而适用"明显优势"这一措辞,[1]但笔者认为不然:高度盖然性是近年来我国民事诉讼领域一直适用的证明标准,完全废弃必然导致实践中的更大困惑和混乱,应在继续适用"高度盖然性"的证明标准之上,在法条中解释清楚应如何确定盖然性,以及怎样才算达到了"高度"的盖然性。如此,既能保证"高度盖然性"证明标准的延续适用,不致产生新的不适,又能厘清证明标准的相关概念,解决当下实践中的混乱状况。

综合以上,笔者尝试对我国证明标准规范及其体系进行重构,具体如下。

【一般性证明标准】双方当事人主张不同的案件事实并分别提供相应证据的,人民法院应结合双方提供的证据先对负有证明责任一方当事人主张的事实进行审查,确信待证事实的存在具有高度可能性的,即便存在合理的怀疑,只要根据经验法则,能够认定待证事实非常有可能发生,即可认定该事实存在。

【证明标准的提高】当事人对欺诈、胁迫、恶意串通事实的证明,以及对口头遗嘱或者赠与事实的证明,人民法院确信该待证事实存在的可能性能够排除合理怀疑、法官能够形成内心确信的,应当认定该事实存在。合理怀疑,是指符合经验法则,有可能发生除待证事实以外其他事实的情况。

【证明标准的降低】如当事人双方因案件的特殊性等客观情况均无法提出有力证据,双方当事人主张的事实均无法达到上述证明标准的,人民法院可以认定证据证明力较大的一方当事人主张的事实。

基于特殊的法律关系等客观因素,证据资料主要掌握在另一方当事人时,

---

[1] 阎巍:《对我国民事诉讼证明标准的再审视》,载《人民司法》2016年第31期。

当事人可以初步证明其所主张的法律关系的外部事实,便可认定完成其主张;另一方当事人可以提供证据推翻对方当事人主张的事实。

有证据证明一方当事人持有证据无正当理由拒不提供的,如果该证据的内容不利于证据持有人;或因一方当事人的过错,使负有举证责任的一方当事人无法达到证明标准,当事人能够初步证明其主张则可以推定其主张的事实成立。

结　语

民事诉讼证明标准从一元到多元化是必然趋势,我国不论学理界还是立法上主流意见都主张针对不同的情况适用不同的证明标准。然而,虽然民事诉讼证明标准的理论在不断进步,立法在不断完善,但实践中却仍然非常混乱。这种混乱主要体现在法官在认定案件事实并据此做出判决时,对于待证事实是否达到证明标准还停留在直觉的、非理性的阶段。受到英美法系以及大陆法系的影响,我国司法者对"内心确信""优势证据""高度盖然性""排除合理怀疑"等证明标准有关概念认识不够明确,而近年来立法也在相关概念上存在误读,导致了我国司法实践中的混乱。加之有学者主张证明标准的建构是"乌托邦",认为证明标准无法客观化,在实践中难以起到约束司法者的作用,导致证明标准这一概念在我国没有受到重视。

但证明标准除了对司法者的约束作用之外,还具有对司法者认定事实的引导功能,要实现引导功能,并不需要证明标准客观化,只需要在司法者的主观范围内对该标准有一个清晰的认识。这样,客观的证明标准与法官的内心确信无法达成一致而引发的混乱也可迎刃而解。所以,将我国的证明标准逐渐去约束化、客观化对解决我国实践中的混乱就尤其重要。同时,探究域外立法即可知,我国的"高度盖然性"证明标准在民事诉讼中已经是高标准,日后证明标准应朝着证明标准降低的方向。学术争鸣是推动法治进步的力量,学术没有争鸣就不会有进步,争鸣使学术研究更加趋近于真理。虽然本文针对的是我国最高司法机关出台的已经正在施行中的司法解释,但争鸣的意义绝不是挑战学者的权威,也不是挑刺现有的司法制度,更多的是一种站在促进司法公正和效率基础上对现行司法制度的一种思考。解决我国司法实践中民事诉讼证明标准适用的混乱,将注意力从约束法官转移到引导法官心证上来,将能更好地解决法官在认定事实时面对"证明标准"和"内心确信"之间的疑惑,使得判决书的说理更有说服力;甚至配合法官员额制在内的一系列司法改革措施,注重引导能够比从外部约束更好地达到统一事实认定裁判尺度的效果。

论刑法公众认同的时代价值

——读马荣春教授的《刑法公众认同研究》

王超强　金泽刚[*]

摘要：刑法公众认同观蕴含民主法治思想，倡导刑法实践与理论研究对社会生活的积极回应性。在我国社会转型快速纵深发展的当下，刑法公众认同问题的研究有着贴近现实的时代必要性。刑法公众认同在与公众情理观具有互为表达性之中契合公众获得感，从而具有与法治改革的共进性。马荣春教授的《刑法公众认同研究》在刑事法领域彰显了"四个自信"。

关键词：刑法公众认同；公众情理观；获得感；法治改革

一、刑法公众认同研究的时代必要性

有关刑法公众认同问题，不仅现有研究的著述数量很少，且多停留在法理层面的"蜻蜓点水"，而深入社会生活实践的刑法公众认同研究难得一见。马荣春教授的《刑法公众认同研究》对刑法公众认同问题没有浅尝辄止，而是大胆做了系统、全面且难得深入的论述，基本上弥补了相应问题的理论空白，并为刑法实践设计了较为系统、全面的行动方案。

《刑法公众认同研究》紧紧围绕刑法的公众认同论题，阐述和证明其中深刻蕴含的民主法治思想，体现了部门法学思维的突破性。习近平总书记在党的十九大报告中指出，十八大以来，国内外形势变化和我国各项事业发展都给我们提出了一个重大时代课题，即必须从理论和实践结合上系统回答新时代坚持和发展什么样的中国特色社会主义、怎样坚持和发展中国特色社会主义。同样，作为中国特色社会主义法学理论的分支，中国刑法学也面临着在新时代要怎么坚持和如何发展的新课题。这就必须从刑法的理论和实践两个层面及其结合来展开探讨，而刑法的理论和实践都应当具有共同的中心思想，且在此

---

[*] 王超强，江苏东海人，同济大学法学院2015级法学博士研究生，从事刑法学研究和实践；金泽刚，湖北鄂州人，同济大学法学院教授，博士生导师，从事刑法学、犯罪学研究和实践。

中心思想的引领下,以刑法理论带动和指导刑法实践,并以刑法实践验证和推动刑法理论的发展,从而丰富和发展发展中国特色社会主义法学理论。而此处的"中心思想"即民本法治与公信法治。马荣春教授的《刑法公众认同研究》贴切地论述了刑法发展中的重要问题,即刑法的公众认同问题,其所论证的诸多观点已经鲜明地烘托了民本法治与公信法治的法治中心思想。公众认同汇聚着人心的向背,故《刑法公众认同研究》在价值多元化和冲突化加剧的社会转型时期无疑有着谋求和谐法治和可持续法治的学术担当和责任意识。当然,在公众认同的价值目标上,也映衬着法治中国的内涵,实质是"强调以人权保障和公民幸福生活为终极追求,坚持以人为本"。[1]

刑法公众认同的研究通过揭示刑法公众认同的理论价值和实践价值,在践行刑法的公平、正义理念之中,致力于刑法公信力的全面提升。《刑法公众认同研究》内容丰富,较为系统、全面地研究了刑法公众认同所涉及的系列问题:一方面,《刑法公众认同研究》从刑法理论的侧面,系统阐述了公众认同的刑法价值、刑法精神和刑法原则等基本问题;另一方面,《刑法公众认同研究》从刑法实践的侧面,深入浅出地论述了刑法实践如何在刑法立法、刑法司法和刑罚执行等环节"兑现"公众认同,从而营造刑法公信力。可以肯定的是,在我国全面深入司法改革的新时期,《刑法公众认同研究》一书为如何建构刑法公众认同的理论体系展开了有相当深度和广度的理论探讨,做出积极的学术贡献,进而为刑事法治建设的发展和完善提供了重要的学理支撑或做出了重要的智识贡献。

正如作者所言,刑法公众认同本质上是刑法与社会之间的回应关系问题,包括刑法是否回应社会与刑法如何回应社会两个方面。所谓刑法与社会之间的回应,实为刑法与社会之间的良性互动,它既是刑法对社会的良法善治,也是社会对刑法的良法善治的整体认同。该互动回应的桥梁与纽带,经历了"刑法→良法→善治→社会→认同→(更加完善的)刑法→(更加全面的)善治"的逻辑循回,这一循回是递进的、完善的和上升的,体现了马克思辩证唯物主义的社会发展观。由于"回应"强调的是正面的、积极的、妥当的解答和实践,而不是片面的、应急的、虚伪的回复和应付,故"法律不被遵守"和"判决不被接受"等司法症结便不容回避。而在刑法领域,无论是"法律不被遵守",还是"判决不被接受",都与刑法公众认同背道而驰。易言之,刑法公众认同要求的是"刑法被自愿遵守"和"刑事判决被自愿接受"。如果说刑法回应社会存在不对

---

[1] 周叶中、庞远福:《论"法治中国"的内涵与本质》,载《政法论丛》2015年第6期。

称或严重偏差,则表明依法治国在刑事领域没有获得很好贯彻。而深化依法治国实践是十九大报告的关键词,明示了"努力让人民群众在每一个司法案件中感受到公平正义"的法治理念和法治目标。据此,刑法公众认同,可谓深化依法治国的理论与实践成效的风向标。

十九大报告明确指出:大道之行,天下为公。刑法及其制度实践作为上层建筑的重要构成部分,与其他上层建筑共同担当着国家法治发展建设的历史重任,且追梦着实现中华民族的伟大复兴。刑法及其制度实践的行进"大道",必须紧紧围绕"公"字。而刑法之"公",一在公正,二在公德,三在公信。刑法的公德要求刑法必然要公正,而公正的刑法实现和促进着刑法的公德,二者互为表里地树立和宣示着刑法的公信。刑法的公德在刑法的公正和刑法的公信基础上,就逐渐形成了深厚的刑法文化底蕴。而刑法的公德和刑法的公信,也为刑法的公正提供了广阔的实践舞台,从而使得刑法发展具有无比强大的前进定力。在这里,刑法公众认同已经构成了刑法公正、刑法公德和刑法公信的"总和性说明"。由此观之,《刑法公众认同研究》在刑事领域契合着"天下为公"的理想信念,紧紧把握着刑法发展的时代脉搏。而在社会转型快速纵深发展时期,《刑法公众认同研究》对"天下为公"的信念秉持,将在刑事领域直接助益于我国社会的和谐发展与可持续发展。

二、刑法公众认同与公众获得感的一致性

获得感是人之认同和被认同的统一。立于政治学,公众获得感即人民的获得感。刑法的公众获得感意指公众在刑法立法、刑法司法和刑罚执行等刑事实践过程中,对刑法及其制度实践的直接或间接的认知和认可,是公众对刑法价值的普遍接受。人民的获得感具有强烈的政治韵味,同时也有浓厚的大众生活气息。2015年2月27日,在中央全面深化改革领导小组第十次会议上,习近平总书记首次提出了一个有着深深人情味的用语——人民的"获得感"。习近平总书记在会议上强调,要"让人民群众有更多获得感"。2016年12月5日,在中央全面深化改革领导小组第三十次会议上,习近平总书记再次强调"多推有利于增强人民群众获得感的改革"。[1] 人民的获得感已成为我国的治国理政目标,并构成以习近平同志为核心的党中央执政理念。当然,人民获得感不是仅仅停留在政治生活领域,法治领域包括刑事法治领域同样要让

---

1 郁建兴:《"让人民群众有更多改革获得感"》,http://news.xinhuanet.com/politics/2017-05/14/c_1120968881.htm,最后访问日期:2017年11月15日。

人民有获得感,即让人民有对公平、正义的获得感。诚如学者所言:"法治是现代国家治理的基本方式,实行法治是国家治理现代化的内在要求。现代法治的核心要义是良法善治。"[1]可以肯定的是,人民没有获得感的刑法,肯定不是"人民"的刑法,也很难称之为"良法",而"恶法"或"漏法"断难产生"善治"。

刑法的人民获得感,是对以习近平同志为核心的党中央提出的"让人民群众有更多改革获得感"执政理念的积极回应,能够体现我国刑法实践坚持以人民为中心的刑事法治发展路径,也是党和政府全心全意为人民服务这一根本宗旨在刑事法治中的体现。刑法发展和刑法改革,必须以公众的真实需求为取向,通过具有鲜明的人民性的刑法制度实践来满足公众对刑事法治公平、正义的需求。就刑法而言,如果忽视或不注重公众对刑事公平、正义的主观感受,这将导致公众的刑法正义感的降低,其最终带来的不仅不是提高公众的刑法获得感,而是在损害公众的刑法获得感。

怎样才能做到刑法公正与公众的期待相呼应,不是刑法实践迎合公众的问题,而是刑法实践能否赢得民心的问题。赢得民心的刑法实践,还需要在全面深化司法改革过程中进一步深化,以推进刑法治理体系与刑事法治现代化。在当前,司法改革既要整体推进,又要在员额制改革、以庭审为中心、落实司法责任制等重点领域突破。这就要求刑法改革要把当前影响公众获得感的主要因素"对症下药"地解决好。比如,腐败犯罪、网络诈骗犯罪等公众关注的犯罪是否治理到位?只有坚定不移地有效治理影响民生的犯罪,才能增强公众的刑法获得感。若从社会秩序安定和经济发展增强公众的刑法获得感,就必须以促进刑法正义、增进社会公平为出发点和落脚点。公平、正义是社会制度的首要价值,是公众刑法获得感的重要源泉。

刑法的公众获得感与刑法的公众认同是既有区别又有联系的两个概念。在狭义上,刑法的公众获得感通常是来自刑事诉讼当事人或有关利害关系人的亲身体验。在这个层面上,刑法的公众获得感的基础是刑法对犯罪的有效惩治。这是刑法对关联公众的一种直接的和正面的回应,其主要体现着一种法律效果。当犯罪被惩罚,刑法对关联公众的法律效果便获得一种"涟漪效应",即遵纪守法的禁忌心理便得以强化和传播,从而产生刑法的一般预防和特殊预防效果,最终演变为刑法的社会效果。这是刑法对社会公众的一种延伸性的回应,其主要体现着一种社会效果。于是,在刑法的法律效果和刑法的社会效果互为表里、互为支撑下,刑法的公众认同自然汇成,进而所形成的便

---

[1] 张文显:《法治与国家治理现代化》,载《中国法学》2014年第4期。

是良好的政治效果,而刑法的政治效果又回过头来"助长"刑法的公众认同。

刑法公众认同观强调刑法公众认同的价值所在,是观念价值、理论价值和实践价值的有机统一。马荣春教授的刑法公众认同观不主张纯理论的或虚化的公众认同,而是强调在实践中贯通刑法与其实践对象的相互认同,反对在刑法学研究和发展上出现的"脱离公众主义",即"学究主义"。比如在刑法公众认同的理论层面,马荣春教授主张心理学、社会学等学科方法应在刑法学研究中得到切实的运用。事实上,随着经济社会发展的持续转型,刑法也需要在满足经济社会发展的过程中相应地持续转型,以符合刑法发展的规律性。经济发展和经济改革的落脚点是让公众共享经济发展和经济改革的成果,同样刑法转型也是为了让公众在刑法发展中始终能够"看见正义"。只有让公众始终看得见刑法正义,即对犯罪人罚当其罪、无罪之人免受不白之冤、冤假错案得到及时纠正,公众才能有刑法"获得感",才能分享到刑法进步和刑法文明的"成果",进而才能从漠视刑法或恐惧刑法转为支持刑法和遵守刑法,乃至信仰刑法或"忠诚"于刑法。

刑法"脱离公众主义者"始终不愿在其理论研究中劈出一片公众生活实践的土壤,为理论而唯理论。这种纯学院式的研究,容易落入刑法学术的自娱式窠臼,而当片面强调刑法研究的专业性,便又在不自觉中容易脱离刑法公众认同的生活基础,正如作者在著作中所引述,"理论结构越来越复杂、越来越精巧;对问题的探讨越来越深入,说理越来越透彻;学派尖锐对立,学说越来越多,共识似乎越来越少。由此引发的问题是:刑法学越来越脱离公众的生活常识,越来越成为公众看不懂的东西。"公众对刑法的认知,多是来自生活实践,是某种经验式的刑法生活常识。当刑法研究脱离了公众的生活常识,也就在公众与刑法之间人为设置了障碍,从而隔断了双方的自然"交流",最终使得刑法研究更加远离公众,即难以进行理性交往。显然,远离公众生活的刑法研究,与"法治为民"直接相悖。而只有扎根于公众的社会实践,刑法研究和刑法实践才是"为了"进而"属于"公众的。刑法实践及刑法研究应当"从公众中来,再到公众中去",不断接受公众生活和社会实践的检验,才能最终获得公众认同,也才能最终让公众有深刻的获得感,而不是让公众觉得刑法是与他们无关的东西。

刑法的公众获得感表达了刑法对公众的关怀,是刑法结论的公众可接受性即刑法普遍有效性的直接体现。刑法的公众获得感也是刑法民主化和刑法法治化的朴素显现,它可以引导公众关注刑法、接触刑法、理解刑法和接受刑法,进而潜移默化地自觉遵守乃至"信仰"刑法。当刑法既被公众接受,又被公众自觉遵守乃至"信仰",则刑法的公众认同便告形成。由此,刑法的公众获得感意味着刑法公众认同的实现。如果说内心理解和接受刑法是初步的即初级阶段的刑法公众认同,则对刑法的行动遵守便是高级阶段的刑法公众认同。刑法公众认同蕴含着公众的刑法获得感,从而刑法公众认同在刑事领域构成了对人民获得感的无声的"响应"。

三、刑法公众认同与公众情理观的互为表达性

刑法公众认同并非空穴来风,而是来自公众的朴素的社会情理观。马荣春教授在《刑法公众认同研究》中指出:"当前我国刑法立法与刑事司法裁判在相当程度上脱离了社会生活实际,违背常识、常理与常情。"[1]公众的社会情理观基本是公众对刑法基于生活常识、生活常理与生活常情而做出的理解和感悟,故公众的社会情理观可能不一定都符合刑法规范。但是,公众的社会情理观饱含着朴素的社会正义观,而朴素的社会正义观往往是刑法规范正义的灵魂,从而构成刑法认知的价值基础。公众的社会情理观不是一时、一地、一物的情理认识,而是经历了特定群体长期的理性凝练而形成的朴素善恶观,虽然其未必得到刑法文本的体现,但其有时候起着刑法规范"爱莫能助"或"鞭长莫及"的作用。

公众的社会情理观的朴素性,并不表明公众社会情理观的"先天不足"。《刑法公众认同研究》对此深以为然,认为所谓的"先天不足"或许"只存在于刑法公众意见中",[2]况且公众意见也并非总是没有道理。根据汉语字典的解释,"先天不足"原指人或动物生下来体质就不好,也指事物的根基差。生活中,"先天不足"常常是指事物在生成之前的孕育阶段就存在各种不足,待诞生以后就带有的先天缺陷。其实,若从二者的渊源看,公众的社会情理观和刑法都是来自社会发展的文明成果。由于现代刑法多为成文法,即便是英美法系的非成文法,也已逐渐"文本化",故公众的社会情理观念一般更早于刑法文本的形成。或者说,在刑法诞生之前,朴素的社会情理观已经长期在调整着公众彼此之间的社会生活关系。从这个角度来看,公众的社会情理观已经孕育着现代刑法的诸多构成因素,如此看来,"先天不足论"恰恰是本末倒置了。

朴素的,往往是善良的、纯真的。就刑法司法而言,更要具备司法的纯朴

---

[1] 马荣春:《刑法公众认同研究》,中国政法大学出版社2015年版,第2页。
[2] 马荣春:《刑法公众认同研究》,中国政法大学出版社2015年版,第6页。

和善良,即"司法的良心"。马荣春教授指出,提出刑法司法是"良心司法"并不可笑,[1] 因为与中国文化传统有着深厚渊源的韩国和日本就有类似"良心司法"的诸多规定。比如,《韩国宪法》第 98 条规定:"法官依据宪法、法律及良心独立审判。"又如,《日本宪法》第 76 条第 3 款规定:"所有法官依良心独立行使职权,只受本宪法及法律的拘束。"外国宪法要求法官依据良心进行裁判,实际上就是要求法官按照内心的情理进行审判。显而易见的是,法官自身的情理无论如何也无法脱离公众的情理观,而法官的情理观和公众的情理观具有共通性和互融性,这是国外陪审团制度的根基所在。由此观之,法官的审判活动包含着法官和公众二者情理观的逻辑共融,而非机械的法条套用活动,因为此活动往往是将情理作为填充内容,从而呈现出情理化色彩。

朴素的公众社会情理观,通常也符合刑法的正义直觉。在此意义上,公众的社会情理观等于常识、常情、常理的刑法逻辑经验。事实上,在我国的刑法实践中,刑法的常识、常情、常理也经常被运用到具体案件的事实认定之中。美国大法官波斯纳认为:"法官的恰当目标是获得合乎情理的结果。"[2] 当案件事实的关键证据面临互相冲突、证据单薄等情形,检察官的证据审查和法官的案件审判就难免要依靠常识、常情、常理的经验法则,以排除不合理的证据认定障碍,从而加强内心确信,并最终做出"妥当"而非"正确"的裁判。运用常识、常情、常理的经验法则所做出的事实认定和实体结论,必然能够获得公众的普遍认可即公众认同。这一道理在刑事领域当然适用。如果说"一个法官的最高追求也许只是裁判的合乎情理"[3],那么"合乎情理,就是合乎良心;而合乎良心,就是合乎正义"[4]。由此可见,刑法公众认同与公众的社会情理观相融并存,互为表达。

在刑法司法的语境下,我们可以把符合情理的刑法司法,理解为公众认同的刑法司法。易言之,刑法的公众情理观与刑法的公众认同,在很大程度上是一个问题的两个方面。学者指出:"刑法反映的是文化基础中的价值,是该时代的文化的镜子。因此,价值发生变化的话,刑法也应当发生变化。"[5] 由前述论断可知,在刑法与文化和价值的关系中,刑法、价值是文化的基础,刑法反映文化及文化的价值,价值的变化决定刑法的变化。而无论刑法价值包含哪些

1　马荣春:《刑法公众认同研究》,中国政法大学出版社 2015 年版,第 179 页。
2　[美]查理德·A.波斯纳:《法理学问题》,苏力译,中国政法大学出版社 2002 年版,第 34 页。
3　[美]查理德·A.波斯纳:《法理学问题》,苏力译,中国政法大学出版社 2002 年版,第 40 页。
4　马荣春:《刑法公众认同研究》,中国政法大学出版社 2015 年版,第 179 页。
5　[日]平野龙一:《刑法的基础》,黎宏译,中国政法大学出版社 2016 年版,第 75 页。

方面的内容,公众的社会情理观支撑都不可或缺,也即最终要获得公众认同即刑法公众认同。而只有获得公众认同的刑法价值和刑法文化,才能获得良好的发展和完善。

但是,无论是刑法立法还是刑法司法,公众的社会情理观是刑法价值的终极源泉。因此,刑法及其制度实践必须尊重和体现公众的社会情理观,以赢得公众认同,从而刑法公众认同与公众的社会情理观构成相互表达。

四、刑法公众认同与法治改革的共进性

我国正处于全面深化改革的关键转型时期,故对于我国法治建设而言,构建包含刑法在内的法治公众认同,其本身就是在推进法治建设和法治改革,或曰法治包括刑法的公众认同,应是法治改革及其进步的应有之意。我们无法想象没有公众认同的法治改革会是一种什么样的状态。有人指出:"对法治与改革的关系需要放到整个社会的转型中去考察。只有这样才能看清法治与改革关系的大势,并找到解决问题的出路。"[1]这里,社会在转型的是什么?而转的又是什么型?社会转型又以什么作为着力点和落脚点?前述问题关涉人们的意识和认识问题。人的意识和认识不转变,就不会有真正的社会转型,而社会转型的出路存在于人的认识的转变之中。人的意识和认识的转变,需要形成和抓住公众认同这个重要节点。没有统一的公众认同,就难以产生统一的社会意识和社会认知目标,从而难以实现作为社会转型的观念前提的认知转型即思维转型。而在社会转型的过程中,当然离不开公众认同的持续支撑,因为一旦公众认同发生重大转向,社则会转型的方向难免就会随之发生偏离。正如学者所言:"法治自开始就是人为的产物。法律所设计的很多环节都是抽象的。但是,要想通过法律达致法治的理想境界,承认法律的自治性和独立性是必然的。"[2]这里,"承认"法律的自治性和独立性,生动地说明了法治建设和改革中的公众认同的重要"分量",因为这里的"承认"最终是"社会公众"的承认。

十九大报告深刻指出:"全面依法治国是国家治理的一场深刻革命,必须坚持厉行法治,推进科学立法、严格执法、公正司法、全民守法。"此外,十九大

---

1 陈金钊:《"法治改革观"及其意义——十八大以来法治思维的重大变化》,载《法学评论》2014年第6期。

2 陈金钊:《"法治改革观"及其意义——十八大以来法治思维的重大变化》,载《法学评论》2014年第6期。

报告强调:"各级党组织和全体党员要带头尊法学法守法用法,任何组织和个人都不得有超越宪法法律的特权,绝不允许以言代法、以权压法、逐利违法、徇私枉法。"这两句话阐明了深刻的法治原理,即依法治国和国家治理必须从立法、司法、执法的全方位厉行法治,并且依法治国必须坚持全民守法,包括任何组织和个人。在我国的法治改革中,"人"绝不能大于"法",这已经是中央高层、中央政策和有识之士的共识。在刑事法治领域,刑法作为保障人权的最后屏障,也同样不能允许刑事司法过程中出现人大于法、权大于法的非正常司法现象。这就提出了公权力阶层要牢固树立正确的"权力观",司法人员更要警醒司法权是"平向型"权力,其本质在于人民性。十八大以来,司法改革进入最后冲刺期和关键期,司法员额制改革、司法责任制改革、以庭审为中心的改革以及影响到国家政治体制和司法权调整的监察体制改革,形成相互叠加的改革局面,而如何保证在这些改革制度中始终贯彻不得以言代法、以权压法等人治现象,非常值得警惕。如果说"权力可以分为国家权力和社会权力",[1] 那么就刑事法治而言,则恰如马荣春教授所言:"刑法公众认同可被视为代表着一种社会权力或社会性权力,它是广泛存在于社会生活和社会成员中的一种'话语权',是一种综合了常识、常理和常情的综合性力量,甚至是一种'众目睽睽'或'万目共瞩'的力量,因此力量足以构筑成一种强大的'权力'。"[2] 前述论断已经表明公众整体对法治改革的目标、方向和误区都有了清晰的认识,可成为一种"公众自觉",从而形成公众认同。但是,法治改革不仅仅是要有公众认同作为舆论支撑,更加需要的是在实践中把公众认同不折不扣地贯彻下来。而在此背景下,刑法公众认同将与刑事法治改革同步共进,且刑法公众认同将深刻地检验着刑事法治改革的成效。

总之,通过论题的时代必要性和该论题与公众社会情理观的互为表达性及其与公众获得感的契合性,且在其与法治改革的共进性之中,马荣春教授的《刑法公众认同研究》彰显了刑事法领域的一种"道路自信"、"理论自信"、"制度自信"和"文化自信"。而正是前述"四个自信"升华了刑法公众认同的问题意义和《刑法公众认同研究》一书的出版意义。

---

[1] 郭道晖:《权力的多元化和社会化》,载《法学研究》2001年第1期。
[2] 马荣春:《刑法公众认同研究》,中国政法大学出版社2015年版,第13页。

◆judgment实务◆

危害食品安全犯罪的因果关系认定

马荣春　张榆宁[*]

摘要：因果关系的认定是危害食品安全犯罪司法中的一个具体而复杂的问题。在非渎职型危害食品安全犯罪即生产、销售不符合安全标准的食品罪和生产、销售有毒、有害食品罪的司法中，因果关系应秉持"科学法则（医学法则）"做出认定，并应注意"多因一果"的情形；而在渎职型危害食品安全犯罪即食品监管渎职罪的司法中，食品监管玩忽职守的因果性与食品监管滥用职权的因果性具有"等值性"或"等价性"。食品监管滥用职权犯罪和食品监管玩忽职守犯罪，都以非渎职型危害食品安全犯罪为"中介"而与最终的危害结果之间形成"延长型因果关系"。

关键词：危害食品安全犯罪；生产、销售不符合安全标准的食品罪；生产、销售有毒、有害食品罪；食品监管渎职罪；因果关系

一、问题的提出

在广义上，危害食品安全犯罪包括非渎职型的危害食品安全犯罪和渎职型的危害食品安全犯罪：前者即狭义的危害食品安全犯罪，包括生产、销售不符合安全标准的食品罪和生产、销售有毒、有害食品罪；后者即食品监管渎职罪，且有食品监管滥用职权罪和食品监管玩忽职守罪两种类型。按照《刑法》第143条的规定，生产、销售不符合食品安全标准的食品，足以造成严重食物中毒事故或者其他严重食源性疾病的，处三年以下有期徒刑或者拘役，并处罚金；对人体健康造成严重危害或者有其他严重情节的，处三年以上七年以下有期徒刑，并处罚金；后果特别严重的，处七年以上有期徒刑或者无期徒刑，并处

---

[*] 马荣春，江苏东海人，扬州大学法学院教授，法学博士，主要从事刑法学研究；张榆宁，江苏连云港人，北京林业大学人文社会科学学院法学系2015级学生。

罚金或者没收财产。可见,生产、销售不符合安全标准的食品罪的结果加重犯面临着"造成"和"后果特别严重"所对应的因果关系认定问题。按照《刑法》第144条的规定,在生产、销售的食品中掺入有毒、有害的非食品原料的,或者销售明知是掺有有毒、有害的非食品原料的食品的,处五年以下有期徒刑,并处罚金;对人体健康造成严重危害或者有其他严重情节的,处五年以上十年以下有期徒刑,并处罚金;致人死亡或者有其他特别严重情节的,依照本法第141条的规定处罚。可见,生产、销售有毒、有害食品罪的结果加重犯,也面临着"造成"和"致人死亡"所对应的因果关系认定问题。易言之,非渎职型的危害食品安全犯罪的司法实践面临着因果关系认定问题。现行《刑法》第408条之一第1款规定,负有食品安全监督管理职责的国家机关工作人员,滥用职权或者玩忽职守,导致发生重大食品安全事故或者造成其他严重后果的,处五年以下有期徒刑或者拘役;造成特别严重后果的,处五年以上十年以下有期徒刑。可见,食品监管渎职罪的基本犯和结果加重犯也都面临着"导致"和"造成"所对应的因果关系认定问题。易言之,整个危害食品安全犯罪即广义的危害食品安全犯罪的司法实践,都面临着因果关系认定问题。

因果关系是结果犯和结果加重犯的事实性要素,事关结果犯和结果加重犯本身能否成立,而前述逻辑在危害食品安全犯罪的司法认定中同样成立,故因果关系的认定同样是此类犯罪司法实践中的常规内容。

二、非渎职型危害食品安全犯罪的因果关系认定

有人指出,"在认定生产、销售不符合安全标准的食品罪和生产、销售有毒、有害食品罪时,一般不需要对危害行为与危害结果的因果关系做出专门判断"。[1] 在我们看来,对非渎职型危害食品安全犯罪的基本犯而言,危害行为与危害结果的因果关系可以视为不需要做出专门的判断,但也正如论者所言:"如果生产、销售不符合安全标准食品的行为对人体健康造成严重危害,生产、销售有毒、有害食品的行为对人体健康造成严重危害或致人死亡,就必须对危害行为与危害结果间的因果关系加以认定。"[2] 在我们看来,非渎职型危害食品安全犯罪的因果关系,指的是生产、销售不符合安全标准的食品罪和生产、销售有毒、有害食品罪以及有待立法增设的运输、储存不符合安全标准的食品、有毒、有害食品罪的因果关系。总而言之,非渎职型危害食品安全犯罪的因果

1　王志祥主编:《刑法修正案(八)解读与评析》,中国人民公安大学出版社2012年版,第307页。
2　王志祥主编:《刑法修正案(八)解读与评析》,中国人民公安大学出版社2012年版,第307页。

关系,指的是非渎职型危害食品安全的犯罪行为与人体健康乃至生命损害以及因救治而发生的财产损失之间那种引起和被引起的相互关系。在我们看来,对于非渎职型危害食品安全犯罪而言,只要此类犯罪所涉食品里面的危害成分或危害因素能够得到科学检测,而此类犯罪所涉被害人的健康乃至生命损害能够得到科学检验,且所涉食品里面的危害成分或危害因素与所涉健康乃至生命损害事实上存在着客观联系,则此类犯罪的因果关系便能够得到说明和认定,亦即此类犯罪的因果关系可按照"科学法则(医学法则)"进行认定,或曰此类犯罪的因果关系是"合科学法则(医学法则)"的因果关系。当然,前述因果关系"合科学法则(医学法则)"的认定是靠运用科学鉴定结论(法医学鉴定结论)得以体现的。

但非渎职型危害食品安全犯罪的因果关系问题还会有较为复杂的情况存在。如有人指出,在司法实践中,对于小规模的生产、销售不符合安全标准食品或有毒、有害食品的犯罪活动,对危害结果是由哪个危害行为所造成的易于查清,但对于犯罪人数众多,涉及产、购、销等多个环节,造成大量被害人伤亡等后果的,由于难以证明严重伤亡结果是哪个具体行为人的行为所造成,则因果关系的认定便存在很大困难。如果对行为人全部按行为犯处罚,则既不能维护被害人的合法权益,也不利于捍卫法律的权威。[1] 在我们看来,情况确实如此,或情况将较此更加复杂。怎么解决问题呢?论者指出,在这种情况下,由于犯罪行为涉及多个环节,危害结果是由多个环节所共同发挥作用而造成,几个环节与危害结果之间都存在因果关系,故多个环节都应对危害结果承担责任。而在具体责任的分担上,可以根据各个环节对发生危害结果作用的大小,比照共同犯罪的处理原则进行处罚。在具体量刑时,还可以考虑以推算法认定相当因果关系,即以行为人生产、销售的食品的数量、销售数额等为基础,根据食品数量与危害结果间的正向对应关系,以合理的方式推算出行为人生产、销售的食品造成的危害结果,从而确定对危害行为是按照第一档还是第二档的加重量刑幅度处罚。此时的因果关系便是一种具有相当性的因果关系。[2] 论者解决问题的思路不无道理。但在我们看来,危害食品安全犯罪的因果关系的复杂情况应大致分为两种更加具体的情形予以分别对待:一是在多人致害的情形下,这里的多人可以包括单位,即由单位主体与自然人主体或单位主体与单位主体共同实施危害食品安全的犯罪,则各行为人的生产或销售行为

1　王志祥主编:《刑法修正案(八)解读与评析》,中国人民公安大学出版社2012年版,第307页。
2　王志祥主编:《刑法修正案(八)解读与评析》,中国人民公安大学出版社2012年版,第308页。

与总体致害之间都应视为存在因果关系，即在总体致害之中都有各行为人的生产或销售行为的一部分原因力。但各行为人的生产或销售的食品数量在犯罪所涉食品总量中的大致比例，可以构成认定主从犯的一个客观依据。二是在产、运、储、销环节性致害的情形之下，运、储环节的行为将因独立成罪且宜被设置为数额犯，故可以无论危害行为与危害结果之间的因果关系问题，因为数额犯的数额本身就是一种客观且直观的结果，但产和销这两个环节独立成罪的因果关系仍需要予以客观公正的对待，而问题的解决仍应按照前述所提出的"合科学法则（医学法则）"予以进行。

三、渎职型危害食品安全犯罪中的因果关系认定

根据现行法律规定，渎职型危害食品安全犯罪的因果关系即食品监管渎职罪的因果关系，包括滥用职权型食品监管渎职罪的因果关系和玩忽职守型食品监管渎职罪的因果关系。由于滥用职权和玩忽职守是渎职犯罪的两种不同类型，故渎职犯罪包括食品监管渎职犯罪的因果关系问题应分而论之。而对食品监管渎职犯罪的因果关系分而论之，则对应着食品监管渎职犯罪本身的类型划分，即如学者指出，食品监管渎职罪应分解成两个独立的罪名即食品监管滥用职权罪和食品监管玩忽职守罪。[1] 也就是说，食品监管渎职罪的因果关系应分为滥用职权型食品监管渎职罪和玩忽职守型食品监管渎职罪予以分别讨论。

滥用职权型危害食品安全犯罪即滥用职权型食品监管渎职罪的因果关系，其实质就是作为型犯罪即作为犯的因果关系；而玩忽职守型危害食品安全犯罪即玩忽职守型食品监管渎职罪的因果关系，其实质就是不作为犯罪即不作为犯的因果关系。正如我们所知，在因果关系的认定上，作为型犯罪即作为犯的因果关系的认定较为容易，因为违反禁止性刑法规范的行为即作为与相应的危害结果之间的引起与被引起关系直观而明显，即在"从有到有"之中，因果关系容易被人们所感受。相比之下，不作为犯罪即不作为犯的因果关系就较难被把握，因为违反命令性刑法规范的行为即不作为与相应的危害结果之间就不容易被人们感受到引起与被引起的关系，而之所以如此，乃是因为人们对不作为犯的因果关系总有一种"从无到有"或"无中生有"的直观感受。其实，当人们对作为犯与不作为犯的因果关系感受不同的时候，只是说明，在作

---

[1] 张明楷：《刑法学》，法律出版社 2011 年版，第 1113 页。

为犯与不作为犯之中,因果关系的存在形态或存在方式不同,而非因果关系存在与否之别。在我们看来,作为犯是在"不应为而为"之中造成危害结果,不作为犯是"应为而不为"之中而没有避免危害结果。可见,作为犯与不作为犯在构造上形成了"一正一反"的对应关系,并且不作为犯的前后段通过"不为"和"没有"而最终走向了"两反一正"或具有特别意义的"负负得正",故作为犯与不作为犯在行为价值上具有一种"可等置性",从而也就具有一种"等值性"或"等价性"。具体到玩忽职守型的食品监管渎职罪上来,食品监管的玩忽职守与其所导致的重大食品安全事故或者其他严重后果之间的关系和食品监管的滥用职权与其所导致的重大食品安全事故或者其他严重后果之间的关系,具有"等值性"或"等价性",故当肯定后者即食品监管的滥用职权与其所导致的重大食品安全事故或者其他严重后果之间具有因果性,则也应肯定前者即食品监管的玩忽职守与其所导致的重大食品安全事故或者其他严重后果之间同样具有因果性。

食品监管渎职罪的因果关系因渎职犯罪因果关系本来的复杂性而"天生"具有一种复杂性,且主要体现在玩忽职守型食品监管渎职罪的因果关系问题上,亦即食品监管渎职罪的因果关系问题最终是不作为犯的因果关系问题而具有复杂性。不作为犯的因果关系问题在国内外刑法理论中素有争论。对于不作为犯的因果关系问题,在当下的刑法理论中,主要存在着如下学术对峙:一作为义务违反说。此学说认为,特定的作为义务是构成不作为的基本前提,故如果不存在作为的基本义务,就不存在刑法意义上的不作为,进而就不存在不作为的因果关系。如铁路扳道工违反了按时扳道的义务,才引起了火车相撞,那么违反了扳道义务的这种不作为正是产生火车相撞的原因力。二是他因利用说。此说学认为,不作为犯罪是行为人有意利用自己以外的原因力来促使危害结果发生,即在一个因果进程中,行为人本可以积极地使因果关系进程阻却,却出于某种目的而使因果进程顺利地完成。如行为人甲本应妥善保管好农药不致被人误用,其却用止咳糖浆的瓶子装入农药并放在屋檐下,以至于邻居乙的小孩以为是可以食用的糖水而误用身亡。因为甲与乙有仇,甲在亲眼看见小孩服用后挣扎而不救助致其死亡。这里,甲完全利用了乙及其孩子的不知情和农药的毒性,故甲的不作为是乙的小孩死亡的真正原因力,即甲的不作为与乙的孩子死亡之间有因果关系。三是防止可能说。此学说认为,当行为人可能防止危害结果发生而不防止时,他的不作为与危害结果之间就具有因果关系;反之,当行为人不可能防止危害结果发生而不防止时,即使其有防止的义务,其不作为与危害结果之间也不具有因果关系。[1]。由于以上关于不作为犯因果关系的学说各有疏漏,故有学者提出"可能条件下的作为义务违反说",即把"作为义务违反说"与"防止可能说"相结合才能真正解答不作为行为即不作为犯的因果关系,亦即作为义务和防止可能必须二者兼有,才能使不作为与危害结果在"共同质"的前提下产生因果关系。[2] 相比较之下,"可能条件下的作为义务违反说"可以被用来较为合理地解释作为不作为犯的玩忽职守型食品监管渎职罪的因果关系及其应负刑事责任的客观基础问题。具言之,负有食品安全监管职责的有关工作人员在能够履行职责的条件下却背弃或懈怠其职责,从而导致食品安全事故或其他严重后果发生,其食品安全监管的不作为与相应的危害结果之间便存在着事实性和法律性相结合的因果关系。

玩忽职守型食品监管渎职罪的因果关系,我们还可从不作为犯的因果关系的两种类型做更深一步的把握。有学者概括性地指出,不作为犯的因果关系的两种类型包括:一是起果性因果关系。在此因果关系中,不作为对危害结果的发生起着根本的决定性的作用,故这样的不作为与危害结果之间是一种绝然的或者必然的因果关系,其又包括两种具体情形:①不作为直接引起某种自然或生理现象,某种自然或生理现象再直接引起危害结果的发生,如母亲不给孩子喂乳而使孩子饿死;②由不作为直接引起另一种行为,再由另一种行为直接引起危害结果的发生,如铁路扳道工不扳道而导致火车相撞就属于此种因果关系。二是防果破坏性因果关系。在这样的因果关系中,发生危害结果的主要根据存在于其他事物之中,但"作为"可以破坏这种根据,而"不作为"则可以巩固和增强这种根据,故"不作为"成为危害结果的原因之一,但其只是促成而不是决定危害结果的发生,故这种不作为与危害结果之间大多是或然的因果关系。此种因果关系也可以再分为两种具体情形:①不作为使可以避免的危害结果未能避免,如医生不给病人医治而导致病人病死;②不作为使已经出现的危害结果进一步加重,如汽车司机因超速行车将一行人撞成重伤却开车逃逸,以至于受害人因重伤后得不到及时治疗而死亡。[3] 以前述概括为基础,学者进一步指出,对于具有起果性因果关系的不作为犯罪,应根据具体案情令行为人承担相应的刑事责任,不能因为因果关系具有特殊性而对其从轻

---

1 侯国云:《因果关系新论》,广西人民出版社 2001 年版,第 231 页。
2 陈伟:《不作为犯的因果关系理论重塑》,载《河南司法警官职业学院学报》2008 年第 4 期。
3 侯国云、梁志敏:《论不作为犯罪的因果关系》,载《法律科学》2001 年第 1 期。

或减轻处罚,因为这类不作为犯罪的危害结果的"质"就包含在不作为之中,即不作为对危害结果的发生起了根本的决定性作用。对于具有防果破坏性因果关系的不作为犯罪,应根据因果关系的特殊性而对行为人从轻处罚,即将这类不作为犯罪的特殊的因果关系作为从轻处罚的一个情节,如对于值班大夫不给病人治疗致使病人死亡,或值班民警眼见歹徒对一妇女施暴而不予阻止,致使该妇女被歹徒强奸,因为在这类不作为犯罪中,不作为对危害结果的发生仅仅是起了一种促成的作用。对于利用职权,采取不作为方式与他人合谋进行共同犯罪的案件,应将不作为犯罪的因果关系作为对行为人从重处罚的一个情节加以考虑,如海关缉私人员与走私犯勾结,以不作为的方式助其走私(不缉私),或如仓库保管员与外盗勾结,以不作为的方式助其盗窃,因为在这类案件中,不但危害结果发生的"质"存在于不作为中,即不作为对于犯罪的实施起着根本的决定性的作用,而且行为人利用了职务上的便利,亵渎了自己的职责。具体到玩忽职守型食品监管渎职罪而言,食品监管的不作为的起果性就是其应该作为的防果性,即其实然的不作为与应然的作为是事物的"一体两面",故其因果关系能够得到正反两面的说明。至于是"一般处罚",还是"从轻处罚",还是"从重处罚",则能够从刑事责任的后果上反过来说明不作为犯罪包括玩忽职守型食品监管渎职罪的因果关系的存在及其具体情形。

能够与前述不作为犯因果关系两种类型概括形成相互补充的,是这样的见解,即事物存在与发展是内外因相互作用的结果,不作为犯罪也不例外。在不作为犯罪中,当行为人实施不作为之前或同时便已经存在着或潜伏着某种对社会有害的因果发展过程,它是决定事物发展方向的内因。而行为人的特定作为义务,就是阻止这种内因的发展,因此行为人履行自己的特定作为义务就是阻止危害社会的结果实现的原因即外因。不作为的原因力在于他破坏了阻止危害结果出现的内外因平衡关系,从而使得本来不会发生的有害于社会的某种因果过程得以顺利完成。这便是不作为犯罪因果关系的真相。[1] 显然,学者所言的不作为犯的因果关系实质即"防果性因果关系"。可见,前述论断可以用来辩证地解释玩忽职守型食品监管渎职罪的因果关系的形成真相,而由此真相中,我们便可更为深刻地理解为何作为不作为犯的玩忽职守型食品监管渎职罪最终仍旧要追究刑事责任,甚至如何追究刑事责任。

但是,渎职型危害食品安全犯罪的因果关系还应做进一步的把握。就滥用职权型食品监管渎职罪而言,其犯罪行为本身并非直接的食品经营行为包

---

[1] 黎宏:《不作为犯研究》,武汉大学出版社1997年版,第85页。

括生产、销售、储存和运输和广告等行为,却是行为人在故意(至少是间接故意)之中提供这样或那样"便利"于非法食品经营的行为,而这种故意提供"便利"的行为使得直接的食品经营犯罪得以顺利实施,以至于扩大了犯罪规模,从而促成或"胀大"了最终的食品安全事故或其他严重后果。因此,在关联着滥用职权型食品监管渎职罪的直接型危害食品安全犯罪中,其最终的危害结果中"沉淀"着滥用职权型食品监管渎职的因素,故滥用职权型食品监管渎职罪的因果关系便是一种以直接型危害食品犯罪为"中介"的"延长型因果关系"。而认清滥用职权型食品监管渎职罪的因果关系的自身特性,显然有助于我们指控和认定渎职型危害食品安全犯罪即食品监管渎职罪。正如滥用职权型食品监管渎职罪的因果关系,玩忽职守型食品监管渎职罪的因果关系也需予以进一步的把握。同样,对于玩忽职守型食品监管渎职罪而言,其犯罪行为本身并非直接的食品经营行为包括生产、销售、储存和运输和广告等行为,却是行为人在过失之中提供这样或那样"便利"于非法食品经营的行为,而这种过失提供"便利"的行为使得直接的食品经营犯罪得以顺利实施,以至于扩大了犯罪规模,从而促成或"胀大"了最终的食品安全事故或其他严重后果。因此,在关联着玩忽职守型食品监管渎职罪的直接型危害食品安全犯罪中,其最终的危害结果中"沉淀"着玩忽职守型食品监管渎职的因素,故玩忽职守型食品监管渎职罪的因果关系同样是一种以直接型危害食品犯罪为"中介"的"延长型因果关系"。认清玩忽职守型食品监管渎职罪的因果关系的自身特性,同样有助于我们指控和认定渎职型危害食品安全犯罪即食品监管渎职罪,因为按照刑法的规定,无论是滥用职权型食品监管渎职罪,还是玩忽职守型食品监管渎职罪,都是结果犯,而结果犯的成立必然涉及因果关系的认定问题,故把握食品监管渎职罪即渎职型危害食品安全罪的因果关系的特殊性就显得尤为必要。"延长型因果关系"的概念有着这样一种意味:在与渎职型危害食品安全犯罪即食品监管渎职罪发生关联的情形之下,非渎职型即直接型危害食品安全犯罪亦即狭义的危害食品安全犯罪本身及其所造成的危害结果,可一并看成是渎职型危害食品安全犯罪即食品监管渎职罪所"促成"或"纵容"出来的一种"结果"。因此,用"延长型因果关系"来把握渎职型危害食品安全犯罪的因果关系,正如食品监管渎职罪这个罪名所表明的那样,食品监管渎职罪这种间接型危害食品安全犯罪与生产、销售有毒、有害食品罪等直接型危害食品安全犯罪之间存在着"沆瀣一气"的关联性。因此,"延长型因果关系"的把握似有将渎职型危害食品安全犯罪与直接型危害食品安全犯罪予以"捆绑"的意味,而这暗合着打击和预防危害食品安全犯罪的实际需要。

不作为犯与作为犯的因果关系的"等值性"或"等价性"以及食品监管渎职罪的"因果关系延长性",有助于我们克服食品监管渎职罪司法实践中因因果关系问题所引起的观念迷障。

ICSID 仲裁员独立性问题初探

曲秋实[*]

摘要：ICSID 公约自 1966 年生效以来，ICSID 仲裁机制在解决国际投资争端方面发挥着重要的作用，在 ICSID 仲裁实践中，仲裁员独立性问题备受争议。本文采取历史研究、比较研究与实证研究的方法，通过指出仲裁员独立性在 ICSID 机制中的特殊地位，并结合案例分析仲裁员独立性在 ICSID 机制中的实际应用及消极影响，进而提出投资者、ICSID 仲裁机制本身以及国际社会就维持仲裁员独立性可采取的应对措施。在此基础上，分析我国在仲裁员独立性问题上的理论与实践并就如何确保仲裁员独立性提出建议。

关键词：ICSID 机制；仲裁员独立性；公正性

引　言

20 世纪 60 年代，世界银行制定了《解决国家与他国国民之间投资争端公约》(*Convention on the Settlement of Investment Disputes Between States and Nationals of Other States*，以下简称"ICSID 公约"或"公约"）并创立了"解决投资争端国际中心"（International Centre for Settlement of Investment Disputes，以下简称"ICSID"），为解决投资者与东道国间的国际投资争端提供仲裁与调解的国际机制，[1] 使争端的解决免受政治因素影响，并以此促进资本向发展中国家流动。公约自 1966 年生效以来，ICSID 仲裁机制在解决国际投资争端方面发挥着重要的作用，ICSID 受案率由 1972 年至 1996 年间每年不超过 5 起案件，到从 1997 年至 2002 年间突破每年 10 起案件，同时从 2003 年至 2011 年每年保持在 20 起案件以上，并在 2011 年受案率达 38 起，已经超过 2007 年曾创下的 37 件的最高受案率，成为截至 2011 年 ICSID 史上年均受案

---

[*] 曲秋实，厦门大学法学院国际经济法博士研究生。
[1] 本文所称 ICSID 仲裁机制仅指一缔约国与另一缔约国国民利用 ICSID 仲裁程序规则进行的 ICSID 仲裁程序，ICSID 仲裁裁决仅指依 ICSID 仲裁程序所做出的裁决，不包括利用 ICSID 调解机制或附加便利机制所做的调解书或裁决。

率最高的一年。[1] 自谢业深诉秘鲁政府案起,[2] 中国投资者已经开始成为 ICSID 机制仲裁案件的申请人。

有鉴于此,ICSID 仲裁员如何选任引起了笔者的兴趣,但 ICSID 仲裁员独立性问题却备受争议。如何避免仲裁员丧失独立性对 ICSID 仲裁机制造成的消极影响,争端当事方可以采取哪些救济措施,我国政府与我国投资者应如何看待 ICSID 仲裁过程中仲裁员独立性问题并采取哪些防范措施,亟须在理论上加以澄清。

本文采取历史研究、比较研究与实证研究的方法,通过指出仲裁员独立性在 ICSID 仲裁机制中的特殊地位,并结合案例分析仲裁员独立性在 ICSID 仲裁机制中的实际应用及消极影响,进而提出投资者、ICSID 仲裁机制本身以及国际社会特别是发展中国家针对仲裁员丧失独立性的消极影响可采取的应对措施。在此基础上,对我国政府与我国投资者如何应对 ICSID 仲裁员独立性问题提出建议。

一、ICSID 仲裁员独立性问题的源起

(一)ICSID 仲裁员独立性的相关规定

1.ICSID 仲裁员独立性之含义

仲裁员的独立性,作为对于仲裁员的基本要求之一,已经成为世界范围内各主要仲裁机构甚至诸多国内仲裁法的基本规则。但令人遗憾的是,对于仲裁员的独立性概念,却鲜有仲裁机构及国内法对其进行直接的定义。

例如,在 1976 年《联合国国际贸易法委员会仲裁规则》中,其第 9 条规定:"预期充任仲裁员的人,如有任何情况使与其可能任命有关的人对其公正性及独立性有理由可怀疑时,应事前做出解释。仲裁员一经任命或选定,亦应将此项情况向双方当事人说明,除非双方均已于事前被告知。"同时,其第 10 条规定:"(一)对任何仲裁员的公正性或独立性有理由产生怀疑时,得提出异议。(二)当事人对自己所任命的仲裁员,只能根据在任命后所知的理由,提出异议。"

同时,《联合国国际贸易法委员会国际商事仲裁示范法》[3] 第 12 条中规定,"(一)某人被询有关他可能被指定为仲裁员的事情时,他应该披露可能会对他

---

[1] See ICSID. The ICSID Caseload - Statistics (Issue 2012-1),2012.3.
[2] See Mr. Tza Yap Shum v. The Republic of Peru,ICSID Case No. ARB/07/6.
[3] 《联合国国际贸易法委员会国际商事仲裁示范法》,下文简称为"UNCITRAL"。

的公正性或独立性引起正当的怀疑的任何情况。仲裁员从被指定之时起以至在整个仲裁程序进行期间,应不迟延地向当事各方说清楚任何这类情况,除非他已将这类情况告知当事各方。(二)只有存在对仲裁员的公正性或独立性引起正当的怀疑的情况或他不具备当事各方商定的资格时,才可以对仲裁员提出异议。当事一方只有根据作出指定之后才得知的理由才可以对他所指定的或他参加指定的仲裁员提出异议。"

而在1999年的《斯德哥尔摩商会仲裁院仲裁规则》中,第17条规定:"(一)仲裁员必须独立公正。(二)被问及接受指定为仲裁员的人须披露可能对其独立公正产生合理怀疑的任何情形。如他继而被指定为仲裁员,其应立即以书面声明向当事人及其他仲裁员披露该情形。(三)在仲裁程序过程中意识到任何使其不称职情形的仲裁员,其须立即书面通知当事人和其他仲裁员。"

此外,2002年《世界知识产权组织仲裁规则》第22条规定:"(a)每一仲裁员均应当公正而独立。(b)任一未来的仲裁员于接受指定前,应当将任何足以令人怀疑其公正性与独立性的情形向当事人、中心及其他已选定的仲裁员披露,或以书面澄清并无该情形存在。(c)在仲裁程序的各个阶段,若有任何新发生的情况足以产生对仲裁员公正性与独立性的怀疑,仲裁员应当立即将该情形向当事人、中心及其他仲裁员披露。"

从以上的法律规定可以看出,尽管各主要国际仲裁机构都将独立性作为对仲裁员的要求,但包括被视为许多国家仲裁立法的范本的 UNCITRAL 在内,它们并没有言明"仲裁员独立性"的具体定义,因此给人以一种模糊含混之感。

然而,1987年国际律师协会在其制定的《国际仲裁员行为准则》中,采用反向定义法,对不具备独立性的仲裁员给出定义,即"不具备独立性的仲裁员与一方当事人之间,或与该当事人有密切关联的人之间存在某种关系"[1]。尽管在此条款中尚未指出何种密切关系将被视为仲裁员丧失独立性,但该条款对于仲裁员独立性问题的进一步厘清的确起到了推动的作用。

笔者认为,仲裁制度与审判制度作为当今审理纠纷的两种主要手段,除了仲裁制度较审判制度较为灵活外,在独立性方面,可以参照法官独立的规定。仲裁员独立意味着仲裁员在处理争端时,能够不受他者的影响,采取不偏不倚的立场。正如有学者指出,在"适用法律"的语境中,除了奉行法律之外,适用

---

[1] See IBA Ethics,3.1.

法律的主体之外的因素,不得而且无法左右适用法律的主体。同时,这种独立既包含了"事实判断",也包含了适用法律主体的自我要求。[1] 因此,ICSID 仲裁员独立性,是指在 ICSID 争端解决过程中,仲裁员在事实判断方面能够不受他者的影响,采取不偏不倚的立场,同时也能在适用法律过程中,对自身进行高标准的道德要求,从而保持裁决结果的公正。而《国际仲裁员行为准则》中所指的,不具备独立性的仲裁员与一方当事人或者律师之间,或与该当事人有密切关联的人之间存在"某种关系",应当包括经济往来(如商业交易和投资)、感情纽带的维系(如友情与家庭),或者与特定身份相关联(如国籍或职业与社会地位)。如果仲裁员对于自身保持独立性与公正性的能力存在怀疑,或者存在上述任何一种事实,那么仲裁员就应当拒绝该项任命。[2]

2.ICSID 公约中关于仲裁员独立性的具体体现

ICSID 公约第 14 条、第 40 条、第 52 条、第 57 条与第 58 条是对于仲裁员独立性问题的相关规定。这些条文非常独特,构成了 ICSID 仲裁员选任、仲裁庭的组成、裁决的撤销、取消仲裁员资格的机制。

公约第 14 条规定了 ICSID 仲裁员选任的基本条件,核心内容包括:①指派在小组服务的人员应具有高尚的道德品质,并且在法律、商务、工业和金融方面有公认的能力,他们可以被信赖做出独立的判断。②主席在指派在小组中服务的人员时,还应适当注意保证世界上各种主要法律体系和主要经济活动方式在小组中的代表性。该条文对于 ICSID 仲裁员独立性规定的过于模糊,因此有学者撰文指出,在起草 ICSID 公约时,曾有人提出,小组成员判决的独立性决定的是 ICSID 仲裁机制的有效性。并且曾有人强调,这种独立性不仅包括对于案例处理的一般的独立判断能力,也包括基于争端而进行公正裁断并保持毫无偏私之行为的能力。根据仲裁规则第 6 条,在组成仲裁庭之前,每个仲裁员必须签署一份声明,在此声明中声称其本人的独立性,并且在该声明中,其声称已经披露了所有的(包括在过去与现在的以及任何其他情况下的)可能会引发对于仲裁员独立判断之可信赖性的全部业务关系的全部质疑。[3]

---

[1] 刘星:《法理学导论》,法律出版社 2005 年版,第 421~425 页。
[2] See William W. Park, Rectitude in International Arbitration, Arbitration International, (Kluwer Law International 2011 Volume 27 Issue 3), pp.473-526.
[3] See Georgios Petrochilos, Silvia Noury, et al., ICSID Convention, Chapter I, Section 4, Article 14 [The required qualities of the Panel members] in Loukas A. Mistelis (ed), Concise International Arbitration, (Kluwer Law International 2010), pp.55-56.

而公约第 40 条扩大了仲裁员的来源范围,该条文着重提出"除主席根据第 38 条进行任命的情况外,可以从仲裁员小组以外任命仲裁员;从仲裁员小组以外任命的仲裁员应具备第 14 条第 1 款所述的品质"。这将意味着仲裁员的选任不仅来源于仲裁员小组之内,也将有可能来源于小组之外。这一规定不但给当事人选择仲裁员带来了较大的回旋余地,而且也为仲裁员独立性带来了一定的风险。尽管第 40 条规定要求小组以外的仲裁员也"应当"具备第 14 条的选任品质,然而在现实操作中,并不排除整个选任过程存在漏洞,为最终的实体裁决埋下隐患。

公约第 52 条作为救济措施,其第 1 款规定了 ICSID 对于裁决撤销的理由,其核心内容是:任何一方可以根据下列一个或几个理由,向秘书长提出书面申请,要求撤销裁决:(1)仲裁庭的组成不适当;(2)仲裁庭显然超越其权力;(3)仲裁庭的成员有受贿行为;(4)有严重的背离基本程序规则的情况;(5)裁决未陈述其所依据的理由。第 52 条作为从第 49 条至第 52 条所提供的救济措施武器库中最为有效的一把利剑,为撤销案件提供了一种机制。撤销效果是全部或者部分取消案件的结果,并为争端双方在新一 ICSID 仲裁庭就相同问题进行申诉提供了第二次机会。由于公约是自治的,因此当事人不能将 ICSID 案件交由国际法庭审理。[1] 言外之意在于,这是对于案件裁决结果进行救济目前存在的唯一途径。然而通过对于第一款的规定可以看出,其理由多半是与仲裁员丧失独立性相关。

公约第 57 条是对于仲裁员取消任职资格的说明,其着重指出取消仲裁员资格可以从两个方面提出理由,一方面是"明显缺乏第 14 条第 1 款规定的品质的任何事实",另一方面是"根据第 4 章第 2 节以某一仲裁员无资格在仲裁庭任职"。这一条款作为救济措施,不仅维护了 ICSID 仲裁机制的声誉,同时也成为公约中对于仲裁员行为失范的唯一撒手锏。因为,通观公约全文,并没有仲裁员因故意或重大过失而承担法律后果的责任条款。但众所周知,任何法律都不能没有牙齿,如果没有法律责任的限制,并不排除在出现一起仲裁员丧失独立性案件之后,因为该仲裁员没有得到应有的惩罚,而导致其他仲裁员步其后尘。尽管在公约起草之初,Dr. Broches 曾指出指定仲裁员小组成员完全取决于一国的自由裁量权,因此,无人能够挑战已被指定的仲裁员的任命。

---

[1] Georgios Petrochilos, Silvia Noury, et al., ICSID Convention, Chapter IV, Section 5, Article 52〔Annulment〕in Loukas A. Mistelis (ed), Concise International Arbitration, (Kluwer Law International 2010), pp.131-141.

但是，公约第 57 条突破了这一点，其允许当事人提出"因调解委员会或者仲裁庭中的任何成员不具备第 14 条第 1 款规定之品质"而致使仲裁员丧失资格。[1]

由上述在 ICSID 公约中与仲裁员独立性问题具有最紧密联系的五个条文可知，从应然的角度而言，ICSID 仲裁员独立性代表了对于争端能够得到妥善解决的一种美好愿景；然而，从实然的角度而言，ICSID 仲裁员独立性似乎埋藏着重重危机，这些潜在的危机将影响 ICSID 仲裁的程序正义，最终将会导致 ICSID 仲裁实体正义走向危险的边缘。

(二)ICSID 仲裁员独立性问题的产生

众所周知，"仲裁的全部价值在于仲裁员"[2]这句国际仲裁界广为人知的格言，在形容仲裁员对于仲裁制度的重要性时，通常被奉为至理名言，并在相关著述中多次被引用。一个仲裁案件审理质量的优劣，有赖于仲裁员水平的高下，而仲裁员的道德水平也对于仲裁案件的走向产生着至关重要的影响。正是基于此，在各种仲裁规则中，才把仲裁员独立性与公正性置于同等重要的地位。

1.ICSID 仲裁员独立性源于程序正义的呼唤

ICSID 成立以来，为国际投资争端的解决做了重要贡献，截至 2011 年年底，利用 ICSID 仲裁机制解决的案件已达 369 件。其中，ICSID 仲裁庭根据公约与附加便利机制所审理的争端占案件总量的 61%，[3]同时，根据 ICSID 公约撤销条款提起的案件于 2011 年就已高达 22 起，该数字已经略高于从 2001 至 2010 年十年案件总量的 18%。[4]

作为 ICSID 仲裁中最为关键的角色，仲裁员的独立性不容小觑，其将首先直接影响程序公正。程序正义的一般理论认为：与纠纷有利益关系的人不应成为法律适用者；裁判结果中不应包含纠纷解决者个人利益；法律适用者不应有支持或反对某一方的偏见；对各方当事人的诉讼主张都应给予公平的注意；法律适用者只应在他方在场的情况下听取一方的意见；各方当事人都应得到

---

[1] 同前引。

[2] 即"Arbitration is as good as arbitrators." See Stephen R. Bond, Former Secretary General of ICC Court, The Experience of the ICC in the Confirmation/Appointment Stage of an Arbitration, The Arbitral Process and the Independence of Arbitrators published in June 1991 by ICC PUBLISHING S. A., 9.

[3] See ICSID. The ICSID Caseload - Statistics (Issue 2012-1), 2012. 3.p.13 See ICSID. The ICSID Caseload - Statistics (Issue 2012-1), 2012. 3.p.13.

[4] 从 2001 年至 2010 年，十年间根据 ICSID 公约撤销条款提起的案件总量为 122 起。同前引，第 15 页。

公平机会对他方的论据和证据做出回应；法律适用的过程应以理性推演作为依据；推论应该涉及相关的论据和证据；等等。显然，仲裁程序的决定权掌控在仲裁员手中。仲裁的一个重要特征在于其自治性，在仲裁实践中，为了保证仲裁的高效与便利，除当事人另有约定外，仲裁庭对仲裁程序享有高度的自由裁量权，因此仲裁程序可以不必依循法院诉讼程序那样的严格规定。因此，将组成仲裁庭的仲裁员之独立性与法官的独立性进行比较是有一定根据的。

在1625年出版的《培根论说文集》中，第56篇《论司法》一文从论述司法官的职权开始，认为"为法官者应当学问多于机智，尊严多于一般的欢心，谨慎超于自信"。培根认为公正对于司法是最重要的，他引用犹太律"移界石者将受诅咒"，指出不公的司法者会成为挪动界的有罪者；在此基础上，培根又把不公的司法与不平的举动相比较，做出"多次不公的举动只是弄脏了水流而不公的判断则是败坏了水源"的比喻，以此告诉人们以下这刻画司法公正重要性的千古名言："一次不公正的判断（司法）比多次不平的举动为祸尤烈。因为这些不平的举动不过弄脏了水流，而不公正的判断则把水源败坏了。"[1]

如果与审判相比较，仲裁类似于一审终审不允许上诉的审判。这样可以防止为了拖延而无休止地上诉这种诉讼中容易出现的弊病，从而迅速地解决纠纷。在特别要求纠纷得到迅速解决的商事领域，仲裁之所以容易被利用的原因就在这里。可是，也正由于需要迅速地解决纠纷，反而降低了仲裁协议的可能性。这样双方当事人只要不强调要求迅速地解决纠纷，或者不能接受一审终审式的法律效果时，往往无法事先达成通过仲裁来解决纠纷的协议。[2] 申言之，仲裁中一旦出现程序正义天平的失衡，便会引发争端双方当事人更为强烈的不满。因为，之所以不把争端提交到法院解决，除了便利快捷之外，很大的一个原因就在于对仲裁员独立性与公正性的高度信赖。如果这种信赖一经丧失，救济起来往往会更加困难。因此，争端当事人对于仲裁员独立性的心理预期往往会更高，因而相应的独立性标准并不会因为仲裁本身的自治性而显得随意。

一位美国学者戈尔丁提出了较为详细的程序正义标准，他认为程序公正包含以下九项内容：①任何人不能作为有关自己案件的法官；②结果中不应包含纠纷解决者个人的利益；③纠纷解决者不应有支持或反对某一方的偏见；

---

1 [英]弗朗西斯·培根：《培根论说文集》，水天同译，商务印书馆1983年版，第193页。
2 [日]谷口安平：《程序的正义与诉讼》（增补本），王亚新、刘荣军译，中国政法大学出版社2002年版，第355页。

④对各方当事人的意见均给予公平的关注;⑤纠纷解决者应听取双方的辩论和证据;⑥纠纷解决者只应在另一方当事人在场的情况下听对方的意见;⑦各方当事人应得到公平机会来对另一方提出的辩论和证据做出反应;⑧解决的诸项内容需应以理性推演为据;⑨分析推理应建立于当事人做出的辩论和提出的证据之上。[1] 这足以看出,为维护程序正义的实现,对于仲裁员独立性的标准,至少应适用与法官独立性相同的标准。

由于仲裁实行不允许上诉、一个回合见胜负的做法,因而谁来担当仲裁人是决定仲裁制度成败与否的重要问题。若找不到双方都能满意的仲裁人,仲裁协议就很难达成。[2] 因此,笔者认为,ICSID 仲裁员独立性源于程序正义的呼唤。如若不能保证 ICSID 仲裁员的独立性,ICSID 仲裁过程中的程序正义根本无法保证。同时,对于仲裁员独立性的判断,应适用与法官独立性相同的标准。

2. ICSID 仲裁员独立性保证了实体正义的实现

正如博登海默所说,正义有着一张普洛透斯似的脸,变幻无常,随时可呈不同形状并具有极不相同的面貌。当我们仔细查看这张脸并试图解开隐藏其表面背后的秘密时,我们往往会深感迷惑。[3] 由于程序正义是为了保证最终的实体正义,因此,有违实体正义的裁决不但会引起仲裁争端当事人的强烈不满,而且也会从根本上动摇仲裁机制存在的基础。

仲裁公正结果将会直接受到仲裁员的选任、更换及取消资格等情况的影响。同时,因为仲裁员在整个仲裁过程中承担法官角色,故而仲裁员能否以公正和毫无偏私的态度来评判当事人的纠纷,将直接决定当事人能否得到公正的裁决。

仲裁员对于案件事实的认定、对于适用法律的解释,并基于此对当事人争端的实体问题做出裁决的全过程中,只有在其秉承不偏不倚的态度时,所做出的仲裁结果,才能实现实体正义的价值。然而,能否对当事人的仲裁争端做出公正合理的裁决,取决于仲裁员两个方面素质:专业知识和道德水平。

关于具有专业修养,汉密尔顿等人认为,由于法条"种类繁多,案例浩如烟海,必长期刻苦钻研者始能窥其堂奥。所以,社会上只有能少数人具有足够的

---

[1] [美]马丁·P.戈尔丁:《法律哲学》,齐海滨译,三联书店 1987 年版,第 240~241 页。
[2] [日]谷口安平:《程序的正义与诉讼》(增补本),王亚新、刘荣军译,中国政法大学出版社 2002 年版,第 358~359 页。
[3] [美]埃德加·博登海默:《法理学——法律哲学与方法》,邓正来译,中国政法大学出版社 2004 年版,第 261 页。

法律知识,可以成为合格的裁判官"。[1] 同样的,1612年,当英王詹姆斯一世试图插手王座法院的司法审判时,王座法院的首席法官爱德华·柯克就坚决予以抵制。柯克对国王说:"微臣认为陛下对英王国的法律并不熟悉,而这些涉及臣民的生命、继承权、财产等的案件并不是按天赋理性来决断的,而是按人为理性和法律判决的。法律是一门艺术,它需经长期的学习和实践才能掌握,在未达到这一水平前,任何人都不能从事案件的审判工作。"[2] 因此,仲裁员的专业知识应当说是仲裁高效、顺利进行的基本保证。仲裁员的专业知识可以分为两个方面:一是法律专业知识;二是案件所属领域的专业技术知识。只有仲裁员具备了较高水平的专业知识,才能够得以对纠纷的实体问题做出正确判断,公正合理地对当事人的权利义务关系进行准确裁断。

而与仲裁员的专业知识上的独立判断能力相比,仲裁员的道德水平对仲裁的公正性具有更为重要的意义,其堪称是仲裁公正性的重要基石。也正是如此,世界范围内各主要仲裁机构甚至诸多国内仲裁法的基本规则中,都有对于仲裁员道德水平的规定,故此,良好的道德水平也就贯穿了仲裁员的职业生涯。一旦偏离了良好的道德水平,丧失了仲裁员独立性,就将意味着仲裁员职业生涯的完结。

由上可见,仲裁员独立性是仲裁公正性的根本保障,这种保障既体现在程序正义层面,也体现在实体正义层面。在程序层面,有如前述,仲裁员有权掌控仲裁程序,因此如何才能保证公平合理地对待当事人,往往取决于仲裁员当时的心理与行为;同时,在实体层面,案件可否得到公平公正的审理,几乎完全取决于仲裁员毫无偏私的独立判断。

(三)小结

ICSID仲裁员独立性问题作为ICSID仲裁争端解决的核心一环,不仅影响着审理结果的实体正义,也影响着审理过程的程序正义。而现行ICSID仲裁员独立性的相关条款中,并没有对独立性给出清晰的定义,因此在第52条与57条的救济过程中,仍然乏力。但无可否认,随着近年来ICSID受案率的急剧攀升,相较于国际商事仲裁与WTO仲裁规则等商事仲裁法相比,ICSID仲裁员独立性问题将受到争端当事双方与国际社会更多的关注,同时,基于ICSID仲裁机制的公法属性,仲裁员在裁决纠纷时将受到比国际商事仲裁更大的政治压力、国际舆论压力与个人精神压力。

---

1 [美]汉密尔顿,等:《联邦党人文集》,程逢如译,商务印书馆1995年版,第395页。
2 [美]罗斯科·庞德:《普通法的精神》,唐前宏,等译,法律出版社2001年版,第42页。

二、ICSID 仲裁员独立性条款适用中的问题与影响

(一) 以 ICSID 仲裁员丧失独立性为由所引起的撤销案件

在 ICSID 仲裁实践中,根据学者进行的相关统计,依 ICSID 公约第 52 条已经提起的仲裁案件共计 30 起,其中 15 个案件是由投资者提起的,分别是:Klockner v Cameroon(Ⅰ)案、Vivendi v Argentina(Ⅰ)案、Philippe Gruslin v Malaysia 案、Joy Mining v Egypt 案、RFC v Morocco 案、Soufraki v UAE 案、Lucchetti v Peru 案、Vivendi v Argentina(Ⅱ)案、LG&E v Argentina 案、Ahmonseto v Egypt 案、MCI v Ecuador 案、Fraport v Philippines 案、Transgabonais v Gabon 案、Vieira v Chile 案、Malaysian Salvors v Malaysia 案。13 个案件是由东道国提起的,分别是:Amco v Indonesia(Ⅰ)案、MINE v Guinea 案、SPP v Egypt 案、Wena Hotels v Egypt 案、CDC v Seychelles 案、Repsol v Petroecuador 案、Mitchell v Congo 案、MTD v Chile 案、CMS v Argentina 案、Azurix v Argentina 案、Siemens v Argentina 案、Sempra v Argentina 案、Enron v Argentina 案。余下的两起案件,是由投资者与东道国共同提起的,分别是:Klockner v Cameroon(Ⅱ)案、Amco v Indonesia(Ⅱ)案。[1]

在上述列举出的案件中,只有两例取得了全部成功,比如:由特设委员会撤销了全部的裁决结果,它们是:Klockner v Cameroon(Ⅰ)案与 Mitchell v Congo 案。4 起案件裁决被部分撤销,它们是:Amco v Indonesia(Ⅰ)案、MINE v Guinea 案、Vivendi v Argentina(Ⅰ)案与 CMS v Argentina 案。而其余 12 起案件要么不予受理,要么裁定中止,要么没有对外公布。[2]

笔者结合本文论题,在上述案件中选取较为典型的三个案例进行分别讨论,包括撤销全部裁决结果、部分撤销裁决结果与其他情况三类进行分析,以便得出关于 ICSID 仲裁员丧失独立性有何种情况下将导致撤销裁决结果,从而透析出 ICSID 仲裁员独立性在 ICSID 机制中的重要地位,并为如何对 ICSID 仲裁机制进行改革提供初步的思路。

---

[1] Georgios Petrochilos, Silvia Noury, et al., ICSID Convention, Chapter IV, Section 5, Article 52 [Annulment] in Loukas A. Mistelis (ed), Concise International Arbitration, (Kluwer Law International 2010), pp.131-141.

[2] Georgios Petrochilos, Silvia Noury, et al., ICSID Convention, Chapter IV, Section 5, Article 52 [Annulment] in Loukas A. Mistelis (ed), Concise International Arbitration, (Kluwer Law International 2010), pp.131-141.

1. Holiday Inns S.A. and others v. Morocco（假日酒店案）[1]

此案是笔者在上述三种分类中,所选择的代表 12 个未经任何撤销中的一案。同时,此案也是在 ICSID 中心与仲裁员丧失独立性并可能引发撤销仲裁员资格有密切关联的第一起案件,因此,其法律价值与国际影响力值得予以关注。

本案于 1972 年 1 月 13 日提起申请,乃是在 ICSID 仲裁机构第一次提交仲裁请求的案件,其基本案情如下:1971 年 12 月 22 日,由瑞士假日酒店公司与美国西部石油公司(OPC)作为请求方提出仲裁,应诉方为摩洛哥政府。在此案件登记受理 4 年后,申请方所选任的仲裁员,向中心披露他已经成为申请人的外部董事,其他两位仲裁庭成员同意让其辞职,后于 1978 年夏,作为请求方的假日酒店与美国西部石油公司,与作为被请求方的摩洛哥政府达成和解,案件遂由双方当事人联名请求撤回。

本案似乎是一个皆大欢喜的结果,双方当事人通过达成和解,避免了仲裁员丧失独立性成为外界批评的口实,但这样的结果,明显反映出在 ICSID 仲裁过程中的一些固有缺陷,即在 ICSID 仲裁机制的本质上,往往会有一些鲜为人知或被低估的优点与缺点,这通常使涉讼各方随着时间的推移,在仲裁中更明确地认清了案件事实本身以及双方的争论焦点的优缺点。因此,在历经长达数月乃至数年的诉讼后,由于旷日持久的辩论和持续收集论据,时间的推移会给当事人带来一定程度心理波动,从而采取妥善而和平方式促进和解并解决投资争端。而本案中,双方均需要查阅与收集大量的资料和文件,并对大量包含各种法律问题的有关程序和案情进行分析和解释,对于如此大量的工作,涉讼当事双方和他们的律师,以及仲裁员都显得身心疲惫。而任何国际争端的友好解决,当然必须要受到与案情相关的全部人的欢迎,而律师可能会为个人私心与所受到的诱惑而感到后悔。由此可见,在本案中,作为本应秉持独立性的仲裁员,却在巨大的经济诱惑之下,成为与申请人有利害关系的人,如此一来,在仲裁员身份与公司董事身份集于一身的情况下,其再继续担任仲裁员,将有违"任何人不得为自己案件的法官"之法律原则,即仲裁员丧失了其自身的独立性。而在这种情况之下,案件裁决结果的公正性将势必难以令人相信。

针对本案,尽管案中其他两位仲裁庭成员同意让该丧失独立性的仲裁员辞去职务,因而避免了当事人提起取消仲裁员资格的异议。但是,毫无疑问,

---

[1] ICSID Case No. ARB/72/1.

如果一方当事人果真提出取消仲裁员资格异议的话，这一异议注定会得到采纳，从而致使该仲裁员身败名裂。

2.Amco Asia Corporation, Pan American Development Limited and PT Amco Indonesia v. Republic of Indonesia（美国仪表公司诉印尼案）[1]

本案是撤销部分仲裁裁决案件中的一起。以下简介并分析之。

美国仪表公司（American Meter Company，简称"AMCO"），其成立于1836年，作为 ELSTER-AMCO 集团主要成员之一，具有170年以上的历史，是集团燃气计量仪表和调压控制设备的主要供应商。自19世纪初美国天然气产业开始蓬勃发展时，美国仪表公司已位居气体调压、计量、控制设备制造与供应方面的领导地位。美国仪表公司将世界最先进的气体调压、计量、控制设备和技术推广至全球各地。[2]

1981年1月15日，美国仪表亚洲公司（"AMCO 亚洲"）、泛美发展有限公司（"泛美"）和 PT 美国仪表印尼公司针对印度尼西亚共和国向 ICSID 秘书长提出仲裁请求。为此所设立的仲裁庭于1983年9月25日做出一项管辖权裁决，1984年11月21日对实体问题做出裁决。其联属企业和受让人与印尼之间，关涉雅加达地区的卡迪卡广场店的建设与后续管理。

大体上，饭店建设施工按原计划完成，然而，就 AMCO 对协议管理部分的履行出现了争议。最终合同各方，包括一家印尼组织联合印尼军方，要求终止 AMCO 对协议安排的参与。仲裁庭认定：该组织在印尼政府军武装力量的支持下接管了对饭店的控制权；同时，该印尼组织劝说印尼政府吊销了投资许可。由于所有权人的行为属于非法自助行为，并且军方与警察的协助或者不对外国投资者加以保护，属于可以归责于东道国的国际不法行为，仲裁庭裁定印尼共和国应赔偿投资者320万美元及以年利率6％计得的利息。仲裁庭还基于下述理由认定东道国应当对非法吊销投资许可的行为负责：①吊销行为违反了下述印尼法律：正当程序原则；就此项吊销应当承担的实体公正责任。②违反了下列国际原则：有约必守与尊重既得利益。

经过广泛听证和对裁决的慎重审查以后，专门委员会支持了仲裁庭关于"军方与警察的行为当属非法行为的认定"，但由于提交仲裁庭的证据表明直至1977年，AMCO 依外国投资法及时进行登记的外国投资仅仅为983992美元，并且仲裁庭在确认投资金额已达2472490美元时"明显超越其权限"，于是，

---

[1] See ICSID Case No.ARB/81/1.
[2] 参见 https://www.elster-americanmeter.com/en/about-elster，2018-01-25.

专门委员会便在"整体上撤销了裁决"。

本案中,印尼在其撤销申请中,就仲裁庭的几点认定和结论,援引了公约第 52 条第 1 款中所规定的"仲裁庭明显超越权限""仲裁庭严重背离根本的程序规则"与"裁决没有陈述其所根据的理由"。尽管本案中并没有直接点明仲裁员丧失独立性问题。但是,其所指出的第 52 条第 1 款中的三项内容,均与仲裁员独立性问题有直接联系。

3. Klöckner Industrie — Anlagen GmbH v United Republic of Cameroon(克劳科纳公司诉喀麦隆案)[1]

本案是截至目前已知的两起获得完全撤销的案件中的一个,故笔者将在下文中简介案情并结合本文论题进行分析。

1981 年 4 月 10 日,克劳科纳工业建设有限公司以自己的名义,同时代表克劳科纳比尔加有限公司(以及克劳科纳汉德马查佩吉公司),向 ICSID 中心提交了针对喀麦隆共和国的仲裁申请,该申请附带一份关于一座肥料厂的《供应合同》,该合同乃是 1972 年 3 月 4 日由喀麦隆共和国政府与克劳科纳工业建设有限公司所签订,其中包含了一项基于《解决国家与他国国民间投资争端公约》的仲裁条款,"中心"秘书长于 1981 年 4 月 14 日受理该申请。仲裁庭于 1981 年 10 月 26 日开始仲裁程序。

克劳科纳公司请求仲裁庭裁定喀麦隆共和国用德国马克、比利时法郎和荷兰金币(florins)支付由克劳科纳公司提供的肥料工厂价格的余额。至仲裁结束时,此项余额的总值、连同克劳科纳公司计算的利息,按照当时的汇率牌价,为 103.5 亿喀麦隆法郎。

撤销裁决申请书称,裁决书对于克劳科纳公司一直抱有敌意并且暴露出"仲裁庭显失公正"。申请书着重指出,裁决书违反了基本的程序规则,尤其是"仲裁庭应当保持严格公正的义务",同时,"由于完全未审查克劳科纳在口头申诉中所提出的主张,正当程序原则因而遭到践踏……"更何况,"如此特殊而严重的事实暴露出部分仲裁员明显缺乏公正性与独立性"。

上述指责颇为严重,考虑到每位仲裁员均依据《仲裁规则》第 6 条签署过声明条款,兼之本案中各仲裁员均享有崇高的声誉,这些指责令人难以置信。然而,这些令人难以置信的指责并不能免除专门委员会对该项申请进行审查,哪怕仅仅是出于维护仲裁员的个人声誉也是如此。

该项申请自然具有可接受性。仲裁员的公正性是仲裁中一项最为基本的

1　See ICSID Case No. ARB/81/2.

要求。这方面的任何瑕疵,即任何不公正的表现,都应被认为构成第52条第1(d)款项所涵盖的"严重背离基本的程序规则",此处"程序"应为广义理解,即严重背离一般仲裁程序的规则,特别是"中心"仲裁程序的规则。

最终,专门委员会经审理认定:①仲裁庭并未明显超越其管辖权范围而做出裁决;②仲裁庭因适用法律不当而构成明显越权裁决,因此应予撤销;③严重背离基本程序规则不成立;④在某些方面存在陈述理由不当。

在本案中,显然可见,尽管仲裁员享有较高的声誉,但专门委员会对于当事人所提出的异议申请,还是给予慎重的考量。因此,足以看出,仲裁员独立性问题在ICSID仲裁机制中的重要地位。

(二)仲裁员独立性在ICSID仲裁中反映出的疑难问题

结合上文所举出的案例,可以看出,仲裁员独立性作为人们对于ICSID仲裁机制的应然性的期待,一旦出现仲裁员行为失范的情况,将会成为案件的主要争议点。笔者认为,仲裁员独立性问题主要是由于ICSID仲裁员独立性条文规定笼统、ICSID仲裁机制内在失调、ICSID仲裁员角色冲突三个方面所造成的。

1.ICSID仲裁员独立性条文规定笼统

根据本文第一章所述,对于仲裁员独立性规定的各条款中,第14条对仲裁员选任资格的规定,可视为对这一问题规定之基础性条款,而其余条款,无论是仲裁员选任的范围,还是对于案件结果的撤销条款,取消仲裁员资格的责任条款,均是基于第14条仲裁员的资格而衍生出来的。但其并未言明,这种"独立判断能力"所依据的具体标准。其是依据争端当事人的标准进行呢,还是依据与争端本身没有利害关系的第三方的标准来进行呢?同时,无论所依据的标准为何,均不可避免地会涉及仲裁员的个人隐私,而对这种标准进行界定的方式与尺度,能否保证在案件得到公正裁决的前提下,不会为仲裁员带来隐私方面的困扰。条文定义的笼统性、行为标准的模糊性所带来的,不仅仅是案件裁决过程中,将大量的时间精力耗费在对仲裁员独立性的界定上,同时,也要看到,这种笼统性也似乎无法有效保障仲裁员的个人权利。

2.ICSID仲裁机制的内在失调

不可否认,由于ICSID有别于其他国际商事仲裁的公法属性,外国投资者作为"民"而起诉拥有主权的"国",其展示的是发达国家与发展中国家在政治上与经济上为谋求共赢而进行的一种妥协,体现出一种全球治理的思维方式。然而,我们必须要看到,南北差异并未消失,发达国家的经济霸权依旧在威胁着发展中国家的发展。截至 2011 年 12 月 31 日,统计数字表明,在 ICSID 案件中历任仲裁员、调解员或专门委员会委员的成员,有 47% 来自西欧,23% 来自北美,10% 来自南美,剩下的 20% 来自其他国家与地区。[1] 因此,足可看出,仲裁人员仍旧是主要来自发达国家与地区,相对而言,来自发展中国家与地区的仲裁员比例很低。

在这里,我们并不排除在投资争端仲裁的过程中,发达国家国民语言与文化方面的优势。但是国籍会不会成为影响仲裁员的独立性的因素,仍旧是争端当事人选任仲裁员所要考察的关键。对此问题,已有学者指出,国籍并不能构成影响仲裁员独立性的因素,因为"商事仲裁的经验表明,仲裁员独立性虽然可能受指定人的影响,但仲裁员国籍与其独立性间没有必然联系。这种认识的实践意义是,ICSID 仲裁当事一方不必完全排斥选择与争端另一方具有相同国籍或系其国民的仲裁员,也不能认为选择争端当事方公民或与争端当事方具有相同国籍的公民担任仲裁员就一定是有利的"。[2] 尽管在《ICC 仲裁规则》第 9 条第 5 款与《UNCITRAL 仲裁规则》规定中,[3] 对于仲裁员国籍的规定弹性较大,但需要注意的是,基于 ICSID 仲裁机制内在的公法性质,其必然会有别于国际商事仲裁的宽松规定。而 ICSID 仲裁机制对于国籍较为严格的要求,有利于为争端当事人提供一条具有可操作性的救济途径,从而避免了仲裁员滥用权力,更好地维护仲裁员的独立性。因此,在笔者看来,该条款有不容忽视的防范性价值。即便是备而不用,也远胜于无章可循。

当然,ICSID 的内在失调与其说体现在仲裁员国籍的南北失调上,不如说是体现在来自南北各国仲裁员思维模式的差异上。诚然,国籍不是影响仲裁员独立性的必然因素,但至少是一项具有可操作性的现实因素。笔者承认,一些来自发展中国家的仲裁员所接受的也是西方法学教育,因此在思维观念上可能更倾向于保护自由经济,从而认同保护投资者的利益,可是,思维模式是一种较为主观性的评价标准,这一点无法通过法律条文的方式固定于 ICSID 机制当中。因此,作为影响仲裁员独立性的重要因素,规定国籍的价值

---

[1] See ICSID. The ICSID Caseload – Statistics (Issue 2012—1),2012.3.p.16.

[2] 陈安主编:《国际投资争端仲裁:"解决投资争端国际中心"机制研究》,复旦大学出版社 2007 年版,第 276~277 页。

[3] 《ICC 仲裁规则》第 9 条第 5 款规定:"独任员或首席仲裁员的国籍应与各方当事人的国籍不同。但在适当的情形下,且各方当事人均未在仲裁院规定的期限内提出异议,仲裁院也可以从当事人所属国选定独任仲裁员或首席仲裁员。"而在《UNCITRAL 仲裁规则》中对国籍的要求进一步降低,只要求注意到任命一名不属于双方当事人国籍的仲裁员的适当性。

显然是值得肯定的。

3.ICSID 仲裁员的角色冲突

从上文所述案例中,可以看出,由于 ICSID 仲裁员不具有法官一样的专职性,不排除个别仲裁员为了谋求经济利益或者个人成就感,没有披露与涉案一方的利害关系,甚至在仲裁进行过程中,就如"假日酒店"案一样,成为涉案某一方的法律顾问。在这样的情况下,仲裁员的独立性必然得到怀疑,裁决结果也必然会引起撤销的提出。

如果说,在案件发生之前或之中,与涉案一方曾有过利害关系的仲裁员,会因仲裁员的职业道德或者披露信息,可能避免仲裁员丧失独立性。那么,在案件结束之后,尽管设置了一定年限的任职限制期,但无法保证仲裁员与仲裁当事方,早在仲裁进行过程中就达成了秘密约定,并且约定该仲裁员为当事方提供法律服务的时间点,恰好就是在任职限制期刚刚结束之时。比如任职限制期为两年,一仲裁案于 1998 年 5 月 1 日提起申请,至 1999 年 12 月 31 日做出仲裁裁决结果。那么,从 2000 年 1 月 1 日起到 2002 年 1 月 1 日止,这段时间便是仲裁员的任职限制期。但是,仲裁员与涉案一方的约定是在 1999 年 11 月 11 日的仲裁进行期间,并且秘密约定为,该仲裁员从 2002 年 1 月 2 日起到一方当事人处工作。那么,在这种存在事先约定的情况下,如何监督仲裁员的独立性,又如何保证仲裁结果的公正性呢?

正如罗伯特·丹尼诺指出,"仲裁员正在日益面临着在不同的 ICSID 案件中充当代理人与仲裁员这两种角色之间的潜在冲突"。[1] 同时,罗伯特·丹尼诺指出,ICSID"希望这种状况(仲裁员与仲裁代理人角色冲突)能够通过仲裁员的自律得到解决",但也有可能"不得不引入正式的指南或规则",这表明 ICSID 虽然意识到仲裁员与仲裁代理人间的角色冲突问题,但也许是目前 ICSID 尚未认为仲裁员独立性问题会威胁到 ICSID 体制的运作,因而无意马上制定相应的规定。[2] 但如若没有对仲裁员独立性问题加以细致规定,仅靠仲裁员来自职业道德的内在约束,无法杜绝仲裁员角色冲突现象,甚至也为个别仲裁员枉法裁断提供了理想的温床。长此以往,ICSID 机制的可信赖性将荡然无存。

---

[1] Rober Nanino, Opening Remarks.转引自陈安主编:《国际投资争端仲裁:"解决投资争端国际中心"机制研究》,复旦大学出版社 2007 年版,第 292 页。

[2] 陈安主编:《国际投资争端仲裁:"解决投资争端国际中心"机制研究》,复旦大学出版社 2007 年版,第 296 页。

实践中，当事人往往基于以下两点理由作为仲裁员缺乏独立性的依据：第一，仲裁员因先前的仲裁而已经熟悉当事人之间的或其他相关之争议；第二，仲裁员的先前行为。比如仲裁员先前对某一法律或专业问题发表的评论中所体现的立场与当事人的利益相违背。[1] 无疑，角色冲突对于 ICSID 机制公正性的冲击，将成为仲裁员独立性被诟病的最主要原因。然而，对于角色冲突问题的纠偏并没有想象中的那么简单，这将有赖于仲裁员自身、ICSID 机制与国际社会的共同努力。

（三）小结

本章通过三个不同类型提起撤销的案例，探讨了仲裁员独立性条款适用中的问题与影响，指出了 ICSID 仲裁员独立性条文定义笼统、欠缺可操作性；ICSID 机制中的仲裁员结构的南北失调，并提出国籍规定之必要性。同时，笔者认为，ICSID 仲裁员的角色冲突将是对于 ICSID 机制最为致命的冲击。

对上述三点疑难问题，如果不能尽快解决仲裁员独立性规定之笼统与欠操作性，平衡仲裁员结构的南北失调，制止角色冲突现象的出现。ICSID 仲裁机制将失去其得以存在的正当性理由，引发世界范围内的信用危机，从而在国际投资争端领域，投资者与东道国都将难以寻求到更为有效的纠纷解决机制。

三、避免 ICSID 仲裁员丧失独立性的应对措施

ICSID 中心成立 47 年以来，为应对实践中不断涌现出来的各种问题，中心先后于 1984 年和 2002 年对中心的配套规定进行了修改，并形成了目前的版本。基于本文前两部分的分析，笔者认为 ICSID 中心下关于仲裁员独立性问题的规定仍存在一定的问题与弊端。故提出以下几个方面的建议。

（一）厘清仲裁员独立性的定义

1.细化仲裁员独立性条文

通过上文的分析可知，仲裁员独立性定义的笼统与模糊，将导致大量司法资源的浪费，也为仲裁员的不当行为提供了可辩解的余地。那么，如何对仲裁员的独立性加以定义呢？

笔者认为，仲裁员的独立性之所以存在，目的是保证裁决的公正性。而公正性是一个主观色彩较为浓厚的措辞，故对于较为客观的独立性采取细致的

---

[1] Emmanuel Gaillard, John Savage,ed, 1st edn, Fouchard, Gaillard, Goldman on International Commercial Arbitration,Philippe Fouchard Emmanuel Gaillard, Berthold Goldman, CITIC PUBLISHING.1,2001.567-569,1033-1035.

规定,增强其可操作性,会更容易取得法律实效,臻于程序正义与实体正义的法律价值。正如,国际商会规则的制定者们在 ICC 第 11 条宁愿通过独立性来表述而未使用公正性的理由就是"独立性是一个更客观的概念,独立性一般指之前或现在的关系的作用。这些关系可能被分类或证明,而公正性则指人的思想状态,在仲裁员得以委任时,除仲裁员外其他人可能无法核查或知悉此种状态。因此,对于法院而言,在确认和委任一名仲裁员时,确定该人是否独立,较之评估公正性的程序,要客观的多"。[1] 公正性与独立性有如"一个锅板的正反两面",[2] 如果独立性得不到有效的保障,那么公正性也势必唇亡齿寒。细化仲裁员独立性条文,将为 ICSID 仲裁机制中的三方参与人,即仲裁申请人、仲裁答辩人与仲裁庭提供保障。

鉴于目前规定的条文,正面细化条款不但罕见,同时反向规定的条款也过于模糊,如此一来,争端当事人将得不到正确行为指引,也无助于仲裁员形成良好的道德自律。这有如行走于一条湍急河流旁的狭窄小路上,只要稍不留神便会掉下去,但如果有了细致的规定,便有如在河流的两旁加筑了一道栏杆,既能方便站在对岸的争端当事人观察仲裁员的一举一动,也方便仲裁员在主观上打消以身犯险的邪念或者在客观上因不了解细致规定而误陷深渊。

2.在细化条文的基础上设置口袋条款

由于 ICSID 仲裁机制在裁决案件的过程中,所适用的法律既包括争端当事方的 BIT 范本,也包括国际公约、仲裁规则,有时甚至会牵涉到东道国或母国的国内法规定,所涉法律如此芜杂,那么对仲裁员独立性的法律规定或者与之相关的文化背景、历史沿革、法律观念也势必多种多样。一旦 ICSID 中心有意拟定仲裁员独立性的细则,在征求各成员国意见时,注定会引来自发达国家与发展中国家,或者是倾向于保护投资者与倾向于保护东道国的各国专家之间旷日持久的论战。正如国际法委员会所说:"文件的解释在某种程度上是一种艺术,而不是一种严格的科学。"[3] 因此,规定太细则会危及仲裁员的个人隐私,导致优质仲裁人员的逐步流失;而规定过粗又无助于当前问题的解决。因此,细化仲裁员 ICSID 仲裁员独立性的相关规定并非一朝一夕所能完成。

---

[1] 艾伦·雷德芬,等:《国际商事仲裁法律与实践》(第四版),林一飞,等译,北京大学出版社 2005 年版,第 215 页。

[2] 艾伦·雷德芬,等:《国际商事仲裁法律与实践》(第四版),林一飞,等译,北京大学出版社 2005 年版,第 215 页。

[3] [英]安托尼·奥斯特:《现代条约法与实践》,江国青译,中国人民大学出版社 2005 年版,第 179 页。

笔者认为,根据当前实践中所遇到的问题,并结合国际仲裁机制的相关立法例,可以采取反向规定的方法,对仲裁员独立性问题逐条加以细化,并设置一个口袋条款进行兜底,以便在遇到条文中尚未列明的新情况时,提供一定的法律缓冲地带。

同时,站在保护仲裁员隐私权与维护仲裁员独立性的两难境地,应该首先考虑公共利益,优先维护仲裁员的独立性。事实上,即便依据现有条文的模糊性,也无法保护仲裁员隐私权不受任何侵犯。一旦仲裁员被指定,其将迅速进入争端双方的视线,在现有的科技条件下,不排除争端当事方对其隐私进行超出现行法律规定之外的过度调查。

故而,笔者认为,对仲裁员独立性问题的细化,所保护的不仅仅是裁决的公正性,也有利于保护仲裁员隐私权不被恶意或者过度调查。申言之,细化条文将为仲裁申请人、仲裁被申请人与仲裁员三方带来可预期合理保障。

(二)提高发展中国家仲裁员的比例

1.国籍因素存在的客观必要性

上文提及,根据有关学者的研究表明,发展中国家与发达国家的公民在担任 ICSID 仲裁员的次数方面存在悬殊差别未必就是由南北矛盾所决定的,或是对南北矛盾的必然反映。当然,人们也不能无视 ICSID 仲裁被诉方多数是发展中国家,而来自发达国家的仲裁员普遍强调高标准地保护外国投资者权益的事实,在此情况下,一些发展中国家及学者对于发达国家的公民过多地担任仲裁员,进而可能损害仲裁员的独立性或倾向于外国投资者存在疑虑是正当的。[1] 然而,正如笔者在本文第二部分所分析的,国籍不是影响仲裁员独立性的必然因素,但至少是一项具有可操作性的现实因素;同时,思维模式是一种较为主观性的评价标准,这一点无法通过法律条文的方式固定在 ICSID 机制之中。因此,国籍的规定作为影响仲裁员独立性的重要因素,其存在价值是值得肯定的。

2.发展中国家仲裁员亟须提升自身的国际竞争力

目前存在的一个现实矛盾是,即便来自发展中国家的仲裁员具备了与来自发达国家仲裁员相同的职业素养、良好品行与熟练运用 ICSID 机制工作语言的能力,但是这并不意味着裁决 ICSID 争端案件的发展中国家仲裁员的数量就能够得到实质性的提高。一方面,是由于发达国家的投资者对于发展中

---

[1] 陈安主编:《国际投资争端仲裁:"解决投资争端国际中心"机制研究》,复旦大学出版社2007年版,第288页。

国家仲裁员在倾向性方面的不信任;另一方面,也是因为来自发展中国家的仲裁员较少有机会参与到仲裁案件的国际实践中来,因此,他们缺少足以令人信服的实践能力。故此,笔者认为,发展中国家的仲裁员亟须提升自身的国际竞争力,才能打破发达国家国民对于 ICSID 仲裁员身份的垄断。

首先,填平语言鸿沟。根据 ICSID 公约第 75 条规定,公约"订于华盛顿,用英文、法文和西班牙文写成"。[1] 可见,由于上述三种语言为中心官方语言,因此,以英语、法语或西班牙语为母语的国民,在担任 ICSID 仲裁员时,具有超出非中心官方语言国国民的先天优势。而受制于语言瓶颈的非中心官方语言国国民,很有可能被排斥于 ICSID 机制"俱乐部"之外。与此同时,他们多是来自发展中国家或地区的国民,这样,发展中国家便在参与国际社会的游戏规则中处于劣势,保护国家利益当属侈谈。如果其所属国作为东道国与外国投资者发生投资纠纷,东道国可能会陷入束手无策的被动局面。而由于缺少了解 ICSID 机制运作方面的专业人才,在国际舞台上发展中国家便不可能发出自己的声音,其国家利益便会被逐渐地边缘化乃至侵蚀掉。因此,为了能够积极参与到全球治理与国际社会的法律机制中去,必须首先填平语言鸿沟,才能赢得 ICSID 机制上的一席之地。

其次,发展中国家仲裁员须成为学者型与实践性兼备的人才。由于担任 ICSID 仲裁员的备选对象是由公约缔约国选派的,因此能够获得 ICSID 仲裁员身份的人通常在一国国内均为行业翘楚。而由于 ICSID 仲裁项下的案件,需要参阅大量国际文献、查阅大量书籍与资料,同时还要进行调查与取证、会见当事人,加上一个案件往往要历时数年,如此大量的案头工作与巨大的精神压力均要求仲裁员在具备极强的实务能力的同时,也必须要具备学者一样深厚的理论根基。当然,由于英美法系与大陆法系选拔法律人才的模式并不一致,因此,并不是每个法律人都能集学者的理论素养与极强的实践能力于一身。故而,以中国现状为例,一些专注于理论研究的学者,实务经验并不丰富,在这种情况下,面对工作强度大、时间战线长与心理压力大的涉外诉讼,恐怕难以胜任。同时,发展中国家仲裁员履历表上乏善可陈的实务经验,自然也不可能赢得争端当事人的基本信任。

3.发展中国家政府须加大本土人才的培养力度

仲裁员素质的提高,有赖于其所受到的教育,相较于发达国家,发展中

---

[1] 根据联合国的规定,将英语定为第一发言语言,法语为第一书写语言。而西班牙语作为联合国 6 种工作语言之一。

家的教育资源匮乏,课程体系设置不完善,这将导致适格仲裁员的遴选工作难上加难。而如若将本土人才送到发达国家接受所谓先进教育,将会面临着被发达国家观念洗脑的危险,从而在参与国际仲裁的过程中,未必能站在发展中国家的视角去看待投资争端,这样其倾向性自然可能会偏向于支持海外投资者,而无法成为发展中国家利益的维护者。有鉴于此,笔者认为,不妨重金引入国外的先进师资,在本土化的条件下,对本土人才进行培养。同时,增强本土人才与国外同行的交流,亦有助于加强本土人才的国际化的视野。

综上所述,在调整仲裁员结构,提高发展中国家仲裁员的比例的问题上,需要发展中国家自身与本土人才,以及国际社会特别是 ICSID 中心的共同努力。否则,ICSID 仲裁机制中,只能看到来自发达国家的仲裁员履行国际义务,会打击发展中国家及人民的参与热情,从而怀疑 ICSID 机制中仲裁员的倾向性与独立性,如此一来,ICSID 机制在全球范围内的法律实效也无从保障。

(三)通过设置民刑责任条款加强行业自律

任何人不得成为自己案件的法官,在仲裁员身份与代理人身份出现角色冲突之际,ICSID 机制对仲裁员唯一的惩罚手段只能是取消其资格。而 ICSID 仲裁员独立性之所以被诟病,一个原因在于没有严格的惩罚机制。一旦仲裁员丧失独立性,作出不适当的裁决结果,其承担的最大风险,仅仅为 ICSID 公约第 57 条所规定的被取消仲裁员资格这样的后果。尽管这意味着仲裁员本人声誉的毁损,职业生涯将因此而蒙羞甚至终结,但是 ICSID 公约第 58 条指出:只有当取消仲裁员资格的"建议理由充分",才能由主席做出决定进而取消其资格。因此,即使仲裁员做出了有违独立性的不当行为,影响了裁决的公正性,并给争端当事人造成了一定程度的损失,只要没有争端当事人提出取消仲裁员资格的建议,或者提出的建议理由不充分,又或者有如上文"假日酒店案"一案中,由当事人和解而撤回了案件,没能令违反独立性的仲裁员得到应有的惩治,那么,是不是意味着仲裁员就不必承担任何责任呢?

在此,笔者认为,加强行业自律的方式,除了仲裁员本人的道德水平因素外,应考虑设置民事责任与刑事责任条款,从外部机制上对仲裁员的行为予以限制,从而保证在仲裁员丧失独立性之时,做到有法有依与违法必究。同时,由于区分了惩罚的力度,因此,在适用起来,可能会更加便捷。

1.设置民事责任条款扩大仲裁员的注意义务

ICSID 仲裁机制不妨根据仲裁员所尽勤勉义务与注意义务的不同程度,增加相应民事责任条款。一旦仲裁员未尽到相应程度的注意义务,就允许争端当事人对其提出异议。而当异议成立之时，就可以敦促违反独立性的仲裁员承担相应民事责任。而由于民事责任被划分成不同层级，对于取消仲裁员资格的案件，不会出现要么取消要么不取消这样非黑即白的裁决结论，因此，这种不仅维护了仲裁员队伍的职业声誉，同时也可以为专门委员会在遇到类似案件时减轻心理负担与舆论压力，做出更为公允的裁决。

2.设置刑事责任条款增加仲裁员的职业风险成本

根据ICSID公约第52条第1款第3项，"仲裁员的成员有受贿行为"，即可由争端当事方提出书面申请，要求撤销裁决。在此，作为对于仲裁员的最严厉的惩罚，无非是取消其仲裁员的资格。该惩处力度并不能保证将来无人敢以身犯险。因此，笔者认为，应增设刑事责任条款，如枉法仲裁罪，从而增大仲裁员丧失独立性的职业成本。

由于仲裁本身的准司法性，并且ICSID的公法属性，增设刑事责任条款，并不会影响仲裁的自治性。同时，由于争端当事方，一方为资金雄厚的海外投资者，另一方为东道国，任何一方因仲裁员丧失独立性而做出的枉法裁决，要么可能影响投资者巨额资金的流失，要么在东道国法律变更之后会引起经济发展滞后乃至大量国民的失业。

有鉴于枉法裁决的社会危害性极大，因此，增设刑事责任条款是具有正当性的。尽管取消仲裁员资格足以令其职业生涯完结，但与上述较大的社会危害性相比，取消仲裁员资格显然惩处力度畸轻，显失公平。

综上所述，笔者认为，应区分仲裁员丧失独立性的不同程度，设置相应层次的责任承担方式。这样不仅灵活地处理了争端当事方的异议，也有利于维护ICSID机制的国际声誉。

(四)小结

本章对于ICSID仲裁过程中所出现的仲裁员丧失独立性问题，从厘清仲裁员独立性的定义、提高发展中国家仲裁员的比例与通过设置民刑责任条款加强行业自律三个方面阐述了纠编的应对措施。

首先，细化仲裁员独立性条文，并在细化条文的基础上设置口袋条款，不仅可以祛除仲裁员独立性条文模糊笼统的痼疾，也可以在极具可操作性的基础上保证程序正义与实体正义得以实现，同时为仲裁员形成良好的道德自律提供了依据。此外，对于争端当事人因仲裁员独立性而提起撤销案件理由给予正确的行为指引，避免了发生滥诉。

其次，若想平衡南北国家在ICSID仲裁庭的结构，就要提高发展中国家仲裁员的比例，而这有赖于明确国籍因素，提升发展中国家仲裁员自身的国际竞争力与发展中国家政府加大本土人才的培养力度三者息息相关。然而，必须看到，改善 ICSID 仲裁员南北结构的失衡需要较长时间的苦心经营，否则无法打破现有的格局。

最后，基于 ICSID 机制的公法属性，因此增设民刑责任条款，促进行业自律，比构建 ICSID 上诉机制更为省力。通过区分仲裁员行为失范的程度，给予相应的民事或刑事制裁，不仅维护了仲裁员职业声誉，也为 ICSID 机制重塑了高效便捷公正的国际认可度。

四、我国在 ICSID 仲裁员独立性问题上的态度与对策

（一）我国在仲裁员独立性问题上的理论与实践

1.我国在仲裁员独立性问题上的实践

截至 2011 年 12 月 31 日，在中心所受理的 369 起案件中，中国尚未成为任何具体仲裁案件的被申请人，但从中国香港公民谢业深诉秘鲁政府案起，尽管有中国学者对中心的管辖权提出了反对意见，[1] 但不可否认的是，中国投资者已经开始成为 ICSID 仲裁案件的申请人。同时，2011 年 9 月 30 日，在来自 ICSID 官方网站所发布的消息称，在两起外国投资者针对津巴布韦政府提起的国际投资仲裁案件中（案号分别为 ARB/10/15 和 ARB/10/25），厦门大学法学院陈安教授被正式指定为仲裁员，成为首位审理 ICSID 仲裁案件的中国籍仲裁员。同时，考虑到在此之前罕有中国学者被 ICSID 指定并审理案件，境外媒体对 ICSID 关于陈安教授的上述任命尤为敏感。[2]

2.我国在仲裁员独立性问题上的历史态度

中国作为世界上最大的发展中国家，其秉承的态度，一直是反对发达国家的强权政治与经济霸权，同时，对于发达国家借投资之名行经济侵略之实较为反感。因此，我国在 ICSID 仲裁员独立性问题上，一直采取的是较为倾向于保护东道国利益的立场。

根据上文中所提到的报道，其中写道：鉴于陈安教授在国际投资法领域的精深造诣和卓著声望，他分别于 1993 年、2004 年和 2010 年连续三度经中国政

---

1 陈安：《对香港居民谢业深诉秘鲁政府案 ICSID 管辖权裁定的四项质疑——〈中国—秘鲁 BIT〉适用于"一国两制"下的中国香港特别行政区吗？》，载《国际经济学学刊》2010 年第 1 期。

2 Clemmie Spalton．Chinese arbitrator to sit on Zimbabwe cases［EB/OL］．http://www.globalarbitrationreview.com/news/article/29848/chinese-arbitrator-sit-zimbabwe-cases/，2011-09-30/2011-02-04．

府推荐并列入 ICSID 仲裁员名册。此次,陈安教授顺利成为首位审理 ICSID 仲裁案件的中国籍仲裁员,又一次打破了西方发达国家仲裁员基于语言和文化因素而占据的天然优势,必将有利于展示中国学者在国际投资仲裁领域的深厚积淀和学术涵养,为中国的国际投资法理论研究和实务操作积累宝贵经验,在国际学术舞台上发出中国之声。因此,可以看出,陈安教授入选 ICSID 仲裁案件的仲裁员,其遴选方式基本是依据 ICSID 公约第 14 条进行的。但由于笔者尚未在权威网站上看到关于津巴布韦案的全案介绍,因此,目前无法推测选任中国仲裁员对该案进行裁决的理由。但是,不可否认的是,以中国目前的经济实力与国际地位,津巴布韦选择了一个有中国国籍的仲裁员,不排除其认为与同其属发展中国家阵营的中国,其所派出的仲裁员,会带有一定的保护东道国利益之倾向。

有鉴于此,我国在 ICSID 仲裁员独立性问题上的研究,就具有了实践性的意义,并且由于中国经济增长速度快,加上后金融危机时代与欧债危机过后,欧美发达国家经济增速放缓,因此,全世界的目光均虎视眈眈地瞄准了中国主权财富基金。在此情况下,国际投资争端出现之后,在 ICSID 仲裁员独立性问题上,我国政府作为东道国将如何表态,我国投资者该采取何种立场,都将是我国未来为维护国家经济安全亟须解决的问题。

(二)我国在 ICSID 仲裁员独立性问题上的对策

鉴于我国目前所处的国际地位,在后金融危机时代,为赢得国际投资仲裁中的胜利,不妨从建立 ICSID 仲裁员背景档案库与在精研 ICSID 的成例基础上极早发现破解密码两个层面,来解决 ICSID 仲裁员独立性问题上的困难。

1. 建立 ICSID 仲裁员背景档案库

尽管我国目前实践方面的实例并不多,但是随着 ICSID 中心影响力的不断增强,结合中国近几年来快速持续稳步增长的经济势头,如果不未雨绸缪,提前做好防范,及早策划关于仲裁员独立性问题的应对措施,恐怕届时会被打个措手不及。因此,在投资争端发生之前,不妨尽快建立一个有关 ICSID 仲裁员背景情况的档案库,了解每个人的从业经历、职业素养、道德水准以及个人倾向,从而做到知己知彼,才能百战不殆。在 ICSID 仲裁争端出现之际,通过了解每个备选仲裁员资料的前期准备,无论是中国作为东道国,还是中国国民作为投资者,均可在仲裁庭规定的有限期间内,尽快完成仲裁员的选任工作,并为案件做好调查取证工作提供充足时间,以便为案件的最终胜诉赢得关键的筹码。

2.在精研 ICSID 成例基础上极早发现破解密码

由于英美法系国家的法学教育以案例为主,因此在以英文与法文文本为主的 ICSID 成例中,所凸显出的大多是发达国家的法律思维,如前文所述,发展中国家在语言与文化上的劣势,将造成发展中国家在 ICSID 机制中提起仲裁申请与答辩的困境。因此,我国不妨采取英美法系国家的教育手法,精研 ICSID 成例,在精研的过程中,发现仲裁员的倾向性,并发现破解仲裁员违反独立性的密码。一旦我方作为东道国应诉,就应当尽量谋求倾向保护东道国利益的仲裁员来为我方争取权益;而一旦我国国民作为申请方提起仲裁,就应找到倾向保护投资者利益的仲裁员来为我方争取权益。同时,由于目前仲裁员独立性条文规定尚属笼统,因此我方在出庭时,应利用其笼统性,做出有利于我方的解释,以增加胜诉的可能性。

(三)小结

本章从我国在仲裁员独立性问题上的理论与实践及我国在 ICSID 仲裁员独立性问题上的对策两个方面,探讨了我国对仲裁员独立性这一问题应持的立场。

由于金融危机与欧债危机的影响,目前欧美发达国家经济增速放缓,而中国的经济增长势头保持了快速平稳发展,因此,全世界的目光均虎视眈眈地瞄准了中国主权财富基金的投资去向以及中国这块投资市场。在此情况下,国际投资争端出现之后,在 ICSID 仲裁员独立性问题上,我国政府作为东道国将如何表态,我国公民作为投资者将采取何种立场,都会是我国未来为维护国家经济安全亟须解决的问题。而笔者提出通过建立 ICSID 仲裁员背景档案库与在精研 ICSID 成案基础上极早发现破解密码似乎更具有可行性。

五、结论

仲裁员独立性作为国际仲裁与国内仲裁法上对于仲裁员资格的基本要求,长期以来,一直与公正性相辅相成。然而,与其他仲裁机制不同的是,ICSID 仲裁机制具有公法属性,因此,ICSID 仲裁员独立性才得到更为广泛的关注。同时,由于 ICSID 仲裁员独立性的实现不但影响着程序正义,而且还影响着裁决结果的实体正义,因此该问题在仲裁员选任与仲裁庭的组成上便成了重要的权衡因素。此外,基于 ICSID 机制的自治性,其缺少上诉机制,因此一旦出现对于裁决结果的异议,便要通过公约第 52 条进行救济,此时,前一案中仲裁员的独立性便成为申请撤销裁决的重要理由之一。

而现行公约条文中,对于仲裁员独立性条文规定得十分笼统,因此,将引发 ICSID 仲裁过程中将大量司法资源的浪费在对仲裁员独立性条文的争议上。与此同时,由于案件牵涉重大,一旦出现偏离争端当事人认可的裁决结果,会致使当事人因为南北矛盾而产生对仲裁裁决正当性的质疑,并进而怀疑来自发达国家与发展中国家的仲裁员在仲裁过程中所持的倾向性。此外,由于 ICSID 仲裁员独立性条文规定笼统,缺乏对于仲裁员丧失独立性的民事与刑事责任规定,致使仲裁员在仲裁过程中,难以避免出现角色冲突现象。

对于实践中产生的上述疑难问题,针对 ICSID 仲裁员独立性问题,笔者认为厘清仲裁员独立性之定义、提高发展中国家仲裁员比例、通过设置民刑责任条款加强仲裁员行业自律不失为三个具有可操作性的办法。在此基础上,笔者认为,我国应在现阶段中国 ICSID 仲裁实践样本不足的情况下,加紧对于 ICSID 仲裁员独立性问题的研究,提前做好充分的准备,以便在新一轮的全球经济格局变动中,一旦涉诉,能够占据一个较为有利的位置。因此,我国应对 ICSID 仲裁员独立性问题保持高度关注。

"管办分离"视野下中国职业足球联盟之构建[*]

李 状 丁 青[**]

摘要：在现有的"管办不分"运行模式下,中国职业体育的发展出现了瓶颈。为了深化职业足球改革,中央通过了《中国足球改革发展总体方案》,希望建立一个"管办分离"管理模式。改革并未达到预期的效果,足协尴尬的角色定位以及政府的行政力量的过度干预,使中国足球的职业化道路举步维艰。为了改变现状,俱乐部尝试联合起来,构建职业足球联盟。职业足球联盟作为提高联赛发展效率的自治组织,它的建立既是现实的需要,又是政府与市场经营者博弈的必然结果,符合现代足球的发展潮流。

关键词：职业足球联盟；中国足协；中超联赛；自治权

一、中超联赛的"管办不分"现状及其原因

(一)"管办不分"：中超联赛组织管理中的最大问题

长期以来,中国足球的管理机构同时扮演着足球社团组织与政府机关的双重角色,通过行政手段来控制足球联赛,使中国足球超级联赛(以下简称为"中超联赛")形成了区别于欧美的"举国体制下的职业化"模式。[1] 欧美的职业联赛以英格兰足球超级联赛(以下简称为"英超联赛")为代表,在联赛的运作过程中,政府很少干涉,球员不仅在英超联赛的俱乐部之间,甚至可以在世界范围内流通,各俱乐部有权招揽大牌球星加盟,这样的联赛经营模式提高了英超联赛的整体水平。虽然近几年来,英超联赛存在过度商业化等问题,但它依然是世界上最成功的足球职业联赛之一。

相比之下,中超联赛一直被视为"伪职业"联赛,不成熟的联赛经营模式产

---

[*] 基金项目：2016 年度国家社会科学基金重大项目"中国体育深化改革重大问题的法律研究"(项目编号：16ZDA225)的阶段性研究成果。

[**] 李状,苏州大学王健法学院研究生；丁青,苏州大学体育学院讲师。

1 龚波：《举国体制创新与中国足球改革的互动》,载《上海体育学院学报》2012 年第 3 期。

生了很多弊端，比如自由球员的转会受到限制，以及球员无法通过市场来定价，导致球员自身实力与个人身价之间存在较大差距，更为严重的是腐败问题不断出现。

为了改变现状，2012年2月体育总局出台了《中国足球联赛实行管办分离改革方案（试行）》，将中超联赛的管理权授予职业联赛理事会，将联赛的举办权移交给中国足球协会与联赛俱乐部合股成立的中超公司。改革取得的效果并不理想，新成立的职业联赛理事会并未发挥出预期的作用，改变不了"管办不分"的局面。

2015年2月，中央通过了《中国足球改革发展总体方案》，对职业足球联赛改革提出了更为具体的要求，其中包括中国足球协会不再接受体育总局的管理，同时加快中超联赛的职业化进程。[1] 改革初见成效，但依然存在问题：首先中国足球协会与体育总局脱钩之后，如何协调两者之间的关系，如何在中超联赛的举办过程中发挥各自的职能；其次，职业联赛理事会如何对联赛进行职业化的管理，以及联赛的完全职业化是否适合中国足球；最后，如何解决中超各俱乐部的利益分配问题。

《中国足球改革发展总体方案》是中国体育改革中迈出的重要一步。《方案》的出台表明：政府希望通过"放权让利"的方式，增加市场对联赛的管理权，以实现中超联赛的职业化运作，改变目前足球市场不景气的局面。但这一改革方案尚未制定出具体的实施细则，下级机关在执行过程中，为了保证自身的利益不受损害，并未完全落实《中国足球改革发展总体方案》中的内容，无法从根本上解决"管办不分"的问题。

"管办不分"是中超联赛发展过程中长期存在的问题，这一现象不仅体现在体育领域，也是中国社会转型期的缩影，即在社会转型期，它反映的是如何协调市场的调控作用与政府的行政权力之间的关系问题。

（二）问题的原因分析

随着体育改革的深入，传统的体育管理体制被打破，政府开始"放权让利"，将一部分的管理权让渡给职业联赛理事会。但"放权"并不彻底，政府始终处于主导地位，各俱乐部始终是追随者，地位的不平等使双方在利益分配上产生了分歧。而中国足协的工作正是协调俱乐部与政府之间的关系，但在体育改革中，足协有了行政职权，身份的特殊性使得它无法发挥出调和双方之间矛盾的作用。同时，中超联赛还承担着政治责任与社会公益责任，政府为了保

1　梁伟：《基于中国足球协会双重代理的中超联赛组织管理结构变革》，载《体育学刊》2016年第1期。

证联赛的特殊属性,投入更多的行政力量,加剧了中超联赛"管办不分"状况的恶化。

1.政府管理的主导性

自20世纪80年代以来,中国足球联赛无论是初期的探索还是后期的改革,政府都发挥着主导作用,联赛也被烙上了行政化印记。中超联赛发展到今天,为了加快职业化进程,政府希望更多的投资者可以进入中国足球市场,从而扩大联赛的影响力与规模,但这种行政化印记并未被消除。

在实际操作中,市场投资者希望通过掌握联赛的管理权来实现利益的最大化。虽然政府已经放权让利,但依然是联赛管理的主导者,掌握着联赛的控制权,使得联赛在政府与市场的博弈中艰难发展。同时,双方的对抗使联赛滋生出许多问题:在部分领域,政府出现了越权管理的行为,如在1999年政府颁布"限薪令",规定职业球员的工资不能超过1.2万元。这一政策在社会上引起轰动,人们指责政府越权管理,因为发放薪水本应是俱乐部内部事务,政府不应插手干预。相比对薪金的控制,政府在培育后备人才和营造足球氛围等领域却与市场投资者互相推让,重点表现在校园足球的建设上。由于校园足球文化的培养是个缓慢的过程,并且短时间内难以提高国家队的成绩以及取得经济效益,政府与市场都不想投入过多精力,最终造成了管理权不明的局面。

各俱乐部作为政府的"追随者",在力量处于下风的情况下,难以按照自己的意愿规划联赛的发展,对联赛事务的管理出现消极情绪,甚至选择退出足球市场。比如,2008年9月28日,在武汉光谷俱乐部(以下简称"武汉光谷")与北京国安俱乐部的比赛中,裁判做出有争议的判罚,判罚结果对武汉光谷十分不利,赛后,在未与武汉光谷交涉的情况下,对武汉光谷的队员追加了禁赛8场的处罚。[1] 武汉光谷难以接受这一决定,最终选择退出中超联赛。通过这一案例可以看出:在政府处于主导地位的管理机制下,俱乐部虽是联赛的一分子,但对奖惩制度等联赛管理事务没有话语权。因此,为了中超联赛的长远发展,政府需要适当放权。

2.足协地位的复杂性

中国足协是各俱乐部在章程的基础上共同协商创立的权力机构,它的主要工作是在法律规定的范围内,维护各俱乐部的利益,确保中超联赛的顺利举

---

[1] 陈承堂:《社团罚的合法性审思——武汉光谷俱乐部退赛事件的法理解读》,载《武汉体育学院学报》2009年第7期。

办,同时规范足球市场的运作,以及在中国范围内推广足球运动,[1]促进中国足球整体水平的提高。从某种意义上说,中国足协是一个民间的体育社团。

但长期以来,足协与体育总局足球运动管理中心混为一体,具有了一定的行政职能。身份的复杂化使得足协不再以俱乐部利益维护者的角色出现,双方甚至产生了利益纠纷,导致足协难以发挥出协调政府部门与各俱乐部之间关系的作用,造成了体育总局与各俱乐部从相互合作转变为博弈,严重影响了中超联赛的管理秩序。正是在这个意义上,《中国足球改革发展总体方案》要求改进职业联赛体制,使足协与体育总局脱钩。脱钩之后,足协不再负担行政责任,摆脱政府"传话人"这一角色,单纯地以民间体育社团的身份出现,协调市场与政府之间的关系,明确各自在足球运动发展中的职责。

3.联赛属性的特殊性

与欧美的职业联赛不同,中超联赛不仅是以盈利为目的的商业联盟,还需要承担政治与社会公益的双重责任。因此,为了保障这种独特目的,政府需要参与到联赛的管理中:通过政策来设立框架,控制着中超联赛的职业化速度。

政府试图通过掌握联赛的管理权和利润的分配权来最大限度地保留中超联赛作为一个公共产品的政治属性以及社会公益性。俱乐部的老板对球队进行投资的目的是获取利益,但在目前中超联赛的运营体制下,投入获得的回报远远低于预期,显然,政府对联赛管理权的控制侵犯了俱乐部的利益。

从自身利益考量,俱乐部希望继续深化体育改革,让市场投资者在中国足球发展中拥有更多的话语权,例如:广州恒大淘宝俱乐部参与国足选帅,并为里皮支付薪水。这一举措大大增强了恒大俱乐部在联赛中的影响力以及与政府博弈的力量,但不足以扭转政府处于绝对优势的局面。中超联赛的特殊属性决定了政府的绝对优势地位,也决定了联赛的经济利益必须在政府的主导下进行分配。

二、职业足球联盟作为一种解决问题方式的可能性

职业俱乐部与联盟总是相互依存,中国足球联赛在进行职业化改革的过程中,只引进了职业俱乐部制度,没有重视联盟制度的建立。[2] 现阶段,及时构建职业足球联盟制度将会是改变中超联赛目前"管办不分"局面的有效措施。美国学者斯卡力曾经说过:"在某个层面上,球队的成功建立在对方失败之上,

---

[1] 谭健湘:《从足球改革看我国竞技体育职业化的发展》,载《广州体育学院学报》1998年第4期。
[2] 顾晨光:《中国职业足球俱乐部联盟建立的必要性》,载《体育学刊》2006年第5期。

在另一个层面上,每一个球队的成功依赖于其他球队以及整个联盟的成功。"[1] 通过这句话可以看出:联盟制度是联赛成功运行的保障。各俱乐部在球场上进行竞争的同时,在场外积极展开合作,达成一种契约,联盟对契约进行保障,共同对抗外部力量,实现内部利益的最大化,同时也促进了整个联赛的发展。

(一)职业足球联盟地位

所谓职业足球联盟是指由各家俱乐部的代表组成,以维护俱乐部的整体利益为目标,组建起来的自治组织。[2] 同时,职业足球联盟也是各俱乐部利益的维护者,通过投票的方式管理联赛事务,保证各家俱乐部可以参与其中。职业足球联盟具有公共性与自律性等特征[3],符合行政体育法律主体的特点,由联盟制定的社团章程则构成了体育法的非正式法律渊源,并得到了我国法院的承认。[4] 即便如此,依然很难对联盟的性质进行精确定位,准确地说,它应该属于介于市场与政府之间的社会组织[5],弥补了政府与市场的缺陷,保证联赛的正常运转。

职业足球联盟最先在欧美国家成立,它最初的形态是临时组建的联赛组委会,由俱乐部代表组成,通过投票的方式来处理联赛事务。联盟作为俱乐部利益的维护者,以联赛组建委员会的身份防范外部利益集团对利益的瓜分。为了保障自身的利益,各家俱乐部及时意识到了职业足球联盟存在的必要性,经过优化后,逐渐形成了职业联盟制度。以英超联赛为例,它之所以成为世界上最成功的体育联赛之一,很大程度上归功于联盟制度的构建。英超的职业联盟作为一个自治组织,充分发挥出市场与政府之间的纽带作用,向政府反映俱乐部诉求的同时,积极制定联盟内部的自治规范,有效地避免了个别俱乐部违法经营的现象,维护俱乐部的整体利益。[6]

联盟制度的确立与优化很大程度上是因为联盟代表了各俱乐部的利益诉求。在联盟发展的最初阶段,它的权力受到限制,无法决定联赛的规模与赛程,随着联盟制度的完善,权能也在逐渐扩大,开始作为市场投资者的代表与政府进行博弈。

---

1 张剑利:《竞赛平衡与美国职业体育联盟管理研究》,载《山西师大体育学院学报》2008年第1期。
2 何世权:《职业足球联盟制度安排与运行机制研究》,载《北京体育大学学报》2009年第10期。
3 魏静:《商会自治权性质探析》,载《法学评论》2008年第2期。
4 赵毅:《依法治体中的司法问题——基于我国法院裁判法律文书的考察》,载《上海体育学院学报》2006年第1期。
5 汪莉:《论行业协会的经济法主体地位》,载《法学评论》2006年第1期。
6 黎军:《行业组织管理权力的来源》,载《当代法学》2002年第7期。

(二)职业足球联盟的自治权

自治是相对于他治的一个概念,即团体中的章程不是由他人制定,而是按照自己的意愿制定。在自治的体制中形成了自治权。自治权是指在一个社会团体内,经过大部分成员的同意,独立自主的行使支配力与约束力的权力,[1] 本质是一种民主权力。

在政府占据主导地位的背景下,各俱乐部不享有任何自治权,为了保证民主权力的实现,各俱乐部联合起来,组成职业足球联盟。[2] 联盟以维护俱乐部利益为目标,享有高度的自治权。[3] 在俱乐部内部,各成员为了抵制不正当竞争等互相伤害的行为以及行政权力的干预,共同制定规章制度并遵守,将部分权利让渡给联盟,联盟由此拥有了自治权。[4] 俱乐部与联盟之间可以视为一种委托代理关系,[5] 联盟在这一基础上拥有了自治权,包括:①决定比赛的日程、场地以及规则。②协助俱乐部进行内部管理。③管理球员转会以及自由球员加盟。④财务的审计与管理。⑤协调俱乐部与政府之间的关系。

职业足球联盟从俱乐部的利益出发,运用专业的方法对联赛进行管理,实现了联盟内部的去行政化。同时,联盟有效地扮演着市场与政府关系"调解员"的角色,在进行市场化运作的同时,保留着联赛作为公共产品的政治属性。因此,建立职业足球联盟对于解决"管办不分"的问题是一种较好的方案。

三、建立中国职业足球联盟的可行性

(一)联盟形式是竞技体育的典型模式

职业足球运动的基本要旨是竞争,在竞争中,球员展示出高超的技艺以及战术水平,为球迷们提供一种商业产品——比赛,球迷为了获得精神上的满足购买门票以及周边产品,随着联赛知名度的增加,冠名权与赛事转播权的出售为联赛带来了丰厚收入,这就是职业足球的基本盈利模式。这样的盈利模式决定了任何一家俱乐部都无法单独进行比赛与商业的运作,因此,需要一个独立的自治组织协调俱乐部之间的关系,合作共同生产比赛产品。在当今成熟的足球市场中,职业联盟扮演着组织者、协调者的角色,产生了不错的效果。

---

1 张文山:《论自治权的法理基础》,载《西南民族学院学报》2002 年第 7 期。
2 Linda Greene. Head football Coaches. Ending the discourse of Privilige. Wake Forest of Law Policy, Vol.2[J], Issue (May 2012), pp.115-142.
3 汪莉:《行业协会自治权性质探析》,载《政法论坛》2010 年第 4 期。
4 彭欣:《体育自治原则的法理解读》,载《天津体育学院学报》2010 年第 6 期。
5 姚旭:《论行业协会组织的法律性质》,载《法学杂志》2011 年第 5 期。

1. 联盟增强球迷的观赛体验

竞技体育最大的魅力在于结果的不确定性,不确定性带来比赛的观赏性与娱乐性,为球迷带来情感上的满足感与精神上的愉悦感。激烈精彩的比赛使球迷获得刺激的观赛体验,表现为以下三个方面:第一,高质量的比赛以及球员高超的球技给球迷带来视觉上的冲击;第二,热烈的氛围使球迷产生代入感,通过呐喊的方式发泄出内心的不快;第三,结果的不确定让球迷产生满足感与兴奋感。因此,为了保证联赛的持久性与对抗性,吸引更多球迷入场观看体育比赛,需要联盟通过制定规则等方式增加比赛的激烈程度。

竞技体育职业化的目的是吸引不懂体育的人来观看体育赛事,显然,依靠体育比赛本身产生的视觉冲击力常常无法实现这一目标。联盟需要采取商业化手段吸引人们的关注,例如:积极宣传,帮助不懂体育的人了解比赛规则;投资修建运动设施,让更多人参与到体育运动中,亲身体验体育的魅力;净化比赛环境,杜绝球场内外的暴力事件。这一系列措施不但增强了老球迷的观赛体验,而且培植出了新的观赛人群,加快了职业化进程。

2. 联盟维持联赛的竞争格局

职业体育赛事的要旨是竞争,职业联赛中的竞争体现为一种合作竞争,每个俱乐部实力的增长是以联赛水平的整体提高为基础,因为只有高水平的比赛才能激发起球员的斗志,使球队在竞争中迅速成长。

职业联赛有一个规律,即球队实力的提高代表着商业价值的增加。因此,部分俱乐部为了增强球队的实力,获得更好的竞争结果,不惜高价购买众多大牌球星,并且俱乐部投资者经济实力本身就存在着差距,这样的运作方式造成了个别球队"一家独大"的局面,严重消减了联赛的竞争力,赛场上也常常出现"一边倒"的局面。长此以往,观众会厌倦毫无悬念的比赛,导致许多俱乐部失去市场。为了防止类似现象发生,可以借鉴 NBA 的做法。NBA 联盟通过限制球员交易以及自由球员加盟的方式,来平衡各支球队的实力,同时,采取地域限制制度,即只有获得联盟三分之二以上会员的同意,球队才可以更换自己的主场,防止俱乐部为了获得更大的市场以及政治目的,搬迁到其他城市。这一系列措施在保证比赛结果公正的同时,保障了比赛过程的刺激性与娱乐性,各俱乐部在竞争与合作的过程中获得了利益的最大化。

(二)职业足球联盟将在联赛管理中发挥有效作用

1. 增强俱乐部与政府博弈的力量

政府利用行政权力干预联赛的运作,包括干预运动员的转会与擅自制定球员的最高薪酬标准,使俱乐部的负担越来越重。在政府的控制下,联赛需要给国家队的集训、比赛让路,严重地损害了俱乐部的利益,部分俱乐部甚至出现了入不敷出的现象。在政府掌握绝对强权的情况下,需要一个真正代表俱乐部利益的组织与政府抗衡以维护俱乐部的利益。

在体育改革初期,中国足协曾是俱乐部利益维护者,但拥有行政职权后,足协已经无法胜任这一角色,例如:很难从俱乐部的利益出发,去协调联赛与国家队比赛之间存在的赛程冲突。而职业联盟可以完全站在俱乐部的立场上,帮助处于绝对弱势的俱乐部去争取权益。俱乐部与政府之间的对抗本质上是行政机制与市场机制的博弈,在目前的制度下,市场很难发挥其微观调节的功能,因此俱乐部会产生改革制度的诉求,但这一诉求由单个俱乐部很难实现,需要建立联盟将各俱乐部的力量聚集在一起,共同推动体育改革的发展。

2.弥补市场调节作用的不足

为了改变中超联赛"管办不分"的管理现状,有人提出建立一种完全以市场为主导,各俱乐部掌控联赛产权的经营模式。这样的改革在推动中超联赛职业化进程上会发挥巨大作用,但忽略了中国的竞技体育是一种"举国体制下的职业化",我国不具备实现完全职业化的条件。并且,中超联赛还承担着政治与社会公益责任,这是市场调节无法保证的。

职业足球联盟作为第三方,弥补了市场微观调节中的不足。首先,足球联盟的管理阶层都是由各俱乐部选举产生,受俱乐部监督,这样可以保证联盟代表的是各俱乐部的利益。其次,联盟中聚集了大量的经济管理人才,对联赛进行专业化的运营,同时,他们具备一定的俱乐部管理经验,保证俱乐部利益最大化的实现。最后,联盟可以在联赛后备力量培养、营造足球氛围等领域发挥作用,保留联赛作为公共产品的政治属性以及社会公益性。

中国自发展职业联赛以来,组建可以比肩西甲的皇家马德里、巴塞罗那以及英超的曼联、切尔西等豪门俱乐部是每一个足球人的愿望。中国足球管理部门希望通过联赛的运营来实现这一目标,但在实际操作中存在信息不对称与管理经验不足等问题。市场投资者也在积极谋划,希望把俱乐部这块蛋糕做大,如山东鲁能俱乐部提出了打造"百年俱乐部"的口号,但是每个俱乐部的力量是有限的,难以把握住市场的动向,有大的作为。所以需要一个组织发挥协调作用,在促进各俱乐部的团结的同时,与政府进行积极合作,探索出属于中超俱乐部的盈利模式,而职业联盟恰恰可以发挥出这样的作用。

联盟制度建立以后,联赛的产权属于每一个俱乐部,同时,联盟作为各俱乐部的代表对产权进行代理，使俱乐部之间形成了利益共同体。各俱乐部也开始关注联赛的经营管理、形象树立以及品牌打造等情况，经营管理的积极性得到了提高。

3.规范俱乐部的经营方式

联盟可以积极地规范各俱乐部的经营方式。中超联赛自创建以来，出现了种种乱象，如赌球、假球、贿赂裁判以及拖欠球员工资等。从短时间来看，俱乐部获取了利益，但从长远来看，这些行为败坏了俱乐部的信誉，破坏中超联赛的形象以及市场经营秩序，造成的损失是难以估量的。"公地悲剧理论"可以有效地解释其中的原因：由于中超联赛的公共产权约定不明确，各俱乐部缺乏促进联赛积极发展的动力。各俱乐部都为了使自身的利益最大化，恶性竞争，联盟制度就是在这样的背景下产生的。

运动员与教练员的薪酬占俱乐部运营成本中的大部分，政府多次出台政策来限制运动员与教练员的薪水，其目的也是保证俱乐部正常运营。2004年，政府再次出台"限薪令"：要求运动员与教练员的税前工资不能超过俱乐部运营成本的百分之五十五。政府的这一举措引起了人们的广泛讨论：有人认为俱乐部作为一家企业，薪酬制度应该由企业自己制定，其他任何人都无权干涉，"限薪令"违背了市场规律；另一部分人持相反观点，认为高昂的薪酬给俱乐部的运作带来了巨大的压力，政府限制薪酬可以减少企业人力成本上的负担。

员工的薪酬问题确实是企业内部的事，从这个角度来判断，俱乐部如何发放薪资不应受到外部的干涉，但俱乐部由投资者们控制，无法从内部改善俱乐部的薪金结构。因此为了降低俱乐部的成本，唯一的方法就是从制度上来限制运动员和教练员们的薪酬。

但政府制定的"限薪制度"在实际操作中出现了许多问题：首先，政府与俱乐部的信息不对称，无法切实了解俱乐部的工资发放情况；其次，政府与足协在聘用专业审计人员的过程中，会增加管理成本，并且难以保证结果的正确性。此时，足球联盟作为俱乐部利益代表者的优势就显现出来，可以快捷地了解俱乐部的内部信息，节约了审计成本，同时保证了结果的准确性。

4.联盟提高了联赛的管理效率

在体育改革的过程中，中国足协拥有了行政权力，足协将更多地代表政府，很难同时兼顾俱乐部的利益。长期下去，足协难以掌握俱乐部的内部动态，导致整个联赛的管理效率下降。而中国职业足球联盟是由各俱乐部选举产生,是真正代表俱乐部的利益的自治组织,在接受政府传达的指令的同时,切实地为俱乐部服务。中国足球职业联盟学习足球发达国家的管理经验,聘用先进管理人才,快速有效地掌握来自俱乐部内部的信息,提高了联赛的管理效率。

同时,当部分俱乐部为了自身的利益,做出赌球、打假球等不正当竞争行为时,联盟作为俱乐部利益的共同体,会采取相应的措施进行制裁。显然,联盟制度修补了原有制度设计上的缺陷,从外部改善了足球市场环境。

在中国竞技体育发展过程中,政府常常扮演着管理者的角色,使用行政强制力规范俱乐部的经营行为,但在市场经济飞速发展的今天,依靠行政权力的管理模式已经适应不了联赛的发展速度。只有由俱乐部直接选举出来的、专业、高效的自治组织才能为中超联赛提供更好的服务。

当然,这并非对政府管理的否定,中国足球联赛的改革最初就是由政府依靠行政力量推动的。在向职业化道路迈进的过程中,行政权力起到了至关重要的作用,只是改革进行到目前阶段,原有的经营模式已经满足不了俱乐部的需求。联赛管理的职业化是世界足球发展的大势所趋。而市场与政府的博弈结果决定了足球职业化是否可以在中国实行。

政府代表的行政权力在俱乐部面前具有绝对优势,牢牢地掌握着中超联赛的管理权,为了进一步深入职业化改革,必须建立一个专业化的自治组织进行管理。目前在中国,这一角色依然由足协代理。足协作为自治组织,协调着政府与各俱乐部之间的关系,提出了维护中超管理秩序的新措施:首先,提高各家俱乐部加盟中超的门槛;其次,对场地条件与草皮质量有了新的要求;最后,完善青少年足球培养计划,增加中国足球的后备人才储备。这些措施是中国职业化改革的良好的开端,但是如此烦琐的工作难免会给足协带来沉重的压力,产生工作效率低下等问题。

公平与正义是自治权最重要的原则之一,要求对待同样的事情使用相同的方法处理。足协既是政府与俱乐部之间关系的调解员,又是政府利益的代表者;既充当"运动员"又充当"教练员"的角色定位。这使它在决策中难免有失公正。因此,只有构建职业联盟才能保证自治权的真正实现。

(三)联盟制度将使市场投资者实现监督权

在联盟成立之前,各俱乐部在个人利益的驱使下,出现了许多不公开竞争的行为,严重损害了联赛的形象和俱乐部整体的利益。俱乐部的赞助商对足球产业投资,都希望这是一个高收入、低风险的行业,欺诈、不正当竞争等行为的出现大大降低了投资者的信心,甚至出现了撤资的现象。

为了使投资者对足球产业重拾信心,有必要授予他们监督权。但在实际执行过程中,由于没有制度保障,监督权很难实现。这一问题,随着职业联盟的出现得到了解决,联盟作为各俱乐部的联合体,代表着俱乐部的整体利益,充当管理者的角色,建立起完善的监督制度。在制度之下,市场投资者相互监督,并通过公开表决的方式对行使不正当竞争行为的俱乐部进行惩罚,保护投资者的利益。

四、中国职业足球联盟的制度构想

（一）重新定位足协在联赛中的地位

英超联赛是世界上最成功的职业联赛之一,在创立的初期,也面临过中超联赛目前的窘境。英格兰职业联赛创立初期,由于俱乐部的发展刚刚起步,经营机制不健全,联赛管理体制也尚未形成,英格兰足总（相当于中国足协）掌握着联赛管理权、经营权以及财务监督权,在特殊时期,对英格兰足球联赛的发展起到了积极作用,但这样的经营模式无法长期保证联赛的正常运转。历史证明了:职业足球联盟的自治管理更有利于联赛的发展。英格兰足球联盟提出与英格兰足总进行权力划分,这一建议在最初未被采纳,双方产生了许多摩擦,最终还是达成了共识:英格兰足球联盟在一定的范围内拥有自治权,英格兰足总有权进行监督。[1]

日本的J联赛的发展也经历了相似的过程,在日本的足球改革过程中,在联盟享有自治权的基础上,足协掌握着监督权。[2] 这样的管理方式使日本足球的运作良好,培养了大量在欧洲五大联赛效力的优秀球员,国家队更是在国际赛场上屡获佳绩。

通过英格兰联赛与日本联赛可以看出:完全不依靠政府与足协,独立运作的职业联赛是很难生存的,独立运行的成本过高是造成这一现象的主要原因。国际足联的章程规定,足协是一国足球运动的唯一合法代表,职业足球联盟脱离了足协的控制,独立运作联赛,得不到国际足联中其他加盟国的支持。这种支持来源于方方面面,如国际比赛的组织与参与,世界范围内的球员、教练员之间的交流,以及先进足球理念的引进。在与世界足球失去联系之后,中国在国内封闭的环境中自娱自乐,与足球有关的相关设备全部依靠自我生产,这将

---

[1] 董红刚:《关系与合约:英格兰足球联赛的两种治理机制》,载《武汉体育学院学报》2014年第5期。
[2] 李云广:《日本职业足球发展战略》,载《北京体育大学学报》2015年第1期。

会产生高昂的成本,对联赛发展极其不利。除了运行成本过高以外,脱离了足协监督,为了经济利益,几家俱乐部难免会联合起来打压其他俱乐部的现象,滋生恶性竞争,这都违背了成立职业足球联盟的初衷。

所有的足球运动从业人员都希望将中国足球联赛做大,如何制定契约来明确足协与职业联盟的管理边界,是实现足球产业的可持续发展的重要原因。在权利边界范围之内,联盟行使自治权,使用专业化的管理团队进行俱乐部管理,保证联盟成员的利益最大化;在边界之外,足协通过制定章程,保证联盟各成员在追逐利益时不侵犯他人的合法利益,对违反者严惩不贷。[1]

对于体育改革来说,将中国职业足球联盟与政府进行权力划分实现"管办分离"确实是中国足球的改革方向,但考虑到中国的竞技体育的发展模式是"举国体制下的职业化",不能忽略中超联赛作为公共产品的政治属性与社会公益属性。因此,中国足协作为"第三方部门"应当对市场投资者的行为进行约束,要求他们在获取利益的同时,负责投资中国裁判的培养、梯队建设以及球员的后备力量储备等足球活动的基础设施建设,维护中国足球的核心价值以及承担社会责任。

当然,为了保证足协发挥协调政府与职业足球联盟之间关系的作用,必须摆脱政府信息传递者的尴尬身份,为双方达成合作关系提供第三方平台,代表职业联盟的利益诉求,[2]同时在联赛中贯彻政府的改革方略,保证联赛的有序开展。

(二)明确中国职业足球联盟的权责

职业联盟成立之后,如何处理与政府之间的关系是一个无法回避的问题。"足球之父"麦克格雷戈曾经说过:"联盟永远也不要成为一个立法机构,而必须是一个自我管理的组织,其宗旨是为内部的球队服务。"[3]正如麦克格雷戈所说,政府与足协不能将联盟作为下属机构,应当赋予其高度的自治权。

政府减少对中超联赛的干预,职业足球联盟掌握联赛的管理权,实现中超联赛的"管办分离",重点表现为以下几方面:第一,联盟完全独立地安排赛程、组织比赛,开展一切与足球相关的活动,其中包括冠名权、转播权等商务开发。第二,明确联赛的产权归属,对俱乐部进行企业化改革,各俱乐部对联盟拥有财务监督权。第三,联盟只能在中超联赛中行使管理权,俱乐部的国际比赛以

---

[1] 谭小勇:《依法治体语境下的体育行业自治路径》,载《上海体育学院学报》2016年第1期。
[2] 李晓龙:《我国职业足球联盟理论研究综述》,载《体育世界》2007年第2期。
[3] 吴义华:《英格兰转会制度研究》,载《体育文化导刊》2005年第5期。

及足协杯赛的管理权属于足协与政府,联盟无权干涉。但当国家队的训练、比赛与联赛的赛程安排有冲突时,政府不可自作主张变更联赛的比赛时间。

联盟拥有自治权之后,可以完全按照市场规律管理俱乐部,俱乐部的运作会更加高效,同时也提高了中超联赛的准入门槛,因为俱乐部想加入中超联赛,必须经过联盟的会员投票表决,在场地条件、资金等方面都有了更高的标准。运作方式的科学化以及俱乐部自身实力的增强将促进中超联赛品牌质量的提高。

为了保证责任的承担,联盟应享有以下权利:第一,信息发布权。即联盟利用其专业优势进行信息收集与市场规划,为联赛的发展前景进行预测,为中国足球职业化早日走上正轨提供保证。第二,规则制定权。规定联赛收益的分配方案,新俱乐部加盟的准入标准以及俱乐部主场搬迁的相关事项。第三,联盟章程的制定权与处罚权。即联盟经过所有会员的同意制定出自治规范,并依据自治规范处罚违反者。这也是一种重要的非诉讼解决纠纷的方式,[1]在司法社会化过程中占据着重要地位。

五、结论

《中国足球改革发展总体方案》迈出中国职业体育改革的重要一步,但并未解决"管办不分"的问题。通过研究西方职业足球的发展过程,我们可以发现:建立职业足球联盟对于解决"管办不分"的问题是一种较好的方案。职业足球联盟作为民间的体育组织,在保证实现内部利益最大化的同时,也将有效地协调与政府间的关系,保证联赛的基本属性。联盟成立之后,政府将减少对中超联赛的干预,职业足球联盟掌握联赛的管理权,实现中超联赛的"管办分离"。

当联盟拥有管理权与决策权时,有必要制定一种制度来限制联盟的权利,防止俱乐部的利益因权利滥用而造成损害。因此,为了防止联盟滥用权力,我们需要司法的良性介入以及工会制度对它进行限制。球员工会不但保护了处于弱势的运动员与教练员的利益,而且形成了与联盟管理层进行博弈的力量,有利于联赛的健康成长;司法对体育的介入也是必要的,作为正义的最后一道防线,司法可以有效保证自治的良性实现。一系列的合理的制度保障使建立职业足球联盟的构想成为可能。职业足球联盟的确立将会使"管办不分"的问题得到有效解决,形成"管办分离"的联赛运行模式,大大推动中超联赛的职业化进程。

---

1 黎军:《基于法治的自治——行业自治规范的实证研究》,载《法商研究》2006 年第 4 期。

论土地承包经营权在农地"三权分置"中的地位

赖华子*

摘要：农地"三权分置"权利配置的争议日久,其中土地承包经营权是不是"三权分置"中的权利争议最大。无论从土地承包经营权在农地"二权分置"与"三权分置"的表现来看,还是从"三权分置"配置权利的逻辑关系来看,以及从"三权分置"中土地承包经营权的权利内容变化来看,再从"三权分置"的立法成本来看,土地承包经营权均有成为"三权分置"权利的正当理由。在"三权分置"中保留土地承包经营权,立法时只要对原有法律中有关土地承包经营权的规定稍加补充,再对农地抵押、农地转让与入股时土地承包经营权权利内容的变化及其与土地集体所有权与土地经营权的关系进行明确,再构建土地经营权制度,便可以满足当前农地经营实践对法律制度的需要。

关键词：三权分置；二权分置；土地承包经营权；承包权；土地经营权

一、问题的提出

近几年来,农地三权分置的权利配置与权利内容的研究越来越活跃,学界对三权分置中的三权类型,除了集体土地所有权观点一致外,对其他两权产生了激烈的争论,主要的争论表现在:一是土地承包经营权要不要保留在"三权分置"之内;二是土地承包经营权是与承包权一起,还是与土地经营权一起构成"三权分置"。由此主要形成了"集体土地所有权、承包权、土地经营权"构成的"三权分置"说;"集体土地所有权、土地承包经营权、土地经营权"构成的"三权分置"说;"集体土地所有权、承包权、土地承包经营权"构成的"三权分置"说;"集体土地所有权、土地承包经营权、次级土地承包经营权"构成的"三权分置"说;"集体土地所有权、土地承包经营权、土地耕作权"这五种主要观点,其中第五种观点认为土地用耕作权替代土地经营权更能反映农地耕种的特点,

---

* 赖华子,江西宁都人,南昌大学法学院副教授,主要从事土地法研究。

但是耕作权与土地经营权的内容与性质一致。以上五种观点均涉及土地承包经营权在农地"三权分置"中的地位问题,研究这一问题有利于进一步厘清农地"三权分置"的权利配置。

二、土地承包经营权是土地集体所有的表现形式

(一)"二权分置"下土地承包经营权是集体所有的具体实现形式

众所周知,我国农村集体所有制是我国社会主义公有制的表现形式之一,农村土地集体所有权是农村集体所有制的法权基础,而集体土地所有权来源于农地土地的改革,来源于新中国成立后土地改革中的农民入社,正是当年的农民土地所有权入社才逐渐形成了村集体土地所有权,其本质是社会主义国家管理下的村民集体共同共有权,在符合国家法制的全体下,村民通过村民大会或村民代表大会的形式对村集体所有的土地行使所有权。当前,农户对农地享有的土地承包经营权是集体所有的具体实现形式。[1] 农村实行家庭联产承包责任制后,作为集体土地所有权主体的村集体已经是名存实亡,作为意思表达机构的村民大会也极少召开,只有在重新调整承包地等关系到村集体财产的重大调整的时候才能一见村民大会的风采。农村土地从人民公社组织下的生产队生产经营到家庭联产承包责任制下的农户经营,我国社会主义农村的农地产权经历了村集体所有权一权单置,到"集体土地所有权、土地承包经营权"的二权分置时代,但无论是集体土地所有权一权单置时代,还是二权分置,决定农村土地命运的意思机关还是村民会议。不但土地的承包方案需要村民会议表决通过,而且土地承包经营权独立成用益物权,其转让也还得承包方的同意。[2] 这个承包方实际上就是村民会议的常设机构(村委会管理下村集体,其人员构成是村主任与各小组组长),由于村集体组织是农民推选出来的基层自治组织,所以发包方行使农地转让的同意权,实际上是村民会议的常设机构行使同意权,本源上是村民会议行使同意权。可见农村土地与村民会议链接在一起,在涉及带有身份性权利的取得、转让与灭失时,村民会议或其选举出来的常设机构具有决定性的话语权。二权分置时代,土地承包经营权的处分由村民会议或其选举出来的常设机构决定,其他任何人无权干涉。由于

---

[1] 中共中央办公厅、国务院办公厅印发《关于完善农村土地所有权承包权经营权分置办法的意见》第3条第4款规定,农村土地集体所有权是土地承包权的前提,农户享有承包经营权是集体所有的具体实现形式。

[2] 《农村土地承包法》第37条规定,土地承包经营权采取转让方式流转的,应当经发包方同意;其他方式流转的,应当报发包方备案。

土地承包经营权是农村土地集体所有的表现形式，所以只要集体土地所有权存在，作为体现集体土地所有权的土地承包经营权就不会从土地权利中退出。

(二)"三权分置"下土地承包经营权还是土地集体所有的表现形式

农村土地三权分置，就是"将土地承包经营权分为承包权和经营权，实行所有权、承包权、经营权（以下简称'三权'）分置并行"[1]，但是土地承包经营权分离出土地承包权与土地经营权后是不是就不存在了？显然不是，因为土地承包经营权是依据《农村土地承包法》，按照村民会议通过的方案通过土地承包合同而设立，一经设立就在承包合同期限内存续着，只要承包人没有终止承包合同，村民会议或发包方没有依法终止农民的土地承包合同，土地承包经营权就一直存续，一直由农民承包人享有。如果农民不转让土地，农民就一直享有土地承包经营权，当土地流转出去的时候，因土地流转合同而设定土地经营权，农民因流转土地而丧失经营土地的权利，这个时候农民享有的土地承包经营权消灭了吗？如同集体土地所有权因为土地承包合同而分离出土地承包经营权一样，新型物权的分出并不丧失母权（所有权），集体土地所有权不是丧失了，而只是丧失了所有权的某些权能，原来享有完整权能的所有权成为只享有监督与管理土地承包经营权的权力，包括依法回收与终止土地承包经营权的权利。土地承包经营权分离出土地经营权后就剩下监督权、带有成员权性质的土地承包权、转让土地经营权的收益获取权和收回土地承包权的回收权，而土地承包经营权依然在土地承包人（农民）手上，并没有消灭。这时集体土地所有制的表现形式依然集中体现在农民的土地承包经营权上，而不是体现在承包权上，也不是体现在土地经营权上，因而只有土地承包经营权才体现了村民会议的意志，才是村民集体共有土地所有权意志的表达。无论是承包权还是经营权均不是村民会议表决下的产物，而是土地承包人（土地承包经营权人）意志的产物，不能体现集体土地共同共有人的意志，所以承包权与经营权均不是集体土地所有的表现形式，哪怕是承包权加经营权也无法表现土地集体所有，集合大于各元素之和的逻辑也表明这一结果。

---

[1] 中共中央办公厅、国务院办公厅印发《关于完善农村土地所有权承包权经营权分置办法的意见》第1条规定，现阶段深化农村土地制度改革，顺应农民保留土地承包权、流转土地经营权的意愿，将土地承包经营权分为承包权和经营权，实行所有权、承包权、经营权（以下简称"三权"）分置并行。

三、土地承包权成为三权分置配置权利的不足与矫正

（一）承包权成为"三权"之一不符合农地支配权的演变逻辑

中央的农村政策主张所有权、承包权、经营权"三权"分置并行并不科学，难以体现农地支配演变的过程。社会主义改造后，中国的农地产权率先出现的是集体土地所有权，在人民公社时代是集体土地所有权直接支配土地，而后是家庭承包责任制的土地承包经营权直接支配土地，接着是目前正在实践的土地承包经营权分离出来土地经营权支配土地，而不是土地承包权在支配土地，所以从支配土地的权利与经营土地的主体来看，集体所有权、土地承包经营权、土地经营权才完整地反映了农地的支配与经营的演变逻辑。从我国农地产权改革的历史来看，在土地承包经营中，农村土地集体所有权派生出土地承包经营权，在土地流转中，土地承包经营权派生出土地经营权。土地是先到土地承包经营权人手中，再到经营权人手中。所以土地承包权替代土地承包经营权作为三权分置中的"三权"不能全面地反映农地支配权演变的过程与农地产权改革的演变过程。更何况在当前的农地经营实践中，还有相当部分的土地还是土地承包经营权人在经营着。所以土地承包经营权必须成为现代农地产权关系中必不可少的权利，无论是二权分置时代，还是三权分置时代，土地承包经营权必然成为农地产权的组成部分，而不能提前退出我国的农地产权制度。

（二）承包权在"三权分置"中无法科学表达"三权"的逻辑关系

主张"所有权、承包权、经营权三权分置"的学者认为，"三权分置"改革目标的实现途径，就是将土地承包经营权分解为土地承包权与土地经营权，使前者承担社会保障功能，而使后者承担财产支配功能。集体土地所有权既是一项公有权，包含了集体土地公共发展权，非交易性质的使用分配权，特定条件下的土地回收权又是一项脱胎于公有权的私权，包含土地收益权中的资源性收益权，处分权的保留。集体土地所有权公有性质的保留，使集体经济组织在权利分置后依然保有公共发展权、土地回收权和土地收益权等。在权利结构上，三权分置后的土地承包权作为一项身份性财产权继续承担（土地承包经营权）原有的保障功能，而对于新创设的土地经营权，应当纯化其财产权属性，着力将其推向市场。土地承包权具备集体成员权的基本内容，其权能包括承包土地请求权、承包土地收益权、承包土地回收权。土地经营权具备用益物权的基本特征。其权能包括承包土地占有权、使用权，土地经营收益权，有限制的

流转权。分解后土地所有权人或土地承包权人能够按照约定或法定期限收回农地。[1]

从上面的阐述来看，似乎"所有权、承包权、经营权三权分置"的产权逻辑已经清晰，"三权"中的每一权利各司其职，互相牵制或关联，每个权利所包含的权能也互不冲突，但是"三权"之间逻辑关系不顺畅，所有权是最完美的自物权，承包权到底是什么性质的权利目前争议很大，有成员权说[2]，也有用益物权说[3]，受经营权限制的土地承包权说[4]，德国法上的"土地负担"说[5]等多种学说，土地承包经营权是用益物权的观点基本上已经成为学界多数人的观点。由此可见，将土地承包经营权排除在"三权分置"的权利之外必然引来承包权的更多争议。从有学者将承包权定义为受土地经营权限制的土地承包经营权来看，表明有学者赞同土地承包经营权成为"三权分置"中的权利构成，至少可以表明土地承包经营权在"三权分置"的"三权"中占据一席之位的观点在学界有人支持。中央关于"三权分置"的政策只看到了土地承包经营权分离出土地经营权后所剩下的权利与未分离出土地经营权时完整土地承包经营权之权能的不同，而没有看到利用承包权来表达分离出土地经营权后的土地承包经营权是否可行，是否会导致法律逻辑的打乱所带来的立法成本的提高。这也反映出政策制定者在制定三权分置的政策时没有从法律的角度去考虑问题，而是从经济层面、从政策的习惯称谓去考虑问题。从"所有权、承包权、经营权"这三权的逻辑关系来看，它们之间的逻辑关系并不一致，承包权与经营权是并列关系，而所有权与"承包权、经营权"的关系则是包容关系，这就造成了逻辑上的混乱。土地所有权分离出土地承包经营权，土地承包经营权分离出承包权与经营权，只有将土地承包经营权放在"三权分置"的中间，形成"土地所有权、土地承包经营权、土地经营权"的三权分置权利结构，其前后的逻辑关系才是权利由大到小排列的包容关系，才不会发生"三权分置"内部所构成的三权之间的逻辑混乱。

1　马俊驹、丁晓强：《农村集体土地所有权的分解与保留——论农地"三权分置"的法律构造》，载《法律科学》2017年第3期。

2　韦鸿、王琦玮：《农村集体土地"三权分置"的内涵、利益分割及其思考》，载《农村经济》2016年3月期。

3　张力、郑志峰：《推进农村土地承包权与经营再分离的法制构造研究》，载《农业经济问题》2015年第1期。

4　蔡立东、姜楠：《承包权与经营权分置的法构造》，载《法学研究》2015年第3期；李国强：《论农地流转中"三权分置"的法律关系》，载《法律科学》2015年第6期。

5　朱继胜：《论"三权分置"下的土地承包权》，载《河北法学》2016年第3期。

（三）承包权成为"三权分置"配置的权利将提高立法成本

"所有权、承包权、经营权三权分置"的权利配置结构在立法上看来，需要重新界定承包权，因为这里的承包权显然不是《农村土地承包法》中所指的承包权，而是土地承包经营权分离出土地经营权后的一种新型的带有集体成员性、财产性与保障性的一项独立的权利，目前中国的法律体系中还找不出与该种权利相一致的权利类型，唯有土地承包经营权与该新型权利较接近。《农村土地承包法》中的承包权是指村集体经济组织的成员（村民）依法承包本村集体土地的权利，凡是本村集体的成员，均平等地享有这一权利。[1] 为了不扰乱已有的立法体系与降低创设土地上权利的成本，建议还是以土地承包经营权来表达也无不可。正如土地集体所有权分离出土地承包经营权之后还称之为所有权一样，土地承包经营权在分离出土地经营权之后仍然称之为土地承包经营权是一样的逻辑。在立法上无须过多地对原有法律体系中的土地承包经营权做出更多的修改，只要在《农村土地承包法》《物权法》等法律中确立一个新型的土地经营权，并对土地集体所有权与土地承包经营权适当地修改，这样就可以降低立法成本。而且土地集体所有权与土地承包经营权的概念已经深入人心，早已成为法律上的习惯用语，以"集体所有权、土地承包经营权与土地经营权"构成的"三权分置"更具有群众基础，在法律适用也更具有成效。采用"所有权、承包权、经营权三权分置"的立法模式，不但要重新塑造承包权与土地经营权两个新型权利，而且土地承包经营权与承包权之间的关系也难以处理。现行立法将土地承包权置于土地承包经营权之中的立法结构尽管遭到学者的诟病[2]，但是将土地承包权从土地承包经营权分离出来，重新打造土地承包经营权，再建构一个"三权分置"下的土地承包权，所花费的立法成本显然较大，在带有社会保障性与成员性的土地承包经营权已经深入农民心中的情况下，再重新塑造一个新的土地承包经营权必然会造成混乱。所以，还不如继承原有的立法，带有社会保障性与成员性的土地承包经营权继续存在，尤其是在"二权分置"的情形下更应该如此，在农地流转的"三权分置"情形下塑造出一个土地经营权，再对农地流转下的土地承包经营权的权利与义务内容进行界定便可以达到农地"三权分置"的法律制度功能。

---

[1] 朱继胜:《论"三权分置"下的土地承包权》，载《河北法学》2016年第3期。
[2] 丁文:《论"三权分置"中的土地承包权》，载《法商研究》2017年第3期。

四、土地承包经营权在"三权分置"中的内容变化

二权分置下土地承包经营权的权利与义务在立法上已经有明确规定，三权分置下土地承包经营权的权利与义务又有哪些变化？农地"三权分置"只有在土地承包人与土地经营人不是同一人的情形下或者土地承包经营权以物权方式进行抵押的情形下发生，或者说土地承包经营权中的保障权能与财产收益权能；保障权能与使用权能分别属于不同的主体时发生。所以只要探讨农地流转与农地抵押这两种情形下土地承包经营权的动态变化就可以明确三权分置下土地承包经营权的权利与义务。

(一)农地流转下土地承包经营权的变化

农村土地的流转可以分为债权流转模式与物权流转模式，债权模式主要有出租形式，转包与互换发生在同一村集体成员之间是承包合同的总括流转，受让方可以与发包方重新签订承包合同，并不发生土地经营权的流转，因而不属于三权分置的范畴。转让与入股流转方式涉及土地承包经营权或土地经营权的转让，一般属于物权性流转，但是也不排除债权流转的情形，如农地入股农民专业合作社，在合作社终止时农民可以取回入股的农地，这实际上就是土地债权流转模式。

无论是何种土地流转方式，只要发生土地经营权移转就必然产生土地承包经营权的权能变化，转让出去的土地经营权就必然会限制土地承包经营权，此时的土地承包经营权的收益权能转化为土地流转收益请求权，使用权能就转化为监督土地经营权人对土地合理使用的监督权，处分权能就转化为对土地经营权的转让权与回收权，在土地经营权人不按照合同约定的用途使用土地时有权收回转让出去的土地，土地占有权能就因为土地经营权的分出而转化为间接占有权，这种间接占有权表现为对转让土地经营权的所获取收益的占有权。同时，土地经营权取得了原来属于土地承包经营权的土地占有权、土地使用权与土地收益权以及相对的处分权，而且这种区分只能是对土地经营权的处分，甚至这种处分要受到土地承包经营权人的限制于约束，在土地经营权物权化时土地经营权人的处分权相对较大，只要遵循法律的限制就可以，不必受土地承包经营权人的非法干涉，而在土地经营权债权化时其处分权的行使概率会大大降低。实际上无论是土地承包经营权的各项权能还是土地经营权的权能均是一个有机的整体，各个权能之间存在相互依存的牵连，即使是为了学术研究的需要去区分，也只能做一个形式上的划分，很难从实质上将各个权能绝对地分离。

可见,土地流转后原来属于土地承包经营权的占有、使用、收益与处分权能并非完全消失,而是从一种形态转化为另一种形态。同时二权分置时代隐藏在土地承包经营权中的成员权与保障权在土地转让后依然存在土地承包经营权,并没有随着土地流转而丧失。也就是说带有社会保障性质的村民成员权与基本生活物质保障权是不能流转的,它只专属于具有农村户口的村民。

(二)农地抵押状态下土地承包经营权的变化

土地经营权人抵押农地的情形不对土地承包经营权产生直接影响,只产生对土地经营权的影响,因而这里仅探讨土地承包经营权人抵押土地的情形。

农地抵押状态下,由于农地的村民专属性,国家的法律与政策均禁止家庭土地承包经营权本身抵押,因而土地抵押实际上是土地经营权抵押,隐藏在土地承包经营权中的成员权与保障权在土地抵押后依然存在于土地承包经营权之中,哪怕是抵押权人行使抵押权后也不至于发生土地承包经营权的转让。由于是土地经营权抵押,抵押时无须转移土地的占有,土地仍然由土地承包经营权人占有与使用,收益权则因抵押合同的约定而有所不同,如果约定抵押标的及于抵押期间的收益,那么收益权就受限制,如不及于抵押期间的收益,那么收益权就仍然归土地承包经营权人。没有约定时按照收益归用益物权人原则处理。土地承包经营权的处分权能在抵押时就会受到限制,其分离出的土地经营权再抵押与再转让的权利会受到在先抵押权的约束。与此同时抵押人因为土地经营权的抵押而获得融资权或诸如合同后履行权或签约权等其他权益。

综上,土地承包经营权人无论是转让土地还是抵押土地,土地承包经营权中的权能也不会完全丧失,与各种权能相对应的权利将会从这种形态转化为另一种形态,而且隐藏在土地承包经营权中的成员权与保障权均不会发生变化。所以无论是土地"三权分置"还是"二权分置",土地承包经营权中的村民成员权与保障权均不能流转与抵押,也不会离开农民,这是农民权益保障的基本要求,只不过在"二权分置"时,土地由土地承包经营权人耕种,农民的土地承包经营权是拥有占有、使用、收益与处分等完整的权能,在"三权分置"场合,农民享有的土地承包经营权是一种分离出了土地经营权的物权,其权能因为土地经营权的分出而发生了变化,土地承包经营权成为体现农民成员权、保障权、转让土地收益请求权、土地使用监督权、土地回收权等权利的物权。无论如何变化,农民享有的土地承包经营权始终是一种保障农民并限制土地所有权人任意处分的他物权,只是土地承包经营权的权利内容发生了某些变化。

这就表明,将土地承包经营权作为三权分置中的核心权利是可行的,立法只需要将这种变化进行回应便可。正如集体土地所有权一样,土地"二元分置"无须创设一个新的土地所有权概念来说明家庭联产承包责任制下的集体土地所有权与农村生产队时期的集体土地所有权的不同,"三权分置"也无须创设一个"土地承包权"这样的法律术语来特别强调分离出土地经营权后的土地承包经营权与"二权分置"下的土地承包经营权的不同,并以"土地承包权"这一概念来表达分离出土地经营权后的土地承包经营权。

五、结语

农地"三权分置"的实质是"二权分置"下土地承包经营权权能的分离与回归,当前的农地运作正处于"三权分置"与"二权分置"的混合状态,如果将土地承包经营权从"三权分置"去掉,加进一个新型权利"土地承包权",不但会带来权利逻辑的混乱,而且会徒增立法与司法成本,改革是要计算成本的,如果原有法律资源能用的情况下,抛弃原有的法律资源是对资源的浪费,也是违背效率原则的。如果在"三权分置"中继续保留土地承包经营权这一权利,在立法时只要对原有法律中的土地承包经营权的有关规定稍加补充,只要对农地抵押、农地转让与入股时土地承包经营权权利内容的变化进行规定,对土地承包经营权与土地集体所有权与土地经营权的关系进行明确,再构建土地经营权制度,便可以满足当前农地经营实践对法律制度的需要。

网络时代下虚拟财产继承的实现路径

卢萍霞[*]

摘要：当今互联网科技爆炸式的发展使得网络早已渗入人们生活的各个方面，成为日常生活的一部分。随着网络使用范围的扩大以及第一代网民的老去离世，关于网络虚拟财产继承的纠纷案件大量出现，虚拟财产的继承难题开始凸显。目前我国虚拟财产的继承存在法律和现实的双重困境，但虚拟财产以其具有的财产价值和精神价值以及社会资源优化配置所需，应当成为继承的标的。关于虚拟财产，首先需要明确虚拟财产的财产属性。作为新型财产权利，其外延包括虚拟入口与虚拟资产两大类，此两类虚拟资产的继承在实践中面临着现实和法律的双重困境，而虚拟财产继承问题的解决，有赖于这两种困境的破除。

关键词：虚拟财产；虚拟资产；虚拟入口；用户协议；继承

2005年，美国士兵贾斯汀阵亡于伊拉克，其生前众多照片、邮件、文字等存放于雅虎信箱，贾斯汀的父亲向雅虎公司请求登录儿子的账户，以便收集更多他的生平细节用以寄托家庭哀思。雅虎公司以其服务协议条款规定不得泄露使用者的私人信息为由拒绝了，贾斯汀父亲无奈下提起诉讼，法院最终在判决中提出了一个折中方案：让雅虎公司将相关数据刻录在光碟上交给贾斯汀的父亲，但不予交付账号密码。此为世界上的"数字遗产第一案"。[1] 2011年，徐先生因车祸丧生，其生前的QQ邮箱里存有大量与妻子王女士相处过程中的邮件和照片。王女士欲整理该邮箱里的照片邮件以纪念丈夫，却苦于不知道丈夫的邮箱密码，遂请求腾讯公司提供徐先生的账号密码。腾讯公司以与用户之间达成的协议，QQ号码的所有权为腾讯公司所有，用户只享有使用权且

---

[*] 卢萍霞，福建泉州人，华侨大学法学院2017级民商法专业硕士研究生。本文撰写时蒙本人导师，华侨大学法学院李飞老师精心指导，于此谨致谢忱。

[1] 郭晓峰：《试论互联网环境下"数字遗产"的继承》，载《河南科技大学学报（社会科学版）》2010年第3期。

QQ 号码并不属于法律上遗产继承的范畴为由拒绝。[1] 除上述邮箱案例之外，还有淘宝店主死亡后淘宝网店不允许转让、继承，网络游戏中的账号、游戏武器装备等虚拟物品财产纠纷等案例大量存在。众多关于数字财产、虚拟财产继承案件的存在以及现行相关法律规范的缺失，使得虚拟财产在继承方面存在困难，各地人民法院对于虚拟财产的法律属性以及能否继承的不同理解导致司法实践各行其是，判决不一。网络用户通过各种途径创造自己的虚拟财产使之成为个人生活中越来越不可分割的一部分，而现实中日益增多的与虚拟财产相关案件纠纷亦表明了关于虚拟财产继承问题的解决已势在必行。将虚拟财产作为遗产加以继承是对法律适应客观实际的要求。本文拟通过对虚拟财产的界定、虚拟财产继承中的困境以及对虚拟财产继承的设想等三个方面进行具体阐述，以期为现今信息经济时代背景下日益凸显的网络虚拟财产继承问题的解决尽绵薄之力。

一、虚拟财产的界定

在对虚拟财产继承的相关问题进行探讨之前，毋庸置疑，应先对虚拟财产的概念、特征、财产性质等予以说明，以使人们对虚拟财产有相对清晰的认识。

（一）虚拟财产的概念与特征

对于虚拟财产的定义，学界并无统一论断，不同的学者从不同角度对虚拟财产进行了界定。林旭霞教授认为虚拟财产是指在网络环境下，模拟现实事物，以数字化形式存在的，既相对独立又具有排他性的信息资源。[2] 杨立新和王中和教授则认为，网络虚拟财产是指虚拟的网络本身以及存在于网络上的具有财产性的电磁记录。[3] 至于对虚拟财产的基本特征，不同学者同样存在不同认识。王雷博士将其归纳为：有价值性、客观非物质性、可交易/可转让性。[4] 梅夏英教授和许可博士则在对美国学者 Joshua Fairfield 提出的虚拟财产的"持续性""竞争性"以及"互联性"三个特征进行说明之外，重点说明了"用户可使其增值性"这一特点。尽管各个学者的概括不同，表述不一，但不难看出他

---

[1] 匿名：《丈夫离世妻子继承 QQ 遭拒 腾讯称网友仅有使用权》，中国经济网，http://www.ce.cn/cysc/tech/07hlw/guonei/201110/13/t20111013_21052503.shtml，最后访问日期：2018 年 1 月 4 日。

[2] 林旭霞：《虚拟财产性质论》，载《中国法学》2009 年第 1 期。

[3] 杨立新、王中和：《论网络虚拟财产的物权属性及其基本规则》，载《国家检察官学院学报》2004 年第 6 期。

[4] 王雷：《网络虚拟财产权债权说之坚持——兼论网络虚拟财产在我国民法中的体系位置》，载《江汉论坛》2017 年第 1 期。

们对虚拟财产的法律特性的认识还是大体一致的,即虚拟财产是以数字化形式存在于网络环境中,具有无体性、相对独立性、持续性和互联性的信息资源。

(二)虚拟财产的财产属性

作为财产权的客体,财产具有稀缺性、排他性、价值性、可流动性。财产是一个历史范畴,其定义和范围随社会需求的改变而不断变动。人们对财产的认识不再局限于有形财产,也包括各种无形财产甚至是权利和利益。此种广泛的财产观也为我国实证法所确定。如我国《民法通则》第75条就开放式地列举了我国公民个人合法财产范围以及规定了"其他合法财产"。[1] 广义的财产不但包括有体物,亦包括限定物权以及可转让、可作为担保物权客体的财产权利。我国《继承法》将物权、债权、有价证券和知识产权均列入"可继承财产"范围之内。自"虚拟财产"一词被广泛接受和使用以来,社会各界对将虚拟财产作为"财产"纳入我国法律体系之下达成基本共识,这在我国刚刚施行的《民法总则》中得到确证。《民法总则》第5章民事权利的内容中既规定了财产权利,如物权、债权、知识产权、继承权、股权及其他投资性权利,又对物权、债权、知识产权的具体权利客体也有所明确。将虚拟财产放在此章,无疑是实证法对虚拟财产的财产属性予以了确认。同时从特征上看,虚拟财产依托的每一个虚拟入口都独一无二,具有排他性;虚拟财产或多或少附带经济利益,具有价值性;现实生活中大量存在虚拟财产交易流转的情况,具有可流动性,因此虚拟财产具有财产属性也是不言自明的事实。

(三)虚拟财产的类型

在明确虚拟财产的财产属性之后,应当对虚拟财产的类型进行划分。目前理论界对虚拟财产的类型主要采取列举法进行区分,如将其分为账号密码类、游戏装备类、虚拟货币类等等,然而此种列举会随着信息技术经济的发展范围而无限扩张,难以穷尽,到时该种分类方式的弊端将显露无遗。关于虚拟财产的类型,笔者认为将虚拟财产划分为虚拟入口与虚拟资产的分类方式具有更大的包容性且更有利于明确虚拟财产的边界。

1. 虚拟入口

作为两个不同的世界,虚拟世界和现实世界之间需要一个联结点和一条能交互的路径使两个世界互通,该种存在即为"虚拟入口"。现实世界的人通过虚拟入口进入网络世界,进而在网络世界里发送和接受信息,成为信息资源

---

[1] 《中华人民共和国民法通则》第75条第1款:"公民的个人财产,包括公民的合法收入、房屋、储蓄、生活用品、文物、图书资料、林木、牲畜和法律允许公民所有的生产资料以及其他合法财产。"

的搜索者和提供者。"虚拟入口"包括"账户"和"网页地址"。"账户"是与用户个人身份信息（不论真实与否）捆绑，为使用网络运营者提供的有偿或无偿服务而创建和使用的排他性的身份识别凭证。具体可将账户划分为社交通信账户（如 QQ 账户、微信账户）、电子邮箱账户（如 QQ 邮箱账户、新浪邮箱账户）、网络游戏账户（如英雄联盟账户）、网络商业账户（如淘宝网店账户、京东商店账户）、文件存储分享账户（如百度网盘账户）以及数字证书等等。"网页地址"即统一资源定位符（或称统一资源定位器/定位地址），简称网址，如同在网络上的门牌，是因特网上标准的资源的地址（Address）。

2. 虚拟资产

用户通过虚拟入口之后，便可以在虚拟网络环境中进行一系列交互行为创造相应的数字信息，此种数字信息便是"虚拟资产"。如果说虚拟入口是现实世界的人成为网络用户的通道和关卡，那么虚拟资产即是网络用户在网络环境空间所创造或生产的存储于"虚拟入口"背后的网络服务器上的种种信息实体。[1] 以 QQ 账号为例，QQ 账号是用户登入虚拟世界的虚拟入口，用户通过 QQ 账号与其他用户发送的信息即虚拟资产。在数字化时代，虚拟资产可表现为如下形态：以数字的形式存储于网络服务器上的文字、图片、视频、音频文件；用户通过游戏账户进入虚拟社区环境所创设的虚拟人物、获取的游戏装备、游戏宠物等游戏网络财产；各门户网站发行的用于购买本站服务及商品的虚拟货币，如游戏币、腾讯 Q 币、淘宝淘金币、新浪微币等。[2] 各类代金券、礼品券、会员积分、各大航空公司的积累里程等也属于虚拟资产的范畴。

（四）虚拟财产的法律性质之争

对于虚拟财产的财产属性，理论界和实践界基本不存在分歧，然而在承认虚拟财产的财产属性之下，对于虚拟财产的法律性质却尚未达成一致意见。

1. 对虚拟财产法律定位的主要学说

物权说认为虚拟财产权本质上应当是一种物权。随科技的发展，判断物最重要的标准是是否具有财产价值，能够满足主体的利益需求，并且能够为人所支配。因此只要具有法律上认可的控制、支配可能性，都可以认定为物，成为物权的客体，而网络虚拟财产同样具有使用价值和交换价值，同样能满足人

---

[1] 梅夏英、许可：《虚拟财产继承的理论与立法问题》，载《法学家》2013 年第 6 期。
[2] 在虚拟货币中应该注意将银行电子货币排除在虚拟货币范围之外。银行电子货币虽然也具有数字化、信息化的特征，但是其自身并不具有独立于现实财产的价值，只是现实财产在网络时代背景下发展出的表现形式之一。

们某种需求,能被人们控制和支配,因此虚拟财产完全具有物权属性,是物权的客体。[1]

债权说则从网络运营者与网络用户之间存在服务合同关系出发,认为虚拟财产本质是一种债权性权利。用户与运营者之间是基于服务合同(通常表现为《用户服务协议》或者《最终用户许可协议》)而形成消费者和服务提供者的关系,而这两个主体之间并不存在物的所有权的交易。虚拟物的交易,是对运营者服务行为请求权的交易而非对物所有权的交易。[2]

知识产权说认为虚拟财产是网络运营商通过智力性的劳动投入所创造的智力成果,是劳动和智慧的结晶,符合知识产权的新颖性、创造性和可复制性的特征,因此对虚拟财产权应该按照知识产权来保护。[3]

新型财产权说认为虚拟财产权是一种内容上复杂又富有个性的权利,既具有知识产权"无形性"的特点,又在保护方式上与传统物权有趋同性,既有不同于传统物权和债权的特性,同时又体现物权与债权的融合。现有的财产权利体系并不能完全将虚拟财产纳入其中,因此应将虚拟财产认定为新型财产权,是为"虚拟财产权"。[4]

2.本文对虚拟财产权法律定位的分析

笔者认为虚拟财产是具有复杂内容和独特性的财产类型,因为其包含的内容有物权性的,如网络服务商通过代码设计而形成的虚拟财产;也有债权性的,如网络用户通过用户协议从网络运营者处获取的虚拟入口的使用;又有知识产权性的,如网络用户在门户网站上创作的文字、视频、图片等等;同时还存在一些属性不明的财产,如代金券、积分、航空里程等等。正因为虚拟财产内容复杂多样,现有的单一的法律性质无法准确定义虚拟财产。上述物权说将虚拟财产认定为物,且多讨论虚拟财产的独立价值,以及权利主体对虚拟财产具有的支配属性,但是物权说一方面具有片面性,不能用于界定所有虚拟财产的属性,另一方面忽略了虚拟财产的"无体性",这种特性与判断物最重要的标准"有体性"相悖。具有支配属性的不只是物权,知识产权也属支配权,支配的是无体的非物质利益,即智慧产品。[5] 债权说对虚拟财产性质的认定忽略了债

---

[1] 吴国平:《网络虚拟财产继承的特殊性探析——以狭义网络虚拟财产为研究视角》,载《河南司法警官职业学院学报》2015年第2期。
[2] 林旭霞:《虚拟财产权研究》,法律出版社2010年版,第87页。
[3] 张乾:《网络虚拟财产法律问题研究》,山东大学2011年硕士学位论文,第8页。
[4] 李岩:《"虚拟财产权"的证立与体系安排——兼评〈民法总则〉第127条》,载《法学》2017年第9期。
[5] 朱庆育:《民法总论》,北京大学出版社2016年版,第514页。

权的客体只能是民事主体的"行为",而非其他形式的客观存在。[1] 知识产权说认为运营商对虚拟财产享有知识产权,但该说忽略了用户在登录虚拟入口后创造的与运营者意志无关的虚拟财产。因此,与其将虚拟财产强行纳入现有的财产权利体系当中,再规定众多例外情况,使得现有权利体系横生枝节,杂乱无章,不如将对虚拟财产享有的权利规定为"虚拟财产权"这一新的权利类型。虚拟财产本身具有的无形性、财产性、继承问题上的特殊性,亦足以支撑虚拟财产权成为一种新型财产权利。

二、虚拟财产继承的困境

(一)虚拟财产继承的现实困境

1.虚拟财产继承与用户协议

作为网络用户的继承人在用户逝世后,为获取逝者网上账户(无论是电子邮箱账户、社交媒体账户、社交通信账户,还是网络游戏账户、商业账户、文件存储和分享账户等)信息而与网络运营者进行交涉,甚至提起诉讼,然而几乎都以失败告终。网络运营者拿出的最为锋利的"武器"就是网络用户在使用之初便和网络运营者签订的"用户协议"。所有的网络运营者都会在用户协议的条款里对虚拟财产的所有权进行规定:虚拟财产归运营者所有,用户无权向运营者主张任何财产权。此规定不承认用户对 QQ 网络上的虚拟财产的权属,排除了事先转让自己权利或财富的可能性。[2] 正是因为用户同意了用户协议,所以运营者得以在用户或者其继承者提出索要请求时毫无犹疑地拒绝。用户在进入网络运营者创设的虚拟世界之前,都会勾选"同意"用户协议中的所有条款。而几乎所有的网络运营者在用户协议中都规定了运营者对虚拟财产拥有所有权、禁止用户转让账户的条款,这就提前对未来某天可能发生的用户请求进行了防御。

2.虚拟财产继承与用户隐私

在关于虚拟财产继承的现实困境中另一个完全不能回避的问题是虚拟财产继承与公民隐私保护的冲突。

过去在关于隐私权的法律保护上我国曾经历了曲折的过程,现如今我国学界已经达成基本共识,隐私权是指自然人享有的私人生活安宁与私人信息

---

[1] 杨立新:《民法总则规定网络虚拟财产的含义及重要价值》,载《东方法学》2017 年第 3 期。
[2] 赵荔、李曦烨、杨舒惠:《与账号有关的数字遗产继承问题》,载《北京邮电大学学报(社会科学版)》2012 年第 3 期。

秘密依法受到保护,不被他人非法侵扰、知悉、搜集、利用和公开的一种人格权。[1] 我国《侵权责任法》第 2 条、《民法总则》第 110 条规定都自然人的隐私权受到法律保护。在传统法律认知中认为死者并不存在隐私权,因为隐私权系自然人所有,此民事权利在自然人死亡时即宣告终结。但现代社会人格尊严上升,人格利益保护力度增强背景下,对死者隐私予以保护已成为我国学界和实践界的共识。[2]

虚拟财产毫无疑问会涉及用户隐私,用户在注册虚拟入口时需要提供相关身份信息证明,尤其是在许多运营者要求注册信息实名制的背景下,用户必须提供真实的身份信息与虚拟入口绑定。在登录虚拟入口之后,用户对于虚拟资产的创设或积累也或多或少包含了个人私生活信息,如在社交软件(QQ、微信、微博等)与他人进行信息交互,或者对发布的状态的可见人群设置组别。甚至社交软件中的聊天记录可能涉及他人的隐私。当用户死亡之后运营者在用户继承人提出继承申请时都会以该类虚拟财产涉及用户隐私为由加以拒绝。

(二)虚拟财产继承的法律困境

对于虚拟财产的继承权,我国现行的法律规范,无论是我国《继承法》《民法通则》还是刚刚施行的《民法总则》,都未曾明确规定。《民法总则》也只在第 127 条规定了对虚拟财产其他法律有规定的依从其他法律规定。虚拟财产内容复杂多样,在继承上有其独特之处。首先,虚拟财产的继承在大多数情况下都需要网络运营主体的配合,否则很难自行完成继承手续;其次,由于虚拟财产很有可能涉及用户隐私甚至其他人的隐私,所以对于虚拟财产的继承是在对被继承人的财产利益的保护以及社会对公民隐私权的保护之间进行衡量。正因为虚拟财产在继承上有别于其他财产,所以实践中存在众多虚拟财产继承案件纠纷,且各地法院对虚拟财产继承的判决不一,而虚拟财产所包含的经济价值、精神价值,以及社会现状都对虚拟财产继承的立法必要性提出要求。很遗憾,我国现行其他相关法律法规并没有对虚拟的继承做出任何规定,法律对虚拟财产继承的保护缺位。

我国《继承法》颁行于改革开放之初的 1985 年,囿于当时物质生活背景,对虚拟财产并无规定,之后最高人民法院出台的司法解释也没能破除关于虚

---

[1] 王利明:《隐私权概念的再界定》,载《法学家》2012 年第 1 期。
[2] 马萌萌:《网络虚拟财产继承法律问题研究》,吉林大学 2017 年硕士学位论文,第 18~21 页。

拟财产继承问题的困境。[1] 30多年来，我国改革开放取得巨大成就，经济发展模式发生转变、发展水平急速增长。相较于《继承法》制定时的立法背景已发生巨大改变，民事主体的财产状况亦有了翻天覆地的变化。因此，继承法的现代化工作迫在眉睫。对《继承法》进行修改，乃是顺应时代发展潮流，同时也是对民生发展问题的关注，能使公民的财产得到更为有效的流转，使社会资源的配置更为优化。

三、关于虚拟财产继承的设想

上文将虚拟财产划分为虚拟入口与虚拟资产的目的，是明确虚拟财产权的权利主体。对于虚拟入口类的虚拟财产，即各种账号与网络地址的虚拟财产权，尽管存在理论上的争议，然而通过分析众多用户协议，应当认定其归网络运营者所有。用户对于虚拟入口的独占性使用不过是基于用户与运营者之间的用户协议而享有的使用权，此使用权来自于运营者的让渡，本质上具有债权性质，然而对虚拟入口的最终支配依然牢牢掌握在运营者手中。而对于内容更具复杂性的虚拟资产而言，作为存在于虚拟入口背后，通过用户一系列交互行为而产生的信息实体，将用户作为此类虚拟财产权主体才更为适宜。

（一）对虚拟入口的继承

虚拟入口要通过用户申请注册才能显示，然而账号能被申请注册的前提是网络运营者已经将其创设并存于服务器中，只是用户在提出申请之后触发了账号的"弹出按钮"，使得账号得以随机显现出来成为用户申请成功的账号，因此作为创设者，网络运营者对于虚拟入口拥有虚拟财产权毋庸置疑。对虚拟入口的继承应当以遵守用户协议为前提，对用户协议的同意表明用户与运营商在用户协议规定范围内达成合意，对用户协议的遵守体现对意思自治的尊重。同时应当明确，用户对虚拟入口的继承只是对虚拟入口使用的继承，且还必须是在运营者对继承本身没有禁止的前提下，若是用户协议内禁止对虚拟入口使用的继承，则应当尊重协议，不得予以继承。

值得特别注意的是，并非所有禁止对虚拟入口继承的条款都是合理的。在虚拟入口中还存在一种经济价值极高而公民隐私关联程度较低的类型，各种网上商业店铺，如淘宝网店、微店等均属于该类型。以淘宝网店为例，淘宝店铺存在伊始即以营利为目的，通过线上交易的方式进行商业经营进而赚取

---

[1] 彭利民：《健全我国数字遗产继承制度研究》，湖南师范大学2014年硕士学位论文，第12页。

利润。现今,由于网络信息技术发展以及网上购物的便利性,越来越多的消费者放弃线下实体店消费的方式转而选择网上购物。由于没有实物观测,因此大部分消费者会选择信誉度更好的网络店铺以期能够达到其对商品质量的预期。这种商业信誉是由该网店的消费者对网店做出的直观的评价,也为其他潜在客户提供重要的参考标准,其重要程度不言而喻。淘宝店主们会以提高其服务或者提升商品质量,或者以"好评返现"等方式尽力获取好评,这种好评逐步累积,直观表达为"钻石级"或"皇冠级"商铺,商誉越好的网店将赚取更多利润。[1] 虽然这种商业账户在注册之初也需要用户提供信息进行认证,然而注册完成之后,此类账户和用户的个人信息联系基本不再增加,毕竟设立之初是为商业营利行为。在随后的账户经营中,店铺的商誉与该账户紧密联系不可分割,这种商业信誉是与账户捆绑在一起,而非与经营者捆绑,因此才可能出现数万元皇冠店铺的转让费用的情形。在这种商业信誉与账户捆绑,商业利益与账户紧密相关的商业账户里,如果坚决认为此类账户虚拟财产权在运营者,严禁用户进行转让、继承,将会使被继承人的被继承财产价值有所减损,这显然是违背公平原则,亦与社会现实严重不符。

在虚拟入口中,网页地址也属于此类虚拟入口范畴。网页地址作为虚拟入口,其作用是使客户端程序在查询不同信息资源时有同一方法的一种地址标识,相当于 Internet 中一个具体的独一无二的"门牌",通过这个网址就可以进入虚拟空间获得信息资源。网络地址作为虚拟入口,实际与网址创设者的个人信息关联较少。因此,对于这种商业类账户,法律上应当允许继承人继承。

(二)对于虚拟资产的继承

1.虚拟资产的归属

对虚拟资产的虚拟财产权应当由用户享有。文字、图片、视频、游戏角色等虚拟资产之所以能被创造出来是基于用户的行为,且这种创造性的行为是基于用户的自主能动性,它是不确定的,并不能由网络运营者掌控。以用户在新浪微博平台发布的微博为例,用户发送的微博通常是文字、图像或者视频的集合体。用户通过组织语音、发送视频等方式表达自己的意愿,每一条微博都是用户自身意思的表示,虽然微博平台里的文字、表情元素由运营者初始创设,但是用户的行为使得这些素材发生互动、集合从而创造出不同独特性的微

---

[1] 李岩:《虚拟财产继承立法问题》,载《法学》2013年第4期。

博信息,因此,对于该种独特性的微博,毫无疑问应该归用户所有。既然虚拟资产所有权在用户而非运营者,因此在用户死亡后,虚拟资产应该作为被继承的财产,由用户的继承人依照继承程序予以继承。

2.用户协议对虚拟资产继承的限制

通过上述分析,毫无疑问,运营者对于账号拥有虚拟财产权的宣称是正确的,因此一般运营者在用户协议中关于禁止用户转让账户的规定也是对其权利的正当行使。但是,往往在用户协议中并非只对账户的流转限制,更多的还包括对虚拟资产的限制。如新浪微博就在其《微博服务使用协议》中明确规定"未经微博平台事先书面许可,用户不得自行授权任何第三方使用微博内容(微博内容即指用户在微博上已发布的信息,如文字、图片、视频、音频等)"[1]。运营者能否直接依据该用户协议直接限制用户对虚拟资产的自由支配呢?这涉及用户协议中某些条款的有效性问题。

毫无疑问,用户协议是一种典型的格式合同。该协议是由运营者为重复使用而事先拟定的、向不特定用户提供的未与用户对合同中条款进行协商的合同。几乎所有的用户协议中关于虚拟财产所有权或明确宣告归属于运营者或严格限制转让,这些格式条款基本排除了用户继承人对虚拟财产继承的可能性。[2] 我国的《消费者权益保护法》与《合同法》为保护弱势一方的合法权益,达至公平的目标,对格式合同进行了限制。作为格式提供方的网络运营者,应该尽到说明、提醒义务。虽然在用户协议中运营者大多也会对于排除用户主要权利、免除运营者责任、加重用户责任的条款进行重点标识(如加注下划线或加粗字体)以示强调,然而绝大多数的用户为了尽快进入运营者提供的虚拟空间,并不会对用户协议中的所有条款认真阅读。同时运营者所提供的用户协议往往具有"要么同意,要么走开"的性质,而用户通常不愿意放弃这种进入虚拟空间享受服务的诱惑而随便勾选"同意"选项,所以运营者对个别条款的强调并不能有效传达到用户这端,作为网络服务提供者的运营者也就没有真正意义上尽到说明义务。同时,根据对格式合同解释原则,在存在两种以上解释的时候,应当做出不利于格式合同提供方的解释。并且应当明确知道,用户协议中对于免除运营者责任、排除用户主要权利、加重用户责任的条款,存在明显的显失公平、严重不利于用户的情况,这种霸王条款也极其容易导致结果

---

[1] 参见《微博服务使用协议》,载新浪微博官网,https://weibo.com/signup/v5/protocol,最后访问日期:2018年1月10日。

[2] 李岩:《虚拟财产继承立法问题》,载《法学》2013年第4期。

的不公平,因此在实践中极有可能被认定为无效。[1] 由此可知,作为被运营者拿起防御用户继承人继承请求的工具,用户协议并不是那么无懈可击。

3.虚拟资产继承与隐私权保护

在讨论虚拟资产的继承问题中不可避免涉及隐私权保护的问题,虚拟资产与隐私权有密切联系。无论在社交通信账户或是电子邮箱账户还是文件存储分享账户中,用户在以这些账号作为入口的网络空间上传、存储的文字、图像、音频、视频等虚拟资产直接关系到用户个人生活隐私,用户有权决定是否公开以及通过设置分组决定向哪些对象公开上述信息。同时在上述账户还可能存储用户与第三人交流沟通的内容,此类内容很可能涉及第三人隐私,因此对虚拟资产的继承应当平衡对用户以及可能涉及的第三人隐私的保护。对于用户设置"只对自己可见"的虚拟资产,可以推定用户并不愿除自己以外的任何人知悉,所以此类虚拟资产不能继承。而对于除此之外的其他不涉及他人隐私的虚拟资产,应当认为相较于运营者而言,用户的继承人与用户有更多情感上的联系,将会更好地保护用户的隐私,因此此类虚拟资产当可以被继承。对于可能涉及用户继承人和用户以外的其他人的信息,由于涉及他人隐私,若对此继承将很可能造成对他人隐私的侵犯,因此此类虚拟资产不宜被继承。若是只涉及用户与继承人之间的交往信息,此类虚拟资产应该予以继承。对于是否属于允许被继承的虚拟资产,需要运营者进行审查。若是不受限制地要求运营者对用户所有虚拟资产自行审查,无疑是对运营者不合理的负担。因此,根据申请人提供有关证据予以证明,运营者经形式审查,核对申请人提供的信息与逝世用户在进行用户注册时填写的相关资料,若资料相符合,申请人可以对申请范围内的网络虚拟资产可以继承。

(三)继承中的其他事项

运营者无法准确知悉用户的事实存在状态,通常情况下,只要账户被顺利登录,就推定是用户本人的行为,至于是否确实是用户本人所为,在所不问也无法顾及。因此,当运营者通过后台监控到虚拟入口在一定期限内没有任何状态上的变动,基于保护用户虚拟财产的义务,应该对该账号予以冻结备份。[2] 这种冻结既是基于用户协议中运营者的权利,亦是基于运营者负有的对用户虚拟财产保护的义务,但要注意的是,不能无限制加重网络运营商的义务,否

1　江波:《虚拟财产司法保护研究》,北京大学出版社2015年版,第106页。
2　梅夏英、许可:《虚拟财产继承的理论与立法问题》,载《法学家》2013年第6期。

则将会造成法律倾斜。[1] 将账号进行冻结,可以将账号中的数据信息完整、及时有效地保存,但应当设立冻结期限,使账户的冻结状态有期限限制。由于电磁数据存储于服务器上,将占用服务器一定存储空间,因此不可能对所有阶段性没有状态更新的数据永久保留。但冻结期的设计不宜过长,若是过长,则对运营者负担加重,若过短,则达不到对用户利益的保护,因此对于冻结期限的长度,还有待商榷。在冻结期间内,用户的继承人可以向运营者提出继承申请,并提交相应的能有效证明其是用户的继承人的材料以及用户生前相关信息资料。运营者对继承人所提交的材料进行形式审查。对于可以被继承的账户,只有在确定该账户确为逝世用户所用且继承人确为用户的合法继承人,运营者才将账户解冻,对继承程序予以配合。对于不能被继承的账户,用户继承人可以主张对虚拟资产继承,根据上述可被继承的虚拟资产类型以及继承人申请事项,在申请范围内允许继承。在继承完成之后,运营商应当对冻结的账户及账户背后的虚拟资产备份信息销毁。当冻结期限经过,运营者有权将备份信息销毁。冻结期的设计应当认为是在网络科技蓬勃发展的时代背景下用户以及运营者之间利益平衡的产物,既督促用户及其继承人及时对冻结账户进行解冻申请,恢复对账户的使用,又赋予了运营者权利,得以减轻运营者负担,不至于阻碍运营者的生存经营和网络市场的健康发展。

关于冻结期,需要注意其起算时间点。在用户事实死亡的情形下,冻结期应该自运营者做出冻结行为、发出冻结通知的时间点开始计算,因为继承人明确知道用户已经死亡,对账户的冻结状态能有所预计。若用户是被宣告死亡的情况下,由于被继承人需要下落不明满四年或者因意外事件,下落不明满两年,很可能存在已经过冻结期的情形,因此若用户是被宣告死亡的,则冻结期的起算时间应该是用户被宣告死亡的时间为宜。[2]

四、结语

在网络时代下,承认虚拟财产的财产性是不可违背的潮流。本文通过对虚拟财产类型的划分,确定了不同类型的虚拟财产所有权归属,进而确定可被纳入继承财产范围的虚拟财产。我国刚刚施行的《民法总则》中第127条对虚

---

[1] 黄笛:《物债二分体系下网络虚拟财产权的再审视》,载《社会科学家》2015年第4期。
[2] 《中华人民共和国民法总则》第46条:"自然人有下列情形之一的,利害关系人可以向人民法院申请宣告该自然人死亡:(一)下落不明满四年;(二)因意外事件,下落不明满两年。因意外事件下落不明,经有关机关证明该自然人不可能生存的,申请宣告死亡不受两年时间的限制。"

拟财产有明文规定,是我国实体法律对网络时代的回应,然而,此条仅是概括性规定,操作性不强,需待其他单行法的规定才能发挥更大的价值。就目前而言,与虚拟财产继承直接相关的我国继承法尚未对虚拟财产的继承予以规定,同时各方主体在现实生活中存在利益冲突,以至于虚拟财产继承问题至今无法顺利解决。在虚拟财产继承制度的设计上,有几个需要着重考虑的问题,其一,如何权衡对被继承人的利益的保护与对被继承人隐私保护冲突的问题;其二,如何权衡对用户利益保护与对运营者利益保护冲突的问题;其三,如何处理运营者协助继承的义务负担与网络科技市场发展冲突的问题。只有对以上问题充分考量,才能设计出具有正当性、合理性、可行性的虚拟财产继承制度以应对现实中虚拟财产的继承困境。

新三板转板制度研究

吴 迪[*]

摘要：新三板转板制度包括了在新三板内部不同层级间的转板和新三板向主板等其他资本市场板块的转板。新三板转板制度的研究和建立，不仅有利于新三板市场自身的发展，对完善我国多层次资本市场也有着重要的意义。在新三板转板制度设计中，应以升板自愿、降板强制为核心，建立完善配套制度，使这一制度可以有效激发新三板市场的内部活力。

关键词：新三板市场；转板制度；内部分层；升板自愿；降板强制

引 言

一般来说，成熟的资本市场可以划分为主板市场、创业板市场（二板市场）、三板市场（柜台市场）、四板市场（区域性股权交易市场）。每个层级板块都有自己的上市标准。一旦企业发展壮大，盈利能力和净利润等各项指标达到了更高层次板块的标准，则应允许其申请进入更高层次的板块上市融资。相反，当企业的发展状况不尽如人意，无法满足资本市场存续的要求时，也可将其转入更低层级的板块市场乃至退市。[1] 这种板块之间的升降途径即构成资本市场的转板机制。宏观上，这种机制可以实现资本市场板块之间的良性互动，形成便利各板块流转的通道，提高了经济发展的效率。微观上，它可以满足企业不同阶段的融资需求，以及各类投资者的投资愿望。由此，新三板转板制度是指涉及新三板的，在主板、二板、三板之间的不同公司的股权、产权、债权以及上市公司的转让交易，包括各板块的公司上市标准、转板条件、退市要求、交易或转让程序、转板信息披露、转板监管、转板法规等方面的制度设计与安排。该过程既包括从低级市场到高级市场的升板，也包括从高级市场到低级市场的降板，同时还包括在不同交易市场之间的转换。

---

[*] 吴迪，江西南昌人，特华博士后科研工作站博士后研究员，研究方向为自贸区金融法律政策、资本市场理论政策、区域金融。

[1] 刘文娟：《多层次资本市场建设的国际比较与经验总结》，载《哈尔滨商业大学学报（社会科学版）》2010年第4期。

一、新三板转板的制度内涵

转板制度是资本市场不同层次之间的桥梁,在彼此割裂独立运行的不同市场间建立起有机联系。通过转板企业可以在资本市场中找到自己真正的市场定位,不同层次的市场具有不同的风险偏好和不同甄别能力的投资者,企业只有找到适合自己的投资者群体才更有利于自身的发展;通过升板企业可以不断完善自身的各项情况,是一种培育的过程;通过降板企业实现自我疗伤,在低一级的市场中寻找到更认可企业价值的投资者。[1] 在新三板的层面上来看,转板制度则包含了新三板市场内部的转板和跨交易所转板两个层次。

1.新三板市场内部的转板

建立新三板市场内部的板块转板制度有着较强的现实意义。新三板挂牌企业数量众多,发展程度不一,对其进行具体细分将更好界定企业的成长能力和发展需求,通过市场优胜劣汰筛选出更优质的企业,并针对不同成长阶段的企业采取不同的支撑策略,实现企业的平稳高效发展。美国纳斯达克市场(NASDAQ)、日本嘉斯达克市场(JASDAQ)和我国台湾地区的柜台市场都对其场外市场进行层次划分,并在各层次市场间适用双向转板机制。我国可以将新三板市场划分为基础层、创新层和优选层的不同层级,相应采取不同的管理标准和监管要求。高级板块可以向更上一级的创业板、中小板乃至主板市场转板。而在新三板基层板块的内部,则依据"升板自愿、降板强制"的原则进行新三板内部板块间的转板流动。

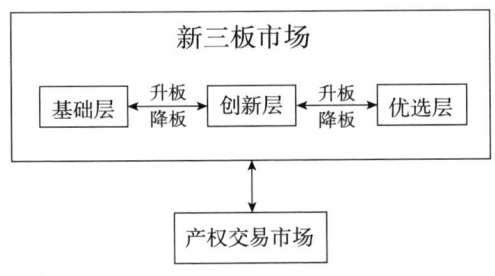

图1 基层板块间转板示意图

2.跨交易所转板

跨交易所的转板主要指新三板市场向创业板、中小板乃至主板市场的转板。当前新三板挂牌企业有着一定的转板实践,但大多采取从新三板退市,以

---

1 张明喜:《关于建立资本市场转板制度的若干思考》,载《上海金融》2010年第1期。

IPO方式在其他板块重新上市的方式。但这一方式使得新三板挂牌企业的上市与其他企业并无不同,不但效率低下,浪费大量的监管资源,而且不利于我国系统化的多层次资本市场体系的建立。

新三板挂牌企业的跨交易所转板是指为新三板挂牌企业专门设计的发行渠道,采取不同于当前普通企业的IPO程序,新三板挂牌公司可以通过进行IPO,最终达到在主板或二板市场上市的目的。跨交易所的转板以新三板分层设计为前提,对新三板初级市场的挂牌公司实行较低的挂牌标准和监管要求,由券商推荐,经证券业协会备案,由证券业协会监管,方便中小企业拓宽融资渠道;在企业有了一定发展,财务标准和公司治理结构逐步成熟时,则申请转入新三板中级市场层次;而当企业已经基本达到上市要求,并有意向转入二板或主板市场时,则申请转入高级层次,提交相关法律法规所要求的申请材料,经审核通过后接受证监会和证券业协会的双重监管;持续接受双重监管。当新三板企业在高级市场经历了一段时间之后,财务及公司治理基本达到二板上市标准时,为节约成本,避免资源的进一步浪费,可由证券交易所直接进行审查做出通过转板申请或是拒绝的决定。[1]

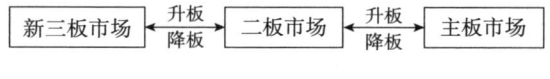

图2 跨交易所转板示意图

二、建立新三板转板制度的必要性分析

独立的、不同层级的市场间的"转板"的便捷性和可能性是发达的资本市场发展程度的表象之一,就我国现阶段新三板的发展状态和进行程度而言,构建新三板与主板、创业板和区域性股权交易中心之间的双向流动"转板机制"对现阶段我国多层次资本市场的建设有着积极意义,同时,也能实现我国资本市场的多种功能。具体地说,建立新三板"转板制度"的必要性存在于以下几点。

1.提高挂牌公司融资效率

现阶段新三板流动性差以及新三板投资者准入限制已经严重制约了新三板的融资能力,一些优质企业不能够及时通过新三板融资进而失去了企业发展的大好机会。所以,在现阶段,适时地引入新三板"转板机制",使得新三板

---

1 贺川:《循序渐进推出新三板转板制度》,载《中国金融》2011年第12期。

挂牌企业能够在满足我国证监会要求的上市条件是直接从新三板直接跨入主板或者创业板等市场上进行二级市场交易、增发、并购重组等,这将极大地提振我国市场投资者对挂牌企业的投资信心,也同时提升了挂牌企业的发展信心和前进动力,提高对新三板挂牌企业的投资力度,逐渐活跃我国新三板市场交易,以及新三板股权流动性差的情况也能逐一缓解,进而增强我国新三板市场的融资力度和融资能力。

2.实现不同板块之间的互联互通

多层次资本市场建立,除了要求在静态结构上要有满足不同层次市场主体融资和交易需求的主板、创业板和三板、地方交易所的层级架构,还要求金字塔底端的场外交易市场和顶端的主板市场之间形成有效的相互联通、相互促进。可以说,一个企业在某个资本市场板块挂牌或转让并不是一劳永逸的,应当有一个制度允许它在不同板块间进行流动。只有达到这样的效果,场内市场的发展才有了源源不断的市场资源,场外市场的发展也就有了强大的动力,并发挥其作为交易所上市公司"后备军"和"孵化器"的作用。同时,当前我国资本市场基本已经形成不同板块之间形成差异化特征。新三板市场承前启后的市场定位,最适宜试点转板:新三板企业95%是中小微企业;融资方式采用私募定增,具有"小额、快速、灵活、多元"的特征,备案3个月左右就可融资;定增价没有限制,一折定增也可以,定增后一般股东没有限售期;新三板企业发行采用注册备案制。基于以上特点,新三板市场与主板市场形成巨大差异,决定了新三板是实行转板的最佳试点场所。我国之所以一直没有试行转板,就是因为上交所蓝筹股、中小板、创业板都是以财务标准作为上市标准,板块之间趋近,所以无法实行转板。目前,作为基础性资本市场的新三板,挂牌企业数量猛增,数量远超A股上市公司,建立新三板转板制度的时机已经成熟。

3.转板制度可以解决上市公司退市"难"的现状问题

我国主板、创业板等市场历经多年发展,已经形成了较为全面的交易规则以及对"污点企业"的风险警示和暂停交易的制度原则。但是现阶段一些"污点企业"通过并购重组方式可以重新回到市场成为大部分市场投资者诟病的缺陷之一。"污点企业"通过重组方式重新进入市场,使得预期投资者对这些企业的投资信息大打折扣,进而影响了资本市场的定价功能和作用。因此,我国建立的新三板"转板机制"不仅为优质企业提供上升通道,同时也为"污点企业"打开了强制转板的大门。强制降级转板能够有利于我国资本市场的稳定,同时也能够避免市场的恶意炒作。违反了证监会规范原则的"污点企业"除了选择被强制退市之外,还可以通过"转板制度"将其降板至新三板挂牌交易。新三板的独立市场地位能够为降板企业提供融资的资格,同时也为其缓解了困难境遇,也为市场投资者的风险投资提供了选择退出的渠道。建立健全新三板的"转板制度"能够有效缓解上市公司的报表重组和虚假重组的现象,因此,"转板机制"能够更好规范我国资本市场的经济秩序,以此保证我国资本市场的健康稳定发展。[1]

4.转板制度可以促进公司治理结构优化

优秀的新三板挂牌企业都具有治理结构完善、经营运作规范并且业绩优异等共性。这些优秀的新三板挂牌企业都有愿望直接进入创业板或者主板进行企业融资、扩大生产的强烈愿望。而能够进入新三板"转板机制"的企业的预期能够鼓励现阶段新三板挂牌企业进行规范治理以及运作,使得公司的股东以及高级管理层能够主动地完善公司治理结构、承担勤勉敬责的责任。如果企业经营管理不符合规范要求,公司治理结构混乱、效率低下、涉嫌欺诈而遭受处罚并导致股价下跌的,在强制降级转板的压力下,这些企业将面临从主板、创业板到新三板或者区域性股权中心的风险以及尴尬局面。这从侧面显示了,"转板制度"增加了企业管理的压力,但也提供了企业不断完善的动力,公司必须主动积极地完善公司结构的治理、经营效率的提高,从而降低或者消除公司不规范运营而带来的风险成本。所以,新三板的"转板制度"有利于提高企业积极性,加强公司治理警示性,从而优化企业内部治理,提高公众投资者的投资安全保障。

5.提高资本资源配置效率

转板制度的建立,对于改变目前我国资本市场配置效率偏低、提升资本市场对实体经济的服务能力,有着重要的作用。究其原因,在于资源的流动性和配置路径是影响资源配置效率高低的关键因素。转板制度的建立,能够有效提升资源的流动性,推动资本等各类资源在市场板块之间的自由流动,从而丰富了资源的配置路径,使得在资本逐利的导向下,资本可以在最大程度上流向生产率最高、盈利能力最强的领域,使其在根本上提升资源配置效率。转板作为一种经济制度安排,从两个方面提高资本市场资源配置效率:一方面是提高资本市场本身的效率,使资本市场能高效和低成本的为公司提供所需资金;另一方面是转板制度设计可以使资本资源通过市场更好地流向不同发展效益水平的公司,将资本资源配置到效率最高的公司。在新三板建立转板制度,作为

---

[1] 朱涛:《资本市场制度期待突破》,载《中国金融》2015年第2期。

追求利润最大化的一种方式,可以引导资本投入最有前途的行业,引导资本投资方向,从夕阳产业、生产饱和的行业转移到新兴行业和高科技领域,调整了产业在行业上布局,提高了资源的行业配置效率。公司转板上市或挂牌的行为标准,为企业指明了发展方向,客观上调整了国家产业的布局,提高了整个社会的资源配置效率。

6.增强新三板市场的活跃度

在成熟的资本市场,都有建立三板市场的转板上市制度。反观我国,在立法层面,我国现行的《证券法》已经实现了发行与上市的分离——发行需要证监会核准,上市则由交易所把关。到"新三板"挂牌的公司已经成为公众公司,当其符合交易所的上市条件,又不存在股票发行行为,允许其直接向交易所申请转板上市,并不存在理论上的障碍或者制度上的颠覆,正如当挂牌企业不符合本交易所的上市条件而被要求退市到三板市场一样,是顺理成章的事情。目前,在做市商制度刚刚开始,"新三板"还不够活跃的情况下,很多企业和投资者对于挂牌"新三板"和投资挂牌企业,都持观望的动态。一个重要的原因,就在于"新三板"尚未建立转板制度。而主板市场具有更高的股价和市盈率,转板制度的建立,会给企业带来将来直接上市的预期,增加企业到"新三板"挂牌的积极性;并且,转板制度也给投资者创造了通过主板上市进行套利的机会,较好的投资前景和高回报也能够激发创业投资者进入"新三板"市场的热情,提高"新三板"的活跃度,带来"新三板"市场的极大繁荣。

三、新三板转板的制度设计

1.升板自愿

新三板升板的制度设计,应该以升板自愿为原则,即升级转板在满足条件后应由企业自主决定,同时转板制度建设首先实施三板与创业板之间的相互转板,在这其中,首先应确立创业板和主板、中小板和新三板共同发展的基调,避免新三板成为向创业板中小板乃至主板的过渡板块。在这方面应当向纳斯达克学习,新三板不能作为主板或中小板的附属板块,不应当是不成熟的企业、风险大的企业、无法在主板和中小板上市的企业的集中地。新三板的优秀企业应当最终发展成为该板块的领军企业、示范企业,而不是在符合创业板或中小板条件后就转板,致使新三板变成劣质企业的代表,从而使得新三板最终丧失存续和发展的可能性。新三板的独立发展是保证其长期健康成长的基础,新三板挂牌公司也将逐步发展成为明星企业、超大规模企业。

(1) 实质性标准

在转板上市的条件上，实施转板上市机制的资本市场都采用与 IPO 上市无差别的上市条件。在我国，《证券法》规定的上市条件是交易所设置股票上市条件的最低要求，这对于转板也应适用。主要包括：股票已经被公众持有；符合股票分布的要求，公众持股量达到一定的比例；公司总股本的要求；最近三年没有重大违法行为，财务会计报告无虚假记载。借鉴境外市场的做法，除了满足交易所上市的条件之外，还需要有其他要求。转板企业在财务条件方面应比照退市公司重新上市、借壳上市的要求。但按照《全国中小企业股份转让系统业务规则》的规定，"新三板"挂牌的企业没有财务要求，在其申请在交易所挂牌交易时增加较高的与重新上市、借壳上市相当的财务要求，既是鼓励"新三板"企业在场外挂牌期间努力增强盈利能力，也能利用此标准对转板上市的企业进行有效筛选，同时还能避免监管套利。

由此，若"新三板"转创业板，可以结合创业板的上市条件，将转板上市条件做如下设定：

①发行人是依法设立且持续经营 3 年以上的股份有限公司，有限责任公司按原账面净资产折股整体变更为股份有限公司的，持续经营期限可以自有限责任公司成立之日起计算；

②最近两年连续盈利，最近两年净利润累计不少于 1000 万元，且持续增长，或者最近 1 年盈利，且净利润不少于 500 万元，最近一年营业收入不少于 5000 万元，最近两年营业收入增长率均不低于 30%，净利润以扣除非经常性损益前后孰低者为计算依据；

③最近一期净资产 2000 万元，且不存在未弥补亏损；

④股本总额不少于 3000 万股；

⑤流通股不少于总股份的 25%；

⑥最低市盈率为 20 倍；

⑦股东超过 300 人。

其中，条件①②③为财务标准，与目前创业板企业上市的财务标准基本一致，条件④⑤⑥⑦反映的是投资者对申请转板的企业的认可程度。

此外，在转板上市的实施初期，还应当借鉴美国纽交所和香港联合证券交易所的相关规定，转板上市企业除需满足上述客观的最低数量要求外，应尽量减少量化指标，重点考虑对拟转板上市企业合规性的把控。在交易所的自由裁量范围内，考虑公司的知名度和稳定性、公司产品的市场特征等其他相关因素,以及对发行人在拟以介绍方式上市之前是否已有意出售有关证券,或公众人士可能对有关证券有重大需求等情况进行调查,并综合考量企业在财务信息披露、财务核算和股东变动、税务社保方面的规范性。

(2)程序性标准

2013年2月8日颁布并实施的《全国中小企业股份转让系统业务规则(试行)》第4章挂牌公司第5节规定:"4.5.1挂牌公司出现下列情形之一的,全国股份转让系统公司终止其股票挂牌:(一)中国证监会核准其首次公开发行股票申请,或证券交易所同意其股票上市。"依据此已有规定,在"新三板"挂牌企业取得交易所的上市同意之后,即终止其在全国股转系统的股票挂牌。为了及时掌握"新三板"挂牌企业转板上市实施初期的运行情况,应增加一个申报程序,要求已经通过交易所上市审核的拟转板企业到证监会进行转板上市的申报。

在转板之前,应该聘请保荐机构进行辅导,监督其规范运作,完善公司治理结构。辅导满6个月后,由保荐机构制作相应的材料,向中国证券业协会提出转板申请。同时,在审核制度方面,可以考虑先由中国证券业协会进行审查,然后再交由证监会核准。相比其他企业的上市,新三板挂牌公司直接转板具有明显的优势。首先,它们的股权清晰,各项上市前的准备工作皆已完成;其次,挂牌公司的财务透明,一直按照法规要求做着信息披露工作,各项财务数据皆可查证。因此,对于符合转板要求的挂牌公司,可以开辟绿色转板通道,经协会审查通过后,证监会只需进行形式审核,对于申请材料齐备的,核准通过后给予转板。

为了鼓励符合条件的企业实现转板,还应考虑以下事项:①转板手续应比IPO简单,所耗时间比新上IPO这一级市场的企业花费的时间应该短许多;②转板上市的费用相比新IPO企业给予优惠或减免;③达到高一级资本市场准入条件的,只要该企业申请,高一级市场原则上不应拒绝。

在审核程序方面,由于最终企业股票需上升至创业板交易,而全国中小企业股份转让系统有限责任公司显然不具备审核上市条件的资格和级别,故在实际操作时,为避免重复审核造成的效率降低,应建立证监会为主,全国中小企业股份转让系统有限责任公司为辅助的审核体系。具体而言,可将全国中小企业股份转让系统有限责任公司定位为审核的形式审查主体及资料的收集、传递者,即对于申请向创业板转板的挂牌企业,全国中小企业股份转让系统有限责任公司仅对其所提供的资料在类别及数量上是否符合制度要求进行审核,如缺少资料的,要求申请方予以补充,对于资料齐备的,全国中小企业股份转让系统有限责任公司不对资料内容进行审核,而直接转交证监会,而证监会则负责对申请企业是否具备转板条件进行实质性审核并做出最终的决定、判断。

此外,为保护投资者利益,除进行资料审核外,建议要求转板企业在做出转板决定及转板申请被批准后这两个时点,于监管机构指定平台,对其转板安排、转板时经审计的财务状况等进行明确公告,而对于在转板申请前12个月内转板企业新加入的股东,则应对其做出额外的交易锁定期安排,避免投资者通过转板前的突击入股行为,牟取暴利。

在价格方面,由于转板上市不涉及估值定价问题,可参照香港交所介绍上市操作中关于交易价格的做法,企业转板上市后的首日股票交易价格将参照前一交易日在原交易场所的收盘价格。[1]

2.降板强制

(1)实质标准

相较于新三板向创业板的"上升型转板",创业板向新三板转板制度的主要目的是将之作为一种监管措施的补充,主要适用对象为已不符合创业板上市发行条件或已有迹象将无法满足创业板上市发行条件的企业,通过转板制度的建立并结合退市制度,使该等企业可以转移至新三板交易平台继续进行股权交易,以避免因直接退市导致投资者无法通过交易股票减少自身的损失。由于此制度在某种意义上可视为对退市制度的一种补充,因此所涉企业原则上可分为两类:①因违反法律法规被监管机构强制退市的企业及因财务状况持续恶化达到退市条件而被监管强制退市的企业(即被动退市企业),对于该等企业,虽然退市系因其自身原因而造成,但考虑到其退市必然会影响投资者的权益,且部分此类企业的退市情况可能系因短暂的资金周转问题而造成,经过一段时间的运作,可能仍可符合创业板上市标准,故对于此种企业,原则上监管机构应强制其由创业板退市并转至新三板交易,以处理遗留问题并减少投资者损失,但对于其中因严重违规而被强制退市的企业,可考虑将之直接退市,不再允许其进入新三板市场交易,以体现处罚效果并防止新三板沦为创业板"不良企业"的收容站。②因业绩出现下滑而主动申请退市的企业,对于该等企业,可考虑参考英国的做法,将是否继续在新三板进行股权交易的选择权给予企业,由其自行选择,但应规定一定决策程序,如规定不再进入新三板交

---

[1] 侯东德、李俏丽:《多层次资本市场间转板对接机制探析》,载《上海金融》2013年第12期。

易的决策需经过代表 4/5 股权比例（或更高比例）的股东同意方视为有效，以防止大股东自行决策从而损害小股东的合法权益。

(2) 程序标准

在审批方面，创业板向新三板进行转板的制度，更主要的是对退市制度的一种补充，同时兼具一定的惩罚作用，故此制度是否适用的基础，取决于监管机关对相关创业板上市企业的判断，因此审批权原则上仍应归属于更高层级的监管机构。因此审核体系上，仍应以证监会为主要审核机构及实质判断机构，全国中小企业股份转让系统有限责任公司仍仅负责根据证监会的判断及企业的决策接受相关企业，而不进行实质审核，但由于此种转板制度下，转板至新三板的企业可能会以问题企业居多，故为保证新三板平台整体质量，应赋予全国中小企业股份转让系统有限责任公司一定的异议权，即如全国中小企业股份转让系统有限责任公司认为证监会移送至新三板的挂牌企业符合上述规定中应禁止其再进入新三板进行交易的情况，则全国中小企业股份转让系统有限责任公司有权对证监会的移送提出异议，证监会应重新进行复核、判断。

3. 配套制度

一个有效的金融监管体系，不可能仅由单独的某项制度构成，其必然是由多个层级的监管机构及多项辅助制度组合而成，如欲建立我国新三板与创业板之间的转板制度，并真正发挥该制度的作用，尽可能降低本文第五章所述制约因素对该制度的不利影响。

(1) 新三板内部分层

按照挂牌企业规模、内部管理等标准在新三板内部实行分层细化管理，如在基础层、创新层之上增设优选层，只有进入优选层才具有转板的资格。这是对多元化资本市场的题中之意进行把握，既包括层次不同的证券市场的区别，又包括不同资本市场的内部再分层。新三板挂牌企业有很多，它们有着不同的发展历程，通过细分可以对企业的成长能力与发展需求进行更好的界定，在市场优胜劣汰的过程中实现对更优质公司的筛选，在不同成长阶段公司差异化策略的支撑下，推动公司更加平稳且高效地发展。具体地，可以对新三板市场进行从初级到高级的多种层次的划分，并针对不同的层次制定针对性的管理标准与监管要求。当层次较高的挂牌企业已经实现较为成熟的发展，并且与创业板上市标准相接近之时，可以采取正确的方式申请向创业板市场转板。对于新三板挂牌企业而言，再分层可以对全部企业的盲目转板予以规避，使发展成熟度不够高的企业从相应的市场中退出。

(2)交易制度改革

交易方式的选择是交易制度中的核心内容,现在专家学者一直在探讨适合于场外交易市场的交易方式。交易方式的选择应该更多地交给企业,并不是做市商制度就一定是最具有效率和最适合场外市场的交易方式。新三板的交易制度可以借鉴,让企业和主办券商自己来选择挂牌企业的股权转让方式,这既加强了对于企业和券商的激励机制,又能够活跃市场。另外,交易制度也可以采取分层的形式,对于规模大、交投活跃、股权较分散的挂牌企业采取连续竞价;而对于规模较小、交易冷淡、股权不想被稀释的企业采取做市商的制度。

如欲建立转板制度,则必然会引发两板块交易系统的对接问题,考虑到新三板作为场外交易市场的特殊性,其交易系统应独立于主板、创业板交易所的交易系统,但交易模式应选择相同的系统模式——即竞价交易模式,如此才可能实现日后两板块系统的对接。同时也可极大的提升新三板市场交易的活跃度。但如欲建立属于自身的竞价交易系统,特别是建立覆盖面更为广泛的线上交易系统,则必然需要拥有一个统一的股票、资金结算机构,为系统提供后台结算、划付支持,因而也就意味着全国中小企业股份转让系统有限责任公司需与中国证券登记结算有限公司开展紧密合作,并共同研究、建立适合于新三板的交易、结算管理办法。

(3)信息披露制度

"新三板"挂牌企业转板上市之后,面对的是不特定的社会公众投资者,在以信息披露制度为核心的场内交易所,转板企业能否适应期信息披露要求,是在转板上市制度设计中必须关注的问题。因此,"新三板"信息披露制度与场内交易所信息披露制度的衔接就显得尤为重要。

中国证监会2013年1月4日颁布了《非上市公众公司监管指引第1号——信息披露》,其中第4条规定:"依法设立的证券交易场所可以在本指引的基础上,对股票公开转让的非上市公众公司制定更详尽、更严格的信息披露标准;公司应当按照从高从严的标准遵守证券交易所的相关规定。"2013年2月8日,全国股转系统颁发并实施了《全国中小企业股份转让系统挂牌公司信息披露细则(试行)》(以下简称"披露细则")[1],该"披露细则"与2007年1月30日颁布并施行的《上市公司信息披露管理办法》(证监会令第40号)相比,有以下显著差别:第一,"新三板"挂牌企业的定期报告分为年度报告、半年度报告,对季度报告不做要求。上市公司定期报告为年度报告、中期报告和季度报告。第二,"新三板"挂牌公司的定期报告披露、注册会计师出具非标准审计意见等方面都需要接受主办券商的指导,上市公司的信息披露则更强调自律,只有在未按规定时间披露定期报告或者被出具非标准审计报告涉嫌违法时,才由交易所和证监会介入处理。第三,在财务信息方面,"新三板"只要求挂牌公司披露资产负债表、利润表及其主要项目附注;上市公司几乎要求披露所有的财务信息。并且,两者的会计信息编制基础也不同。第四,在临时报告方面,"新三板"挂牌企业只需披露在发生对股权转让价格有重大影响的事项时披露,上市公司则要求只要在发生达到一定数量的交易就需要披露。

由此,根据《非上市公众公司监督管理办法》和《全国中小企业股份转让系统》的规定,企业到"新三板"挂牌实行真正的备案制,不需要经过证监会的行政审批,因此,企业重点被要求的就是准确而全面地公布信息。通过前述的比较得出,"新三板"现有的信息持续披露规定,在内容方面已经对深沪交易所的信息披露及其管理经验进行了适当的吸收和参考,使得从"新三板"转板上市的企业在信息披露方面接受前期辅导和准备。

但是,"新三板"的信息披露制度要求比上市公司的信息披露要求低,更为简化,且适用不同的标准,因此,若实施转板,将面临被要求按照更高标准重新披露的问题。由此,考虑到未来转板机制的实施,"新三板"的信息披露应当有意与场内交易所的信息披露制度接轨,降低重复披露的成本。一方面,在会计信息编制方面,"新三板"适用与上市公司一样的标准,使不同市场的投资者能够在同一标准下进行辨别和比较,以便利地判断企业的财务状况;另一方面,对于有意向进行"新三板"转板上市的企业,可在做出转板上市批准前,要求企业参照交易所的信息披露要求进行披露,作为是否批准的考量因素。同时,应当将存在虚假信息披露的历史前科作为转板上市申请一票否决的依据,促使

---

[1] 全国股转系统于同日颁布并实施了《全国中小企业股份转让系统挂牌公司年度报告内容与格式指引(试行)》,2013年7月11日,又颁布了《全国中小企业股份转让系统挂牌公司半年度报告内容与格式指引(试行)》。2013年12月26日,中国证监会又颁布并实施了《非上市公众公司信息披露内容与格式准则第1号——公开转让说明书》和《非上市公众公司信息披露内容与格式准则第2号——公开转让股票申请文件》,作为"新三板"企业挂牌的信息披露要求。

企在信息披露方面的完善和自律，便于转板之后的信息披露义务的顺利履行。[1]

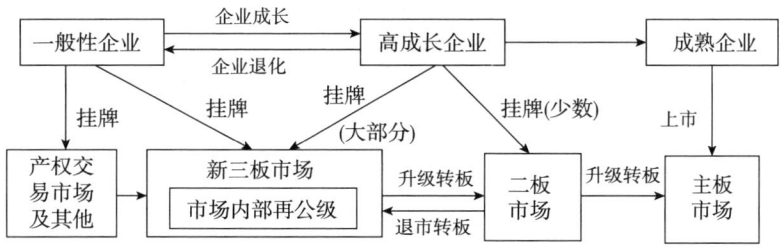

图3　新三板转板制度设计逻辑示意图

结　语

新三板市场当前面临着交易量不足等诸多问题，严重限制新三板市场的发展，也违背设置这一资本市场板块的初衷。新三板转板制度的建立，并不是要把新三板市场变成创业板乃至主板的预备役、培训班。而是通过这一制度的设计，畅通新三板市场的进出渠道，从而激发新三板市场的内部活力。一方面，理论界应在理论上加强对新三板转板制度的研究，比较美国纳斯达克、香港证券交易所的相关经验教训，寻找适合中国资本市场的转板制度理论和现实依据。另一方面，实务界可以在实践中尝试小规模的创新试点，如从新三板市场内部分层开始，为整体新三板转板制度的建立积累实践经验。

1　马晓磊：《金融学与法学结合视角下的新三板转板法律问题探析》，载《中国商论》2016年第36期。

论检察侦查权应然性及公诉环节自行侦查权之完善

卢瑜珺[*]

摘要: 公诉环节自行侦查权是检察机关强化诉讼监督的重要手段和方式之一,然而在司法实践中,受法律规范欠缺、内在动力不足和保障不到位等因素影响,自行侦查权往往极少运用,有的甚至将其"束之高阁",使《刑事诉讼法》赋予检察机关公诉环节的自行侦查权形同虚设。随着国家监察委改革的深入推进,检察机关反贪和反渎职能全部转隶至监察委,检察机关实行法律监督的手段与方式必将有所弱化。应深入研究和分析检察侦查权的重要作用以及公诉环节自行侦查权存在的问题,并提出应对之策与完善之道,为检察更好地坚持宪法定位,履行法律监督职责提供有益的理论支持。

关键词: 检察机关;公诉环节;自行侦查;问题对策

随着国家监察体制改革的深入推进,检察机关反贪污贿赂、反渎职侵权、预防职务犯罪部门的相关职能被整合至监察委员会,检察机关作为宪法定位的法律监督机关,其实行法律监督的方式、方法和手段必然有所弱化,但是检察机关反贪、反渎等职能部门的转隶,并不意味着作为法律监督手段之一的侦查权完全丧失,比如,检察机关公诉环节的自行侦查权并没有也不会随着监察体制的改革而剥离。检察侦查权尤其是公诉环节自行侦查权有其自身存在的重要意义、法理基础和现实需要,但其中存在的问题不容忽视,相关制度亟待完善。

一、制度溯源和应然思辨

(一)公诉是不同法系检察制度的基本职能

一般认为,检察制度创始于欧陆中世纪的英国和法国,国王律师和国王代

---

[*] 卢瑜珺,江西省抚州市临川区人民检察院刑事检察部员额检察官。

理人分别演变为现代检察官,英国和法国也就成为检察制度的发源地,它们分别为英美法系和大陆法系检察制度的代表。无论是大陆法系还是英美法系,检察制度建立之初,其基本内容是对犯罪案件进行公诉活动,所不同的是英美法系奉行"当事人主义",采取辩论式诉讼,公诉人地位与当事人平等,检察机关纯粹是公诉机关。大陆法系则奉行"职权主义",将检察官作为一种"法律守护人"来看待,公诉人地位高于当事人。作为归属于社会主义法系的我国检察机关从属于最高国家权力机关,与政府、法院、监察委处于平行地位,独立行使批捕、公诉等职权,还享有广泛的法律监督权。

(二)赋予检察机关侦查权是发挥公诉职能的逻辑必然

从检察制度诞生到发展以来,侦查权就和控诉职能紧紧地联系在一起,为准确起诉和监督法律的实施服务。英美法系、大陆法系和社会主义法系的检察制度,虽然带有不同历史传统和不同文化背景,但是都是以控诉权与审判权相分离为前提、以公诉活动为主要形式,以维护国家法律的统一实施为宗旨的。控审分离原则要求控诉和审判职能分别由不同主体承担,法院只有在检察官起诉后才能对案件进行审判,检察官负责在查明事实与证据的基础上做出公正评价和是否起诉的评断。而在公诉案件中,由于犯罪的复杂性和隐蔽性,必须通过专门的侦查活动,才能收集必要证据,查明案件事实,准确打击犯罪嫌疑人,在此基础上才能确定应否提起公诉。[1] 公诉权的扩张,必然要求法律赋予其一定程度的自行侦查权,以更好地实现控诉功能。而自行侦查权就是基于更好地履行控诉的需要而产生的,是直接为控诉服务的,侦查作为控诉的准备阶段,实质上也是行使控诉职能。既然检察官是为改造纠问式诉讼而创设的承担控诉职能的角色,那么,作为其逻辑结论,检察官当然也应当承担起侦查职能,成为法定的侦查主体。[2] 随着检察制度的发展,大陆法系和英美法系在检察机关侦查权制度研究、设计等方面呈现趋同趋势,不少国家检察官拥有侦查权和指挥侦查权。有的国内学者针对目前我国检察机关与公安机关各自独立、分离地进行刑事追诉的情况,甚至提出了检警一体化的刑事司法改革思路。

二、司法需求及现实意义

对于侦查权的属性,不同国家制度层面下和持不同法理观念的人可能有

---

[1] 马健伟:《检察机关的刑事侦查权研究》,中国政法大学2006年硕士学位论文,第3~4页。
[2] 万毅、华肖:《检察机关侦查权溯源》,载《法学》2005年第11期。

不同的结论,但是侦查权和公诉权作为刑事诉讼的两项重要权能,就其性质而言,两者都是承担追诉犯罪职能的公权力,具有一定的同质性。一般而言,侦查是起诉的前提和基础,起诉是侦查效果所必然追求的后继行为。从这个意义上说,侦查从属于起诉,是提起公诉的准备阶段。

(一)检察机关具有侦查权是有效行使公诉权的重要手段

警察行使侦查权有其天然的优势和丰富的手段,但是也存在因某些犯罪的特殊性不宜由其进行侦查的情况,此时由检察官行使侦查权更能体现司法公正。比如,对在警察办案过程中发生的刑讯逼供、非法拘禁案件就不宜由其自身进行侦查,又或者侦查人员不作为或消极作为,将"夹生饭"案件移送审查起诉,检察官拥有一定的侦查权,就可以在不受牵制的情况下,开展调查取证,查明真相,纠正侦查机关不当行为,维护司法公平公正。

我国的公诉机关是检察院,提起公诉意味着将案件正式移送给法院进行审理,判明是否有罪和应否追究刑事责任,是对之前整个诉讼程序的根本审查。显然,公诉要求比侦查活动更加严格,公诉活动具有极强的"亲历性",即公诉人在提起公诉时,应当对相关犯罪事实、法律依据有充分的把握。这当然离不开对其中第一手材料的验证,对疑点的重新考证,而这都是以检察侦查权为前提条件的。[1] 在一般意义上,专门的侦查机关(主要是警察)在承担侦查犯罪的起诉和支持控诉时,为了更好地履行公诉职能,可以拥有一定的侦查权。[2]

(二)检察机关有效行使公诉环节侦查权是司法实践的现实需求

与审查逮捕阶段相比,审查起诉环节对案件证据的要求更为严格。根据我国刑事诉讼法的规定,审查逮捕期间对证据的要求为"有证据证明有犯罪事实",而在公诉环节则要求"犯罪事实清楚,证据确实充分"。在事实尚未查清,证据不充分的情况下,刑事诉讼法赋予检察官在公诉环节退回侦查机关补充侦查的权力。

公诉环节的自行侦查权是指检察机关对侦查机关侦查终结移送审查起诉的案件,发现事实不清、证据不足或有遗漏犯罪事实、遗漏同案嫌疑人等情形,需要进行补充侦查,在退回侦查机关补充侦查后仍达不到要求或者不把案件退回侦查部门,由审查起诉部门自行补充侦查的一种刑事侦查权力。公诉环节的自行侦查权本质上是一种法律监督手段,隶属于补充侦查权的范畴。

受侦查机关办案人员水平、能力、态度、理解力和执行力等因素的影响和

---

[1] 陈维、全莉:《检察侦查权研究》,载《广西政法管理干部学院报》2000年9月第15卷第3期。
[2] 卞建林:《刑事起诉制度的理念和实践》,中国政法大学出版社1993年版,第123页。

限制,退回补充侦查的效果并不一定能达到检察官满意的程度,而且公安机关的侦查职能决定了实践中公安机关更加注重收集嫌疑人犯罪的证据,检察机关注重嫌疑人犯罪证据的同时,需要审查嫌疑人轻罪、无罪等对嫌疑人有利的证据。从实践来看,案件退回公安机关补充侦查,常常会遇到退而不补的情况,导致案件经过两次退回公安机关补充侦查也无意义,反而变相延长了办案时间,检察官在公诉环节对案件自行侦查,更有利于节约司法成本,又或者检察官根据侦查机关移送所办的相关情况,认为退回补充侦查可能会影响案件公平公正处理,此时检察官可以根据审判对证据要求的标准,对案件进行自行侦查,调取需要补充的关键证据。自行侦查补充证据后,如果案件达到"犯罪事实清楚,证据确实充分"的程度,检察官可决定将案件提起公诉。反之,如果检察官在公诉环节没有被赋予自行侦查权,在侦查机关对补充侦查消极作为或不作为时,检察机关将面临十分被动的局面,实际上造成侦查机关通过积极作为或消极作为从而控制公诉机关做出起诉或不起诉等决定。虽然我国检察机关被定性为法律监督机关,但在公诉阶段对侦查机关的监督手段较为有限,或者虽有一定其他监督手段,但难以取得满意的监督效果。

公诉环节的自行侦查活动是在办案检察官审查案件证据材料后做出的决定,它能按照办案检察官自身的判断和意志,调取符合审判标准所要求的证据,能最大限度地保证案件质量,增强庭审效果,尤其是在与辩护人展开辩论时,做到胸有成竹,应对自如,以达到最佳控诉效果。

三、现实问题与实践困境

按照我国刑事诉讼制度的设计,侦查与公诉两项重要权能主要分属不同部门,为防止侦查机关滥用侦查权,监督其调查取证等工作,刑事诉讼法赋予了检察机关公诉环节自行侦查的权能,这对于检察机关强化诉讼监督具有重要的现实意义,然而在司法实践中,公诉环节的自行侦查权的运用存在诸多问题亟待解决。

(一)主动行使公诉环节自行侦查权的情形较为少见

公诉环节自行侦查权是检察机关强化诉讼监督的重要手段和方式之一,然而在司法实践中公诉环节的自行侦查权往往极少运用,有的甚至将其"束之高阁",使《刑事诉讼法》赋予检察机关的该项自行侦查权形同虚设,其背后原因值得深入剖析。

原因一:耗费办案精力。对大多数公诉部门而言,检察官长期处于繁忙的

"流水线式"作业,在办案高峰期,甚至出现一起案件尚未办结,另一起案件已然被分配到手头。长时间的高负荷工作必然使办案检察官难以分出时间与精力去"自行侦查",大多抱着就案办案的心态,以尽快结案为"上选"。遇有证据不足需要补充侦查的情况,绝大多数检察官会将案件退回公安机关补充侦查作为首选,即便经两次退回补充侦查也未达到退补提纲所要求的证据,公诉部门办案人员也不会开展"自行侦查",往往倾向于做不起诉处理,或者在此种情况下,只要其中有一起犯罪事实达到起诉标准,检察官便会"无奈地"就该起犯罪事实提起公诉。

原因二:规避信访风险。在司法公信力还未得到普遍认可的情况下,司法部门出现一点风吹草动,往往会引起民众的极大关注和围观。有时即使司法部门的行为合法合规合理,也依然会引发群众的质疑,尤其是被害人一方的不满,甚至引发非正常上访。很多刑事案件往往存在犯罪嫌疑人和被害人对立双方,办案检察官在依法审查犯罪事实,保障犯罪嫌疑人合法权利的同时,也十分重视对被害人权益的保护。在审查起诉阶段,当案件出现证据不足需要补充侦查的情况时,如果办案检察官不将案件退回公安机关补充侦查,而决定启动自行侦查权,将可能出现两种情况:经检察官自行侦查,取得了足以证明犯罪事实的证据,这种情况"皆大欢喜",一般不会出现被害人上访情况,但是如果办案检察官经自行侦查并未取得相关证据,并因此导致案件因证据不足做不起诉处理时,被害人一方往往会对承办检察官提出强烈质疑:为什么检察机关不将案件退回公安机关补充侦查而擅自侦查取证?其中是否存在不作为或消极作为以及贪赃枉法的情况?办案检察官为了避免出现当事人非正常上访及其舆情事件发生,从回避矛盾的角度,往往也会把案件退回公安机关补充侦查作为首选。

原因三:侦查力量不足。在司法责任制改革背景下,很多基层检察院因地方财政欠发达等原因,办案检察官往往一人独立办案,未能配备检察官助理和书记员等辅助人员。办案检察官承担了从阅卷审查、制作文书到案卷装订归档等全部工作,甚至出现一人提讯,独自出庭等非正常现象。随着司法体制改革的深入推进,原则上一名员额检察官配备了一名辅助检察官和一名书记员,但是辅助检察官、书记员职能分工尚待进一步划定,实践中不排除员额检察官和司法辅助人员一人身兼数职的情况。按照相关规定,调查取证至少需要两人协同开展,在取证环境复杂的情况下,往往需要更多的侦查人员长时间参与。在案多人少相对存在的情况下,对公诉环节的办案检察官而言,耗时费力地组织侦查人员调查取证几乎是一项"吃力不讨好"的任务。

原因四：技术保障欠缺。侦查是一项专业性、技术性很强的工作，除了要求侦查人员精通法律知识，具备严密的逻辑思维和较为专业的侦查技巧，还必须有一定的物质与技术条件作为保障。刑事侦查技术包括刑事侦查与刑事科学，而刑事科学技术分工较为细致，对专业要求较高，包括痕迹检验、文书检验、理化检验、法医鉴定、侦查通信等多方面的技术。在侦查技术分工上，即便在反贪、反渎等职务犯罪侦查部门转隶之前，检察机关也没有公安机关那么细致和全面，何况在反贪、反渎职务犯罪职能已转隶至监察委的当下，检察机关侦查技术保障将日益呈现退化的趋势。

（二）公诉环节自行侦查调取的证据类型较为单一

在审查起诉案件证据不足和需要追加诉讼等情况下，由于刑事诉讼法赋予了检察机关在审查起诉阶段两次退回公安机关补充侦查的权力，公诉机关的自行侦查权往往被作为最后的手段予以考虑，且由于本文上面分析的诸多原因，公诉案件承办人在自行侦查权的行使问题上既无内在动力，也无必须行使的迫切压力，从而导致公诉环节自行侦查权极少行使，但是"极少行使"并不等于"不行使"。在司法实践中，办案检察官在一定程度上自觉或不自觉地行使了自行侦查权，但由此调取的证据类型较为单一，多限于言词证据。

根据我国《刑事诉讼法》第170条的规定，人民检察院审查案件，应当讯问犯罪嫌疑人，听取辩护人、被害人及其诉讼代理人的意见，并记录在案。这条规定中的"应当"二字，实际上把讯问犯罪嫌疑人和听取辩护人、被害人及其诉讼代理人的意见作为审查起诉阶段的硬性程序要求，对审查起诉阶段查明案件事实，保护犯罪嫌疑人和被害人的合法权益具有十分重要的意义。

在审查起诉阶段，办案检察官在讯问犯罪嫌疑人之前，往往会对案件的主要事实和基本证据进行审阅，然后带着相关问题提讯犯罪嫌疑人。因为审讯风格、讯问技巧和办案主体的不同，有些犯罪嫌疑人在侦查阶段没有供述的犯罪事实，可能在面对办案检察官时会如实供述或者做出与侦查阶段不一致的供述。检察官根据审阅案卷后的认知，考察犯罪嫌疑人的供述是否得到其他证据的印证，从而判断其供述是否属实。如果犯罪嫌疑人供述能起到证明侦查机关指控犯罪事实的作用，办案检察官往往会将其作为有效证据在庭审阶段进行举证质证。由此观之，办案检察官讯问犯罪嫌疑人并制作可供庭审举证质证的讯问笔录，本质上行使了自行侦查的权能。以此类推，审查起诉阶段办案检察官听取被害人意见时，也可发现并固定有利于证明犯罪事实的相关证据。

无论办案检察官调取的是犯罪嫌疑人供述和辩解还是被害人陈述,其中的有效证据都隶属于言词证据的范畴,而且这些证据都是在审查起诉阶段程序性要求下取得,或者说并非办案检察官主动启动自行侦查权的结果,某种程度上带有一定的偶然性或不自觉性,而且取得的证据类型较为单一。

(三)任意性规范客观上实际上虚化了自行侦查权行使

《刑事诉讼法》第171条第2款规定,人民检察院审查案件,对于需要补充侦查的,可以退回公安机关补充侦查,也可以自行侦查。解读该条规定可以发现,审查起诉阶段启动自行侦查权的基本前提是"需要补充侦查"。一般而言,"需要补充侦查"是多因犯罪事实尚未查清,或者说现有证据不足以证明所指控的犯罪事实。但是此种情形并非启动自行侦查权的完全条件,因为此时办案检察官将面临两种选择:退回侦查机关补充侦查或自行侦查。在无强制性规定的情况下,办案检察官抱着"多一事不如少一事"的心理,客观上虚化了自行侦查权的行使。

首先,退回补充侦查并非自行侦查的前置程序,但是办案检察官依然把退回补充侦查作为优先选择。司法实践中,即便办案检察官意图启动自行侦查权,但是不经退回补充侦查程序而直接开展自行侦查将可能使自己陷入尴尬境地。

如果不经退回补充侦查而先行启动自行侦查权,经自行侦查达到了理想的效果,即调取的证据能完全证明犯罪事实,此种情况可称"功德圆满"。但是当自行侦查未取得任何有证明力的证据无功而返时,是否可以或者应当再行将案件退回侦查机关补充侦查呢?对此《刑事诉讼法》并无明确规定。虽然最高人民检察院《刑事诉讼规则》第383条规定,人民检察院在审查起诉中决定自行侦查的,应当在审查起诉期限内侦查完毕,这一规定仅限定自行侦查的最长期限,并未排除自行侦查后退回补充侦查的可能性。

《刑事诉讼法》关于自行侦查权条款的格式为"可以……可以……",该法律规则系任意性规范,意即可以选择前者也可以选择后者,该授权性规范赋予了办案检察官不将案件退回补充侦查而自行进行侦查的权力。那么,办案检察官自行侦查后,如未能实现补充证据的终极效果,是否可再行将案件退回侦查机关补充侦查呢?结合立法精神和司法实践,笔者认为,退回补充侦查与自行侦查并不存在必然的冲突,除了"二选一"外,也可重叠或交替适用。比如,在退回补充侦查期间,不妨碍办案检察官提讯犯罪人嫌疑人、讯问被害人,由此获得的有证明力的证据同样可作为"呈堂证供"。自行侦查后可以退回侦查机关补充侦查,不仅有利于查明犯罪事实,也有利于侦查机关与公诉机关互相监督。同理可知,在退回补充侦查未达预期效果时,办案检察官也可再行启动自行侦查权。当然,二者重叠或交替适用,不得超过审查起诉规定的期限。

根据上述推理分析,如果办案检察官因自行侦查未达到预期效果而将案件退回补充侦查,经侦查机关的努力而取得了办案检察官在自行侦查过程中未取得的有力证据,这将给办案检察官带来一定的挫败感和心理压力——"指挥侦查者的侦查水平反而不如被指挥者"。此种情况如果多次出现,将在一定程度上抑制办案检察官不经退回补充侦查而先行开展自行侦查的积极性,客观上造成办案检察官把退回补充侦查作为自己的优先选择。

其次,自行侦查权的启动主体、程序不明确且侦查期限不具有优势。补充侦查权包括退回补充侦查和自行侦查,审查起诉阶段运用较多的是退回补充侦查,其运行相对程序相对明确,且办案检察官积累了丰富的经验。比如,在检察官办案平台《全国检察机关统一业务应用系统》分别设置了第一次退回补充侦查和第二次退回补充侦查的相关流程,系统可"一键生成"相关规范性法律文书,如《补充侦查决定书》。根据系统设置,此类法律文书的"最低审批角色"为检察官,这意味着办案检察官有独立决定退回补充侦查的权力。

然而,在全国检察机关办案系统平台中,并未设置自行侦查的相关流程,系统也未提供规范性法律文书,无法自动生成相关文书。这既说明了自行侦查权的重要性未得到检察机关应有重视,客观上也给办案检察官提供了一定的心理暗示——退回补充侦查优先于自行侦查。

那么,在办案检察官意图启动自行侦查权的情况下,应当如何进行呢?在无办案流程和规范性法律文书的指引下,不同办案检察官可能会做出不同的决定,有的可能会向单位分管领导请示,有的可能自行决定侦查。办案检察官接下来必须考虑的问题是:自行侦查的期限有多少?也就是说应当在多长的时间单位内自行侦查完毕。《刑事诉讼法》规定了退回补充侦查的期限为1个月,且可以退回两次,这也意味着侦查机关有两个月的补充侦查期限。而对于自行侦查,刑事诉讼法并未规定期限,按照《刑事诉讼规则》的要求,自行侦查必须在审查起诉期限内侦查完毕。《刑事诉讼法》第169条规定,人民检察院对于公安机关移送起诉的案件,应当在1个月以内做出决定,重大、复杂的案件,可以延长半个月。由于自行侦查不能占用退回补充侦查的期限,也就是说,自行侦查期限最多为1个月零15天。显然退回补充侦查的时间比自行侦查的时间要长,另外由于公安机关补充侦查完毕重新移送审查起诉后,审查起诉的期限重新计算。换言之,两次退回补充侦查的案件在公诉部门停留时间数倍于自行侦查的案件。因此,对那些案情复杂、补证难度大的案件,退回补充侦查显然比自行侦查更具有时间上的优势。

四、破解之道与制度重构

公诉环节自行侦查权的运行在法律规定、程序适用、内在动力与现实保障等方面存在诸多问题,必须从根本上寻求破解之道,使刑事诉讼法赋予检察机关的自行侦查权在刑事诉讼活动中发挥应有的监督与制约作用。

(一)赋予检察机关机动侦查权并重设侦查部门

检察机关的机动侦查权就是指检察机关根据法律授权,对那些不宜由监察委调查和公安机关侦查的案件,综合案件性质和社会影响等情况,认为有管辖的必要时,对该类案件直接立案并进行侦查的权力。例如:人民检察院在诉讼活动法律监督中发现司法人员利用职权实施侵犯公民权利以及公安机关应当立案而不立案等损害司法公正的行为,检察机关根据行为的性质、社会影响及危害后果,并结合犯罪立案标准,决定是否立案侦查。

随着反贪与反渎等职能部门的转隶,检察机关的监督手段与方式必将有所弱化,但是检察机关是宪法定位的法律监督机关,监督职能的强制性要求必须赋予检察机关一定的刚性手段,而机动侦查权既具机动性又具强制性,对被监督对象具有强大的震慑作用。此外,由于检察机关承担批捕、起诉等刑事检察职能,在诉讼活动中容易发现调查、侦查、审判等职能部门的涉嫌犯罪线索,如不赋予检察机关一定的机动侦查权,检察机关对这些参与诉讼的职能部门的监督力度必将大打折扣。

为完善与监察法的衔接机制,调整人民检察院侦查职权等制度,第十三届全国人大常委会第二次会议对《刑事诉讼法(修正草案)》(以下简称《草案》)进行了审议,《草案》第2条规定,删去人民检察院对贪污贿赂等案件行使侦查权的规定,保留人民检察院在诉讼活动法律监督中发现司法工作人员利用职权实施非法拘禁、刑讯逼供、非法搜查等侵犯公民权利、损害司法公正的犯罪的侦查权,这对于保留检察机关的机动侦查权十分必要且意义深远。

从《草案》修改精神中可以看出,检察机关保留机动侦查权是一种普遍呼声,将成为通过法律确定为检察机关的职责与制度。在此背景下,检察机关重新设立侦查部门将成为一种现实需要。通过设立侦查部门,既可以依法履行一定的职务犯罪侦查权，同时也为解决公诉环节自行侦查工作中存在的力量不足、保障不到位等问题创造了有利的条件。

笔者认为，在审查起诉阶段，办案检察官如果决定自行侦查，在自身人手不够与技术保障欠缺的情况下，除了可要求公安机关提供必要的协助外，还可与检察机关侦查部门联合开展公诉环节的自行侦查活动。这样既有利于补充证据，更好地指控犯罪，也有利于检察机关发现调查、侦查和审判等职能部门工作人员在诉讼活动中涉嫌的犯罪线索，进一步强化检察机关对诉讼活动的法律监督。

（二）减少对任意规范适用的随意性，适当增加法律规范的强制性

现行《刑事诉讼法》关于审查起诉阶段自行侦查活动的规定属任意性法律规范，即对于需要补充侦查的审查起诉案件，可以退回公安机关补充侦查，也可以自行侦查。由于任意性规范允许法律关系的参加者在一定的范围内可以自行确定其权利和义务，审查起诉阶段办案检察官对证据不足需要补充侦查的案件，往往做出"弃繁就简"的决定，即直接退回公安机关补充侦查，而不愿选择"耗时费力"的自行侦查。因此，有必要对现行《刑事诉讼法》第171条第2款进行修改，即在"人民检察院审查案件，对于需要补充侦查的，可以退回公安机关补充侦查"。删除"也可以自行侦查"，同时后面增加一款："公安机关补充侦查不作为或消极作为的，应当自行侦查，并追究公安机关侦查人员的相应责任。"如此修改将出现以下几种情况：第一，实际上把退回补充侦查作为自行侦查的前置程序，即在一般情况下，自行侦查前必须将案件退回公安机关补充侦查；第二，如果在退回补充侦查后，发现侦查人员不作为或消极作为的，可以立即终止公安机关补充侦查活动，而启动自行侦查程序；第三，督促公安机关更加重视补充侦查。

为保障检察机关对侦查人员的有效监督，应当建立对侦查人员懈怠侦查的责任追究制度。如果侦查人员没有正当理由而不依法进行补充侦查，可以借鉴日本的做法，检察官可以向国家公安委员会或都道府县公安委员会提出惩戒或罢免司法警察官的追诉。我国在没有公安委员会的情况下，检察机关可以要求侦查人员负责人撤换侦查人员，并有权提出相应的制裁建议。侦查机关应当对有关人员做出处理，并向检察机关书面报告处理情况。[1]

---

[1] 马健伟：《检察机关的刑事侦查权研究》，中国政法大学2006年硕士学位论文，第26页。

（三）细化公诉环节自行侦查权的启动和运行程序

在对《刑事诉讼法》有关条文进行修改的同时，还应对最高人民检察院《刑事诉讼规则》有关条文进行调整，尤其应当细化审查起诉阶段自行侦查权的启动和运行程序，因为在目前的司法实践中，《刑事诉讼法》虽然确定了检察机关启动自行侦查权的权力，但是并无明确的启动和运行程序。

首先，建议最高人民检察院《刑事诉讼规则》详细规定自行侦查权的启动和运行程序。当办案检察官意图启动自行侦查程序时，没有现成可供执行的规范性程序。例如，检察官是否应向分管领导审批？是否应制作规范性法律文书？笔者认为，自行侦查不同于退回补充侦查，退回补充侦查的侦查行为由公安机关办案人员负责执行，应当赋予审查起诉阶段办案检察官的退回补充侦查的决定权。办案检察官通过审阅案卷后，能准确发现案件中存在的问题，同时预计庭审举证质证可能面对辩护人发起的质疑，如能按照其意图退回补充证据，即可保证案件质量，也可增强庭审效果，同时还可因免去审批程序而节省办案时间。但是对于自行侦查权的启动，却不宜由办案检察官决定，因为自行侦查活动由办案检察官负责进行，同时可能需要公安机关协助配合，甚至需要检察机关内部相关人员参与。在此种情况下，由院分管领导审批决定自行侦查有利于充分调配自行侦查力量，监督办案检察官滥用自行侦查权。

其次，《全国检察机关统一业务应用系统》应当设置自行侦查流程和规范性法律文书。办案应用系统设置了退回补充侦查的流程，但无自行侦查程序，这实际上实际操作层面把自行侦查置于可有可无的境地。既然自行侦查是补充侦查权的一种，就应当把它置于与退回补充侦查同等地位，甚至更高地位。因此，在检察机关统一办案系统中应当增设自行侦查流程。在设计流程时可分两种情形进行：一是退回补充作为自行侦查的前置程序，只有开始了退回补充侦查程序才能进入自行侦查流程；二是不经退回补充侦查程序，而直接进入自行侦查流程。对这两种不同流程应当做出详细规定，即何种情况走第一项流程，何种情况走第二项流程。

最后，应比照退回补充侦查，重新设计自行侦查期限和审限。根据前文分析可知，因为自行侦查期限即为审查起诉期限，所以自行侦查的侦查期限一般为1个月，特殊情况下可延长15天，这就意味着自行侦查结束之日就是案件做出不起诉和起诉等最终决定之时，因为自行侦查期限是包括在审查起诉期限之内的，它显然不如退回补充侦查灵活。笔者认为，调整自行侦查期限可分两种情况进行。

第一种情况,笔者称之为"承继的自行侦查",即审查起诉期间,案件经退回补充侦查后,检察机关发现公安侦查人员存在不作为、消极作为或不宜由公安机关进行补充侦查等情况时,办案检察官决定终止退回补充侦查而开展自行侦查。承继的自行侦查又可分为两种情形,不同情形应有不同的期限设计:其一,在第一次退回补充侦查后,办案检察官发现公安机关侦查人员存在不作为、消极作为或不宜由公安机关进行补充侦查等情况时,应当赋予自行侦查1个月的侦查期限,侦查结束后,审查起诉期限重新计算。此时自行侦查限期和审查起诉期实际上比照第二次退回补充侦查处理。其二,如果办案检察官系在第二次退回补充侦查后发现上述问题和情况,自行侦查的期限也就是现行刑事诉讼法规定的审查起诉期限,也就是说,自行侦查结束之日就是案件做出最终决定之时。这种设计有利于办案检察官加强对公安机关补充侦查活动的监督,及时发现问题,及时变更补充侦查权的行使。

第二种情况,笔者称之为"径行的自行侦查",即办案检察官决定不将案件退回公安机关退回补充侦查,而自始至终由检察官自行侦查。此种情况的侦查期限与审查起诉期限应当比照退回补充侦查处理,即自行侦查最多也可进行两次,每次期限1个月,自行侦查完毕,审查起诉期限重新计算。既然退回补充侦查可进行两次,而且每次侦查完毕,公安机关将案件重新移送后,审查起诉期限可以重新计算,为什么检察机关自行侦查反而不可以享受这种"侦查待遇"呢?从理论上讲,对每一个需要补充侦查的案件而言,调取新证据的难度既是一种客观存在,难度系数也相对固定,不会因不同机关和不同人员侦查而改变,不同的只是侦查态度、水平和效率的高低问题。因此,无论从理论还是实践角度,赋予自行侦查与退回补充侦查侦查同等待遇既十分必要,也切实可行。

综上所述,侦查权对检察机关充分发挥法律监督职能的重要作用不言而喻,而公诉环节的自行侦查权作为检察侦查权的一种,没有得到检察机关应有的重视,司法实践层面也面临不少问题和困境,只有找准病根,对症下药,从制度上予以重构,才能使刑事诉讼法赋予检察机关的自行侦查权名副其实,并焕发出其应有的生命力。

◆**学术新锐**◆

知识重组与交互论证：刑事裁判的形成逻辑[*]

石聚航[**]

摘要： 刑事裁判规范的生成，展现了裁判者以刑法规范为文本的知识重组过程。从刑法规范到裁判过程的形成是一项以纠纷解决为导向的规则创造和运用活动，不能够被简单地理解为是否允许法官释法的理论。应当重新理解刑法规范的面向，树立实践刑法观，摆脱"实践反对理论"的宿命。用交互论证的方法，可以有效防范裁判规范形成的肆意性。

关键词： 裁判规范；刑法规范；知识重组；交互论证

一、问题的提出

刑法规范是刑法学体系的中轴问题，是理解刑法和适用刑法的核心所在，甚至关切到刑法现代化的意义指向。但当我们论及刑法规范时，是否应该反思一下，刑法规范的真正面向是什么？在教义学为当前刑法学研究的主要阵地时，实践中的刑法规范又以一种什么样的方式被人们理解？对裁判者而言，刑法规范以一种什么样的知识形态融入他们的职业活动？在司法被否定为是简单的知识搬运或三段论的套用时，刑法规范的运用又是一种怎样的机理？

基于社会主义法律体系基本完成的宏观背景，当下中国法治正在从"立法中心"转向"司法中心"阶段，刑法规范通常被理解为裁判规范与行为规范的统一，并且首先是裁判规范，"即指示或命令司法工作人员如何裁定、判断行为是

---

[*] 本文是中国法学会部级课题项目"裁判文书中刑法目的解释的实践运用研究"[项目编号：CLS(2017)D57]的阶段性成果。

[**] 石聚航，河北邯郸人，南昌大学法学院讲师，法学博士。

否构成犯罪、对犯罪如何科处刑罚的法律规范。"[1]将裁判规范作为刑法规范的首要属性,主要目的为限定司法权力,即裁判规范的实质在于限缩司法权限。应当说,这种理解与司法刑法学的基本格调保持一致。在动态意义上,刑法规范的知识面向主要是司法裁判者。因此,将裁判规范理解为刑法规范的首要属性,具有一定的合理性。

但是,必须要注意,如此理解,则存在着知识论上的简化处理。将刑法规范等同于裁判规范,则意味着司法可以直接依据刑法规范作为裁判依据。但问题是,任何刑法规范进入裁判视野中,都一定是经过加工处理的构建性活动。静态的、文本意义上的刑法规范直接成为司法裁判依据的现象,在流动性极强与知识变迁迅速的当代社会几乎成为可遇而不可求的理想图景。并且,在刑事政策等公共话语日渐成为扩充刑法规范知识增量元素的今天,司法裁判者不会也不可能仅仅依据刑法规范所宣示的语义作为裁判的依据。尽管在最终的法律文本上,裁判者的叙述口吻仍然是"根据《刑法》第××之规定……"但其实此处的刑法规范已经不是刑法典中静态意义上的刑法规范了。况且,无论是"经得起历史考验"的还是"经不住历史考验"的裁判,在文本上,都会以上述形式得以体现。但我们不能说判决所依据的同一规范是不同的。在"捍卫规范"的知识背景下,追求刑法规范的明确性,并借此途径合理规制刑事司法裁量权,成为学理解释和法律适用的导向性话语。然而,一如既往,这种努力一旦被放大,则对于刑法规范的适用必将陷入简单化的认识陷阱,并进而遮蔽司法视野下刑法规范的运作模式这一动态性——其实也更具实践理性的知识生产过程。

可见,刑法规范与裁判规范至少在司法实践的动态语境中,二者并不完全是一回事。[2] 将二者区分(但并不割裂)的做法,试图从刑事司法的实践运作——这个动态的知识背景入手,通过观察与反思刑法规范进入裁判者视野以及如何被裁判者建构的进路,来理解刑法规范的适用过程。事实上,这也构成了本文理论关切的起点。囿于当下对刑法规范司法适用的抽象、静态的分析已大量存在,并且尤其是在个罪的分析与适用中存在批量化的知识生产运动。但这种分析进路可能存在的问题是,仅仅从概念或原则的立场对刑法规

---

[1] 张明楷:《刑法学》,法律出版社 2011 年第 4 版,第 30 页。
[2] 其实,日本学者注意到了这种区分。从刑法规范的动态特征出发,将刑罚规范理解为行为规范、制裁规范和裁判规范(审判规范)。认为行为规范以国民为对象并与其行为相关联,而审判规范以法官为对象,相对于此,制裁规范却是两种规范之间的媒介。参见[日]野村稔:《刑法总论》,全力其、何力译,法律出版社 2001 年版,第 42～43 页。

范加以分析,将无法窥见刑法规范何以进入司法实践的运作,并进而成为裁判者自己的理解以及指导其职业活动的规则。

本文所意欲揭示的命题是:第一,刑法规范不等同于裁判规范,刑法规范的适用,中间有许多法律变量,经过这些法律变量的充实之后才形成的规范,即实践意义上的规范才是裁判规范。易言之,学理上的论断其实是一种静止的判断,动态中的刑法规范适用却不仅仅是一个知识理解和判断的问题,实质上是一项创造规则的过程。第二,从刑法规范到裁判规范的形成过程是一项充满智慧的创造性活动,其不能够被简单地理解为是否允许法官释法的理论,而毋宁是为了谋求职业生涯并且保证职业生涯平稳的一种生存策略与技巧,在本质上是以纠纷解决为导向的知识重组活动。并在此基础上,树立实践刑法观的理念,从而摆脱刑法学中"实践反对理论"的宿命。第三,裁判规范的形成具有合理性边界,以法律论证和常识论证为基本元素的交互论证,有利于克服裁判规范形成过程中的恣意性。

二、从刑法规范到裁判依据形成的历程素描

刑法学界认为刑法规范既是行为规范,又是裁判规范。似乎将刑法规范直接等同于裁判规范,但这种说法是明显有问题的。刑法规范与裁判规范应当是两个不同的概念,具体而言,刑法规范是文本的规范,其主要特点体现在:第一,文本性,即以法典为栖身场所通过文字的形式表现出来,并固定化为内在富有逻辑结构的体系。第二,静态性,即文本一旦形成,就意味着文本的内涵相对处于确定的状态。第三,典型性,即文本的主要面向是典型的案件,这是由文本的类型化所决定的。但是,作为文本的规范是否能够直接成为裁判规范,则不无疑问。因为,其间充满着许多知识变量。蕴含着司法者对刑法规范的"建构性"甚至"消解性"的理解。而这种理解与刑法理论上的形式解释和实质解释之间并不具有必然的联系。它更多的是一种具体的实践理性,并且如果站在裁判者的立场来考虑的话,我们毋宁说它是一种生存性智慧的表达。

易言之,从静止的刑法规范到动态的裁判规范转变中,中间夹杂着诸多因素的融入。刑法规范真正能够以原生态的形式进驻案件审判并成为案件审判的依据,在当下司法解释日渐庞杂(尤其是司法解释对刑法规范进行具体化乃至变相改造)的今天,多少有些令人不太乐观。今天刑法学界更多地将精力集中在对刑法规范术语的教义学解释上,这当然有利于实现刑法规范的精致性、精密性。但精密的刑法体系如何能从静态文本上成为活生生的裁判规范,

却并没有引起刑法学界的普遍关注。实际上,单单就司法解释这一关,就足以在很大程度上阻碍甚至堵截刑法规范直接适用的通道。对此,法理学界的学者通过分析当下中国司法解释的运行实际情况,认为最高司法机关司法解释具有明显的权力本位的特征:即"强权(从国家权力与公民权利的关系而言的)、越权(从最高法院与最高立法机关的职权关系而言的)和集权(从最高法院与地方各级法院的职权关系而言的)情形"[1]。在刑法领域,我们亦从司法解释解释中嗅到最高司法机关的权力本位特征。以非法经营罪为例,司法解释在对《刑法》第225条非法经营罪第4项"其他严重扰乱市场秩序的非法经营行为"细化规定时,从不同的侧面和领域,将非法经营罪扩充为一个新的兜底罪名,乃至一个恶罪。[2] 如果说上述对于兜底条款的扩大适用带有隐形的司法操作的话,那么明目张胆地对刑法典中的基本规定进行"大手术"的规定当属交通肇事罪的共犯问题。[3] 由此,且无论司法解释合理与否,单从事实的角度看,司法解释在刑法规范的适用路途中无疑设置了诸多障碍性(中性意义上)的因素。

在笔者看来,关注司法动态中的裁判规范,至少在当代中国,也许是一个更紧迫也更为重要的问题。首先,无论在任何历史时期,法律规范的真正生命在于实践。就当下而言,刑法以及其他法律,在规范体系以及理论解释上不可谓不精密(相对过去而言)。但规范适用的效果如何,至少在从"文本到文本"的理论视野中无法得以察觉。其次,如前所述,主流观点将刑法规范视为裁判规范,其目的在于限制司法裁量权。但由于文本规范在运用的过程中几乎毫无例外地要经过一番重塑甚至改造的过程,这是由司法的面向与立法的面向不同导致的。一般而言,立法面向的是普遍的甚至是无差别的事实,也因此才有了作为类型化知识的犯罪论体系等范畴。但司法面对的是具体的并且一定是千差万别的具体案件,因此,以普遍化的刑法规范应对千差万别的具体案件,存在着路径上的不对称。当然,这并不是否认刑法规范的知识贡献与可能意义。而是就刑法规范的适用过程这一点来看,刑法规范对于司法限制的功

---

[1] 刘风景:《裁判的法理》,人民出版社2007年版,第140~141页。

[2] 欧阳本祺:《对非法经营罪兜底性规定的实证分析》,载《法学》2012年第7期。但其实,如果将视野放大,对可能涉嫌构成非法罪的实践认定将更多。

[3] 2000年11月15日,最高人民法院《关于审理交通肇事刑事案件具体应用法律若干问题的解释》第5条第2款规定:交通肇事后,单位主管人员、机动车辆所有人、承包人或者乘车人指使交通肇事人逃逸,致使被害人因得不到救助而死亡的,以交通肇事罪的共犯论处。理论界对此基本上持一边倒的否定态度,认为此规定违背了《刑法》第25条关于共同犯罪的规定。

能可能被流于一种宏大叙事或理念宣示。

真正的疑难问题是,我们如何近距离地观察司法裁判者在面对具体案件时对刑法规范理解、运用,其实也是重构的具体思维表达。通过对这种知识的展示,才可能使我们更加清晰,同时也可能是悲观地发现,刑法司法运作在很大程度上会以不同的形式来实现但更多地可能是冲击我们对诸如"正义"这些富丽堂皇的话语的冲击。也可能最后我们会发现,从历史故纸中传递出来的诸多令人激动人心的话语或许仅仅就是个"美丽的谎言"。毕竟"书上的法律和行动中的法律不总是一样的。规则和机构本身并不能告诉我们这机器如何运作"[1]。如果说在弗里德曼时代,"不总一样"尚且成立的话,那么在当下中国社会处于大变革(同时也是规则林立)的时代中,甚至在特定的时空下会出现"总不一样"的情形。从刑法规范的语词构造上看,任何语词也存在哈特所说的"空缺结构"。[2] 因此,对于规范的适用本身有裁判者的理解(内在的以及外在的)因素。尽管人们一直信守拉德布鲁赫"法律安宁的建立比任何诉讼改革(其实也包括法律改革,笔者注)都更为重要"[3]。但实际上,刑法规范表面稳定的背后却隐含着规范语义的无声流动,如果再加上实践中裁判者对规范的重新理解和建构,规范的不确定性就更加明显了。"规范内涵的不确定性,其根本在于社会生活的复杂性,并不是换成'法益'两个字就可以迎刃而解的。"[4]

由此可见,裁判规范至少与在文本意义上的刑法规范是分属两个不同领域内的问题。与后者相比,裁判规范表现出如下特性:第一,实践性。亦即裁判规范直接的面向是具体个案,可以与案件事实经由裁判者的思维加工生成裁判结论。而刑法规范显然不能够直接根据案件事实决定被告人有罪还是无罪。就此而言,裁判规范实际上是链接刑法规范与案件事实之间的关联性因素,并且是刑法运用中不能绕过去的门槛。第二,主体性。裁判规范表达的是裁判者对刑法规范的理解以及如何运用的知识,这种知识带有鲜明的个体特色(作为个体的法官以及作为案件裁判者的合议庭,甚至在疑难案件中拥有最后决策权的审委会具有无以复制的特点)。刑法规范尽管也是立法者价值理念与利益衡量的载体,人们对刑法的理解也会受到个体因素的影响,但这种影响由于并不能够转化为裁判结论这一实践性的知识。"法官的核心工作是一

---

1 [美]弗里德曼:《法律制度——从社会科学角度观察》,中国政法大学出版社1994年版,第1页。
2 [英]哈特:《法律的概念》,张文显译,中国大百科全书出版社1996年版,第124~125页。
3 [德]拉德布鲁赫:《法学导论》,米健、朱林译,中国大百科全书出版社1997年版,第129页。
4 吴学斌:《刑法适用方法的基本准则》,中国人民公安大学出版社2008年版,第81页。

个人的工作,即法官以个人的最大努力来决定案件。法院内部的机制必须促进而不是抑制这种个人的作用。"[1] 尤其是在主张司法独立的语境中,裁判主体性的特点显得更为紧要。第三,开放性。裁判规范的开放性,构成或生成裁判规范的因素是多元性的、开放的。裁判结论不是也不可能仅仅是刑法规范按照逻辑演绎得出的结果。司法实践中,裁判者之所以对裁判结论保持着高度的谨慎,除了刑事司法关涉到普通公民的重大法益以及案件事实本身难以认定之外,从技术层面上看,更为务实的问题是对从刑法规范转化为裁判规范的相关因素"拿捏不准",以至于对如何裁判内心充满犹豫。因为,就裁判者而言,裁判规范的最终敲定显然与刑法理论上对刑法规范的理解和诠释所考虑的因素更为复杂。刑法理论上对刑法规范的不同界定,完全可以基于研究者的理论兴趣或立场而进行假设、证伪和论证。但对裁判者而言,从刑法规范到裁判规范之所以如此艰难,是因为其活动在本质上是一种职业活动,会涉及诸如职业荣誉、角色认同、职业风险等复杂因素。"法官在处理某个案件时选择纠纷解决并非是其第一目标,只是'因案制宜'的策略,是法官适应生存环境的反映。"[2] 当然,如果仅仅将问题理解至此,则势必会对研究者形成偏见。尽管就裁判规范生成的历程而言,其是裁判者职业活动,但这其中完全有可能成为刑法规范实现知识增量以及观察裁判者裁判技巧的绝佳机会。也是在这个意义上,关注并研究从刑法规范到裁判规范的艰难生产的过程,以及在此过程中裁判者采取了什么样的建构性策略,显然比从文本到文本的解释更为引人入胜。

三、知识重组:刑法裁判的观念基础

语言的意义是人赋予的,语义会发生流变,既有"历时性流变",即在一个历史时期中被认为普遍认可的意义在另一个时期内消失或变更,也有"共时性流变",即在同一社会中的不同语言共同体对同一语词会有不同的理解,从而难以确定语词的"平义"或普通含义。[3] 客观地讲,对于身处具体案件定夺的裁判者而言,几乎都以不同的方式对刑法规范进行着以"案件为中心"的解构、建构关于刑法规范的重新理解。现实地看,"即使由立法机关颁布的制定法也不是法律,而仅仅是法的渊源,因为法律的意义及其效力只有在法院审理案件中

---

1 [加]安东尼奥·拉默:《法官的角色与作用》,载《人民司法》1999年第1期。
2 吴英姿:《法官角色与司法行为》,中国大百科全书出版社2008年版,第55页。
3 参见苏力:《解释难题:对几种法律文件解释方法的追问》,载《中国社会科学》1997年第4期。

才能被最终确定,司法判决构成了法律本身。"[1] 从刑法规范到裁判规范,可谓充满多样性、复杂性的历程。

其实,这也符合人们认识的基本原理。就认识论上看,人们对事物的感性的、理性的认知不会如幻灯片、投影仪一样,将客观事物直接映衬到大脑的简单过程。

面对同样一个符号,不同的解读者怀着不同的解读动机、运用不同的解读方法,自然可能会得出不尽相同的结论。亦即,仅就个体的理解而言,知识的接纳与理解一定是主体对其内化的过程。存在于主体内心世界中的刑法规范,也势必会与作为被内化的刑法规范之间产生距离。人类认知的多样性,在根本上就在于内化的过程是不同的。以往刑法学研究仅仅在刑法规范的解释中关注到了这一点,并且基于不同学者的表述脉络,将刑法解释分为形式解释与实质解释阵营。[2] 尤其是在两大阵营形成之后所形成的理论批判气候后,人们对于学者们的解释思路和立场有了相较而言可能更为清晰的认知。但这种解释通常是与学者的基本立场甚至对于某些问题的"敏感"[3]、兴趣而导致的。从解释的进路上看,影响学者解释结论的主要因素大体上有前述的理论敏感、解释方法以及对于某些宏大叙事理念的态度等因素。但总体看来,这些影响因素,并没有裁判者解释可能受到的因素复杂。况且,学理研究存在"假设—证伪"的路径依赖。"科学理论不是靠什么'研究程序'推导出来的,而往往来自研究者在某时、某地和某种情境下所提出的假说或者猜想,甚至来自研究者一时偶然的'顿悟'。"[4] 假设的存在,尤其是关于带有学术标签性的命题提出之后,提出者往往会钟情于对此问题的多方位论证,因此,在论证的进路中,通常会悄无声息地从"证伪"变成"证成"。

大体而言,研究者可能更乐意接受同意或附和其观点的声音,而不太倾向于自我否定以及接受外来的否定与质疑。"在刑法学领域,一个学者对某个观点所做的一切论证,只能得到同意该观点的人的赞成;不管持此观点的法律人士如何论证,持彼观点的法律人士的全部声音只有一个'不'字。"[5] 对于理论研

1　[美]亨廷顿:《变化社会中的政治秩序》,王冠华,等译,三联书店1989年版,第234页。
2　具体请参见张明楷:《实质解释论再提倡》,载《中国法学》2012年第4期;陈兴良:《形式解释论再宣示》,载《中国法学》2012年第4期。
3　陈兴良教授在谈到实质解释时,曾经表达了"对于实质刑法观我当然是近乎本能地抵触"的心理。参见邓子滨:《中国实质刑法观批判》,法律出版社2009年版,序第11页。
4　陈瑞华:《论法学研究方法》,北京大学出版社2009年版,第142页。
5　张明楷:《学科内的争论与学科间的协力》,载《法学研究》2011年第6期。

究者，人们可以就某个观点持久性地表示"是"或者"不"的声音。但对案件的裁判者而言，这种坚持恐怕多数会在实践中流产，尤其是对案件承办人而言，在审委会上如果一直对他人的观点置若罔闻，而一味表现出极强的学术坚持，通常会被视为"没有历练"的书生。而这种通俗性的评价，有的时候对于以裁判为职业的法官而言，可能是致命的。也因此，面对学者极力宣称自己观点的时候，从事实务的人士通常会以"站着说话不腰疼"或者"理想很丰满、现实很骨感"的话语善意地嘲讽。这从中也可以看出，裁判者对于所有外来的知识的内化理解，在行动上都是一种环顾四周之后的知识重组。

当法官在办案时，除了在法律规则之内寻找裁判依据外，案件之外的因素也是任何一个理智的裁判者不能忽视的问题。甚至，就裁判方法来看，案外的因素也对之具有重要的型构功能。"法官要用社会学的方法，不仅在个案裁判中裁判当事人的权利义务，解决纠纷，进行利益分配，还要将个案利益与社会公共利益进行平衡，并努力与社会的现状和发展趋势吻合。"[1] 无疑，法官的知识构造是多重、复杂的组合化系统。"一方面针对规范调适生活事实，另一方面针对生活事实调适规范。"[2] 所谓的反复调适，其实就是将普遍的规则如何被进一步在特定语境中组合为地方性知识的工作。尽管比较艰辛，却是每一个案件裁判者都必须面临的客观情势。有观点认为，裁判规范是法官在不能发现一个可供适用的法律规范时自己创制的一个规范，并且认为裁判规范绝不是"个案规范"，而是一种普遍化的或者意欲普遍化的规范，是法官直接用于裁判的规范。[3] 这种观点道出了裁判规范与刑法规范之间的区别，是一种务实的洞见，但也有可商榷之处。

认为裁判规范只是裁判者在无法寻找到直接适用的法律规范，或者说"找法不成功"时，才创制的规范未免过于狭窄。如前所述，在现代规则林立的时代，规则本身的模糊性以及规则之间错综复杂的关系，导致规则几乎无法直接成为裁判的依据。即便是对于诸如故意杀人罪是亘古以来最为悠久（悠久、常见不代表简单）的罪名，规范也不可能直接适用。《刑法》第 232 条规定，故意杀人的，处死刑、无期徒刑或者 10 年以上有期徒刑。从刑法规范的逻辑结构上看，"故意杀人的"是罪状，后半句是法定刑。罪状和法定刑构成了一个完整

---

[1] 孙海龙、高伟：《裁判方法——联结事实、法律与裁判的桥梁》，载《人民司法》2007 年第 1 期。
[2] ［德］亚图·考夫曼：《类推与"事物本质"》，吴从周译，台湾学林文化事业有限公司 1999 年版，第 91 页。
[3] 张其山：《裁判规范的创立原则》，载《政治与法律》2009 年第 10 期。

的刑法规范。那么,现在具体分析故意杀人罪的规范表述是否能够直接被运用到刑法司法裁判中。①罪状所表述的"故意杀人",显然是构成要件要素的判断,在最普通的案件如 A 用匕首捅死 B 的情形下,杀人的客观判断是比较容易的,但对于故意的认定,并不那么容易。尤其是在现代刑事诉讼所确立的规则中,证明行为人主观上是"明知杀人的行为违法而执意剥夺他人生命"的心理是比较困难的。况且,在案件认定中,即便是事实比较清楚的案件,在构成要件判断中也并不简单。即事实清楚的案件并不意味着是裁决的简单化。现代刑事诉讼的制度假设在一定程度上防范了国家刑权力对被告人肆意出击的蛮横时,同时也为加剧被告人与国家对抗的强势心理提供了制度性支撑。"西方传统刑事诉讼程序是以国家和被告人的对抗为发展线索的,从某种意义上来说,这种对抗的诉讼结构是以被告人将基于'趋利避害'的人性而否认自己实施犯罪这一假设为前提的。正是基于对被告人'趋利避害'本性的尊重和承认,西方传统刑事诉讼法程序设置了无罪推定、不得强迫自证其罪等基本原则,并在这些基本原则之下发展出沉默权、辩护等一系列帮助被告人在刑事诉讼程序中否认犯罪并与国家相对抗的制度。"[1] 易言之,在被告人沉默并且没有其他证据可以有效形成证据链条时,判断行为人是否构成故意杀人罪不是一件容易的事。②退一步,在对构成要件判断没有争议时,即行为人构成故意杀人罪没有证据上的疑问。在裁判中,对司法裁判者而言,尚须解决的另一重大问题是刑罚的确定。而纵观故意杀人罪的法定刑,可以清楚地看到,法定刑跨度非常之大。尤其是在后果上出现"生死两重天"的差别,甚至是法定刑出现"变档"时,裁判者都会表现出"拿不准""不自信"甚至焦灼的心理。

裁判者的这种心理在与故意杀人罪几乎同样悠久的盗窃罪审判中也体现得淋漓尽致。许霆案就是理解这种心情的绝佳版本。有学者对此做出分析,在一审时,虽然法官们已经认识到许霆被判无期徒刑属于量刑过重,但由于对法律规范的恪守和先前案例的影响,使审理法官不敢轻易决定做出改变。而在重审时,由于一审判决显然无法获得专业领域内其他法律人的认同,因此,出现了改判的情况。[2] 许霆案所揭示的裁判知识在于,案件外的其他人(包括法律人甚至民众)对于案件的专业的以及不专业的判断,都在很大程度上成为裁判者知识重组中的重要参量。

以知识重组来理解刑法规范的司法适用,并不是要消解规范的普适性或

---

1 何挺:《现代刑事纠纷及其解决》,中国人民公安大学出版社 2011 年版,第 78 页。
2 张其山:《裁判规范的创立原则》,载《政治与法律》2009 年第 10 期。

有效性,而是力图以一种动态的图景去展示刑法规范是如何在实践中被适用。以知识重组为视角,分析裁判者是如何将刑法规范"内化"以及在此基础上创制裁判规范的艰辛历程,并使之成为概括与理解裁判者思维以及行动策略的概念指南,有其他学科的思想支撑与观念基础。任何科学的发展,都是对现有学科体系进行批判并通过改变其内在的学科要素,以及掺入其他的外在裁量,使学科发生变革。

这种知识的增量以及发展的现象其实从本质上看是知识重组的现象。近代实证主义奠基人孔德所倡导的实证主义社会学,就具有明显的知识重组痕迹。宏观上看,孔德的实证社会学,是探讨重组社会的实证主义科学,是用推理和观察相结合的方法研究种种社会现象及其演变和性质的科学。[1] 在这种基调下,孔德从对科学分类的基础工作开始,思考并力图建立社会学的体系。孔德认为,建立社会学是从科学分类开始的,目的在于论证社会学是不是有可能建立。建立一门学科是有条件的,学科系列的发展也是有程序的。从简单到复杂,在程序的排列中,后期的学科需要以前面的学科为基础,或依赖在它前面的学科。这就是学科之间的"渐进的相关性"。孔德排列的学科程序是:数学、天文学、物理学、化学、生物学、社会学。并在对社会学界定时,指出研究群体现象或社会现象,研究人的群居或联结的有生命的领域。这种研究需要生物学、化学、天文学等知识,以数学为研究工具,发现法则,解答或解决(包括预测)需要解答、解决(和预测)的问题,促进社会的发展。[2] 可见,孔德的社会学本身就是一种重组的社会学。

当然,对于重组社会学这一做法,社会学界也有不同的争议。但孔德在知识进路上为社会学的研究开创了一条新的方法——知识重组。其实,在自然科学领域中,知识重组也一直以来受到人们的关注,自然科学认为,不同元素以及相同元素之间结构的不同都会导致物体本身属性的变化,甚至会引起物的本质的改变。例如,化学中不同原子的组合以及相同原子之间的数量、结构变化都会引起一系列的反应。因此,自然科学也承认知识重组对知识发展的能动贡献。"知识重组,不是将两种知识素以组合,那样的组合不会有意义。知识重组,是按心中的目标,将两种以上知识组合起来,让它产生化学反应时的效应。原来两种知识的属性已经得到改变,融合后产生一种新的属性,这就

---

[1] 王养冲:《西方近代社会学思想的演进》,华东师范大学出版社1996年版,第34页。
[2] 王养冲:《西方近代社会学思想的演进》,华东师范大学出版社1996年版,第34~35页。

是发明。"[1]具体到知识层面上,不同知识之间当然也会发生类似的反应,在社会科学领域内就体现在人们认识以及价值判断的立场、方法以及策略上的不同,做出的结论可能天壤之别。因此,知识重组的整体功绩在于促进人们认识世界的知识总量得到实质的增长。并且,知识重组还具有批判和反思的功能,人们可以从重组的知识来反思作为具体组成部分的知识元素可能存在的问题,为知识的长足进步提供批判动力。

联系到本文的论题,要实现刑法规范向裁判规范的转向,需要融合裁判者对于规范的理解以及影响规范适用的可能要素。在此基础上,裁判者也可能创造出一项新的关于规范适用的准则。因此,一方面,具体个案的裁判规范可能会引起人们对刑法规范的重新理解和认识;另一方面,对于裁判者经过知识重组活动之后形成的裁判规范,尤其是新创设的规则,需要进行检验。后者对于当下中国司法而言尤为重要,亦即我们对于裁判规范的形成,既要建立在同情的理解的基础上,同时,也要对裁判规范的形成予以适度的警惕,在警惕与反思的语境中,通过学理的建构,提炼出检验裁判规范形成的评判依据。

四、知识重组的近距离观察:基于纠纷解决解读裁判规范的形成

尽管社会公众对于司法一直抱有很高的期望,书面文字也经常将裁判者及其所从事的活动神秘化为"正义的最后防线""公正的最后堡垒"等诸多美誉。但一旦走进裁判的具体实践,我们甚至会怀疑这些赞誉是否能够让司法承受之重。世俗地但也是务实地看,尽管对于裁判者而言,操着关系当事人利益甚至被告人的生死利益的权力。但真正对于他们而言,裁判显然不是也不可能将令人心潮澎湃的宏大叙事的"语词"作为裁判的依据,甚至连裁判的任务可能都算不上。裁判者关注并且牵制其裁判流程并制约其行为的只是务实的纠纷解决,用法官的话来说就是"案结了事"。必须提醒注意的是,案结不是目的,真正的目的是"了事"。理解了这一点,我们才可能对裁判规范的形成有更为宽广的视角,也才可能获取更为丰富的资料。在"案结了事"裁判目标的重新设定下,司法活动表现出与传统法理学以及司法哲学所设想不尽一致的思路、技术和方法。

法律纠纷及其处理策略、方法和结果,是司法裁判裁判的中轴问题。案件事实的认定、法律规范的解释以及新的规则的创制都是围绕着这一核心工作

---

[1] 张文海:《也谈知识重组》,载《发明与革新》1995年第4期。

展开的。与此同时,法律纠纷的学术意义在于它还构成了部门法学科研究的学术主线,忽略了这一点,学术架构可能就存在偏差。但遗憾的是,在刑法学领域中,人们普遍认为纠纷解决的处置问题是诉讼法"管辖"的领域,对于从事刑法学研究的人而言,似乎对于纠纷解决并不太关注。但其实这是一种学术偏见或成见。正是这种偏见的存在,使得人们在研究惩罚时,曾经一度沉迷于作为抽象的国家处罚措施的刑罚,而对于原本属于加害方与被害方之间的利益关系熟视无睹。在国家垄断刑罚权启动、配置以及操作的场域中,存在意义上的刑事纠纷,被一句"刑法是规定犯罪、刑事责任及其刑罚的法律规范的总称"这一学术标签化及其影响下的抽象司法哲学(尽管面对的利益是现实的,但在处理手段即风格上显然是抽象的)遮蔽了。

之所以刑事案件的裁判解决令人难以接受,根本原因就在于我们从西方移植过来的这种诉讼话语其实是没有真正地反映出刑事案件的中心任务——平息加害人与被害人之间的紧张关系。案件经常是依据合法化的操作流程处理完毕了,但往往会激化利益关联人的愤懑以及抵触情绪。国家通过精明的制度逻辑转换,"不仅窃取了冲突,而且还通过迷人的法律语言将社会相互联系和冲突的戏剧效果和感情转变为适用刑事程序的技术性过程。"[1]但事实往往是,案件审判流程结束了,却经常留下一些"后遗症",并且这些问题所牵涉的精力要比裁判本身所花费的多得多。这也就是苏力教授所说的"纠纷处置"而不是"纠纷解决"[2]即便是在法治相对发达的国家中,也同样面临这样的处境,日本学者如此感叹:"在现实中的许多情况下,法官虽然做出了决定,纠纷也不能就此得到解决。"[3]面对这种"合法而棘手"的裁判活动,裁判者并不会仅仅依据刑法规范的可能含义而对被告人苛责,即便在没有类似于领导批条、指示以及其他外来干涉的案外因素,裁判者也需要预测甚至掂量一下,如果采取 A 方案,可能引起什么后果?而采取 B 方案,则又会有哪些优劣。因此,裁判实际上是在比较的过程中寻求更优的策略。所谓更优,文雅一点是实现法律效果与社会效果的统一,或防范被告人、被害人及其家属对国家法律产生离心力。通俗一点就是尽量减少刑事案件当事人"闹事"。因此,在案件分析以及定夺的整个过程中,司法者所面对的是一个开放性的系统,他也需要运用各种知识对之予以重组或整合,以便形成一种大体上能够说得过去的规则或"道理"。

---

[1] 孙昌军:《试论英国公司法人犯罪法律价值观念的新变化》,载《现代法学》1999 年第 2 期。
[2] 苏力:《法治及其本土资源(修订版)》,中国政法大学出版社 2004 年版,第 24 页。
[3] [日]棚濑孝雄:《纠纷的解决与审判制度》,王亚新译,中国政法大学出版社 2004 年版,第 1 页。

从这一点分析上看，司法似乎从一开始就与现实主义结下了千丝万缕的联系。司法者的活动以及重组知识的目的是"为判决效果准备一个多元化的分析结构。法官无须再为法律解释的价值、利益、规则体系的证成枉费心机，而是要考虑这种解释所导致的判决和逆向判决的效果的差异，然后确定一个更值得效仿的答案，法律解释就是在一系列的试错过程中获得了力量"[1]。尽管人们对这种司法裁判活动被赋予从确定性的法向客观性的法的变迁[2]的活动，但其实正是显示了裁判者司法操作中的聪慧与技巧，以后果为导向，并且通过一系列的假设来安排自己的行为策略，无疑会降低裁判者的职业风险。

如果说从纠纷处置到纠纷解决司法观的转变，是还原被国家刑事司法抽象化的具体纠纷有些"冠冕堂皇"甚至不足以成为有力论据的话，那么在现行司法体制条件下，体制内的硬性规定会逼迫着法官自觉地转变对案件处理的看法和认识。在裁判者看来，对于热爱司法裁判以及以司法裁判为职业荣誉和谋生手段的人而言，错案追究制度无疑是悬在广大法官头上的一把达克摩利剑。不仅因为错案追究制度可以以纪律的形式葬送一个裁判者的职业生涯，更为重要的是，错案追究制度中的诸多内容极富弹性，它以考核的性质对每一个法官的行为进行导向性的"规训"[3]。笔者曾在对S省H市中级人民法院调研时，被访谈法官在谈及如何理解刑法中的规定时，可以发现他们对于刑法尤其是司法解释的理解相当娴熟，并且在他们看来，有些规定可能明显是存在问题的，但为了避免案件审判后被上级法院驳回乃至改判的风险，许多时候都可能是明知在感觉上有偏差的裁判结论，但仍然会下判。基层法院的法官在审理案件时，其实并不是三段论的模拟与实战，对他们而言，案件本身可能引发的职业风险（包括影响年终考核、绩效考核以及晋升等方面的风险），可能要比三段论的逻辑更重要。总体看来，基层法院法官对案件审判表现出一种强烈的"务实"。这种务实除了基于本能的"保住自己的饭碗"外，还有一种大体上对案件裁判结论是否违背常识的基本判断。之所以要保持这种最基本的常识判断，一方面是为了避免出现案件当事人对裁判结果可能表现出强烈的抗争性情绪，另一方面，在法官心目中也有一个并不成文的衡量标准，即"案件裁判结论不能太不像话，或根据直觉就感觉到明显的不妥"。在上述各种因素的影响下，裁判者对法律的规定以及其中有可能引发的问题大多都会采取一

1　[美]波斯纳：《道德与法律理论的疑问》，苏力译，中国政法大学出版社2001年版，第149～167页。
2　贾敬华：《确定的法向客观性的法的变迁》，人民出版社2009年版，第52～54页以下。
3　[法]米歇尔·福柯：《规训与惩罚》，刘北成、杨远婴译，三联书店2007年版，第153～155页。

种选择性的策略。

以非法经营罪为例,近些年来刑法理论界和实务界普遍感觉到非法经营罪日渐走向"口袋罪"的趋势。其中主要原因大体为:①对于"违反国家规定"的内涵没有明确的标准予以界定,以及对于违反国家规定的许可究竟是指哪一种许可,仅仅限于特定许可或法官所说的"强制性许可",还是也包括一般性的许可等,显然没有一个统一性的把握标准。②对于《刑法》第225条第4款中的兜底条款,即"其他严重扰乱市场经济秩序的行为"的内涵和外延也没有明确的界定。由此导致了非法经营罪在实践中被戏谑为"一个难以捉摸的罪名"。[1] 在这种情况下,案件一旦进入裁判者的视野,不可能直接根据刑法的规定来处理疑难问题。但恰恰"裁判居于法律的中心,而疑难案件又是裁判的中心"[2]。例如,实践中对于开发商未取得土地使用权开发小产权房,或者改变房产用途,将小产权房作为商品房买卖的行为。刑法典和司法解释都没有做出规定。实践中如何处理?就是一个疑难的问题。

对于裁判者而言,显然需要对问题以及适用问题的依据进行一番知识的重组,首先,他需要考虑上级法院尤其是省级法院是否做出类似的规定,尽管最高法院曾以规范性的文件禁止地方性法院制定司法解释,地方法院也都不会直接以类似于司法解释的名义制定出审判具体案件的规则,但务实地看,地方法院不可能在司法解释没有明确规定的情况下无所作为,其仍然可以以一种不与最高法院禁令明显直面冲突的形式,指引下级法院的审判活动。例如,最为典型的是,各地法院经常会以学术研讨或者"法学大讲堂"等类似的形式,邀请上级法院的专家对某一个案件进行研讨。在全国范围内,最高法院也十分注重加强对地方法院尤其是基层法院法官的培训工作。[3] 但对于基层法院的法官而言,毕竟由于"天高皇帝远"的原因,对于疑难案件,如果按照现行案件层报制度,则时间成本过大。对于他们而言,顶头上司法院的做法以及各种场合的观点显然更贴合实际。这一点从基层法院法官的访谈中也可以看得出来,当问及刑法和最高法院对某类案件没有做出规定或者规定含糊时,法官是如何裁判时,基层法院法官几乎不约而同地认为,"我们就听省高院的意见,最

---

1 高翼飞:《从扩张走向变异:非法经营罪如何摆脱"口袋罪"的宿命》,载《政治与法律》2013年第3期。

2 [德]Ralf poscher:《裁判理论的普遍谬误:为法教义学辩护》,隋愿译,载《清华法学》2012年第4期。

3 本质上,这些方式都是一种"知识规训"。

高法院对我们来说太遥远了"[1]。对于他们而言,案件本身才是审判的真正意义与核心。衡量案件最重要的以及在绩效考核语境中具有核心地位的要素是案件是否会驳回以及是否会出现令当事人失控的后果。因此,裁判者在裁判,尤其是疑难案件裁判中,多半会采取"后果导向"的思维。对于上述在未取得土地许可证的情况下,擅自开发小产权房或改变房产用途进行销售的行为,是否定非法经营罪?基层法院法官就明显地表达了这种思维过程。被访法官非常技巧地从当下刑法学解释的理论纷争角度入手,主张:"从法官的角度来看,应当把握问题的实质,当遇到明显感觉罪刑不均衡的情况时候,应当从实质角度来解释。具体而言,对于疑难案件,首先要看是否需要打击。"所谓是否需要打击,其实就是学界所说的首先要看行为是否具有法益侵害的现实危害。为了避免给人造成"知识过于粗暴"的印象,法官还极力强调在对"是否需要打击"的理解时,需要综合运用解释的方法和技巧,并且认为刑法解释的方法和技巧是法官最基本的能力。但与此同时,法官也认为,毕竟法律规定不尽明确,对于上述案件,从危害程度来看,显然在房价高居不下的情况下,上述行为无疑达到了"情节严重"的标准,但毕竟在定性上仍然有些底气不是特别充足的心态,所以最后判决结果仍然认定为"非法经营罪",但判了缓刑。尽管从裁判的结论上看,可能与罪刑法定原则所强调的"因罪生刑"的严格逻辑相冲突,并且如果仅仅从学理的角度,甚至会批判法官的判决是违背刑法明确性原则或者"无罪推定"的原则。

但如果我们细心地观察,就可以发现,其实上述判决的整个形成过程,向理论研究者开放了另外一条理解法官思维和刑法知识的路径,即本文前述的"后果导向型"的实践思维,对于这种思维方式而言,显然不是按照三段论的结构予以审理的。其对所谓后果(不仅是犯罪后果,而且还包括判决可能引发的对法官可能的影响)的理解,贯穿于法官的整个知识重组以及审理案件的过程。对此,负责审理此案的法官以及其他被访法官(并没有任何的关系牵连)还极力为上述可能在现代法治国家中显得有些另类的做法做了最务实的辩解。"案件审理中,对与错有的时候并不那么明显。""裁判结果应当考虑是否违背了常识、常理、常情。"对于他们而言,我们尽可能指责其思维的不严谨性或粗糙性,但对于这种审判的实践应当予以尊重。这是一种与学院派完全不同的知识生产逻辑,如果本着认真对待实践的基本立场,我们甚至可以从中发

---

[1] 《S省H市法院调研笔记》。

掘出许多隐藏的或潜在的学术资源。近些年来出现的"以刑定罪"的论题,不就是这种以"个案为中心"的实践生产出的知识谱系吗?!在这种围绕"个案为中心"的司法审判中,裁判者所理解的刑法规范正在悄然无息地发生着深刻的变化,裁判规范的最终形成充满着"实践气息"。

五、刑事裁判摆脱"实践反对理论"宿命的艰辛努力

刑法规范作为类型化的形象指导,对实践的抽象概括在一定程度上使刑法规范与社会生活之间的关系"距离化",但作为裁判规范而言,其在知识重组的过程中,则是一项如何回应实践,以及缩短文本与实践距离的一项烦琐实务。在尊重实践的基础上,推进实践刑法观的发展。

(一)社会实践是裁判规范的基本面向

"任何法律制度和司法实务的根本目的都不应当是为了确立一种威权化的思想,而是为了解决实际问题,调整社会关系,使人们比较协调,达到一种制度上的正义。"[1] 由此,我们需要反思的是,当下刑法以及刑法学在多大程度上为实践提供了可操作性的知识供给?一方面,当下中国刑法和刑法学的发展,历来走的是一条"理论先行""理论指导实践"的路线图。但问题是,实践反对理论的窘迫局面一直在拷打着刑法规范和刑法学理论,"缺乏实务与理论之间的相互理解"[2]甚至成为一种奇怪现象。另一方面,在实践中,实务界对于理论界的诸多理论学说并不深表赞同。尤其是在当下刑法解释学日渐精密的情况下,裁判者在面对极其复杂的理论学说时,会认为理论过于繁杂,反而不利于形成合理的裁判结论。对此,只要考察一下当下身处审判一线的"经验型法官"即可获知,经验型法官审判的特点是:对社会关系、风土人情、风俗习惯十分了解,同时由于缺乏法律思维训练,社会习惯、人情道理作为一种"惯习"成为他们内心深处所认同的行动规范,或者是"内化"了的规范。……这种类型的法官可谓八面玲珑、内方外圆……属于"不惹麻烦"的一类,因而也深得法院领导的赏识。[3] 如果客观地从知识结构上评论,经验型法官对社会关系、风土人情、风俗习惯的了解显然是与刑法规范完全不同的知识类型,但它们同样作为重要的知识参量,不断对刑法规范进行充实与完善,并进而形成用法官的话来说"让各方面都基本满意"的裁判结论。对于这种做法,显然在视法律为规

---

[1] 苏力:《法治及其本土资源》,中国政法大学出版社2004年版,第29页。
[2] 周光权:《中国刑法学的想象力与前景》,载《政法论坛》2006年第6期。
[3] 吴英姿:《法官角色与司法行为》,中国大百科全书出版社2008年版,第63~64页。

则之治甚至刚性之治的语境中被贴上"不按法律办事"的标签。

但"法律所体现的乃是一个民族经历的诸多世纪的发展历史,因此不能认为它只包括数学教科书中的规则和定理"[1]。博登海默的话也在一定意义上点破了当下"学院型法官"与"经验型法官"两种角色在法院评价体系中的不同遭遇。"因为司法不可能直接搬用或套用书本的知识;实践的判断,而不是逻辑的推理,在司法中起到了更重要的作用。而对实际问题的判断不是书本可以教会的,不是遵循严密的逻辑演绎可以导致的。"[2]这更是在知识论上进一步论证了本文前述的知识重组作为连接刑法规范与裁判规范的功能性作用。对知识重组重要性的强调和论断,在根源上乃是出于对实践的理解和尊重。

例如,《刑法》第64条规定:"犯罪分子违法所得的一切财物,应当予以追缴或者责令退赔;对被害人的合法财产,应当及时返还;违禁品和供犯罪所用的本人财物,应当予以没收。没收的财物和罚金,一律上缴国库,不得挪用和自行处理。"其中,对于供犯罪所用的本人财物没收问题,刑法理论一般认为不存在任何障碍问题,只要是犯罪人所用的本人财物一律没收。但实践中,对于何谓犯罪所用的本人财物却并不容易界定。例如,A和B结婚时,双方共同出资(其中B出资90万元,A出资10万元)购买了一价值100万元的汽车,但在机动车登记时仅仅登记了A的名字,后二人离婚,但并没有对机动车进行变更登记。某日,A所经营的公司倒闭,迫于生计,驾驶上述汽车实施盗窃,后被抓获,法院判定其构成盗窃罪。但在没收供犯罪所用的本人财物时是否包括汽车则产生疑问。如果严格按照民法上的"物权法定主义",则机动车显然是A的,对之予以没收应当没有问题。但如果一概这样认定,则势必会殃及B的利益。如果不对之予以没收,则可能又会与刑法规定相背离。为此,实践中有的做法是,在没收之前,先将汽车进行评估、拍卖[3],然后按照双方的比例,仅对A应得的那一部分予以没收。在这种情况下,对供犯罪所用的本人财物则显然已经不是《刑法》第64条所规定的本来含义。尽管在处理上可能备受批评,但处理的结果大体上能够为人们接受。

之所以如此,是因为任何一个案件裁判结论的生成,从知识重组上看,难度甚至要大于法律文本的形成。裁判规范面对的对象是"个案",裁判者所真

---

[1] [美]E.博登海默:《法理学——法律哲学与法律方法》,邓正来译,中国政法大学出版社2004年版,第160页。

[2] 苏力:《道路通向城市——转型社中国的法治》,法律出版社2004年版,第241页。

[3] 当然,在实践拍卖中会出现汽车缩水的情况,导致B的财产受损,但这其实不是"没收犯罪所用的本人财物"的问题,应当别论。

正关切的问题是,纠纷是否能够解决以及解决的方案是否妥当等问题,至于规则的适用,多半是变通性的。用笔者在访谈时法官的说法就是"裁判结论要符合常识"[1]。亦即,案件裁判一定是要在特定的语境中实现对刑法规范的重组,其中要考虑到普通民众、案件当事人的可接受性。"法律绝不是脱离生活之外的某种东西,而是生活秩序建构的一个最为根本的要素。理解了当地人的生活和习俗,才可能理解当地人的法律观念和法律行为。既然法律与习俗是一个相互渗透的过程,那么法律就不应当脱离开实际的民俗生活来自行建构。"[2]

关注这些非规范性的要素,其实就是在寻找理解刑法的有效性策略。"法律解释是一种以实践理性乃至商谈理性为主的社会活动。"[3]裁判活动本身就构成了裁判者对刑法规范在具体个案中的理解和运用。与其将这种行为理解为是法律规范从抽象走向具体的过程,倒不如是对生活世界的重新发现与开掘。"解释者应当正视法律文本的开放性,懂得生活事实会不断地填充法律的含义,从而使法律具有生命力。"[4]其实,即便是在刑法解释学发达的日本,学者也认识到公众价值判断对刑法的可能功能。"实际上,要求制定并遵守这些法令的真实主体是各个国民的价值尊重意识。"[5]一言以蔽之,面向实践以及在此基础上形成的实践刑法观,是勾连、维系刑法与公众认同之间的基本立场。

(二)裁判规范的形成本质上是对刑法规范不断纠偏的过程

裁判规范是对刑法规范的"知识改造"活动,目的就在于形成刑法与实践之间的互动与互构。"实践就是行动,而法律规范的应然性格,使得我们认为法律必然与行动相关,所以法律的理性当然是实践理性。"[6]由实践而生的裁判规范在形成过程中实际上是对抽象的刑法规范不断纠偏的过程。普遍性知识的增长,是以非正式制度的不断刺激与激励为动力的。回顾一下刑法学的发展历程,刑法理论本身即是处以不断纠偏的过程中,例如,刑法中的行为、因果关系乃至刑法学派的历史发展,都是后来者对前说纠偏的发展历程。思维角度的转换、研究方法的更新等都在不同程度上对刑法理论的发展起到历史性

---

[1] 《S省H市法院调研笔记》。

[2] 赵旭东:《权力与公正——乡土社会的纠纷解决与权威多元》,天津古籍出版社2003年版,第314页。

[3] 黄奇中:《刑法解释的沟通之维》,中国人民公安大学出版社2011年版,第233页。

[4] 张明楷:《刑法学》,法律出版社2011年第4版,第15页。

[5] [日]竹田直平:《法規範とその違反》,有斐阁1961年版,第27页。

[6] 颜厥安:《法与实践理性》,中国政法大学出版社2003年版,第218页。

的促进作用。将刑法规范与裁判规范予以区分性的理解,在于通过裁判规范能够现实地实现对刑法规范的纠偏功能。

第一,如果将刑法规范直接等同于裁判规范,则很有可能在具体个案的裁判中,造成个体的不正义甚至普遍的不正义。如前所述,在刑法规范中,对犯罪人的惩罚是一种以实定法意义上的正确性为前提的抽象惩罚,但这种抽象惩罚却可能在很多情况下无法落实,甚至会产生令人接受的结论。例如,对于醉酒驾驶机动车而言,《刑法》第133条之一没有"情节恶劣"的要求,但是否需要考虑罪量的因素呢?尽管自《刑法修正案(八)》通过以来,理论界和实务界对此有过激烈的对峙。从裁判者的角度而言,显然不能够将"半夜在空旷的田野中醉酒驾驶机动车并且没有任何危害结果发生"的行为也视为犯罪。否则,着实令人难以接受。以往刑法学研究一般认为,司法裁判由于关注具体个案而可能造成为追求个体正义丧失普遍正义,刑法规范可能因过度关注类型化行为而丧失个体正义。但问题其实不仅如此,就上述情况而言,机械理解刑法规范的含义则可能因挑战公民的法秩序感情同时造成普遍正义与个体正义的双重丧失。类似的情况还存在扒窃的规定中。而避免这种结局发生的恰恰是由于司法裁量权的存在,使得刑法规范向裁判规范经历了知识重组的过程。

第二,将刑法规范与裁判规范区分的技术性的意义在于能够从知识论上首肯裁判者的自由裁量权。尽管在现行司法实践中,最高立法机关和司法机关始终惦记着"司法裁量权可能造成法制不统一"的危险,但其实作为一种客观的知识(不仅仅是技术),裁量权始终是存在的。有学者甚至认为:"无论是习惯法抑或成文法出现以后,无论是成文法粗疏的时期抑或是成文法详备的时代,在古代社会—奴隶制时代—封建制时代的司法中,裁判者对刑事案件的裁量自由都是绝对的。"[1]话虽然不免绝对,但道理却是人所共知的。从语言学的角度看,"能指是一种任意的编排,取决于历史的经验,能指与所指没有必然的联系。"[2]刑法规范的意义指向,显然在很多时候并不明确。但在近代刑法学的主流话语中,明确性却被拔到相当高的地位,甚至成为理解罪刑法定原则的关键词。人们在理解刑法规范时通常会根据个人倾向予以判断。对于身处不同文化背景中的人们,对刑法规范的理解,并非能够真正明晰刑法规范的"能指"。

由此,司法裁判中以"裁判者为主体"的知识组合痕迹极为明显,其客观后果通常表现是在"实践语境"中删除或创设新的规则。在这种情形下,"法庭不

---

[1] 陈兴良主编:《刑事司法研究》,中国方正出版社1996年版,第430页。
[2] [美]爱德华·丕尔:《语言论》,陆旧元译,商务印书馆1997年版,第132页。

再是一个分配当事人权利和义务的机构,而是一个包含创设、删除以及整合权利的公共试验田"[1]。具体而言表现为两种情况,一是裁判者的司法教义学策略;二是绕过司法解释的"曲线救国"策略。对于前一种情形,裁判者在裁判的过程中本着司法教义学的立场,对司法解释严格恪守。尽管在裁判文书中仍然表现为依据刑法规范,但实际的裁判理由和过程却完全是司法解释的规定。在这种情形中,裁判者在碰到疑难问题时,基于降低错案追究制的风险降低原因,会采取层报的行为。从知识生产的角度理解,此种行为显然不利于裁判者智识的发挥。但如果从制度的功能角度理解,其实也是裁判者自我寻求制度庇护的一种不得已的生存之道。

上述现象在我国现行司法体制中人所共知,这也是学者们批评司法解释的缘由。如有学者以2003年最高人民法院发布的《关于行为人不明知是不满十四周岁的幼女双方自愿发生性关系是否构成强奸罪问题的批复》为例,尖锐地批评最高法院在没有充分的理论准备和清晰的逻辑思维的情况下,基于对严格责任浅尝辄止的简单化认识,以一个准立法者的姿态脱离具体个案的审理而随意发号施令,既试图对立法的既有规定进行相对合理化的解释,又试图在实质上突破刑法既有规定的羁绊而进行制度创新,其结果必然是弄巧成拙。[2] 但与此同时,学界往往忽略了另外一种现象,即当司法解释与刑法规范形成直接的冲突时,是否存在裁判者绕过司法解释而直接适用刑法规范这一"曲线救国"的实践。譬如,2000年最高人民法院发布的《关于审理交通肇事刑事案件具体应用法律若干问题的解释》第5条第2款规定:"交通肇事后,单位主管人员、机动车辆所有人、承包人或者乘车人指使肇事人逃逸,致使被害人因得不到救助而死亡的,以交通肇事罪的共犯论处。"从内容上看,显然是突破了刑法关于共同犯罪的规定。有学者从结果加重犯、数罪、特殊的结合犯等多种理论入手,都表达了对该司法解释的质疑。[3] 从实践来看,直接以上述司法解释认定构成交通肇事罪共犯的案例也不鲜见。但采取"曲线救国"路线的裁判方法也确有存在,尽管在总体数量上要少得多。兹以案例说明之。

2002年10月18日中午,吴某才(已判刑)驾驶一辆琼C22985号客车载客从儋州市某镇往昌江县某镇,被告人邓某女是该车的随车售票员。该车途经

---

[1] Douglas E. Litowitz, Postmoern Philosophy & Law: Rrty, Nietzsche, Lyotard, Derrida, Foucault, University Press of Kansas, 1997, p.148.

[2] 梁根林:《刑法适用解释的难题——以最高法院对奸淫幼女的"批复"为视角》,载《吉林大学社会科学学报》2004年第1期。

[3] 参见张明楷:《刑法学》,法律出版社2011年第4版,第636页。

225线155km+900m处与一辆对向停稳于左侧车道的东风牌自卸车会车时，因吴某才思想麻痹，不注意观察路况，导致琼C22985号车左后侧车厢处撞倒符某挚，造成符某挚受伤。事故发生后，吴某才停车下来观察了一下，并询问旅客："谁有手机，帮助报报警。"旅客钟某光即持自己的手机打110报警。此时，被告人邓某女就叫吴某才驾车逃离现场。被告人邓某女留在现场，但没有对符某挚采取抢救措施，不久亦逃离现场。后符某挚被其父符某龙送往医院，经抢救无效死亡。经儋州市公安局交通警察大队事故责任认定，吴某才应负事故的全部责任。

原判认为，被告人邓某女在司机吴某才违反交通运输管理法规，撞到他人后，指使肇事司机逃逸，致使一人因得不到救助而死亡的严重后果，应以交通肇事罪的共犯论处，因此，被告人邓某女的行为已构成交通肇事罪。依照《刑法》第133条和最高人民法院《关于审理交通肇事刑事案件具体应用法律若干问题的解释》第5条之规定，判处被告人邓某女有期徒刑7年6个月。一审判决后，被告人邓某女不服，提起上诉。

二审法院认为，原审认定上诉人指使吴某才逃离现场证据薄弱、量少、证据质差，证据之间存在矛盾，且控辩双方证据形成对抗，控方有罪证据无法形成证据链条。根据共犯的理论，必须具有共同的故意和共同的行为。就本案而言，主观上上诉人必须明知是吴某才驾车撞人可能受到法律制裁，客观上吴某才逃离现场是受上诉人的指使。这里所指的明知，必须以案发当时是否明知或应当明知，而不能是事后知道。本案除了证人符某山看见事故发生，侦查阶段才提供证言外，无论从吴某才、邓某女供述还是其他的证人证言，都未证明案发时知道是琼C22985号客车撞的人。可见，本案无事实证明上诉人具有主观故意，原审法院认定吴某才和邓某女应当明知是客车撞到符某挚缺乏事实依据，且客观行为证据明显不足。因此，被告人行为不具备最高人民法院《关于审理交通肇事刑事案件具体应用法律若干问题的解释》第5条第2款规定的共犯条件，不能成为交通肇事罪的共犯。[1]

尽管本案无罪判决的主要原因是邓某女指使吴某才脱离现场证据不足，但值得注意的是，在裁判说明中，二审法院既不明确指出司法解释中交通肇事共犯处理的瑕疵与错误，也不直接否定司法解释的效力。而是采取了曲线救国的方式，即根据刑法总则和共犯理论，交通肇事罪的共犯要求行为人首先要明知肇事司机肇事事实，然后再指使肇事者逃逸的行为，才符合司法解释所规

---

[1] 参见海南省海南中级人民法院刑事判决书（2004）海南刑终字第116号。

定的共犯条件。这实际上是对司法解释规定的交通肇事构成共犯的有意识的改造。二审法院的这种做法在我国现行司法实践中比例较少,但判决本身为我们提供的智识思考是,二审法院的这种判决中隐含了诸多技巧:采取了前述所说的"曲线救国"的方法,绕过不恰当的司法解释,实现裁判的合理性。换言之,裁判者并不采取与司法解释的不恰当规定直面冲突的方法,而以隐形的知识重组行为完成了对司法解释的置换。况且,从实践上看,二审法院这种裁判理由,至少对于其区域范围内的基层法院无疑具有指导性的积极意义。二审法院的这种做法本身就是一种基于知识重组而创设的裁判规则(在当下司法体制下,绕过司法解释本身就是一种创制规则的行为)。"司法过程的最高境界不是发现法律,而是创造法律,所有的怀疑和担忧,希望和畏惧都是心灵努力的组成部分。在这里一些曾经为自己时代服务过的原则死亡了,而一些新的原则诞生了。"[1]卡多佐的预断尽管无法在当下中国司法体制的掣肘下成为普遍性的做法,但隐藏于其中的知识重组以及由此带来的制度纠偏功能却一直被裁判者真切地实践着。

六、交互论证:裁判规范生成的边界控制

刑法裁判规范的生成,的确向我们展示一种新的关于理解刑法规范适用的知识谱系,以纠纷解决为导向的司法观满足了个案中的个体正义。关注文本意义上的刑法规范与裁判之间的距离和差异,可以为我们更为深切地观察裁判者的裁判技术与策略,亦可以为刑法规范的适用提供知识上的供给。"在实现的法律价值的意义上,立法者必须面向生活事实,使得抽象的法价值能够在对生活事实的规整中,不断得以实证化、贯彻化和具体化。"[2]这种逻辑转换的确为裁判规范的形成以及更广义上的司法裁量提供了非常充裕的空间。尤其是"在司法改革的大背景下,不仅是最高人民法院,就连基层法院的法官都充满了创制规范的激情,只不过很多创制活动并不体现在书面的判决书中,却事实上构成了法官裁判的依据"[3]。但一如既往,任何知识被无限放大乃至被吹捧为普遍性的知识甚至规律时,则会产生突破边界的危险,而且还可能会触及刑法的基本底线。为此,需要对渗透裁判规范的因素予以控制与限定,并且以适度的标准予以检验和评估。

---

[1] [美]卡多佐:《司法过程的性质》,苏力译,商务印书馆2000年版,第105页。
[2] 杜宇:《刑法规范的形成机理——以"类型"建构为视角》,载《法商研究》2010年第1期。
[3] 张其山:《裁判规范的创立原则》,载《政治与法律》2009年第10期。

(一)通过法律论证防范裁判盲目跨域的已有努力

"法官所处理的案件,不论是简单案件还是复杂案件,也不论是清晰案件还是疑难案件,都会将某位具体法官的'前见'、经验、处事方式、思维方法以及对个案和法律的独特认识带入裁判活动中。在这个意义上讲,每一次判决都是一个创造,只要有司法裁判就有法官构造的裁判规范。"[1] 既然如此,裁判规范的建构就可能出现盲目性的跨越,即以刑法规范为出发点直接根据感觉甚至经验而形成具体个案的裁判规范。

为了防范裁判的随意性以及由此导致的司法擅断,法学理论家们设想了诸多的措施与方法。代表性的进路首推法律论证,根据阿列克西的说法,法律论证是普遍实践论辩的特殊情形,其特殊之处就在于它要受到现行有效法律的约束,并要求有一个最终清楚(并不必然完全合理)的结论。[2] 我国法理学界一般认为法律论证具体分为内部的证成与外部的证成。将论辩的民主成分融入案件裁判中的不止阿列克西一人,德沃金的整体性法律理论也表达了这种努力,在德沃金看来,"建设性阐释就是给某个对象或习惯加上一个目的,以此来把这种对象或习惯描述成为它所属的那种形式或风格中最可能提出的例子。"[3] 德沃金所谓的建设性阐释其实是为裁判设置行动的目标,即裁判以及法律的解释应当有助于促成法律整体上的协调与一致。但由于这种建设性阐释所设置的前提假设具有先验性,引发了人们对其整体性法律理论的批判与反思。

法兰克福学派的哈贝马斯以交往行动理论认为,"法律商谈不能在一个现行规范的密封领域中自足地进行,而必须始终有可能吸纳其他来源的论据,尤其是在立法过程中所使用的、在法律规范之合法性主张中捆绑在一起的那些适用的、伦理的和道德的理由。"[4] 尽管通过程序性商谈机制的设置,可以为防范裁判的肆意擅断提供保障,但仍然存在诸多疑问。哈贝马斯所提出的商谈理论的基本思路仍然是沿袭了皮尔士的话语分析方法,即行动者为了确证自己所传递的话语具有约束力,其首先必须对自己所意欲表达的意思表示接受与限制。但在社会生活中不可能每个人在交往的过程中都必须要将这种表达及时地传输给对方,这种交往方式既是不确定的、不经济的也无法实现。为此,需要通过设置一般的准则来去确保交往的确定性和经济性,这项任务就落

---

[1] 谢晖:《民间法与裁判规范》,载《法学研究》2011年第2期。
[2] [德]罗伯特·阿列克西:《法律论证理论》,舒国滢译,中国法制出版社2003年版,第13~14页。
[3] [美]德沃金:《法律帝国》,李常青译,中国大百科全书出版社1996年版,第48页。
[4] [德]哈贝马斯:《在事实与规范之间——关于法律和民主法治国的商谈理论》,童世骏译,三联书店2003年版,第282页。

在了法律上。即每个人在同法律进行对话的过程中,实际上间接地节省了同社会中其他人对话交往的成本。

由此,在确定性的法律作为媒介的语境中,交往行动能够获得有效性,并进而缝补事实与价值判断之间的鸿沟。但这种分析的最终落脚点仍然是法律规范以及法律原则上。问题是法律体系本身是一种封闭的体系,愈是在法治程度发达、法律体系完备的时候,封闭性的自身特点就愈明显,甚至在很大程度上会窒息法律发展的动力和空间。对此,哈耶克就曾经表达了如此的担心,"陶醉于知识增长的人往往会变成自由的敌人。"[1] 体系化冗杂的法律论证,从论证程序以及结果上看,有可能导致裁判结论的道德因素缺失。"其(法律论证,笔者注)只能够证明结论不是随意做出的,而是依据法律价值、法律原则、法律规则并遵循逻辑规则推导出的。法律论证的结果有可能是由于论证程序和规则的支配反而遮蔽了法官的主观偏好。而且当法官们对某案的判决有不同意见时,就只能委诸投票的方式来决断,这种投票的行为确实又远离了理性。"[2] 由此,针对裁判的论证需要经历视野的转换,而不能仅仅强调法律论证或融通性论证,即"裁决应当与法律体系在总体上相一致,创制新规则的裁决应当在法律体系内寻求一种价值的融通"[3]。法律论证尽管在最大限度上丰富了法律体系内在的严谨性与逻辑性,但如前所述,可能会引发常识性的危机。

(二)交互论证的可行方案

鉴于法律论证中可能存在的问题,需要经历法律论证与常识论证的相互媾和,由此形成了交互论证。交互论证包括两种基本情形:

第一,当裁判结论出现盲目性跳跃,即法官依据前见、经验据以判断时,必须需要以法律论证对裁判活动予以牵制。即以法律体系内在的一致性来考察裁判过程与裁判结论是否与法律规则与法律原则抵牾。否则极有可能会导致裁判者在知识重组的过程中消解法律规范的功效。例如,在公共政策日渐成为影响刑事司法的重要裁量的时候,刑事政策大肆入侵刑法规范的现象就需要予以提防。早期的刑事政策,费尔巴哈将其看成是"刑法的辅助知识",而及至李斯特时,刑事政策与刑法的关系开始发生转折性的变化。李斯特主张,刑事政策是在赋予现行法以价值判断的基准,以便发现更妥当之法律。由此,在

---

[1] [英]哈耶克:《自由秩序原理》,邓正来译,三联书店1997年版,第25页。
[2] 范春莹、于慧玲:《法律论证及其限度》,载陈金钊、谢晖主编:《法律方法》(第6卷),山东人民出版社2007年版,第430页。
[3] [荷]伊芙琳·T.菲特丽丝:《法律论证原理》,张其山,等译,商务印书馆2005年版,第85页。

后世广义的刑事政策地位开始跃居刑法之上。[1] 德国刑法学家也认识到依据抽象刑法规则形成的刑法体系存在的自身问题,力求以刑事政策为导向实现对刑法的修补。"就像耶塞克说的一样,要起到这种补充性的控制作用,就必须要对教义学上概念性方案进行修正的可能性,修正的手段便是那种不轻易使用的刑事政策。"[2]

尽管包括李斯特、罗克辛在内的刑法学家也注意到刑事政策可能入侵刑法学带来的体系混乱的危险,并且采取了以体系论、教义学的方法予以控制。但毫无疑问,在世界范围内,刑事政策已然成为一种新的知识形态在不断地影响着刑法规范以及刑事司法裁判。尤其是在将需罚性纳入处罚考量之中。因为,对需罚性的判断可能完全是裁判者的个人价值判断。此外,政治决策者基于社会形势和政治需求而做出的可能左右司法裁判的情形,在历史以及当下中国社会中,仍然不同程度存在着。但毕竟裁判行为是一种由职业法官组成的专业集团对案件纠纷的知识操作,况且,民主的气氛与体制也在行动策略上要求裁判者须有提防政治话语入侵司法话语的勇气和智识。"一位训练有素的法官不会受他在报纸上读到或者电视上看到的是任何东西的影响。"[3] 因此,裁判者对于包括政治需求和民众的情绪宣泄都需要在技术上进行裁剪与处理,而不能够以超脱规范的束缚,肆意进行知识的重组,否则,司法裁判要么成为政治控制的"佞臣",要么成为迎合民众的附庸。尤其是在民众的表达出现群体效应时,更需要对之予以警惕和防范。由于群体效应,民众容易陷入群体思考模式,它使民众持有一种道德幻想,认为自己的行为和决定总是正确的、合乎伦理的,群体不会真正承认他们做出错误决定的可能性。[4] 亦即,裁判者的知识重组活动应当是以裁判主体对刑法的"规范自觉"(套用费孝通先生的文化自觉)基础上的理性表达。如果裁判者仅仅从案件结构的角度出发,简单地以利益衡量或政策需求为理由,展开裁判的论证,通常被认为是不符合法律论证的基本要求。在案件裁判中以行为的社会危害性衡量为核心的价值判断,就是以案件社会结构为基础的一种社会学的裁判模式,需要接受法理学的裁判模式的制约。[5]

1　卢建平:《刑事政策与刑法变革》,中国人民公安大学出版社2011年版,第76页。
2　[德]克劳斯·罗克辛:《刑事政策与刑法体系》(第2版),蔡桂生译,中国人民大学出版社2011年版,第8页。
3　[英]丹宁勋爵:《法律的正当程序》,法律出版社2000年版,第59页。
4　[美]尼奇·海斯、苏·奥雷尔:《心理学导论》,爱丁等译,电子工业出版社2004年版,第470页。
5　张心向:《死刑案件裁判中非刑法规范因素考量》,载《中外法学》2012年第5期。

第二,当裁判主要依据法律论证时,则可能需要对裁判过程与结论辅以常识性判断的检验,以避免裁判者在迎合法律体系一致性的过程中走向"去常识化"的极端,损害刑法规范的安定性。"在许多案件中,事实并不能轻易提为公认规则所归摄,而且规则本身需要进一步解释,合适规则还需要法官花心思寻找,更确切地说,从事实到裁决之间的思维有所跨越(jump),裁判的思维通道可能是曲径通幽。"[1]但不管法官基于什么样的思维模式以及在特定思维指导下的知识重组,都必须考虑的问题是刑法的安定性与裁判规范的可理解性。

一般而言,从法的安定性的角度来看,司法裁量的空间越小越好,司法裁判最好是立法的传声筒,能够将刑法法条中所蕴含的意思,毫无保留地在判决中全面展示。在杜绝司法擅断的同时,增强刑法规范与人们认知之间的紧密性。因为,在民主社会中,"一个可持续的民主制度,仰仗普通公民的恒久支持。公民当然会倾向于支持他们能够理解的制度"[2]。这种恒久的支持自然离不开法律的安定性。"如果多一份法律规定与适用的明确性,就会少一分法官个人的主观意识、政治倾向、个人因素等对犯罪和刑罚的影响。除此之外,法律的内容越确定,才越有可能在保证了解刑法规定真实内容的基础上,保障司法的平等,保障公民在刑事诉讼中的一系列合法权利的行使。"[3]但问题是,这种恒久的支持可能在现实复杂的个案中会屡渐落空。实践也已证明,上述唯理主义的梦想,在面对错综复杂的社会关系尤其是对于处于剧烈变动的社会而言,几乎是不可能的。"法律在很大程度上曾经是,现在是而且将来永远是含混的和有变化的。"[4]在某种意义上说,裁判活动本身就是要激活机械的刑法规范,使之成为能够镶嵌于特定的社会生活语境中。"没有审判裁量,任何法律都将是僵硬的,甚至在法律的框架之下还会出现枉法裁判的现象。"[5]裁判活动本身是对社会价值和各方利益的框架性整合行为。"判决是法官对社会价值加以界定的社会过程。"[6]其实,姑且无论裁判规范,刑法规范本身也蕴含着诸多类似经验判断的成分,"在规范类型的形成过程中,既包含经验上的发现,也渗透着规范性的构建,两种因素不可分割地交织在一起"[7]。既然如此,苛求裁判行为是对刑法规范的直接宣示,完全是不切实际的愿景。就当下而言,我

---

1 李安:《裁判形成的思维过程》,载《法制与社会发展》2007年第4期。
2 [美]斯蒂芬·布雷耶:《法官能为民主做什么》,何帆译,法律出版社2012年版,第279页。
3 陈忠林:《意大利刑法纲要》,中国人民大学出版社1999年版,第25~26页。
4 沈宗灵:《现代西方法理学》,北京大学出版社1992年版,第330页。
5 王国龙:《裁判理性与司法权威》,载《华东政法大学学报》2013年第4期。
6 [美]欧文·费斯:《如法所能》,师帅译,中国政法大学出版社2008年版,第3页。
7 杜宇:《刑法规范的形成机理——以"类型"建构为视角》,载《法商研究》2010年第1期。

们需要真正关切的实践问题是,裁判规范与刑法规范之间的安定性问题,亦即裁判规范是否会突破人们对刑法规范的普遍理解。法理学界曾出现裁判可接受性命题,但几乎同时,对裁判可接受性的质疑声连绵不断。反对者认为:"裁判可接受性概念的提出,实际上就是将民主化的看法带入法律推理过程得出的必然结果,其核心就在于认可了社会自动形成的共识,并将其视为取代法律标准担任正当化标准的前提。"[1] 的确,若将民主化进程中的社会共识直接取代法律标准,则可能因使得裁判过程本身陷入不可控的失序状态。况且,民众的共识选择本身需要筛选、积淀,其直接进入司法并充当刑法司法裁判依据的可能性应当予以杜绝。以裁判的可接受性为范畴的逻辑起点未免过于拔高了民众共识在裁判中的地位,为此,本文主张采用裁判的可理解性概念。从概念表述上看,裁判的可理解性与可接受性不完全一样。前者在逻辑思维上立足于前文所述的以法律论证为核心的交互论证立场,从而防范与堵截了直接以民意为裁判依据的可能性。同时,在裁判过程中,可理解性表明,裁判活动本身也是对民众以程序性的公开机制为保障的信息交流过程,即在遴选影响裁判规范的变量时,裁判者有选择的空间与能力,以警惕司法向民意的滑坡。简言之,即在构建裁判规范的过程中,民众的判断与意见仅仅是影响案件变量系统中的子变量,并不会直接摧毁交互论证的整个框架与格局。

此外,对于依据法律体系的论证而进行的裁判过程,同样需要接受常识性的评鉴与检验。例如,刑法学界有学者认为:"女子同意性交以男子使用安全套为前提,而男子采取暴力、胁迫手段不使用安全套与妇女性交的,成立强奸罪。"[2] 在该说看来,上述行为也属于侵害了妇女的性的自我决定权的结果。但这种观点显然是仅仅立足于法律体系内部论证的结果,值得商榷。该说实际上将妇女的性的自我决定权推向了极致。传统刑法理论认为,强奸罪的本质是违背妇女意志,此处的违背妇女意志实际上就是论者所说的性的自我决定权。但这种权利是指妇女选择发生性关系的对象的权利,在行为人选择性关系对象确定之后,就可以认定没有违背妇女意志。而上述观点,显然是将妇女的性的自我决定权理解为不但包括对象选择权,而且还包括性关系发生的具体方式决定的权利。这显然在思路上采取的是"化整为零"的处理方式,即违背部分就是违背整体。而这种理解显然在当下公众的认知感情中,令人难以接受。试想,如果裁判规范的形成也遵循此种极致的法律推理,则案件一旦判

---

[1] 陈景辉:《裁判可接受性概念之反省》,载《法学研究》2009 年第 4 期。
[2] 张明楷:《刑法学》,法律出版社 2011 年第 4 版,第 780 页。

决下来,则势必会挑战公众法秩序的神经。"法律是常识的结晶和升华,而不是抛弃了常识的闭门造车。法律只有表达日常生活中的常识,才能为日常交往行为所遵守。"[1] 鉴于此,法律论证必须以常识来补足法律论证中的缺陷,以形成交互论证的良性格局。

七、结语

在从传统社会向现代社会跃进的过程中,以平等交往以及个体自由为核心的市场经济思维在不断形塑着司法裁判的基本逻辑。"市场经济的社会特征是'以物的依赖性为基础的人的独立性',主体之间已不再是熟人的相互以来,而是陌生人间的交往。市场经济的非人格化,使其规则具有普遍性,其参与者不是盯着具体的你我,而只关心抽象的商品、货币、劳务。"[2] 以规则为主体的社会治理不但成为共识而且正在从理念宣示转换为实际行动。以制定法为表现形式的刑法典,在当下中国的日趋完善,表达了社会治理者对法制统一的崇高理想。但不容乐观的问题是,"与立法活动的合法性相比,司法裁判活动的合法性可能更容易受到人们的怀疑。"[3] 人们希望刑法司法裁判能够以最少掺杂裁判者个人因素的纯粹形式完成对案件的裁判,以实现人们对刑事法治的良好期许。"事实上,法治有两个版本,一种版本比较温和,即必须遵守规则,另一种版本是一种崇高的概念,其中包括了公正的概念。"[4] 在当下中国,司法裁判无疑担当着上述两个版本的重负,司法裁判在现有的体制和束缚下煎熬地生存。因为,"司法部门既无军权有无财权,不能支配社会的力量与财富,不能采取任何主观的行动。故可正确断言:司法部门既无强制有无意志,而只有判断。"[5]

既然司法在属性上是一种判断,那么,将司法比喻为立法信息完美无缺的传达者的纯洁(pure)司法理念,却极有可能陷入唯理主义的陷阱。"理性把一个人提高到差不多与天使相等的地位。"[6] 从天使睡梦中醒来的裁判者,最终发现自己只能是一个镶嵌于世俗社会之中但又不得不有所超脱的判断者,他/她

1　谢晖:《法律实践的技艺》,载《法学》2012年第9期。
2　刘风景:《裁判的法理》,人民出版社2007年版,第254页。
3　[美]弗里德曼:《法律制度》,李琼英、林欣译,中国政法大学出版社2004年版,第133页。
4　[美]巴里·海格:《法治:决策者概念指南》,曼斯菲尔德太平洋事务中心译,中国政法大学出版社2005年版,第14页。
5　[美]亚历山大·汉密尔顿,等:《联邦党人文集》,程逢如,等译,商务印书馆1980年版,第391～392页。
6　[英]洛克:《政府论》(下篇),叶启芳、瞿菊农译,商务印书馆1982年版,第84页。

需要在案件审判中,充分发掘与运用自己的聪慧去裁剪案件事实以及对刑法规范的知识重组。"作为一种为取得多数同意的代价,立法者经常有意留下一些没有答案的问题,更多的时候他们无意中这样做了。无论哪一种情况,结果都有一个空白,我们的审判制度要求法官来填补。"[1]以纠纷解决为任务或导向的当代中国司法裁判不会仅仅以逻辑推演得以完成,不仅个案如此,整个法治建设同样如此。弗兰克甚至表达了对法律规则完美无缺地运用到司法裁判的观点的悲叹:"法律规则并不是法官判决的基础,因为司法判决是由情绪、直觉的预感、偏见、脾气以及其他非理性因素决定的,因此人们关于法律规则的知识在预测某个特定法官所作的判决时几乎不能给他们提供什么帮助。"[2]

尽管观点可能过于偏激甚至是否定立法对秩序生成的能动贡献,但却点破了与人们所憧憬或幻想的司法裁判不尽相同的理路。"人为地割裂了刑法规范与案件事实内在的联系,看不到刑法规范与案件事实形成的双向互动,认为构成要件所描述的不法类型完全可以脱离案件事实,从刑法规范的概念中就可以直接演绎得出,这是概念法学思维方式的当然结论。"[3]对于生活在规则林立的现代社会,人们在对规则理解的努力中屡屡受挫,不仅是因为规则日渐庞杂,还在于规则在学科发展中的去熟悉化和精细化。实际上,"人是保守的,因为他们的生活中绝大部分是靠习惯的安排。"[4]由此,我们需要重新审视关于刑法规范与裁判规范的逻辑表述,"法条或法律规定之意旨,若在要求受规范之人取向于它们而为行为,则它们便是行为规范;法条或法律规定之意旨,若在要求裁判法律上争端之人或机关,则它们为裁判之标准进行裁判,则它们便是裁判规范。"[5]如果善意地理解,这种观点表达了法律论证对于司法裁判的牵制。但与此同时,将法律规范直接等同于裁判规范的观点,却在语言不经意的转化中遮蔽了裁判者的聪慧和技巧。需要强调的是,本文将裁判规范独立表述出来并予以展开性的分析,不是为了鼓吹或宣扬"司法中心论"甚至为枉法裁判提供道德或法理上狡辩的论据。目的在于通过近距离观察裁判规范的生成,为我们理解刑法实践提供更为真实的一幅图景。

---

1 [美]波斯纳:《法理学问题》,苏力译,中国政法大学出版社1994年版,第257页。
2 [美]E.博登海默:《法理学——法律哲学与法律方法》,邓正来译,中国政法大学出版社1999年版,第165页。
3 吴学斌:《刑法适用方法的基本准则》,中国人民公安大学出版社2008年版,第31页。
4 费孝通:《乡土中国 生育制度》,北京大学出版社1998年版,第215页。
5 黄茂荣:《法学方法与现代民法》,中国政法大学出版社2001年版,第110～111页。

◆**域外译评**◆

19 世纪德国的私法科学与国家[*]

汉斯-彼得·哈佛坎普著　袁妍译[**]

在欧洲,作为国家须尊重和保护的私人自由领域的"私法"的观念已经有大约 200 年的历史了。但在 1800 年之前,该观念在法律理论上并没有被普遍接受。[1] 它的出现与古代已经存在的[2]关于公法和私法区分的重新理解密切相关。[3]

---

[*] 本文原载 The American Journal of Comparative Law 第 56 卷,第 3 期,第 667~689 页,经作者授权发表于本法律评论。

[**] 汉斯一彼得·哈佛坎普(Hans-Peter Haferkamp),德国科隆大学法学院教授;袁妍,南昌大学法学院学生。

[1] 关于 18 世纪后期和 19 世纪合同自由和私人自治的宽泛观念的一般性讨论,参见 Joachim Rückert,《Natürliche Freiheit-Historische Freiheit-Vertragsfreiheit》,载 Francois Kervégan 和 Heinz Mohnhaupt(主编),《Recht zwischen Natur und Geschichte》,美茵河畔法兰克福,1997 年,第 305 页;Joachim Rückert,《Zur Legitimation der Vertragsfreiheit im 19. Jahrhundert》,载 Diethelm Klippel(主编),《Naturrecht im 19. Jahrhundert. Kontinuität-Inhalt-Funktion-Wirkung》,戈尔德巴赫,1997 年,第 135 页;Sibylle Hofer,《Freiheit ohne Grenzen? Privatrechtstheoretische Diskussionen im 19. Jahrhundert》,图宾根,2001 年;Diethelm Klippel,《Politische Freiheit und Freiheitsrechte im deutschen Naturrecht des 18. Jahrhunderts》,帕德博恩,1976 年;Diethelm Klippel,《Die Theorie der Freiheitsrechte am Ende des 18. Jahrhunderts in Deutschland》,载 H. Mohnhaupt(主编),《Rechtsgeschichte in den beiden Deutschen Staaten(1988—1990)》,美茵河畔法兰克福,1991 年,第 348 页;Damian Hecker,《Eigentum als Sachherrschaft. Zur Genese und Kritik eines besonderen Herrschaftsanspruchs》,帕德博恩,1990 年,第 225 页。

[2] 参见 Max Kaser,《Ius publicum und ius privatum》,载《Zeitschrift der Savigny-Stiftung für Rechtsgeschichte. Romanistische Abteilung》第 103 卷,1986 年,第 1 页。

[3] 关于自 1800 年以来公法与私法关系变革的分析,参见 Jan Schröder,《Privatrecht und öffentliches Recht. Zur Entwicklung der modernen Rechtssystematik in der Naturrechtslehre des 18. Jahrhunderts》,载《Festschrift für Joachim Gernhuber zum 70. Geburtstag》,图宾根,1993 年,第 961 页;Paolo Cappellini,《Systema Iuris》第 2 卷,米兰,1985 年,第 175 页;Pio Caroni,《"Privatrecht". Eine sozialhistorische Einführung》,巴塞尔,1988 年,第 101 页;Dieter Grimm,《Zur politischen Funktion der Trennung von öffentlichem und privatem Recht in Deutschland》,载 Walter Wilhelm(主编),《Studien zur europäischen Rechtsgeschichte》,美茵河畔法兰克福,1972 年,第 224 页;Joachim Rückert,《Das BGB und seine Prinzipien》,载 Schmoeckel、Rückert 和 Zimmermann(主编),《Historisch—kritischer Kommentar zum BGB》,图宾根,2003 年,第 79 页;Sten Gagnér,《Über Voraussetzungen einer Verwendung der Sprachformel"Öffentliches Recht und Privatrecht"im kanonistischen Bereich》,1966 年首次出版,重印本,载 Sten Gagnér,《Abhandlungen zur europäischen Rechtsgeschichte》,戈尔德巴赫,2004 年,第 121 页;Gerhard Immel,《Typologie der Gesetzgebung》,载 Helmut Coing(主编),《Handbuch und Quellen und Literatur der neueren europäischen Privatrechtsgeschichte》第 2 卷第 2 册,慕尼黑,1976 年,第 70 页;Reinhard Zimmermann,《The Civil Law in European Codes》,载 D. L. Carey Miller 和 Zimmermann(主编),《The Civilian Tradition and Scots Law》,柏林,1997 年,第 262 页。

一、从私法到公法再回到私法

大约 1790 年,当国家集中了越来越多的权力时,德国法律理论接受了公法和私法的系统区分。此前,在严格意义上,只有宪法(Staatsverfassungsrecht)被认为是公法。[1] 在一个建立在庄园基础上的社会中,中央权力面临着其他——特别是来自上层贵族的——权力的竞争,它们并不是相应的行政权力的一部分。其管辖权包括我们现在认为属于公法上的事务,比如刑法或程序。[2] 1790 年前后,当旧的社会秩序越来越多地受到质疑时,盛行的观点认为所有权力都应集中于国家,庄园不能保留独立的管辖权。[3] 1790 年以前,私法比公法的规模庞大,但新近建立的国家对合法使用暴力的垄断引发了相反的结果:重点越来越转向公法。[4] 因此,德国哲学家费希特认为法律不可能脱离或者说是凌驾于国家之上。[5] 公法的大规模扩张引发了 1800 年左右关于"私法"作为一种保护公民自由免受国家干涉的工具的讨论。

在这个问题的讨论中,当代法律学者们提供了三种有关私法和公法关系的不同概念:

(1)一些学者公开认为,公法从属于私法。公法唯一的功能是保护私法,Ernst Gottlob Morgenbesser 认为"国家的唯一目的在于确保公民对固有自由

---

1 参见 Johann Heinrich Zedler(主编),《Großes vollständiges Universal — Lexicon aller Wissenschaften und Künste》第 25 卷,莱比锡和哈雷,1740 年,第 676 栏;Daniel Nettelbladt,《Systema elementare universae iurisprudentiae naturalis, Pars III: Iurisprudentia naturalis civilis》,哈雷,1762 年,第 176 页,公法包括"涉及公共或根本性事务的法律";关于这一问题,也参见 Michael Stolleis,《Geschichte des öffentlichen Rechts in Deutschland, Vol. I: 1600—1800》,慕尼黑,1988 年,第 291 页。

2 关于十九世纪世袭法官的权利属于公法还是私法的讨论,参见 Sabine Werthmann,《Vom Ende der Pa trimonialgerichtsbarkeit》,美茵河畔法兰克福,1995 年,第 82 页。

3 参见 Sabine Werthmann,《Vom Ende der Pa trimonialgerichtsbarkeit》,美茵河畔法兰克福,1995 年,第 82 页。

4 关于公法在法律专著中逐渐占据主导地位的论述,参见 Lars Björne,《Deutsche Rechtssysteme im 18. und 19. Jahrhundert》,埃贝尔斯巴赫,1984 年,第 106 页;Michael Stolleis,《Geschichte des öffentlichen Rechts in Deutschland, Vol. I: 1600—1800》,慕尼黑,1988 年,第 75、142、324 页;Michael Stolleis,《Geschichte des öffentlichen Rechts in Deutschland, Vol. II》,慕尼黑,1992 年,第 48 页。

5 Johann Gottlieb Fichte,《Rechtslehre, vorgetragen von Ostern bis Michaelis 1812》,Hans Schulz(主编),莱比锡,1920 年,第 23 页;Jan Schröder,《Privatrecht und öffentliches Recht. Zur Entwicklung der modernen Rechtssystematik in der Naturrechtslehre des 18. Jahrhunderts》,载《Festschrift für Joachim Gernhuber zum 70. Geburtstag》,图宾根,1993 年,第 967 页。

的普遍享有"。[1] 这暗含着一部民主的宪法,并且听起来具有危险的革命性;这是一种现在很少有人主张的极端观念。

(2)还有学者没有提出自己关于私法和公法划分的观点,而是将这项任务留给立法者。这意味着私法是受公法支配的。古斯塔夫·胡果指出,如果有人选择将私法置于国家之上是"非常荒谬的"。[2] 这个想法受到那些声称每个德意志邦国都应该有自己的宪法和立法机关的人的特别赞赏。[3] 根据1819年的符腾堡宪法,Carl Georg von Wächter 从消极的角度定义私法:私法是所有不属于公法的法律。[4] 1871年德国统一后,这一概念变得非常受欢迎,不过被置于统一的帝国立法机构的背景下。[5]

(3)然而,德国法学中的主流观点与之相异。虽然德国法学家们认为并把私法建构为独立于国家,但他们避开任何公开的政治论争。他们的立场最初是由萨维尼和他的追随者提出的,他们组成了一个通常被称为历史法学派的群体。[6] 他们的私法概念基本上建立在七个相互关联的观点之上,以保护私法不受国家的干预。

第一,他们认为私法具有自主性,即与公法或国家没有任何关联。用萨维尼的话说,在私法中"作为个体的人就是他自己的目的"。[7] 因此,私法的渊源在于"个人的充分和无条件的至上性"[8]、"主体性"和"意志力"[9]。两个法律体

---

[1] Ernst Gottlob Morgenbesser,《Beiträge zu einem republikanischen Gesetzbuche enthalten in Anmerkungen zum allgemeinen Landrechte und zur allgemeinen Gerichtsordnung für die preußischen Staaten》,1798年,2000年重印,由 Wolfgang Schild(主编),弗莱堡,第10册,第19页;Joachim Rückert,《Das BGB und seine Prinzipien》,载 Schmoeckel、Rückert 和 Zimmermann(主编),《Historisch–kritischer Kommentar zum BGB》,图宾根,2003年,第81页。

[2] Gustav Hugo,《Lehrbuch des Naturrechts als einer Philosophie des positiven Rechts》第3版,柏林,1809年,第142、144节。

[3] 关于德国宪法史的特殊性,参见下文第三目第一小目。

[4] Carl Georg von Wächter,《Geschichte, Quellen und Literatur des Würt tembergischen Privatrechts》第1卷,斯图加特,1839年,第1节。

[5] 参见下文第六目。

[6] 参见 Hans-Peter Haferkamp,《Historische Rechtsschule》,载《Enzyklopädie der Neuzeit》第5卷,斯图加特,2007年,第498~504页。

[7] Friedrich Carl v. Savigny,《System des heutigen Römischen Rechts》第1卷,柏林,1840年,第22页。

[8] Georg Friedrich Puchta,《Cursus der Institutionen》第2卷,莱比锡,1842年,第556页。

[9] Georg Friedrich Puchta,《Cursus der Institutionen》第1卷,莱比锡,1841年,第10页;关于体系意蕴,参见普赫塔,《Be trachtungen über alte und neue Rechtssysteme》,1829年,in Adolph August Friedrich Rudorff 主编的《Georg Friedrich Puchta. Kleine zivilistische Schriften》(莱比锡,1851年)一书中重印。

系(私法和公法)的严格分离有助于经济自由,这一点在 1869 年最终实现。[1] 当然,这不能与政治自由相混同。在公法的独特领域,作为个体的公民受制于国家,并且"被命令服从权力"。[2] 因此,君主制作为流行的政体并没有受到质疑。[3]

第二,历史法学派的学者们认为法律的根源在于民族精神的外在表现。[4] 这种共同精神——不是个人、政治家或国家——创造了法律。"民族精神创造了国家"[5],而不是相反。

第三,私法的范围在国家层面被界定,即作为一种共同的德国私法。1806 年至 1871 年,德国不是一个统一的民族国家,私法也不存在统一的(国家层面的)立法。在某种程度上,唯一可以认为属于国家层面的私法是萨维尼所支持的共同法,这并不意外。

第四,因此,萨维尼主张一种几乎未受立法者干预的从古代发展而来的私法体系。[6]

第五个观点聚焦于方法论。自中世纪以来,德国共同法就被大学法学教授们培育发展。[7] 现在,萨维尼希望进一步完善他们的方法。[8] 他设想了一种

---

[1] 参见 Harald Steindl,《Die Einführung der Gewerbefreiheit》,载 Helmut Coing(主编),《Handbuch und Quellen und Literatur der neueren europäischen Privatrechtsgeschichte》第 3 卷,慕尼黑,1986 年,第 2969 页。

[2] Georg Friedrich Puchta,《Cursus der Institutionen》第 1 卷,莱比锡,1841 年,第 61 页。

[3] 历史法学派的核心支持者(萨维尼、普赫塔、Stahl、Bethmann-Hollweg、Rudorff)属于柏林的普鲁士国王弗里德里希·威廉四世核心集团的成员,参见 Fritz Fischer,《Moritz August von Bethmann-Hollweg und der Protestantismus》,柏林大学 1938 年学位论文,第 157 页。

[4] 关于民族精神的哲学概念,参见 Joachim Rückert,《Idealismus, Jurisprudenz und Politik bei Friedrich Carl von Savigny》,埃贝尔斯巴赫,1984 年,第 237、309 页。

[5] Georg Friedrich Puchta,《Cursus der Institutionen》第 1 卷,莱比锡,1841 年,第 28 页。

[6] 这是萨维尼"中世纪罗马法史"的计划。参见 Hans-Peter Haferkamp,《Die Bedeutung von Rezeptionsdeutungen für die Rechtsquellenlehre zwischen 1800 und 1850》,载 Hans-Peter Haferkamp 和 Tilman Repgen(主编),《Usus modernus pandectarum. Römisches Recht, Deutsches Recht und Naturrecht in der frühen Neuzeit. Klaus Luig zum 70. Geburtstag》,科隆,2007 年,第 25 页。

[7] 关于这一问题的概述,参见 Peter Stein,《Roman Law in European History》,1999 年,第 71 页;Franz Wieacker,《A History of Private Law in Europe》,牛津,2000 年。

[8] 萨维尼关于方法论和法理学的改革方案,参见 Joachim Rückert,《Der Methodenklassiker Savigny(1779—1861)》,载 Joachim Rückert(主编),《Fälle und Fallen in der neueren Methodik seit Savigny》,巴登—巴登,1997 年,第 33 页;Joachim Rückert,《Savigny's Hermeneutik-Kernstück einer Jurisprudenz ohne Pathologie》,载 Jan Schröder(主编),《Theorie der Interpretation vom Humanismus bis zur Romantik-Rechtswissenschaft, Philosophie, Theologie》,斯图加特,2001,第 288 页;Stephan Meder,《Mißverstehen und Verstehen. Savignys Grundlegung der juristischen Hermeneutik》,图宾根,2004 年。

极其复杂的情况,其目的是建立比以前针对政治领域更大的司法自主权。

第六,法律教育应该是"科学系统的"。这意味着只应在作为独立机构的大学里学习法律。[1] 教学大纲主要由共同法组成,由此避免与不同邦国立法的冲突。学生不应去记忆国家颁布的实证法,而是应能够独自熟练从事科学工作。[2] 法律教科书仅建立在学术推理的基础上。

最后一个观点涉及(管辖权意义上的)权限问题。萨维尼的方案主张经过科学训练的法官为私法的守护者。在此意义上,独立的法官替代了缺失的宪法。

二、权限的问题

最后一个观点是重要的:没有制度支持,自治私法的概念只能是一个观念。在当代的著述中,这个问题最终被归结为机构权限的问题。保护个人经济自由的任务应该分配给谁?这一工作有三位候选人:立法者、法官和人民。

(一)立法者:君主和邦国议会

泛泛而论,可以说 19 世纪初德国在宪政事务上存在北部和西南部的分裂。[3] 1815 年,建立德意志邦联的法律的第 13 条曾并不清晰地允诺,从宪政事务的层面设计邦国议会,[4] 但该条没有准确地说明邦国议会如何运作,也没有阐明谁应进入邦国议会。[5] 当时,各邦国的君主在维也纳会议后占据了主导地位。即使已经颁布宪法的邦国也在虚伪宪法的掩护下经历了旧制度的重建。当时德意志的宪法中缺乏一项制宪权。[6]

只有在德国南部的一些地方,议会设法在税收、财产和自由事务中建立有

---

[1] 更多细节,参见 Friedrich Carl von Savigny,《Rezension von Schleiermacher über Universitäten》,1808 年;Friedrich Carl von Savigny,《Wesen und Werth der Deutschen Universitäten》,1832 年,重印本,载 Friedrich Carl von Savigny,《Vermischte Schriften》第 5 卷,柏林,1850 年,第 255、270 页。

[2] 参见 Ulrich Kühn,《Die Reform des Rechtsstudiums zwischen 1848 und 1933 in Bayern und Preußen》,柏林,2000 年,第 22 页及以下以及其他各处。

[3] 就该问题的简要介绍,参见 Dieter Grimm,《Deutsche Verfassungsgeschichte 1776—1866》,美茵河畔法兰克福,1988 年,第 68、110 页。

[4] 第 13 条:"所有的邦国都将制定自己的宪法"。参见 Dietmar Willoweit 和 Ulrike Seif,《Europäische Verfassungsgeschichte》,慕尼黑,2003 年,第 556 页。

[5] 关于 16 世纪以来邦国议会宪政功能的讨论,参见 Adalbert Podlech,《Repräsentation》,载《Historische Grundbegriffe: historisches Lexikon zur politisch-sozialen Sprache in Deutschland》第 5 卷,斯图加特,1984 年,第 516 页。

[6] 参见 Hasso Hofmann,《Repräsentation. Studien zur Wort und Begriffsgeschichte von der Antike bis ins 19. Jahrhundert》第 4 版,柏林,2003 年,第 416 页。

效的权力,¹ 而且只有在符腾堡才存在一个强大到足以反对君主权力的一院制议会。² 因此,公法在该地区占主导地位;公众和法学家都反对共同法并赞成法典编纂。³

(二)司法机构

历史法学派倾向于选择由经过训练的专业人员组成的司法机构。⁴ 此外,民族精神的观念在此作为一种掩护性的防御手段起到了重要作用。只有规范以"共同民族信仰"的形式存在时,立法机构才能将之颁布为法律。⁵ "制定法是民族法律的有机组成部分。"⁶ 考虑到一些地区已经存在民法典(主要是《普鲁士普通邦法》和被法国占领地区——莱茵河西畔——的民法典),历史法学派没有将民族精神确定为校准。政治上的原因使这种要求不可能达成。相反,历史法学派采取了防御性的立场:

一旦颁布,制定法的有效性不再受制于是否符合人民真实意愿的审查。建立这种一致性将需要某种更高的权力,也就是真正的立法者,但同样的问题会再次出现。⁷

换句话说,无论是否违反了民族精神,以正确形式颁布的法律不再接受司法审查或其他任何形式的批评(更不必说抵制)。历史法学派也不主张建立行政法院。普赫塔认为,法官仅应核实一部制定法是否以正确的形式通过。⁸ 因此,这种做法没有威胁到立法者在相应地区内的地位,但与此同时,它削弱了立法者在全国性私法上的地位。由于民族精神的范围涉及整个国家,而且在私法中没有全国性的立法者,因此可以在立法者缺位并且不侵犯各邦国权力

1　除德国南部外,只有黑森选侯国短时设法建立了一个强大的议会,参见 Ewald Grothe,《Verfassungsgesetzgebung und Verfassungskonflikt. Das Kurfürstentum Hessen in der ersten Ära Hassenpflug 1830—1837》,柏林,1996 年,第 338 页。

2　参见 Dieter Grimm,《Deutsche Verfassungsgeschichte 1776—1866》,美茵河畔法兰克福,1988 年,第 111 页。

3　参见 Christoph Mauntel,《Carl Georg von Wächter (1797—1880). Rechtswissenschaft im Frühkonstitutionalismus》,帕德博恩,2004 年,第 64、125 页;Joachim Rückert,《August Ludwig Reyschers Leben und Rechtstheorie 1802—1880》,柏林,1974 年,第 267、343 页。

4　关于详细内容,参见 Hans-Peter Haferkamp,《Georg Friedrich Puchta und die Begriffsjurisprudenz》,美茵河畔法兰克福,2004 年,第 141 页。

5　Georg Friedrich Puchta,《Cursus der Institutionen》第 1 卷,莱比锡,1841 年,第 32 页。

6　Friedrich Carl v. Savigny,《System des heutigen Römischen Rechts》第 1 卷,柏林,1840 年,第 39 页。

7　Georg Friedrich Puchta,《Cursus der Institutionen》第 1 卷,莱比锡,1841 年,第 32 页。

8　Georg Friedrich Puchta,《Cursus der Institutionen》第 1 卷,莱比锡,1841 年,第 32 页。

的情况下创设全国性的私法。

因此萨维尼私法概念的关键是将共同法和民族精神结合起来。由于在民族精神十分模糊——普赫塔称之为"黑箱",法律经常处于不确定状态。[1] 法律不可避免地像民族精神一样处于动态变化过程中。因此,不存在不可更改的自然法,如以人权的形式表现的自然法。此外,宪法只是君主和他的臣民之间的契约,而不是民族精神作用的结果,[2] 因为民族精神从本质上来说是不允许规则被绝对排除的。在共同法和民族精神关系中的特殊纠缠体现在共同法在德国既不是由国家也不是由公民创设的,而是由科学共同体用外语和根据科学方法创设的。只有经过长期和高强度训练的专业人员才有希望掌握共同法,从而代表民族精神。然而,即使对于他们来说,实现法律的完全确定性也是不切实际的。他们对法的探求具有无限性。历史法学派的目标是在工作上进行分工。作为学者,萨维尼和他的追随者并不想获得司法权。法院将疑难案件移交给法学院教授做决定的旧传统并不是萨维尼计划的一部分,[3] 也没有

---

[1] 参见 Hans-Peter Haferkamp,《Georg Friedrich Puchta und die Begriffsjurisprudenz》,美茵河畔法兰克福,2004 年,第 183 页。

[2] "抽象的人权",萨维尼在其《当代罗马法体系》第 52 段的草稿中写道。参见 Hans-Peter Haferkamp,《Die Bedeutung der Willensfreiheit für die Historische Rechtsschule》,载 Ernst Joachim Lampe 和 Michael Pauen(主编),《Willensfreiheit und rechtliche Ordnung》,美茵河畔法兰克福,2008 年;关于萨维尼与宪法有关的观点,参见 Joachim Rückert,《Savigny's Hermeneutik-Kernstück einer Jurisprudenz ohne Pathologie》,载 Jan Schröder(主编),《Theorie der Interpretation vom Humanismus bis zur Romantik-Rechtswissenschaft, Philosophie, Theologie》,斯图加特,2001,第 394 页。

[3] 萨维尼和普赫塔都没有提到案卷移送制度。关于萨维尼不喜欢参加由学者组成的审判团体的理由,参见 Joachim Rückert,《Der Methodenklassiker Savigny(1779—1861)》,载 Joachim Rückert(主编),《Fälle und Fallen in der neueren Methodik seit Savigny》,巴登—巴登,1997 年,第 34、151、153 页,须注意,萨维尼甚至在柏林组建过一个由学者组成的审判团体,参见 Ernst Landsberg,《Geschichte der Deutschen Rechtswissenschaft》第 3 卷,第 2 册,慕尼黑,1910 年,第 138 页。普赫塔也不喜欢由学者组成的审判团体,他在 1837 年 4 月 18 日给萨维尼的信中提及与莱比锡大学进行的谈判:"关于法庭案卷的工作,我完全是任意裁量的……为的是不受打扰地为科学而活。"该信件藏于马堡大学图书馆(MS 838/51)。同样的讨论,还参见 James Q. Whitman,《The Legacy of Roman Law in the German Romantic Era》,1990 年,第 149 页。当时关于案卷移送制度讨论的概况,参见 Johann Baptist Sartorius,《Revision der Lehre von der Aktenversendung》,载《Zeitschrift für Civilrecht und Prozeß》第 14 卷,1840 年,第 219 页。诸多事例,参见 Ulrich Falk,《Con silia. Studien zur Praxis der Rechtsgutachten in der frühen Neuzeit》,美茵河畔法兰克福,2006 年。

打算通过把平衡转向教授司法来复活罗马时代的解答权制度。¹ 因此,普赫塔在 1828 年写道:"我无法想象比公共机构的权力更凄凉的事情,它的权力是被分配的,而不是由某种单一的思想所承载的。"² 教授应该通过他们论证的力量来说服法律从业者。法官应该审理案件,但他们应该在大学接受科学严谨的潘德克吞训练之后再审理案件。1834 年,萨维尼强调,一切都取决于司法机关的转型,即"法官不是机械呆板地开展工作,而是能动地进行反思,这意味着要对他们进行教育和培训"³。

相应的,对大学课程进行改革是第一步。⁴ 新的教科书应按照新的目标和方法编写。⁵ 潘德克吞著作的目的在于以一致的、实用的和现代的方式为法律从业者提供他们需要的适用共同法的指引。其目标是一种高度理性的,同时也富有弹性的私法,法官在其中扮演核心角色。

(三)外行司法

19 世纪 40 年代,一次短暂的运动主张外行在法庭上拥有更大的话语权。Beseler 希望以一种直接的和现实主义的方式定义民族精神。法学家应该倾

---

1 James Q. Whitman,《The Legacy of Roman Law in the German Romantic Era》,1990 年,第 120、125、128 页,作者扭曲了历史法学派教授们在"向后看"的情绪下意欲复兴罗马的观点。普赫塔和萨维尼都没有兴趣获得解答权,因为在他们看来,这将类似于一个"外部"权威,与他们希望通过"内在的真理"去说服的理想相矛盾。参见 Hans-Peter Haferkamp,《Georg Friedrich Puchta und die Begriffsjurisprudenz》,美茵河畔法兰克福,2004 年,第 173、121 页;Friedrich Carl v. Savigny,《System des heutigen Römischen Rechts》第 1 卷,柏林,1840 年,第 156 页。对 Whitman 著作的有力批评,参见 Dieter Nörr 的文章,载《Rechtshistorisches Journal》第 11 卷,1992 年,第 163 页;以及 Maximiliane Kriechbaum 的文章,载《Ius Commune》第 19 卷,1992 年,第 237 页。

2 普赫塔,《Das Gewohnheitsrecht》第 1 卷,莱比锡,1828 年,第 164 页。

3 萨维尼 1834 年 3 月 1 日致 Wilhelm von Gerlach 的信,复印件载 Hans Liermann 和 Hans-Joachim Schoeps,《Materialien zur preuß ischen Eherechtsreform》,哥廷根,1961 年,第 490 页。

4 参见 Jan Schröder,《Wissenschaftstheorie und Lehre der "praktischen Jurisprudenz" auf deutschen Universitäten an der Wende zum 19. Jahrhundert》,美茵河畔法兰克福,1979 年,第 213 页。现在仍然缺乏对课程改革的全面介绍。1810 年后大学教育改革的较为详细的研究,参见 Cornelie Butz,《Die Juristenausbildung an den preußischen Universitäten Berlin und Bonn zwischen 1810 und 1850》,1992 年柏林大学学位论文;Ulrich Kühn,《Die Reform des Rechtsstudiums zwischen 1848 und 1933 in Bayern und Preußen》,柏林,2000 年;Andreas Röpke,《Die Würzburger Juristenfakultät von 1815 bis 1914》,维尔茨堡,2001 年;Stefan Strasser,《Die Geschichte der juristischen Fakultät der Universität Landshut 1800—1826》,慕尼黑,2001 年。

5 参见 Hans-Peter Haferkamp,《Georg Friedrich Puchta und die Begriffsjurisprudenz》,美茵河畔法兰克福,2004 年,第 389 页。

听广大人民的意见并在他们之间发现法律。[1] 对私法来说,这一观念在 1848 年革命失败后就不再有人支持。[2]

三、政治背景

显然,前述的不同路径的产生都与政治存在关联。历史法学派提出的自由主义的私法概念在德国法学家中得到了极大的支持,正是因为它为一些急迫的政治问题提供了解决方案。这其中有两个方面尤为重要。

(一)全国性的私法

在维也纳会议后,编纂一部统一的德意志民法典的计划被抛弃。在《中世纪罗马法史》一书中,萨维尼试图以具体的方式证明,自古以来,罗马法从来没有真正消失过,而是在中世纪以"在灰烬下发光"的方式存活。[3] 根据萨维尼的观点,推动共同法发展的是民族精神而不是国家。这是一个高度政治化的立场。1806 年后,随着旧制度的瓦解,德国的一个主要争论是共同法能否脱离国家而存在。[4] 在反对地区性法典编纂时,萨维尼说道:"任何时间和地点当一个国家瓦解时,其私法会幸存下来,这是中世纪罗马法的历史。"[5] 这个伟大的脱离国家而存在的全国性私法的神话被那些渴望德意志统一的社会团体热情接受,并且他们认为萨维尼的立场是实现将来统一的重要中间步骤。正如普赫

---

[1] 参见 Georg Beseler,《Volksrecht und Juristenrecht》,莱比锡,1843 年,第 58、109 页;Bernd-Rüdiger Kern,《Georg Beseler. Leben und Werk》,柏林,1982 年,第 371 页;Klaus Volk,《Die Juristische Enzyklopädie des Nikolaus Falk》,柏林,1970 年,第 83 页。

[2] 参见 Jan Schröder,《Savignys Spezialistendogma und die "soziologische" Jurisprudenz》,载《Rechtstheorie》第 7 卷,1976 年,第 28、31、45 页。当下关于这个问题的讨论主要指向刑法。参见 Alexander Ignor,《Geschichte des Strafprozesses in Deutschland '1532—1846'》,帕德博恩,2002 年,第 249 页。

[3] 参见 Joachim Rückert,《Friedrich Carl von Savigny(1779—1861).Geschichte des Römischen Rechts im Mittelalter》,载 Volker Reinhardt(主编),《Hauptwerke der Geschichtsschreibung》,汉堡,1997 年,第 560 页。

[4] 参见 Andreas Daniel,《Gemeines Recht》,柏林,2003 年,第 86 页;Hans-Peter Haferkamp,《Die Bedeutung von Rezeptionsdeutungen für die Rechtsquellenlehre zwischen 1800 und 1850》,载 Hans-Peter Haferkamp 和 Tilman Repgen(主编),《Usus modernus pandectarum. Römisches Recht,Deutsches Recht und Naturrecht in der frühen Neuzeit. Klaus Luig zum 70. Geburtstag》,科隆,2007 年,第 25 页;Joachim Rückert,《Heidelberg um 1804, oder: die erfolgreiche Modernisierung der Jurisprudenz durch Thibaut, Savigny, Heise, Martin, Zachariä u. a.》,载 Friedrich Strack(主编),《Heidelberg im säkularen Umbruch. Tradition sbewußtsein und Kulturpolitik um 1800》,斯图加特,1987 年,第 83 页。

[5] Horst Hammen(主编),《Friedrich Carl von Savigny, Pandektenvorlesung 1824/25》,美茵河畔法兰克福,1993 年,第 6 页。

塔所说:"如果国家统一的力量足够强大,它将能够成功克服暂时的政治分裂。"[1]

(二)与政治无涉的私法

在1848年德意志革命之前的那些年,萨维尼的概念格外吸引人还有另一个原因。通过宪法保护私人权利的选择被证明是危险的。1837年,汉诺威国王宣布四年前在其邦国内颁布的宪法无效。当七位当地法学教授组成"七位哥廷根人"的团体提出抗议时,他们被解雇了。[2] 整个德意志学术界都被震惊了,而不只是因为该团体中的几个成员——格林兄弟、Albrecht 和 Dahlmann——在全国享有声望。[3] 在一封信中,普赫塔明确表示,在历史法学派看来,反对专制王权只能由一个以科学的方式工作的司法机构进行,并且通过作为一项专门职业的自主性来保障司法机构工作的科学性;而不能期待通过宪法保护私人权利。

在你我之间,我个人认为 Dahlmann 的宪法被退回实际上是对他的一种报应,他似乎被新政治家对法律从业者的背叛和司法对这个问题的处理所操纵。现在我们可以看到当你依赖建造在沙滩上的议会时会发生什么。非常奇怪的是,在 Dahlmann 的《政治学》第一卷中就已经包含了一个国家宪法的基础,却完全没有提到法院。[4]

1848年后,新一代的法学家,耶林、Gerber、Kuntze 和温德沙伊德等人延续了萨维尼的计划并对其做出一些不重要的调整,在此不过多赘述。[5] 1848年革命后,萨维尼不得不辞去他的部长职位,[6] 使许多保守的法学家更加怀疑

1　Georg Friedrich Puchta,《Cursus der Institutionen》第1卷,莱比锡,1841年,第27页。

2　参见 Hans Gerhard Husung,《Protest und Repression im Vormärz》,哥廷根,1983年,第95页;James Q. Whitman,《The Legacy of Roman Law in the German Romantic Era》,1990年,第146页。

3　在1848年革命前,处于偶像地位的"七位哥廷根人"作为一个象征引发了非常不同的历史学解释,新近的文献参见 Miriam Saage – Maaß,《Die Göttinger Sieben-demokratische Vorkämpfer oder nationale Helden?》,哥廷根,2007年。

4　1839年2月14日写给胡果的未公开的信件;参见 Hans-Peter Haferkamp,《Georg Friedrich Puchta und die Begriffsjurisprudenz》,美茵河畔法兰克福,2004年,第438页。

5　关于1848年后法律科学的转折("转折"这一概念是 Kuntze 打造的),参见 Sten Gagnér,《Zielsetzung und Werkgestaltung in Paul Roths Wissenschaft(1975)》,重印本,载 Sten Gagnér,《Abhandlungen zur europäischen Rechtsgeschichte》,戈尔德巴赫,2004年,第387、395页。

6　参见 Joachim Rückert,《Der Methodenklassiker Savigny(1779 – 1861)》,载 Joachim Rückert(主编),《Fälle und Fallen in der neueren Methodik seit Savigny》,巴登—巴登,1997年,第33页;Friedrich Ebel,《Savigny officialis》,柏林,1986年,第25页;Wolf – Christian von Arnswaldt,《Savigny als Strafrechtspraktiker. Ministerium für die Gesetzesrevision》,巴登—巴登,2003年。

政治干涉私法事务。1848年，关心政治的法学教授如 Carl Friedrich v. Gerber 担心,"目前的兴奋状态也可能导致健康的植物被根除"。[1] 他们不但继续培育一种引导严格的专业法律科学发展的法律方法论的观念,同时也鼓吹一种与任何政治都无涉的全国性私法的概念。[2]

四、司法机构

所有这些因素导致在 1806 年至 1871 年之间德意志私法的根本重塑。19 世纪通常被视为一个法律科学的世纪。但是人们也可以从另外一个完全不同的角度来看,并将其构想为一个司法的时代。

法律科学控制司法机构的形象是基于这样的观点,高度凝练的潘德克吞教科书实质上为现实案件中的所有问题都给出了答案。但与此立场相反,退休的上诉法官在 1834 年哀叹:"不存在像德国共同法这样的事情……经常出现法律的不确定性。"[3] 对于这个复杂的问题他提出了几点原因:规则的复杂性和零散性,规则解释时的过度自由,关于习惯法和判例法存在的不确定性等。所有这一切,他说,都因历史法学派而恶化了。

如果我们把注意力从潘德克吞教科书移到历史法学派对法律渊源的界定上,这种批评就变得非常有道理了。[4] 如果所有的法律都源自于民族精神的晦涩领域,没有人能够确定一个判决、一个法律意见或者一个罗马法文本是否符合法律。没有民族精神的加持,所有的传统法律规则只不过是参考,《民法大全》本身也是如此,学者们的共同意见和法庭实践也是如此,甚至一项规则的体系背景也是如此。首先,这意味着以前被遵守的规则在将来并不必然具有

---

[1] Carl Friedrich v. Gerber,《System des Deutschen Privatrechts》第 1 卷,耶拿,1848 年,第 17 页。

[2] 最近关于这个问题的讨论主要集中的公法领域。参见 Walter Pauly,《Der Methodenwandel im deutschen Spätkonstitutionalismus. Ein Beitrag zu Entwicklung und Gestalt der Wissenschaft vom Öffentlichen Recht im 19. Jahrhundert》,图宾根,1993 年,第 228 页;Christoph Schönberger,《Das Parlament im Anstaltsstaat. Zur Theorie parlamentarischer Repräsentation in der Staatsrechtslehre des Kaiserreichs(1871—1918)》,美茵河畔法兰克福,1997 年,第 85 页。在 1848 年之前称"概念法学"是历史性错误,参见 Hans-Peter Haferkamp,《Georg Friedrich Puchta und die Begriffsjurisprudenz》,美茵河畔法兰克福,2004 年,第 443 页。

[3] H.J. Siegen,《Juristische Abhandlungen vorzüglich den Zustand der Deutschen Gesetzgebung und Rechtspflege betreffend, Abhandlung XIII: Über das sogenannte Deutsche gemeine Recht und Einfluss auf die Justiz》,1834 年,第 239、262 页;就这一问题的一个评论,参见 Joachim Rückert,《Autonomie des Rechts in rechtshistorischer Perspektive》,汉诺威,1988 年,第 41 页。

[4] 详细论述,参见 Hans-Peter Haferkamp,《Georg Friedrich Puchta und die Begriffsjurisprudenz》,美茵河畔法兰克福,2004 年,第 141、165 页。

约束力。法律只能针对手头的案件而制定,因此必须一再被重复制定。为了正确地做到这一点,法律工作者需要知道一项特定法律规则的整个历史。其次,为了确定它的效力,他必须根据它在整个法律秩序体系中的正确位置来解释这项规则,这是一个巨大的科学挑战。一个法律工作者只能通过直觉去感知民族精神。萨维尼谈到"通过感觉发现"和"真理的感觉"。[1] 最后,适用法律被转变成一个非常复杂的解释学过程。它课加给法官巨大的科学性责任,但是其解释规则时也拥有巨大的自由裁量权。其他人的研究认为法官确实让推理过程具有了高度的科学性。然而与此同时,他们非常清楚如何使用由此产生的解释自由。[2]

历史法学派的方法作业赋予法官们一个很强的地位,推动了独立和自信的司法机构的产生,从而使司法机构容易地在平等的条件下开展关于法律科学的科学讨论。在1801年至1803年间,大约百分之六十六的巴伐利亚法官从来没有接受过任何法律教育,却通过购买或者赞助人获得了他们的职位。[3] 在这里,我们可以看出,1800年左右(实际上更早)大学垄断了法律教育,但并不意味着法官必须是大学培养的法律人才。[4] 但是,随着全国范围内国家考试的普及推广和随后法律教育质量的提升,法官们逐步成为一个独特的以他们的专业知识区别于其他人的社会群体。[5] 法庭新获得的自信是其典型特征,他们首次公开他们自己的判决,包括判决理由,并且他们也开始反驳回应法学教

---

[1] Friedrich Carl v. Savigny,《System des heutigen Römischen Rechts》第1卷,柏林,1840年,第94页;参见 Stephan Meder,《Mißverstehen und Verstehen. Savignys Grundlegung der juristischen Hermeneutik》,图宾根,2004年,第85页。

[2] 参见 Regina Ogorek,《Richterkönig oder Subsumtionsautomat?》,美茵河畔法兰克福,1986年,第278页以及其他各处。

[3] 参见 Reinhard Wendt,《Die bayerische Konkursprüfung in der Montgelas-Zeit. Einführung, historische Wurzeln und Funktion eines wettbewerbsorientierten, leistungsvergleichenden Staatsexamens》,慕尼黑,1984年,第30页。

[4] 更多的事例,参见 Erich Döhring,《Geschichte der Deutschen Rechtspflege seit 1500》,柏林,1953年,第50页。

[5] 自17世纪,在一些地区就已经存在针对法院的国家考试,19世纪,成为所有地区的普遍做法,参见 Ulrich Kühn,《Die Reform des Rechtsstudiums zwischen 1848 und 1933 in Bayern und Preußen》,柏林,2000年,第148页。关于德国法官各种自我认知的解读,参见 Ulrich Falk,《Von Dienern des Staates und von anderen Richtern. Zum Selbstverständnis der deutschen Richterschaft im 19. Jahrhundert》,载 Andre Gouron 等(主编),《Europäische und amerikanische Richterleitbilder》,美茵河畔法兰克福,1996年,第251页。

授们的观点。[1] 之前,一直是学者收集和公布法院判决,以证明他们自己讲义的实践相关性[2],而法院以往不会积极参与到这种讨论中。[3] 在19世纪,程序公开的压力和法官们凭借公开讨论他们的判决的方式而逐渐增强的自信心,两者共同导致了他们接受一项一般性要求,即法院须就它们的判决结果提供理由。[4] 从1820年开始,法院逐渐整理和公开它们的判决,包括作出判决的理由。[5] 1847年"Seufferts Archiv"开始出版,[6]这是一本系统地刊发各法院判例法的杂志。大约同时,判例法也开始在法律学术研究中占据一席之地,特别是自1862年温德沙伊德开始以一种系统的方式分析法院判决。[7] 理论和实践之

---

[1] 详细论述,参见 John P. Dawson,《The Oracles of the Law》,安娜堡,1968年,第213、218、228页;Heinrich Gehrke,《Die privatrechtliche Entscheidungsliteratur Deutschlands》,美茵河畔法兰克福,1974年,第20页;Heinz Mohnhaupt,《Sammlung und Veröffentlichung von Rechtsprechung im späten 18. und 19. Jahrhundert in Deutschland. Zu Funktion und Zweck ihrer Publizität》,载 Friedrich Battenberg 和 Filippo Ranieri(主编),《Geschichte der Zentraljustiz in Mitteleuropa. Festschrift für Bernhard Diestelkamp zum 65. Geburtstag》,魏玛,1994年,第403页。关于1800年后法院判决的收集,参见 Filippo Ranieri(主编),《Gedruckte Quellen der Rechtsprechung in Europa(1800—1945)》第1卷,美茵河畔法兰克福,1992年,第102页。同样的内容也参见 Karl Kroeschell,《Deutsche Rechtsgeschichte》第3卷,第3版,威斯巴登,2001年,第163页。

[2] 18世纪的一个典型事例,参见 F.E. Pufendorf,《Observationes iuris universi》第1—4卷,1744—1770年;这一类型的最后一个代表之一,参见 Friedrich v. Bülow 和 Theodor Hagemann,《Practische Erörterungen aus allen Theilen der Rechtsgelehrsamkeit》,第1—9卷,1798—1831年。

[3] 卡塞尔上诉法院的主席 L. v. Canngiesser 编写的法院判决集《Collectio notabiliorum decisionum, Cassel 1768—1771》是早期唯一的例外。

[4] 参见 Stephan Hocks,《Gerichtsgeheimnis und Begründungszwang, Zur Publizität der Entscheidungsgründe im Ancien Regime und im frühen 19. Jahrhundert》,美茵河畔法兰克福,2002年,第130页;Heinz Mohnhaupt,《Sammlung und Veröffentlichung von Rechtsprechung im späten 18. und 19. Jahrhundert in Deutschland. Zu Funktion und Zweck ihrer Publizität》,载 Friedrich Battenberg 和 Filippo Ranieri(主编),《Geschichte der Zentraljustiz in Mitteleuropa. Festschrift für Bernhard Diestelkamp zum 65. Geburtstag》,魏玛,1994年,第405页。

[5] 可能第一个做这件事的是曼海姆王座法院,即《Jahrbücher des Großherzoglichen Badischen OberHofgerichts zu Mannheim, I—VII》,曼海姆,1824—1832年;之后是威斯巴登上诉法院,即《Sammlung der merkwürdigeren Entscheidungen des Herzoglich Nassauischen Oberappellations Gerichts zu Wiesbaden. I—II》,美茵河畔法兰克福,1824年至1825年;吕贝克上诉法院,即《Juristische Abhandlungen mit Entscheidungen des Oberappellationsgerichts der vier freien Städte Deutschlands. I—II》,汉堡,1827—1830年;柏林高级法院,即《Entscheidungen des Königlich Geheimen Ober-Tribunals, I—LXXXIII》,柏林,1837—1879年。

[6] 该杂志的名称为《Archiv für Entscheidungen der obersten Gerichte in den deutschen Staaten》(J. A. Seuffert 主编)。

[7] 温德沙伊德,《Lehrbuch des Pandektenrechts》第1卷,第1版,杜塞尔多夫,1862年。

间频繁、系统和科学交流的结果[1]将萨维尼的原始想法付诸行动。

五、1871年的转折

在 1871 年,自 1815 年以来首次出现适宜编纂全国性的私法典的政治框架。甚至更重要的是,伴随政治统一的人们思想的改变。

这一改变的一个例子是由鲁道夫·冯·耶林提供的,他一开始对此持怀疑态度,但考虑到自 1866 年起俾斯麦在外交上的成功,正如他自己写的,他对这种变化感到"喜极而泣"。[2] 1888 年,他给俾斯麦寄信表达他的观念的转变。耶林写到,他在 1837 年以学生的身份目睹了汉诺威的宪政冲突,自那以后他就经历了无能的国王和政府,但威廉一世国王使他相信国家和君主,这也导致了"我的整个思维方式和态度的变化"。[3] 然后,耶林写了一句关键的话,恰当地总结了 1871 年后的人们普遍情绪:"看惯了对于原则和僵死程序的乏味赞颂,我现在希望看到对拥有一位伟大领导者的祝福。"[4]

通过科学理论保障私法不受政治影响以及专业法律工作者扮演领导角色的想法在 1871 年后不久就陷入了危机。1879 年在"权力和法律"的演讲中,[5] Roderich von Stintzing 声称,以前因其自主权受到高度尊重的法律科学现在要根据其在现实政治框架内的效力被衡量,即它真正推动社会变革的能力。此后,隐藏在精心设计的专门术语之下的道德判断的政治立场被公开质疑。同时,立法机关作为新成立帝国的中央机构之一,受到越来越多的关注。统一国家的任务不再由法律科学承担。相反,科学的法律讨论从公众的关注视野中退出,而立法机关和司法机构则转移到了舞台的中央。对历史学派的公开批评得势,并通过各种方式得以表达:

---

1 这点被 Hocks 强调,参见 Stephan Hocks,《Gerichtsgeheimnis und Begründungszwang, Zur Publizität der Entscheidungsgründe im Ancien Regime und im frühen 19. Jahrhundert》,美茵河畔法兰克福,2002 年,第 175 页。

2 参见 Ulrich Falk,《Von Dienern des Staates und von anderen Richtern. Zum Selbstverständnis der deutschen Richterschaft im 19. Jahrhundert》,载 Andre Gouron 等(主编),《Europäische und amerikanische Richterleitbilder》,美茵河畔法兰克福,1996 年,第 275 页。

3 1888 年 9 月 15 日至俾斯麦的信件,参见 Helene Ehrenberg,《Rudolf von Jhering in Briefen an seine Freunde》,莱比锡,1913 年,第 442 页。

4 德文原文为"Gegenüber der öden Verherrlichung von Prinzipien und toten Formeln hoffe ich auf den Segen einer gewaltigen Persönlichkeit."

5 参见 Regina Ogorek,《Richterkönig oder Subsumtionsautomat?》,美茵河畔法兰克福,1986 年,第 247 页;Peter Landau,《Die Rechtsquellenlehre in der Deutschen Rechtswissenschaft》,载《Juristische Theoriebildung und Rechtliche Einheit》,斯德哥尔摩,1993 年,第 82 页。

第一,民族精神被攻击为"神秘的"和"形而上学的"。[1]

第二,科学的法教义学的概念被诋毁为"概念法学"和形式主义[2],并且被谴责为过时和不切实际的。[3]

第三,历史法学派的法的概念——法律基于意志——被指责过于个人主义。相反,批评者认为,法律应该更加以团体为导向。只有在国家创造了主张权利的可能性或者行使法律权利是基于正当的利益的情况下,才允许个人主张自己的权利。[4]

1871年后,大多数法学家支持新帝国。保护私法不受政治干预不再是一项首要的目标。新态度得到了经验支持,即在这个高度自由的时期,私法几乎没有受到国家的干预。当然,1878年和1879年俾斯麦引入新的国家干预政策的"保守主义转向"[5]引发了态度的转变。[6] 自由的信条遭到严重怀疑,私法面临着所谓的"社会问题"。[7] 此外,对私法和国家之间的关系进行了集中的讨论,但现在是在不同的氛围中进行的:私法不再被认为独立于国家,不再享有独立性,既不是民族精神的产物,也不是通过法律科学的自主性产生的。私法现在是帝国的法律。在"社会问题"提出了挑战的背景下,讨论私人自治和国家干预之间的平衡。自由的私法是否本身足够灵活有力以减轻不断变化的社会条件所造成的压力?还是应该由公法来引领和指导私法的发展?对当时的法学家来说,这个问题与权限问题有关:如果私法承担了解决"社会问题"的任

---

[1] 参见 Karl Magnus Bergbohm,《Jurisprudenz und Rechtsphilosophie. Kritische Abhandlungen》第1卷(唯一出版的一卷),莱比锡,1892年,第502页;Rudolf Stammler,《Über die Methode der geschichtlichen Rechtstheorie》,载 Rudolf Stammler 和 The odor Kipp 主编,《Festgabe zu Bernhard Windscheids fünfzigjährigen Doktorjubiläum》,哈雷,1888年,第1页,该文也载《Abhandlung》,阿伦,1979年,第6页;Ernst Zitelmann,《Gewohnheitsrecht und Irrtum》,载《Archiv für civilistische Praxis》第66卷,1883年,第323页。

[2] 参见 Joachim Rückert,《Autonomie des Rechts in rechtshistorischer Perspektive》,汉诺威,1988年,第88页。

[3] 主要参见 Rudolf v. Jhering,《Scherz und Ernst in der Jurisprudenz》,莱比锡,1884年;后来的讨论,参见 Hans-Peter Haferkamp,《Georg Friedrich Puchta und die Begriffsjurisprudenz》,美茵河畔法兰克福,2004年,第58页。

[4] 参见 Hofer 对此的分析,Sibylle Hofer,《Freiheit ohne Grenzen? Privatrechtstheoretische Diskussionen im 19. Jahrhundert》,图宾根,2001年,第107、132页。

[5] 参见 Hans-Ulrich Wehler,《Deutsche Gesellschaftsgeschichte》第3卷,慕尼黑,1994年,第934页。

[6] 参见 Michael Stolleis,《Geschichte des Sozialrechts in Deutschland》,斯图加特,2003年,第44页。

[7] 对这一问题的介绍,参见 Thomas Nipperdey,《Deutsche Geschichte 1866—1918》第1卷,1990年,第335页;关于法律讨论的分析,参见 Tilman Repgen,《Die soziale Aufgabe des Privatrechts》,图宾根,2001年,第24页。

务,应该由谁来监督这个过程——法律科学、司法机构还是立法机关?

大约在 1890 年,随着德国民法典第一草案的出版,关于这个问题的一次热烈的讨论出现了。[1] 许多法学家越来越担心作为唯一的主导权力的立法机关的终结。温德沙伊德作为那个时代处于领导地位的法学家支持立法机关为未来保存"数世纪以来的法律文献"(现在体现在法典中)。[2] 然而,虽然起草新民法典取得了良好的进展,但许多法学家越来越害怕出现"民法典的牢笼"。[3] 他们担心丧失共同法赋予他们的创造性自由。当立法机关准备了新的法典时,越来越多的观点支持强化法律科学或司法机构的地位。在这方面,须注意如下四种不同的路径。

第一,传统的潘德克吞方案。大多数法学家早就认识到,在私法中富人可以占穷人的便宜,这和聪明人可以胜过不那么聪明的人一样容易。这些法学家知道"自由"和"平等"是理想而不是现实。[4] 这些都表现在德国私法的若干制度中,如非常损失规则、调解、过失判断中的注意标准(最轻微过失的标准已经被废除)、诚实信用、善良风俗以及严格责任(1871 年《帝国责任法》规定在一些情形下须承担这种责任)。但是,自由平等地对待所有人作为私法的基本思想仍然没有改变。的确,社会不平等不应加剧,但应该通过公法解决:"一个富人可以因拒绝对穷人的自主或严格执行他作为债权人的权利使穷人陷入困境,但对此的救济不应在私法中寻找,只能在公法中寻找。"萨维尼写道。[5] 对

---

[1] 关于这一问题的概述,参见 Sibylle Hofer,《Freiheit ohne Grenzen? Privatrechtstheoretische Diskussionen im 19. Jahrhundert》,图宾根,2001 年,第 132、186 页;Tilman Repgen,《Die soziale Aufgabe des Privatrechts》,图宾根,2001 年,第 24 页。

[2] Bernhard Windscheid,《Die geschichtliche Schule in der Rechtswissenschaft》,1878 年,重印本,载 Paul Oertmann(主编),《Bernhard Windscheid. Gesammelte Reden und Abhandlungen》,莱比锡,1904 年,第 75 页;也参见 Joachim Rückert,《Autonomie des Rechts in rechtshistorischer Perspektive》,汉诺威,1988 年,第 68 页。

[3] Hans Wüstendörfer,《Die Deutsche Rechtswissenschaft am Wendepunkt》,载《Archiv für civilistische Praxis》第 110 卷,1913 年,第 224 页;参见 Heinrich Honseil,《Historische Argumente im Zivilrecht》,慕尼黑,1982 年,第 23 页;Reinhard Zimmermann,《Roman Law, Comtemporary Law, European Law》,载《The Civilian Tradition Today》第 53 卷,2001 年。

[4] 认为潘得克吞主义者支持无制衡的自由市场的观点现在依然没有被证实,参见 Sibylle Hofer,《Freiheit ohne Grenzen? Privatrechtstheoretische Diskussionen im 19. Jahrhundert》,图宾根,2001 年;他们的立场包含了浓重的宗教色彩,参见 Hans-Peter Haferkamp,《Die Bedeutung der Willensfreiheit für die Historische Rechtsschule》,载 Ernst Joachim Lampe 和 Michael Pauen(主编),《Willensfreiheit und rechtliche Ordnung》,美茵河畔法兰克福,2008 年,第 196 页。

[5] Friedrich Carl v. Savigny,《System des heutigen Römischen Rechts》第 1 卷,柏林,1840 年,第 371 页;参见 Joachim Rückert,《"Frei" und "Sozial": Arbeitsvertragskonzeptionen um 1900 zwischen Liberalismen und Sozialismen》,载《Zeitschrift für Arbeitsrecht》,1992 年,第 225、246 页。

他来说,"道德规则的无约束力"[1]在私法中是毋庸置疑的。普赫塔讨论了个别法(Ius Singulare)问题,即政府为了特定人的利益而在法律中设定例外。[2] 因此,虽然在私法范围内一个论题的基本道德性是无价值的,但一般来讲,它在法律中并不是不相关的。

私法以市场参与者的自由和平等为前提,公法的意义在于确保自由和平等存在的条件。在政治上,这个问题涉及规则和例外、自由和矫正的相互作用。从终极意义上讲,这意味着仅为了保护自由而做的决定是有问题的,但私法无疑被认为是自由的。为了在私法中限制市场参与者,人们借助于诚信原则和善良风俗原则,而不是公共福利、公共秩序或公共利益。例如,在1878年,某德国法院审判一个涉及在地方选举中购买选票的案件。[3] 在类似的案件中,法国法院认为这种案件违反了公共秩序。然而,德国法院宣布买卖合同无效,因为它违背了善良风俗。换句话说,德国司法部门认为冲突完全是私法律主体之间的分歧,尽可能地避免涉及危险的政治领域。

德国民法典,通常被认为是传统潘德克吞主义理论的现代版本。[4] 特别地,Gottlieb Planck作为德国民法典第二起草委员会的一员,坚持以自由和平等作为私法的基本原则。[5] 然而,比以前更加频繁和有力地要求公法提供确保

1　Friedrich Carl v. Savigny,《System des heutigen Römischen Rechts》第1卷,柏林,1840年,第371页。

2　参见Hans-Peter Haferkamp,《Georg Friedrich Puchta und die Begriffsjurisprudenz》,美茵河畔法兰克福,2004年,第416页。

3　详细的论述,参见Hans-Peter Haferkamp,《Der ordre public in terne in der Rechtsprechung zum Rheinischen Recht》,载Barbara Dölemeyer、Heinz Mohnhaupt、Alessandro Somma(主编),《Richterliche Anwendung des Code civil in seinen europäischen Geltungsbereichen auß erhalb Frankreichs》,美茵河畔法兰克福,2006年,第125页。

4　这一观察的重要性,参见Franz Wieacker,《Das Sozialmodell der klassischen Privatrechtsgesetzbücher》,载Franz Wieacker,《Industriegesellschaft und Privatrechtsordnung》,美茵河畔法兰克福,1974年,第15页。

5　Gustav Planck,《Zur Kritik des Entwurfs eines bürgerlichen Gesetzbuchs》,载《Archiv für civilistische Praxis》第75卷,1889年,第327页;也参见Tilman Repgen,《Die soziale Aufgabe des Privatrechts》,图宾根,2001年,第68、112页。

平等参与市场的框架。Julius Baron 提出了一个激进的观点[1]：私法的唯一功能是指定一块个人自由的领域，除此之外私法没有任何社会责任，私人自治应严格免受国家的任何干涉。当出现严重的问题和公共利益需要的情况下，Baron 认为唯一的解决方案是将相应的合法权力从私法中移除，例如，将相关的财产权转让给国家。

第二，私法与公法的融合。另一项建议涉及根本性的变革：将私法与公法融合。少数思想家将这一建议与激进的后果结合起来，如卡尔·马克思、弗里德里希·恩格斯、斐迪南·拉萨尔[2]和安东·门格尔[3]，他们认为这是国家和社会融合的一部分，却发现他们的观点倍受争议。基尔克的解释有更大的影响力。根据他的观点，一部民法典中所载的私法必须清楚地解答公共议题和日常生活中的重大问题。[4] 基尔克的批判主要针对是将自由的民法典与设定例外的特别法联合起来的观点。然而，如果完全放弃了自由规则和设定例外的体系，法官就会自己平衡个人和社会利益，那么就过多地享有了自由裁量权。[5]

1　Julius Baron,《Das römische Vermögensrecht und die soziale Aufgabe》，载《Jahrbücher für Nationalökonomie und Statistik》第 19 卷, 1889 年, 第 225 页；关于他的概念，参见 Rainer Schröder,《Abschaffung oder Reform des Erbrechts, Die Begründung einer Ent scheidung des BGB—Gesetzgebers im Kontext sozialer, ökonomischer und philosophischer Zeitströmungen》，埃贝尔斯巴赫, 1981 年, 第 356 页, 注释 4；Pio Caroni,《Kathedersozi alismus an der juristischen Fakultät(1870—1910)》，载 Im Hof（主编）,《Hochschulgeschichte Berns 1528—1984：zur 150—Jahr—Feier der Universität Bern 1984》，伯尔尼, 1984 年, 第 212 页；Paolo Cappellini,《Systema Iuris》, 第 2 卷, 米兰, 1985 年, 第 337 页；Sibylle Hofer,《Freiheit ohne Grenzen? Privatrechtstheoretische Diskussionen im 19. Jahrhundert》，图宾根, 2001 年, 第 141、148 页。

2　关于拉萨尔，参见 Thilo Ramm,《Ferdinand Lassalle(1825—1864). Der sozialis tische nationale Revolutionär》，载 Helmut Heinrichs 等（主编）,《Deutsche Juristen jüdischer Herkunft》，慕尼黑, 1993 年, 第 127 页；Sibylle Hofer,《Freiheit ohne Grenzen? Privatrechtstheoretische Diskussionen im 19. Jahrhundert》，图宾根, 2001 年, 第 99 页。

3　参见 Pio Caroni,《Das "demokratische Privatrecht" des Zivilgesetzbuches. A. Menger und E. Huber zum Wesen des sozialen Privatrechts》，载《Mélanges en l'honneur de Henri Deschenaux publiés à l'occasion de son 70e anniversaire》，弗里堡, 1977 年, 第 37 页；Pio Caroni,《Anton Menger》，载 Wilhelm Brauneder（主编）,《Juristen in Österreich 1220—1800》，维也纳, 1987 年, 第 212 页（包括门格尔的马克思主义批评家，如 Karl Kautzky）。

4　Otto Gierke,《Der Entwurf eines bürgerlichen Gesetzbuches und das deutsche Recht》，莱比锡, 1889 年, 第 109 页。

5　参见 Tilman Repgen,《Die soziale Aufgabe des Privatrechts》，图宾根, 2001 年, 第 54、99 页；Sibylle Hofer,《Freiheit ohne Grenzen? Privatrechtstheoretische Diskussionen im 19. Jahrhundert》，图宾根, 2001 年, 第 141 页；Otto Depenheuer,《Grundrechte und Konservatismus》，载 Detlev Merten 等（主编）,《Handbuch der Grundrechte》，海德堡, 2003 年, 边码 52。

第三,本质立场的出现。结合来自于各种立场的因素,通过援引法律外的观念攻击制定法。1883 年,基尔克讨论了"理想内容""生活"和"法律的永恒理念"。[1] 其他术语也变得很受欢迎,如"商业需要""法律实践"[2]"事理之性质"以及与制定法规范相对的"文化规范"。[3] 在这里,正义的抽象概念也必须由司法机构赋予具体的含义。

第四,法官造法。一些法学家明确要求给予法官更大的灵活性。他们这样做或者是出于指明法律秩序永远不会是无间隙的,[4] 或者是出于强调任何决策过程都不可避免地包括主观成分。[5] 一些法学家还强调最初由司法机构创立的共同法中的制度,如诚实信用和一般诈欺抗辩。[6]

六、法官的时代

总的来说,一个广泛的反自由主义运动在 1880 年左右开始兴起,并且在

---

[1] Otto Gierke,《Labands Staatsrecht und die deutsche Rechtswissenschaft》,载《Jahrbücher für Gesetzgebung, Verwaltung und Volkswirtschaft》第 7 卷,1883 年,第 85 页、第 93 页以及第 98 页;关于该问题的更多的讨论,参见 Joachim Rückert,《Autonomie des Rechts in rechtshistorischer Perspektive》,汉诺威,1988 年,第 92 页。

[2] 关于 19 世纪和 20 世纪"商业需要"的观念,参见 Hans-Peter Haferkamp,《Der Jurist, das Recht und das Leben》,载 Verein zur Förderung der Rechtswissenschaft(主编),《Fakultätsspiegel Sommersemester 2005》,科隆,2005 年,第 83—98 页;Tilman Repgen,《Die soziale Aufgabe des Privatrechts》,图宾根,2001 年,第 109 页。

[3] 如 Max Ernst Mayer,《Rechtsnormen und Kulturnormen》,弗罗茨瓦夫,1903 年;更多细节,参见 Hans-Peter Haferkamp,《Neukantianismus und Rechtsnaturalismus》,载 Marcel Senn 和 Dániel Puskás(主编),《Rechtswissenschaft als Kulturwissenschaft?》,载《Archiv für Rechts-und Sozialphilosophie Beiheft B 115》,斯图加特,2007 年,第 105 页。

[4] 就该争论的一个概述,参见 Lorenz Brütt,《Die Kunst der Rechtsanwendung, Zugleich ein Beitrag zur Methodenlehre der Geisteswissenschaften》,柏林,1907 年,第 73 页;在 1900 年以前,法律科学实现法律秩序的无间隙性,参见 Hans-Peter Haferkamp,《Georg Friedrich Puchta und die Begriffsjurisprudenz》,美茵河畔法兰克福,2004 年,第 88 页。

[5] 任何决策过程中,主观成分的不可避免性被施莱尔马赫等人的新解释学所强调,参见 Stephan Meder,《Mißverstehen und Verstehen. Savignys Grundlegung der juristischen Hermeneutik》,图宾根,2004 年,第 17 页。在 1900 年左右的讨论中,关于是否可能识别立法者的意志的讨论,参见 Heinrich Honsell,《Historische Argumente im Zivilrecht》,慕尼黑,1982 年,第 42 页。

[6] Hans-Peter Haferkamp,《Die exceptio doli generalis in der Rechtsprechung des Reichsgerichts vor 1914》,载 Ulrich Falk 和 Heinz Mohnhaupt(主编),《Das Bürger liche Gesetzbuch und seine Richter》,美茵河畔法兰克福,2000 年,第 1 页。

20 世纪的大部分时间在德国依然强大。[1] 1880 年左右,私法自治的观念首次出现。[2] 一开始,它就被认为是一种危险,而不是一个机会。私法的主旨是社会,而不是自由。[3] 那时的主要问题不是私法是否应该有更多的社会性,而只是如何让私法有更多的社会性。德国民法典没有满足这些期望,并且在整个 20 世纪仍然没有得到很多法学家的支持。[4] 19 世纪末见证了一个非常强大的司法机构的出现。1902 年,邓博格正确地指出,司法机构现在比早期拥有更大的信心。[5] 在处理手头案件时,法官应决定如何将团体利益、社会和实际需要、法律文化、法律观念和其他各种因素的不同方面结合在一起。[6] 这些要求几乎意味着向唱诗班布道。自 1869 年成立最高商事法庭以来,自信的司法机构已

---

1 参见 Joachim Rückert,《Zu Kontinuitäten und Diskontinuitäten in der juristischen Methodendiskussion nach 1945》,载 Karl Acham 等,《Erkenntnisgewinne, Erkenntnisverluste. Kontinuitäten und Diskontinuitäten in den Wirtschafts Rechts und Sozialwissenschaften zwischen den 20er und 50er Jahren》,1998 年,第 144 页。

2 参见 Sibylle Hofer,《Freiheit ohne Grenzen? Privatrechtstheoretische Diskussionen im 19. Jahrhundert》,图宾根,2001 年,第 2 页;Joachim Rückert,《Natürliche Freiheit-Historische Freiheit-Vertragsfreiheit》,载 Francois Kervégan 和 Heinz Mohnhaupt(主编),《Recht zwischen Natur und Geschichte》,美茵河畔法兰克福,1997 年;Joachim Rückert,《Zur Legitimation der Vertragsfreiheit im 19. Jahrhundert》,载 Diethelm Klippel(主编),《Naturrecht im 19. Jahrhundert. Kontinuität-Inhalt-Funktion-Wirkung》,戈尔德巴赫,1997 年。

3 参见 Joachim Rückert,《"Frei" und "Sozial":Arbeitsvertragskonzeptionen um 1900 zwischen Liberalismen und Sozialismen》,载《Zeitschrift für Arbeitsrecht》,1992 年。

4 Hans Schulte-Nölke,《Die späte Aussöhnung mit dem Bürgerlichen Gesetzbuch》,载《Das deutsche Zivilrecht 100 Jahre nach der Verkündung des BGB. Jahrbuch Junger Zivilrechtswissenschaftler 1996》,斯图加特,1996 年,第 9 页;Joachim Rückert,《Das BGB und seine Prinzipien》,载 Schmoeckel、Rückert 和 Zimmermann(主编),《Historisch-kritischer Kommentar zum BGB》,图宾根,2003 年,第 92 页。

5 Heinrich Dernburg,《Das Bürgerliche Recht des Deutschen Reiches und Preußens》第 1 卷(1992 年第 2 版),第 52 页。

6 这是由 Rainer Schröder 主导的对大约 800 篇讨论法官造法的文章进行调查的结果,Rainer Schröder,《Die Richterschaft am Ende des Zweiten Kaiserreiches unter dem Druck polarer sozialer und politischer Anforderungen》,载《Festschrift für Rudolf Gmür zum 70. Geburtstag》,比勒费尔德,1983 年,第 201 页;Rainer Schröder,《Die deutsche Methodendiskussion um die Jahrhundertwende:wissenschaftliche Präzisierungsversuche oder Antworten auf den Funktionswandel von Recht und Justiz, Rechtstheorie》,第 19 卷,1988 年,第 323、334 页。

经公开致力于法律的统一。[1] 1879 年,司法机构的独立性得到法律的保障。[2] 被任命到新设立的帝国最高法院任职的大多数法官以前都在最高商事法院任职,后者是一个以法官自信地做出判决而闻名的法院。[3] 1882 年帝国最高法院的第一审判委员会的一个判决展示了法院独立于当时法律学术界的程度。当时最有影响力的潘德克吞学者温德沙伊德提出了不同于法院的想法,审判委员会冷漠地反驳道,"他的观点是不正确的",根本不说明理由。[4] 在 19 世纪的最后几十年,经济上产生了许多新的亟待解决的问题,帝国最高法院毫不犹豫地通过制定新的法律来解决这些问题。反垄断法、集体谈判协议[5]、排放和妨害法[6]以及其他主题的法律都是通过判例法发展出来的。自信的司法机构对帝国塑造的程度经常被低估。即使在民法典生效后,法官依然继续表达他们的意见,好像什么都未发生,他们服从新颁布的法典的意愿是相当有限的,

---

1 Thomas Henne,《Richterliche Rechtsharmonisierung — Startbedingungen, Methoden und Erfolge in Zeiten beginnender staatlicher Zentralisierung analysiert am Beispiel des Oberhandelsgerichts》,载 Andreas Their、Guido Pfeifer 和 Philipp Grzimek(主编),《Kontinuitäten und Zäsuren in der Europäischen Rechtsgeschichte》,柏林,1999 年,第 335 页;Klaus Luig,《Rechtsvereinheitlichung durch Rechtsprechung in den Urteilen des Reichsgerichts von 1879 bis 1900 auf dem Gebiet des Deutschen Privatrechts》,载《Zeitschrift für Europäisches Privatrecht》,1997 年,第 762 页。

2 《法院组织法》第 1 条,关于这一规定以及之前的地区性规定,参见 Thomas Ormond,《Richterwürde und Regierungstreue. Dienstrecht, politische Betätigung und Disziplinierung der Richter in Preußen, Baden und Hessen'1866—1918'》,美茵河畔法兰克福,1994 年,第 45 页。

3 参见 Regina Ogorek,《Privatautonomie unter Justizkontrolle》,载《Zeitschrift für Handelsrecht》第 150 卷,1986 年,第 87 页;Christoph Bergfeld,《Entscheidungen des Reichsoberhandelsgerichts und des Reichsgerichts zur Auslegung von Rechtsgeschäften》,载载 Ulrich Falk 和 Heinz Mohnhaupt(主编),《Das Bürger liche Gesetzbuch und seine Richter》,美茵河畔法兰克福,2000 年,第 625 页。

4 参见《Entscheidungen des Reichsgerichts in Zivilsachen (RGZ)》第 16 卷,第 116 页。

5 参见 Rainer Schröder,《Die Entwicklung des Kartellrechts und des kollektiven Arbeitsrechts durch die Rechtsprechung des Reichsgerichts vor 1914》,埃尔斯巴赫,1988 年;关于卡特尔,也参见 Knut Wolfgang Nörr,《Die Leiden des Privatrechts》,图宾根,1994 年,第 7 页。

6 参见 Andreas Their,《Zwischen actio negatoria und Aufopferungsanspruch: Nachbarliche Nutzungskonflikte in der Rechtsprechung des 19. und 20. Jahrhunderts》,载载 Ulrich Falk 和 Heinz Mohnhaupt(主编),《Das Bürger liche Gesetzbuch und seine Richter》,美茵河畔法兰克福,2000 年,第 407、424 页;Regina Ogorek,《Actio negatoria und industrielle Beeinträchtigung des Grundeigentums》,载 Helmut Coing 和 Walter Wilhelm(主编),《Wissenschaft und Kodifikation des Privatrechts im 19. Jahrhundert》第 4 卷,美茵河畔法兰克福,1979 年,第 40 页。

这并不奇怪。[1] 19世纪确实出现了萨维尼曾为之争取过的采用科学方法工作且自信的法官。然而,1871年后,萨维尼对建立一个强大的司法机构作为对抗国家的壁垒的愿望也失去了其大部分意义。虽然理想法官的概念继续在"国家的仆人"和"社会的仆人"之间摇摆,[2]但是试图进一步将法官定义为相对于国家而言的个人自由领域的辩护者的观念仍然是罕见的例外。[3] 如果我们也将立法者越来越多地通过公共管理来影响私法考虑进去,[4]那么20世纪在德国法学理论或实践中讨论脱离国家的私法是没有意义的。

七、结论

传统的理解仍然决定着许多法史学家回顾德国19世纪私法历史的方式。首先,现在德国民法典都被认为是"自由主义晚生子"(弗朗茨·维亚克尔语),即它是一个误入歧途的发展过程所最终产生的具有反社会性的成果。这个观点实际上是早在1878年就提出的一个观点的延续,该观点恰恰就是在关于如何解决"社会问题"的争论中提出的。从这个角度来看,不可能认识到1871年之前发展的决定性因素。主要的问题不是私法自治的反社会效应,而是私法针对国家的自治性。私法被视为是超越地域的,即国家的。控制私法的既不应该是王权,也不是教会,而是法律科学。

此外,通常被人们忽略的是,法律科学的支配力建立在专业人员的权限而不是个人的品质上。笔者集中关注过历史法学派的关键人物,如萨维尼和普赫塔,在此仅简要地阐明这一点。他们就司法机构的改革和法律实践的科学化做出艰辛的努力。他们只想为科学工作的法官提供指导。

1871年以后,情况发生了很大的变化。民族与国家的身份导致脱离国家

1　关于这一问题的各种调查,参见载 Ulrich Falk 和 Heinz Mohnhaupt(主编),《Das Bürger liche Gesetzbuch und seine Richter》,美茵河畔法兰克福,2000年;对此问题的一个总结,参见 Reinhard Zimmermann,《Roman Law, Comtemporary Law, European Law》,载《The Civilian Tradition Today》第53卷,2001年,第56页。

2　在二十世纪,司法机构在与国家保持距离(如1933年之前)和密切合作(1933年之后)之间继续摇摆不定,参见 Ralph Angermund,《Deutsche Richterschaft 1919—1945. Krisenerfahrung, Illusion, politische Rechtsprechung》,美茵河畔法兰克福,1990年。

3　参见 Joachim Rückert,《Das BGB und seine Prinzipien》,载 Schmoeckel、Rückert 和 Zimmermann(主编),《Historisch-kritischer Kommentar zum BGB》,图宾根,2003年,第105页。

4　Michael Stolleis,《Die Entstehung des Interventionsstaates und das öffentliche Recht》,载《Zeitschrift für Neuere Rechtsgeschichte》第11卷,1989年,第129页;Michael Stolleis,《Geschichte des Sozialrechts in Deutschland》,斯图加特,2003年,第36页。

的私法的观念崩溃。对大多数法学家来说,私法现在是国家的法律。因此,问题变成了私法如何适当地回应"社会问题"。如何限制合同和财产的自由?国家的干预应当由谁负责实施?立法机构、法官还是法学家?关于自治性私法和国家法的讨论发展成为作为私法还是公法的国家法的讨论。这场关于权限的辩论的最终胜利者是司法机构。法院设法将自己构建为立法机关的平等伙伴,而法律科学失去了大部分的影响力。这种现象的出现是完全可能的,因为法院在整个19世纪逐渐学会检验和承认他们在裁决中的权力。因此,主张帝国最高法院赞成严格的法律实证主义[1]并谨慎地不去超越制定法边界的观点是错误的。事实上,不但在魏玛共和国时代,而且从1806年至1918年,德国司法机构都是作为一个决定性的政治因素而存在的。

---

[1] Hans Schlosser,《Grundzüge der Neueren Privatrechtsgeschichte》第9版,海德堡,2001年,第194页。

◆南大法学◆

民国时期永佃权之没落及其在抗日根据地法中的表达

陈和平[*]

摘要：始于明初在中国延续了几百年的永佃权在限制地主撤佃、维护佃农生活安定和促进封建生产力发展及保障地主收益的稳定和减少换佃成本上，具有不可替代的价值，然而不利于土地的流转和对永佃农长久的束缚以及其固有的剥削性，注定了永佃权难以适应民国以来不断发展的近代社会，并在民国法律和租佃实践中留下持久而沉重的衰落印记。抗日根据地法从党的减租和保障佃权政策出发，在理性看待永佃权价值基础上，肯定了既有的永佃权，审慎设定未来之永佃权，并对其权能作了历史的扬弃。

关键词：民国时期；永佃权；民国法律；抗日根据地法

永佃习俗在中国早已存在，清末民国法律中规定的永佃权只是用大陆法系立法技术来记载和改造了传统的永佃权。《大清民律草案》一体承袭了日本民法中的永佃权概念——支付佃租而在他人土地上耕作或牧畜的权利。[1] 永佃权源于租佃，但有别于非永佃下佃方权利，一为物权一为债权。永佃权也并非神话，不可能万世长存，只是佃期相对较长和权能相对非永佃较大而已。然永佃权固有的封建性决定了其难以适应中国近代以来经济社会的发展，受到清末民国法律之打压和限制，并在实践中不断衰落。

---

[*] 陈和平，法学博士，现为南昌大学法学院副教授，硕士生导师。本文节选自陈和平：《抗日根据地农民佃权保障法制研究》，法律出版社2015年版。该书获得"江西省第十七次社会科学优秀成果奖"二等奖。

[1] 《日本民法典》，王书江译，中国法制出版社2000年版，第49页。

一、民国法律中永佃权之衰落

(一)立法中永佃权之衰微

虽然永佃权在明代就出现了,但对其做出系统成文规定的始于清末变法,《大清民律草案》在物权编中用了专章规范永佃权,在该草案中,永佃权的权能较传统习惯法中的永佃权大为缩小。首先,限定了永佃权的存续期间,将永佃权期间设定为20年以上50年以下,原设定为50年以上者更改为50年,永佃权之设定可以更新,但自更新日起亦不得超过50年。设定了永佃权存续的最长时间为50年,"永佃"之意义不复存在了,以前曾延续了一两百年的永佃权再也不会出现了,永佃变成了租期较长的定期租佃。其次,规定永佃权人继续2年以上怠于支付地租或受破产宣告时,土地所有人可得撤佃。立法意图显然是为了防范永佃权人恶意欠租以及缺乏缴租能力时土地所有人的地租收入风险,通过撤佃收地获得救济。如此规定,打破了传统永佃中的"只许佃辞东、不许东辞佃"习俗。最后,该法未提及田面权,或许是将其当作永佃权看待,但作为田面权意义上之永佃权较非田面权之永佃权权能为大,在习惯法上田面权之转让或出租是绝对自由的,不受拥有田底权地主的任何限制。该草案赋予了永佃人转让永佃权与出租永佃地权利,但又规定设定行为禁止或有特别习惯者不在此限。言下之意,在设定永佃权时可以禁止转让,对田面权意义上的永佃权也可如此,如此一来,对于现实生活中的田面权将是一个很大的打击。

《大清民律草案》中永佃权之规范在北洋政府1925年《民国民律草案》中,几乎是毫无变化的一体承袭。这充分体现了大陆法系民法精神的南京国民政府民法典于1930年诞生,该《民法物权编》取消了永佃权最长期限为50年之期限设定,同时对永佃权之权能又有进一步的限制,主要表现在:①永佃权人积欠达2年地租总额者,除另有习惯外,土地所有人可得撤佃。这与1930年《土地法》中的不定期租佃积欠达2年之地租总额时出租人可得撤佃情形几乎完全相同。是恶意欠租还是因生活贫困没有偿租能力,法律在所不问,《民法物权编》只规定了因不可抗力致使收入减少或全无时永佃权人可以请求减免租额。②永佃权人不得将土地出租,否则土地所有人可以撤佃。在租佃传统中,只要永佃权设定时没有禁止转租之限定,永佃权人可以自由出租佃地,无须经过出租人许可,《大清民律草案》中也没有禁止永佃权人出租佃地的规定,这种处分权是永佃权一项很大的权能,永佃权人可借此成为二地主,过上不事农事的食租生活。《民法物权编》中的此项规定与1930年《土地法》中绝对禁止承租人转租租地之内容别无二致。对于民法中禁止永佃权人出租佃地的原因，陈登元解释为防止有人投资购买永佃权再行出租以收取小租，从而减少新地主的产生。[1] 陈登元的解释不无道理，在以前的租佃实践中，这种现象是普遍存在的。从这个意义上讲，限制永佃权人出租佃地，有一定的合理性，但《民法物权编》中永佃地只能转让、不能出租的规定，显然没有照顾到没有劳动力或者改行他业但又不想失去这份永佃地的永佃权人的实际需求。但无论如何，如民国学者罗俊所言，《民法物权编》永佃权中禁止出租和欠租撤佃之规定，导致了永佃权权能大为缩小，永佃户缺乏以往的安全保障，有随时被撤佃之忧虑，对永佃农非常不利。[2] ③《民法物权编》第842条规定，永佃权设定期限者视为租赁，适用民法中关于租赁之规定。1930年《土地法》规定，声请为永佃权设定或者移转之登记时，声请书应记明佃租数额，其登记原因定有存续期间的也应记明。这两条法规，虽然没有强制为永佃权设定期限，但至少能得出这样的论断：法律默认了永佃权可以设定期限。而且设定期限之永佃权被视为租赁，显然是将物权关系降格为债权关系，这种永佃权几乎沦为了定期租佃。

1930年《土地法》第180条规定的租约终止情形仅针对不定期租佃，在"耕地租用"一节中对于永佃权的权能以及永佃权的撤佃问题未作明确规定，本人以为这是否与半年前出台的《民法物权编》中已有永佃权撤佃之规定为了避免法律的重复有关。后来1946年《土地法》同样没有专门规定永佃权终止之法定情形，只是在第120条规定了在出现依据《民法物权编》第845条、第846条规定的撤佃情形时，永佃权人同样可以就未失效部分向出租人要求返还土地特别改良费。在地方租佃立法中，亦可见永佃权可得撤佃之情形，如1927年浙江《佃农缴租实施条例》规定永佃户不遵照该条例缴租者，业主不得撤永佃，但1929年《浙江省佃农二五减租暂行办法》却有明显的变化，其第8条规定业主可以撤佃解约的四种情形中有三种适用于永佃，分别是：承租人不遵照新租约缴租经过县佃业仲裁委员会裁决者、自耕农收回自有的田亩或买得田亩经过村里委员会查明确为自耕者、先年通知由于双方愿意有佃业双方之签字证明者。[3] 承租人不按减租后之租约缴租可能包括欠租、不按约定的交租农作物缴租以及缴租物的瑕疵等等，出现这些情形只要经过县佃业仲裁委员会裁决通过者即可撤永佃，这远较《民法物权编》中的积欠达2年地租总额可得撤佃

1 　陈登元：《中国土地制度》，大东图书公司1980年版，第415～416页。
2 　罗俊：《永佃权之研究》，载《中农月刊》1945年第4期。
3 　《浙江省佃农二五减租暂行办法》，载《浙江财政月刊》1929年第20期。

之范围为大。买受人自耕需要经村里委员会查明证实即可撤永佃,按照民法"买卖不破租赁"原则,即便是非永佃其效力都不会因佃地转让而终止,《暂行办法》中的该条规范虽然是针对所有租佃(永佃和非永佃)之笼统规定,但对永佃权伤害之大可想而知。在该《暂行办法》中,永佃权又遭受了新的失败。

(二)司法判例中所见永佃权之衰落

北洋政府时期大理院在判例中对有关永佃权的具体问题做了丰富的规定,在内容上认可和传承了清代户部则例以及《大清民律草案》之部分规定,同时较好地尊重和吸收了传统的永佃习惯法。在郭卫汇编的《大理院判决例全书》(以下简称《全书》)中,大量的判例肯定了永佃权的丰富内容。首先,对永佃权之认定及是否应附期限做出了说明。明确了对永佃权的认定不能仅就契约内是否有"永佃"字样,应根据一定的要件以及习惯上的认定标准来认定。该《全书》明确提到永佃权在当时现行法上没有50年最长期限之限制,另一份判例中说永佃权之设定如不能解释为有一定期间,则应理解为永远存在。[1] 不仅仅依据契约内是否写明"永佃"字样来认定永佃权是理性客观的态度,对于累世租佃久佃成业形成的永佃,非但契约内没有标明永佃字样,甚至可能连书面契约都没有。对于押租形成的永佃或许当初立约时双方均无永佃之意思,但在地主不愿退还押租银时默认佃户可得转顶以致逐渐发展为永佃,在其当初租约中可能很难找到"永佃"之语。该《全书》否定了《大清民律草案》中永佃权50年最长期限之规定,认为立约时当事人如未设定期限,就认为该永佃权为永远存在,这是向传统"永佃"本义之回归。其次,肯定了永佃权丰富的权能。《全书》明确了永佃权人的耕作畜牧权以及除与地主有特殊约定外,对永佃权的自由处分权。这种自由处分永佃权包括转让永佃权、出典、转租永佃地以及将其作为遗产传给子孙。其中一则判例认为带地投旗之人有永佃权,此种永佃权非因法律上之原因而灭失或移转于他人者,可得作为遗产传之子孙。而且,基于永佃权的物权性质,有些判例肯定了永佃权人的抗辩权,即在佃地出卖易主时可得绝对对抗新主收地请求,永佃户的这种对抗权能远大于普通租佃中的承租人,以及如永佃地所有权人与受让人契约内有消灭永佃权之约定,该约定对永佃权人无效。还有一则判例明确了垦荒永佃地退耕时永佃权人的垦荒费用返还请求权。[2] 永佃权人对佃地除占有、使用、收益外,还拥有很大的处分权,可以出租佃地,可以出卖永佃权,还可以将永佃权作为遗产继承。

---

[1] 郭卫编:《大理院判决例全书》,上海会文堂新记书局1931年版,第182~185页。
[2] 郭卫编:《大理院判决例全书》,上海会文堂新记书局1931年版,第182~186页。

除了不能处分地主的田底权,该《全书》中可见永佃权人对永佃地的处分权几乎是无所不包了,非常有利于永佃权人,这些权能在传统的永佃习惯中本已存在。最后,对地主的撤佃收回永佃地做了严格的限制。在肯定欠租撤佃和维持生活需要收地自种可以撤佃这两种情形下,对其他撤永佃的行为严厉禁止。如一些判例明确强调,设定为永续存在之永佃权,出租人若请求消灭权利或缩减期间于法无据,非属正当。旗地之永佃权不得因为改为民地而被剥夺。永佃权人因涉讼而无从交租者地主不得主张撤佃。有的甚至引用清户部则例撤佃条款之规定,即人民佃种旗地,地主不得无故增租夺佃,地主欲收地自种需确有生活上之必要方可允许,禁止借口自种而径行撤佃。[1] 依照这些规定,除经催告永佃权人仍怠于支付欠租以及地主确需收地自种外,其他情形下地主通常不得无故撤佃。当然在传统的永佃习惯中,地主可以通过买回田面权从而实现皮骨合一,获得完整的土地产权,但这是田面权转让之特殊情况而已,而非地主撤佃问题。

在肯定永佃权丰富权能和维护永佃权人利益的同时,《大理院判决例全书》中也可见永佃权权能已受到一定的限制。首先,欠租撤佃和地主自种收地撤佃。《全书》中有不少永佃权人欠租或经催告后仍怠于支付佃租而引起的地主撤佃,并认同了旗地地主在确需自种时可以收回永佃地。由于这些判例中对于可得欠租的数量及时间并没有明确的量化标准,也不问永佃权人是否有缴租能力,这种欠租即可撤佃之规则对永佃权的存续构成了很大威胁。地主确需收地自种,也仅是地主一方的意志,没有什么可靠的标准来考量,必然会出现地主借此借口恣意撤佃收地。这种欠租收地和地主实需自种即可收地,在传统的永佃习惯中是不允许的。不欠租不撤佃甚至有些地方习惯是欠租都不能撤佃,对于永佃历来如此,大理院的此类判例是对永佃权的极大伤害。当然,在大理院判例中欠租夺佃也不是绝对的,《全书》也谈到了两点例外:永佃权人交租而地主故意不肯收租致使地租未能缴纳以及因灾歉无力缴租而非存心拖欠。此两种情况下的欠租,都是因不可归责于永佃权人之原因而起。其次,在永佃权人严重损害地主利益时可以撤佃。关于这一点,《全书》中一则判例认为,如发生了永佃权人在欠租情形下将永佃权盗典之事实,地主即可撤佃,该永佃权人不得以补缴欠租或赎回典地方式对抗地主的撤佃主张。[2] 该规则实质是在欠租情况下限制了永佃权人对佃地的处分权,此时的典卖行为大

---

[1] 郭卫编:《大理院判决例全书》,上海会文堂新记书局1931年版,第183~186页。
[2] 郭卫编:《大理院判决例全书》,上海会文堂新记书局1931年版,第183页。

大增加了地主的收租风险,威胁到了地主的地租利益,故法律不认可,并赋予了地主撤佃收地的权利。而且在有些判例中只有永佃户欠租的事实并无盗典情事,也允许了地主撤佃,正因为该《全书》只是判例的汇编而不是成文立法,所以各判例在内容上存在着一些重复、雷同现象而缺乏成文立法的系统性和逻辑性。再次,确定了在情事变更情形下,地主有增租的权利。在合同法上,如立约后出现重大情事变更导致契约之履行会对一方当事人产生严重不公后果时,该当事人可以请求变更契约内容。根据合同法上的情事变更原则,一则判例赋予了地主在经济情况大为变动时请求增租的权利,另一则判例则重申了清代户部则例田赋门撤佃条款中的规定,认为永佃地无论是旗地还是民地,如出现所得租额不敷土地税收的缴纳,业主可以请求增租,此种情形不属于无故增租。[1] 在情事变更情况下,对永佃地的适当增租符合现代契约法的精神,在传统永佃习惯中也并非绝对不得增租。最后,设定行为或习惯禁止永佃权转让的不得转让,这是《全书》中一则判例的明文表述,永佃权人通常可以将其权利转让他人,但如业佃双方在设定永佃权协议中禁止了转让或地方习惯禁止转让的,该永佃权不得转让,这体现了意思自治和尊重习惯。

在1920年大理院致浙江高等审判厅的《回复永佃权之习惯有背公益不能采用函》之司法解释中也谈到了大理院判例中前述的拖欠租银和地主实欲自种之永佃权撤佃的两种原因。该份回函中对于金华地区欠租时地主撤永佃后原永佃户可通过补清欠租来恢复其永佃权之习俗,认为这种不经地主同意即可恢复永佃之做法于土地移转、经济流通及权利之效用等多有窒碍,这种习惯有背公益因而不能采用,但鉴于金华地区小买(田面权买卖)价格高于大买(田底权买卖)之事实,该回函强调地主撤佃时需将不当得利之部分返还给永佃户。[2] 前面我们分析过传统永佃权非常有利于永佃农,永佃权特别是田面权的存在对地主于土地之支配和权利构成了很大制约,在田面权存在情形下,作为拥有田底的地主其田底权只具有收租意义,他无法实现对永佃地的占有、使用和获得更多的收益,所能处分的也仅仅只是田底权。大理院所谈及的永佃权不利于土地移转和经济流通确为事实,以有背此种公益的理由不许被撤佃之永佃户通过补清欠租来恢复永佃权,暗示了传统永佃权不适应经济发展将会进一步没落。

---

[1] 郭卫编:《大理院判决例全书》,上海会文堂新记书局1931年版,第183~185页。
[2] 《回复永佃权之习惯有背公益不能采用函》,载《司法公报》1920年第118期。

二、永佃权在实践中的没落

非但成文立法和大理院判例中可见永佃权之衰落,在民国以来的租佃实践中,同样可见永佃权逐渐减少和衰落的迹象。

(一)欠租撤佃

由于传统租佃习惯的地方差异性,我们不能否认欠租撤永佃在一些地方租佃习俗中是存在的,而且当事人在设立永佃权时可以约定这一条款,自《大清民律草案》以来欠租撤佃成为永佃权立法中不可或缺的内容,并受到了大理院判例的认同,从而逐渐影响和改变了传统的撤佃习俗,对于地主而言欠租撤佃乃合法之举,相应的租佃实践中欠租撤佃现象大为增加,甚至渐成新俗,这在民国以来的地方永佃习惯中有丰富的体现。如安徽祁门县租佃习惯中田皮俗称粪草田皮,为永佃户所有,如永佃户拖欠地租,地主插牌另行招佃,他佃可以拔牌承种,原永佃户之田皮立即取消。[1] 即在永佃户欠租情形下,业主可以起田另佃。江西横峰土地招人承种时,业佃双方互立字据,业方所立之佈字为佃户执凭,佃方所立讨字为业方所执凭,佃方应出保证金即顶价给业方。凡佃户执有佈字者即为永佃权之设定,具有永佃性质,嗣后既便换东亦不能换佃,但如佃户怠于支付佃租,业主可得声明起田,自种或者另行招佃,所欠佃租得于顶价内扣还。[2] 浙江海盐和江苏江阴等地民国时期的永佃关系中,同样存在着欠租撤佃习俗。[3] 在民国时期永佃契约上也常写上欠租撤佃之类的语句,如安徽望江县永佃契约中常有的"嗣后佃不欠租东不辞佃"一语[4],可以理解为如果东辞了佃,那么就是佃欠了租,言下之意欠租可导致撤佃。民国后期河北省永佃契约中,常见注明"如至期租价不到,准许地主将地撤回",陕西省永佃租约中常有"如犯约内条规,听主另佃无异"[5],违反约内条规范围更广,除了欠租之外还包括其他的违约行为。民国以来的这些永佃契约或者习俗中的欠租撤佃,对欠租的数额、欠租之原因皆不考虑,只要有欠租情事,业主即可撤佃,其对永佃权存续之消极影响、对永佃农之不利远甚于《民法物权编》中欠租达2年地租总额可得撤佃之规定。

---

[1] 章有义:《中国近代农业史资料》(第2辑 1912—1927),生活・读书・新知三联书店1957年版,第88页。

[2] 章有义:《中国近代农业史资料》(第2辑 1912—1927),生活・读书・新知三联书店1957年版,第88页。

[3] 参见陈登元:《中国土地制度》,大东图书公司1980年版,第413页。

[4] 《中国土地佃租问题报告》,北京市档案馆,档号:J224—001—00051。

[5] 罗俊:《永佃权之研究》,载《中农月刊》1945年第4期。

(二)将永佃变为定期或不定期租佃

民国学者罗俊通过实证研究发现,民国以来各地农村的经济关系有颇多变动,以前实行永佃的很多改成了定期租佃,永佃户日益减少了,现有的永佃户多为百年前之遗留者,在近数十年新佃户中,几乎已没有永佃权之订立。[1] 将已然之永佃转变为定期或不定期租佃的方式不外两种:业主撤回永佃地再以非永佃的方式另佃他人或者业主在不换佃情况下将永佃变为非永佃的定期或不定期租佃。在广东、陕西等地,很多永佃已经变成长期租佃了,业主许诺佃地给原永佃户租种 5 年、15 年甚至 20 年,如佃户完全遵照了地主的这一条件,转变之后业主具有了调换佃户的绝对权力。[2] 更有甚者,对于长久以来已经存在的永佃事实,由于原系口头约定或书面租约已灭失,业主否认该永佃权的存在,在浙江一些地区常出现地主取消未持有契约之永佃权现象。[3] 在永佃权日渐衰落的时期,原永佃户为了不被地主寻找借口无端地撤佃从而能继续获得一份土地耕种,不得不迁就于地主的将永佃转变为较长租期定期租佃之意愿。永佃的存在制约了业主对佃地的处分,较低的佃租也影响了业主的利益。在改变已然永佃的同时,对于未然之永佃,业主将尽可能不再设立。民国学者唐启宇在谈到民国以来永佃制之减缩征象时说,永佃权之权利范围受到了限制,业主往往既收取押租预租,同时又保存其田底与田面权之完整,决不愿意采取收取永租之方式而割裂其土地之一部分产权,该学者进而以裕华垦殖公司之承种田亩规则为例说明这一问题,该规则规定佃户不得转租而且公司可以收回佃田,没有给予佃户永佃权。[4] 民国中期江西横峰南乡永佃制也在消亡,租佃时仅由承租人写立讨字一张,业主不立佈字,所交付的顶价较立佈字为少,这种佃田不能私自抵押和移转,业主可以随时起田。[5] 事实上,地主撤永佃之后真正收田自耕的很少,主要还是增租另佃,将其转化为定期或不定期租佃,这样既涨了租,又获得了完整的地权,不再增设新的永佃权也是同样的道理,如此一来清代极盛的永佃制进入民国后很快萎缩了。到临近抗战时期全国十六省租佃普查数据中,永佃户数占所有佃户总数之比例为 21.08%,[6] 相

---

[1] 罗俊:《永佃权之研究》,载《中农月刊》1945 年第 4 期。
[2] [苏]马札亚尔:《中国农村经济研究》,陈代青、彭桂秋合译,神州国光社 1934 年版,第 258 页。
[3] 实业部中国经济年鉴编纂委员会:《中国经济年鉴》(1934),商务印书馆,第七章,第 81 页。
[4] 唐启宇:《永佃制有无存在之价值》,载《地政月刊》1935 年第 1-6 期。
[5] 章有义:《中国近代农业史资料》(第 2 辑 1912—1927),生活·读书·新知三联书店 1957 年版,第 88 页。
[6] 《中国土地佃租问题报告》,北京市档案馆,档号:J224—001—00051。

应的,定期和不定期租佃占了绝大部分。在一份民国时期各省各类租佃期限比重变动统计数据中,永佃之比重1924年全国平均数为12%,1934年则为11%,下降了一个百分点,相应的,1924年至1934年,一年制定期租佃和不定期租佃之比重均有所增加。[1]

(三) 业主恣意撤佃

由于民国法律和大理院判例中对于永佃权允许欠租撤佃和业主需收地自耕时撤佃,如此规定为业主恣意撤佃提供了"合法"的借口,业主可以故意制造一些麻烦让佃户无法及时交租或者百般挑剔认为佃户没有正确履行缴租义务,或者谎称需要收地自种,以"合法"手段实现其撤佃之非法目的。在民国时期浙江地区二五减租运动中,地主常常借口佃户欠租或者需要收地自耕等理由,对佃种了数十年之佃户予以撤佃,当佃户们起诉时,多以田面权不确实不能认定为永佃人,仲裁之结果竟多允许地主撤佃,因而佃户们这种默许取得之永佃权,已经不能保证永久了,随时有撤佃之虑。[2] 在没有开展减租运动的国统区,地主们寻找法律借口收地甚至无故蛮横撤永佃收地现象都是普遍存在的。《中国民事习惯大全》中谈到察哈尔张北县的一些旧有旗民圈地,由佃户们垦种,每年向旗民纳租,相沿数百年视同祖业,立约时往往说明永佃不返,且佃户有权转佃。民国时期地价陡涨,在生计日蹙的情形下旗民见有大利可图,屡屡将该永佃地夺佃私卖,以致成为诉讼事端。[3] 民国江苏崇明地区田底、田面权价值常常相等,而田底权之权力比田面权大得多。业主在必要时,无论佃户是否同意可将田面权收为己有,而佃户除非地主愿意不得收买田底权为己有,如果佃户建了华丽的砖瓦住房,他的东家就会敲他的竹杠说:"这块地方我有作用,你快把这房屋搬开;否则我这底权也卖给你,但价格须由我作配。"如此一来,佃户谁也不敢在佃地上建筑伟大、永久、华丽的建筑,所以崇明乡下都是矮小不堪的草房。[4] 往日田面权足以对抗田底权之巨大权能,现已变得如此不堪,面临业主时刻夺佃的威胁,佃户们的永佃权不可能长久。在1929年至1934年间,浙江、广东等地地主恣意撤佃现象也非常严重,永佃权在急剧地没落。浙江定海、萧山和广东澄海的地主常常将佃户据有永佃权之佃地,违约撤

1　严中平、徐义生、姚贤镐、孙毓棠、汪敬虞、李一诚、宓汝成、聂宝璋、李文治、章有义、罗尔纲编:《中国近代经济史统计资料选辑(第一种)》,科学出版社1955年版,第324页。

2　罗俊:《永佃权之研究》,载《中农月刊》1945年第4期。

3　章有义:《中国近代农业史资料》(第2辑 1912—1927),生活·读书·新知三联书店1957年版,第89页。

4　黄柳泉:《各地农民状况调查——崇明》,载《东方杂志》1927年第16期。

回再另行招佃;浙江杭县、广东潮安的地主在土地出让地权转移后,新主往往否认原佃之永佃权,撤佃自种或者另佃他人。[1] 在佃地转让时连通常的"买卖不破租赁"之原则都未能坚持,地主的恣意剥夺使得永佃权难有什么保障,其"永佃"之意义不复存在了。

(四)业主收买田面权实现皮骨合一

田面权的存在导致的皮骨分离对地主土地权益的行使造成很多不便,试图消除田面权实现皮骨合一成为近世地主的基本愿望,对此1927年《中国共产党土地问题党纲草案》曾明确指出:"直到最近,地主方才开始用全力夺取那种'共有田地'的所有权,要想使旧式的'共有田地'变成完全地主所有的田地。"[2] 文中"共有田地"即指一田二主之地,地主欲图去除田面权,实现皮骨合一完全所有,方式主要是两种:一种是前述的撤佃,合法的撤佃和违约不合法的撤佃皆是,另一种则是从永佃农手中买回田面权,以市场交易形式合理合法地收回佃地。民国谢森中谈到,在当时地权逐渐趋于一元化时代,永佃制渐趋没落,地主常常会出资收回佃户之田面权,继而再以非永佃之形式继续出租获利。从发展生产和保障自耕农角度出发,谢森中认为政府应规定地主超过一定面积的田底权必须转让,鼓励和保障佃农收买田底权成为自耕农,从而使得土地能继续留在手中并享有完全的地权。[3] 谢森中的设想是好的,但在田底权强势的民国后期,让田面权主去买回田底权势难推行,除非生活所迫,地主谁会轻易出卖田底权来败掉祖业,现实中地主买回田面权倒是常有之事。20世纪二三十年代,浙江崇德的地主常在租约上规定可得随时向佃户收买田面权。[4] 收买之后,田面权因被田底权兼并而消亡了,皮骨归于同一地主手中,这种土地在近代徽州地区称为"租佃全业"。

民国时期永佃权一直趋于衰落,这是不争的事实,实践中永佃之衰落有法律限制了永佃权能之因素,但法律只是表明和记载经济关系而已,法律中的衰落只是永佃权在现实社会中衰落之写照,可以说永佃权之衰落是必然的,有广泛社会原因。①经济上,传统永佃权不能适应近代以来经济发展。首先,从发展资本主义工商业来说,工矿企业、交通运输业、建筑业等都需要大量的土地,

---

1 严中平、徐义生、姚贤镐、孙毓棠、汪敬虞、李一诚、宓汝成、聂宝璋、李文治、章有义、罗尔纲编:《中国近代经济史统计资料选辑(第一种)》,科学出版社1955年版,第323页。

2 中央档案馆编:《中共中央文件选集》(第三册),中共中央党校出版社1989年版,第494页。

3 谢森中:《论租佃制度与粮食增产》,载《督导通讯》1942年第5-6期。

4 严中平、徐义生、姚贤镐、孙毓棠、汪敬虞、李一诚、宓汝成、聂宝璋、李文治、章有义、罗尔纲编:《中国近代经济史统计资料选辑(第一种)》,科学出版社1955年版,第323页。

而田底权和田面权为地主和佃户分别拥有非常不利于土地交易,底主和面主只要一方不同意交易就无法进行。国民政府为了迎合西方列强和国内买办资产阶级利益需要,必然会逐步限制和打击永佃权,力图使土地所有权与使用权趋于一致。[1] 其次,传统永佃权也不利于农业本身的发展,在传统永佃习俗中,田皮的转让多数发生在本村之内,而且往往还有亲邻之优先权。[2] 田皮在村内转让一来有利于耕作的方便,另一方面也排斥了外人侵占大家的佃地资源,因此欲收买大量的田皮发展资本主义农场几乎不太可行。至于有人投资田皮充当二地主收取小租行为,是可以获得一定利润的,但如罗俊所言这种转租行为会导致层层加租、不利于地力培养以及经营面积小等诸多弊端。[3] 这些不利于农业经济的发展,也大大加重了佃农的负担,因此国民政府的法律禁止永佃地转租。最后,传统田面权自由转让,经过多次转手后,可能地主都不知道最终承佃人是谁,不利于地主收租权的行使,而且在民国以来地价上涨和土地流通增大情况下,交易时皮骨合一的土地较仅田底权之土地更受欢迎,势必诱导地主通过不择手段的撤佃或者买回田面权来获得土地的全业。经济上的因素,是永佃权衰落最根本的原因。②社会上,社会的动荡、社会人口的增长和税赋的增加,都非常不利于永佃权之维护。如赵冈所言,在太平盛世田皮价格高于田骨,永佃权较为兴盛,而一旦发生战乱,地主和佃户难免会逃亡,但地主的土地所有权是登记在案的,战乱过后地主仍可回乡收回田骨,但永佃权是民间的,在清末之前的法律上并无明文规定,因此战乱过后佃户之永佃权能否恢复是个未知数,地主可能会乘机摆脱原有永佃权之束缚,当然动乱过后,地主为了吸引佃农种地,可能会重新给予承种佃户永佃权,但在转手另佃过程中地主往往能获得更多的利益。民国以来社会一直处于动荡中,可谓乱世,缺乏永佃权保障之稳定的社会基础。人口的增长加剧了佃地争夺的紧张,竞佃导致的地租上涨势必诱使地主增租另佃,永佃地也常常在劫难逃。而且地主家庭人口的增加和分家的继续,可能会导致家道的中落,需要收回租地自种,从而产生了撤回永佃地的现实需要,民国法律也认同了这一点。此外,民国时期税赋的增加,进一步加大了地主对佃户的地租剥削,租额相对较低的永佃难以为继了,地主要么增租,要么将永佃地转让来规避和减轻税赋负担,这些环节都很可能导致永佃权被剥夺。③政治上,国民政府代表了大地主阶级大资产阶级

---

1 李三谋、李震:《民国前中期土地租佃关系的变化》,载《农业考古》2000 年第 1 期。
2 [美]赵冈:《永佃制研究》,中国农业出版社 2005 年版,第 102 页。
3 罗俊:《永佃权之研究》,载《中农月刊》1945 年第 4 期。

利益。从官僚地主和大资产阶级利益出发，势必要缩小永佃权的权能，扩大田底权的权能，赋予地主较大的撤永佃权力，以减少他们的土地投资和转让限制，无论立法还是司法中都体现了对永佃权打压和限制的倾向。对于永佃权的欠租撤佃、自种收地以及禁止转租之法律规定无疑都非常有利于地主利益。在土地登记中，将田面权登记为使用权，将田底权登记为所有权。从这两种权利的本性来看，一为自物权，一为债权，存在本质不同，在权能上也相差太大。事实上在中国租佃传统中，田底权、田面权都是土地产权，各自都能独立自由的行使和转让，赵冈认为在承平之世，田皮价值高于田骨，田面权非常可靠，甚至认为永佃制具有平均地权的功能。[1] 在面临撤佃危机下，永佃权地位急剧下降，虽然国民政府在土地政策上提出了保障佃农的口号，但更多的也只是口号，永佃权不符合他们的阶级利益因而并没有多少法律保障。④文化上，传统义利观的打破。明清时代，成文立法并没有多少关涉，永佃权自发自为地存在，地方习俗中演化出较为稳定的永佃制，赋予永佃权甚至田面权如此巨大的权能，租额相对较低，甚至一些口头成立的永佃权都能长期存在，笔者以为这与乡土熟人社会诞生出的重义轻利之价值观有关，这也是农耕文明中的一种信用，撇开租佃之剥削性不谈，东佃之间往往还存在一定的感情和佃户对东家的尊重。如此可以解释为什么中共领导的减租运动开始时很多佃农不忍心减主子的租，以及减租中地主的报复很多时候是针对佃农以利坏义的不忠行为。近代西方资本主义价值观的输入，逐渐改变了传统的价值观，资本的本性是逐利，资本主义农业、工业、商业无不是逐利诉求。在这种新的利益观刺激下，地主们追求财富的欲望被进一步激发了，如何使土地进一步增值，如何获得更多的利益，自然出现了打破传统永佃习俗、侵害永佃权之举。再加上获得国家政权的支持，永佃权之衰微自然成了法律和实践中不可改变的趋势。

三、永佃权价值之辩证

如杨国桢所言，明清时期永佃权的出现、田底田面权的分化是农民与地主进行土地斗争、争取经济独立的表现，[2] 永佃权对佃农有利是毋庸置疑的，租佃关系的稳定对农业生产的发展至关重要，但永佃制更多的只是适用于传统的静态社会，在近代急剧变化的社会、在西方商品经济的冲击和价值观念的侵入下，传统永佃制的保守性弊端充分暴露出来了，但也不能因此而整个否定永佃

1　[美]赵冈：《永佃制下的田皮价格》，载《中国农史》2005年第3期。
2　杨国桢：《明清土地契约文书研究》，人民出版社1988年版，第19页。

权之价值,可以说民国时期永佃权正面和负面价值同时存在,哪一方都不具有压倒性优势。

(一)永佃权有利于业佃利益的维护和生产力的发展

首先,永佃权有利于佃农生活的稳定。近代中国仍然是个农业社会,占人口80%的是农民。民国时期农村地区佃农仍占有极大比例,有些省份甚至超过50%,佃农生活在社会的底层,忍受着帝国主义和封建主义的多重剥削。没有佃农生活的稳定不可能有整个社会的稳定,国民政府提出保障佃农以及扶植自耕农的政策,除了农业经济发展之考虑外,也有改善佃农经济地位并希望通过和平赎买的方式获得土地提高其生存能力以求社会安定之目的。佃农的生存离不开土地,保障佃农生活首要的是让他们有地种。相对于一般租佃而言,永佃农的佃权有较为充分的保障,即便在权能有所限制的民国法律中,除了欠租等不法行为或地主实需自种外,通常是不能撤佃的。[1] 民国谢森中在永佃制社会价值问题上谈到,永佃农有稳定的佃地耕作,地位较高,生活较为安定,有着爱乡爱土地的观念,永佃制有利于农村社会的安定。[2] 唐启宇亦充分肯定了永佃制的社会价值,认为拥有田面权的永佃农社会地位较其他佃农优越,永佃制下佃农置庐舍、安家室,常驻垦地,生活较为安定,江南地区田面权经营得好的永佃农照样也成为富家大户。[3] "有恒产必有恒心",有份长期稳定的佃地耕作,永佃农才能安乡安土专心经营,过上稳定的生活。反之没有稳定的租佃关系,佃农将会饱受夺佃与租地之苦,甚至拖家带口居无定所,生活没有保障,社会也不得安宁。

其次,永佃制租额相对较低。永佃制下地租形态通常采用物租形式,用钱租者较少,业佃之间常依四六或三七比例分配土地收成,[4] 租额低于普通租佃是永佃制的特点,民国时期仍然如此,20世纪30年代初期农村复兴委员会对浙江全省地租调查情况显示,永佃田谷租通常占收获量30%到40%,而非永佃地一般在收获量一半以上。[5] 由于永佃权具有很强的习惯法色彩,在租率上自然存在一定的地区差异。张明博士对民国时期皖南永佃制的实证研究,发现当时永佃制租率极轻,唐模村田底出租之永佃大租为土地收获量的17.5%

---

[1] 戴炎辉:《中国法制史》,三民书局1966年版,第306页。
[2] 谢森中:《论租佃制度与粮食增产》,载《督导通讯》1942年第5-6期。
[3] 唐启宇:《永佃制有无存在之价值》,载《地政月刊》1935年第1-6期。
[4] 唐启宇:《永佃制有无存在之价值》,载《地政月刊》1935年第1-6期。
[5] 行政院农村复兴委员会编:《浙江省农村调查》,商务印书馆1934年版,第188页。

左右。¹ 在清代，永佃地之租额甚至还有低到15%或16%的。² 当然，对于永佃权租额较轻之通说也有学者持否定态度，段本洛认为将永佃农购买田面权的成本及其利息算进去，永佃地的租额并不轻于非永佃地。³ 段本洛的说法似乎有一定道理，问题是永佃权并非都是购买而来，其获得方式很多，永佃农获得永佃权时并非都支付了足够的对价。而且即便是付出了一定的对价，随着对永佃地耕种时间的不断延长，当初付出的成本也微不足道了。造成永佃地租额低之原因也是多方面的，有的是因为地主收受较高押租金，有的是战乱之后地主不易招到佃农垦种荒地，有的自耕农出卖田底权保留田面权自然会约定较低的租额，也有近代一些地主移居城里经营工商业，不再单纯依靠地租生活，为了省事将土地较低租额永佃出租。当然近代永佃地低租还有一个重要的经济方面的原因，也可谓历史前提，即晚清以前的清政府之轻徭薄赋政策。⁴ 因此，在低租利农上，永佃制之进步意义是值得充分肯定的。

再次，永佃权有利于农业生产力的发展。主要体现在三个方面：①永佃农不会对佃地实行掠夺式经营。民国以来，由于税赋增加以及租佃竞争的加剧，地主增租夺佃现象增多，短佃和不定期租佃时时面临地主夺佃危险，非常不稳定。今年佃种的这块地明年是否还可继续耕种，佃农们并没有把握，如叶倍振所言，佃农对于佃地的感情好比司机对于公家汽车，毫无爱力，基于这种种一年算一年的心理，佃农难免会滥用地力，希望一次能获得更多的产品。⁵ 这种短期掠夺式经营，会导致地力的严重衰退，甚至会给耕地造成无法弥补的损失。抗战前夕全国租佃普查也发现，佃期有渐趋缩短的趋势，伴随着永佃日益减少的是不定期租佃和短佃的增多，一年之定期租佃尤为盛行，佃农生活无定，而且土地面临和遭受着掠夺耕作之害，产量下降，对此流弊，普查人员认为租佃期限不宜过短，至少应在3年以上。⁶ 相反，作为生存根本的永佃地备受永佃农珍爱，在土地的耕作上自会从长计议，追求持续稳定的土地经济效益。②永佃权有利于地力改良。永佃权的获得途径之一为佃户增加草粪灰肥培植地力有功而地主给予田面权，如江苏无锡、常熟和江宁等地的"灰肥田"、安徽芜湖的"肥土"，即为此类永佃田。业主通过让渡田面权之条件，吸引佃户加肥

1　张明：《民国时期皖南永佃制实证研究》，南京师范大学2010年博士学位论文，第264-265页。
2　李三谋：《清代南方永佃制和额租制的关系问题》，载《求实学刊》1991年第2期。
3　段本洛：《永佃制与近代江南租佃关系》，载《苏州大学学报（哲学社会科学版）》1991年第3期。
4　林庆元主编：《福建近代经济史》，福建教育出版社2001年版，第66页。
5　叶倍振：《农地租佃纠纷及其解决》，载《人与地》1942年第9-10期。
6　《中国土地佃租问题报告》，北京市档案馆，档号：J224—001—00051。

加粪,改良地力,将瘠田变成肥田,既能增加产出同时地价也相应提高。通过其他途径获得永佃权之佃农,由于耕作权有长期稳定保障,为了获得更好的经济效益,自然也会不惜工本地投入人力、物力进行地力改良。虽然国共两党的土地政策都鼓励各种地力改良,但在此问题上永佃制相对于非永佃形式有明显的优势:第一,永佃农将永佃地当成自己的产业,关心地力,有热情投入地力改良,而且佃期不受限制,不用担心收不回成本;第二,由于永佃租额较轻,就同等层次的租户而言,永佃农的经济条件相对优越于非永佃户,有一定的经济能力进行地力改良。唐启宇认为,永佃农因掌握了一部分地权,能独立经营,愿花心力和工本勤于培植改良地力,地价也能获得相应的增高,而非永佃农因担心业主撤佃,只存苟安暂住心理,对地力的培植改良诸事漠不关心,积年之后会导致地力衰退和地价日渐低落。[1] ③有利于荒地的垦种。由于开垦荒地耗费大量的人力,为了吸引佃农垦荒,地主常常许之以永佃权,此为永佃权来源之一,这是双方获利有益之举,可以拓展耕地面积,充分利用人力和地力资源,缓和人地紧张的矛盾,扩大农产品总收额。

最后,永佃权是农民重要的财产,保障永佃权即是保障农民的财产权。由于永佃权的获得往往付出了一定的对价,而且永佃权较为稳定可靠,可作为生活依托,甚至可以转让获益,具有一定的市场价值,是一笔重要的财富而受到永佃农的珍爱。赵冈认为,永佃权是农田产权的分化,是一种独立的土地产权,[2]李三谋等学者甚至认为清代永佃权是土地的部分所有权,永佃农和出租地主是同等资格的两个田主,在《清代永佃权性质重探》中谈到晚清政局动荡、捐税增加,社会不稳定时期,破产农民往往首先选择卖掉田底权而保留永佃权,认为永佃权之救济作用胜过了田底权。[3] 田底权只有收租意义,对于破产农民来说如出卖永佃权而保留田底权,或许不能维持生计,而永佃地经营得好永佃农之收益能远超田底业主的收入,因而对农民而言永佃权更具有实质意义,而且具有田面权意义的永佃权即田皮,在近代江南地区其价格高过田骨。陈伯瀛在《中国田制业考》中说拥有田皮的永佃农有一半所有权,一点都不为过。[4] 潘维和也认为在一田两主制下虽名为永佃,但其实质已是所有权。[5] 早在民国六年(1917年)一月二十八日大理院复安徽高审厅的复电《佃权可供执

1　唐启宇:《永佃制有无存在之价值》,载《地政月刊》1935年第1-6期。
2　[美]赵冈:《永佃制的经济功能》,《中国经济史研究》2006年第3期。
3　李三谋、李震:《清代永佃权性质重探》,载《中国农史》1999年第3期。
4　参见陈伯瀛:《中国田制业考》,商务印书馆1936年版,第2版,第87页。
5　潘维和:《中国民事法史》,汉林出版社1982年版,第374页。

行电》中,大理院确认永佃权为财产性权利,可以强制执行,拍卖还债。[1] 从清代刑科题本中记载的大量永佃权冲突导致的命案,可以想见永佃权对佃农之重要以及佃农捍卫永佃权付出的代价。民国以来由于永佃权难以适应不断发展的社会形势而渐趋衰落,但我们没有任何理由否认那是永佃农曾付出努力和代价获得的无形财产。近代以来民法的精神就是保护公民的合法财产,因此保护佃农的永佃权具有不容置疑的正义性。

当然,永佃权在有利佃农的同时,并非对地主没有积极意义,分成租制下永佃农改良地力所带来的收获增长地主直接受益。而且,永佃制下的业佃关系较非永佃制大为简单,如唐启宇所说,非永佃制下因佃户会贪图短期利益,业主需顾及土地肥力和生产力的维持,往往规定作物种类和输栽次序、肥料种类及用量、害虫防治及杂草驱除,甚至还有农具房屋等土地附属物之使用、维修等约定事宜,而永佃制下则不必有如此繁杂之规定,通常也不会为此发生纠纷。[2] 另外,永佃制也为地主省了不少频繁换佃之麻烦,非常有利于城居地主,通过给佃农永佃权就可以将他们固定在佃地上长期耕作,获得较为稳定的地租收入,不用耗费多少精力去应付繁杂的业佃关系。[3] 通俗地讲,永佃制下地主省心省事。

(二)永佃权固有的封建性及其负面价值

在肯定永佃权有利于租佃关系稳定、有利于地力改良从而能较好地保障佃农权益的同时,对民国以来永佃权之价值必须一分为二地看待。社会在不断发展而法律无论成文法还是习惯法都具有滞后性,中国传统永佃权中固有的封建性存在着对佃农之残酷剥削以及阻碍近代资本主义经济发展等落后因素。

首先,永佃制中二地主剥削之残酷性。二地主现象即为将佃地转租收取小租行为,普通租佃下虽然也存在二地主现象如包租,但地主通常禁止佃户转租,而传统永佃制下永佃农一般可自由转租佃地以收取小租,成为二地主。最终耕作土地的佃农既要向田底主交大租,又要向二地主的永佃农交小租,而且近代以来小租租额通常不低于大租。清代江西宁都租种田皮的佃户,要将收获量的2/3交给地主和二地主,如租种50亩田皮年产谷约200石,其中交大

---

[1] 《佃权可供执行电》,载《司法公报》1917年第73期。
[2] 唐启宇:《永佃制有无存在之价值》,载《地政月刊》1935年第1-6期。
[3] 莫宏伟:《近代中国农村的永佃权述析——以苏南为例》,载《学术论坛》2005年第7期。

租 50 石、小租 70 石，佃种者所得不过 80 石。[1] 根据近代的农业生产力水平，地租率达到 50% 程度就已经侵占了佃农的必要劳动时间，威胁到佃农起码的经济生活[2]，在大、小租总和接近土地收成 2/3 情形下，佃农连维持最低物质生活用于劳动力再生产的条件都难以达到，剥削之重可想而知。在张明博士所见民国时期皖南一些地区的永佃材料中，承租田皮之佃农所承受的剥削程度没这么重，唐模村大、小租率分别为 17.5% 左右，加起来的 35% 地租率与非永佃地租率大致相同。[3] 当然，在民国时期唐模村 35% 的地租率并不具有代表性，该个案并不能说明承租田皮之佃农所受的剥削不重，而且民国时期江南地区田面权价格高于田底权之事实[4]，与小租高于大租这一现象是互为因果的。正是看到了二地主之利润所在，有些人专门投资购买田面权出租剥削，将之作为资本谋利的工具，加大了对佃农的剥削，也助长了人们的投机心理，使永佃权失去了其本来的轻租和保障佃农利益之意义。陈伯瀛认为，民国民法物权编禁止永佃权人出租佃地，正是为了防止佃主（二地主）和佃农之出现，这种层层剥削进一步背离了"耕者有其田"政策。[5] 1927 年《浙江省佃农缴租实施条例》鉴于永佃权转租产生的二地主压迫真实佃农胜过地主，并且压迫地主剥夺地主使用土地之权，呼吁废除永佃权。[6] 在大、小租租额相当情形下，从性质上来讲，小租之剥削远胜于大租，因为大租主还要承担对国家的土地税赋，其地租收入是相对的，而小租的收入是绝对的，是二地主的纯利润。二地主现象的残酷封建剥削性导致了佃农的进一步贫困，也严重制约了地力的改良和农业生产的提高。

其次，永佃权不利于近代经济的进一步发展。主要表现在三个方面：①对建立资本主义农场和工商企业在用地上会带来一些阻碍。近代以来的土地占有本身就非常零碎化，赵冈通过对明清时期皖南地主置产薄的统计研究，发现地主从市场上购入的田产非常的零碎，常常是几亩或零点几亩地买入，因而在分布上非常分散。[7] 彭志军、黄志繁两位学者通过对清代婺源县龙山乡坑头村的 99 份卖田契的实证研究也发现买卖的田骨、田皮都非常小，有些小到难以

1　吴量恺：《清代的农民永佃权及其影响》，载《江汉论坛》1984 年第 6 期。
2　段本洛主编：《苏南近代社会经济史》，中国商业出版社 1997 年版，第 284 页。
3　张明：《民国时期皖南永佃制实证研究》，南京师范大学 2010 年博士学位论文，第 264~265 页。
4　参见莫宏伟：《近代中国农村的永佃权述析——以苏南为例》，载《学术论坛》2005 年第 7 期。
5　陈伯瀛：《中国田制业考》，商务印书馆 1936 年第 2 版，第 294 页。
6　《浙江省佃农缴租实施条例》(1927 年)，载《浙江建设厅月刊》1927 年第 6 号。
7　[美]赵冈：《中国传统农村的地权分配》，新星出版社 2006 年版，第 110~118 页。

用半亩来衡量。[1] 相应的,地主永佃出去的土地自然也是零碎和分散的,永佃农经营的单个农场很难有大面积规模。一些统计材料显示,民国时期佃农经营的农场规模很小,1934年全国佃农农场平均面积为15.759亩,佃种面积不足10亩的佃户占佃户总数的46.98%,[2]这既包括永佃地也包括非永佃地。近代资本主义的农场和工商企业需要大量的用地,在非永佃情形下地主能较容易地行使撤佃权,再将土地转让或出租给资本家,而永佃权的存在大大增加了这一阻力,必须取得业佃双方的同意。由于永佃地是生存的根本,永佃农们一般不会轻易出卖、出租永佃地,因此赵冈所说的永佃制有利于田皮的整合,即佃农能够有选择性地购买毗邻的田皮以扩大经营规模,[3]只是一种理想,并不具有多大现实性。要想将购买的零碎田皮规模扩大到形成足以进行资本主义经营的较大农场或者开办工商企业,显然是不容易的,工商用地改变了土地的用途,来自地主和永佃农方面的阻力会更大。尤其是民族资本主义农工商业,由于难以借助国家公权力,在土地使用权获得上必然受到很大制约。②永佃权的存在延缓了封建土地所有制的分解过程。[4] 永佃发展导致的田底权、田面权的分离是封建土地占有和使用矛盾的缓和协调之结果,同时田底权、田面权二元形态的长期存在也延缓了地主土地所有制的崩溃。《法国民法典》没有规定永佃权,原因之一是永佃制下地主地权为附有永久负担的所有权,不利于土地自由流转,永佃权成为妨碍土地交易的罪魁祸首,这种套在土地上的封建枷锁本是革命的对象。[5] 就此也能很好理解为什么在我国近代土地流转加速之资本主义经济不断发展形势下,业方都急于终止和摆脱永佃权束缚而且这一趋势也获得了法律的一定认同和支持,这也是在一定程度上加速了封建土地所有制和使用制度的分解,当然这是一个充满斗争的艰苦过程。③永佃权的存在不利于资本主义产业工人的大量形成。永佃制下佃农有份长期稳定的永佃地耕种,生活有了基本的保障,产生一种苟安的心理,追求力田致富,守护好这份产业并传之子孙。这种对土地的热爱和相对于非永佃农优越的心理,使得永佃农不愿轻易离开土地,结果可能正如段本洛所说,子孙世代被拴缚在永

---

1 彭志军、黄志繁:《试论清代婺源土地的税租化——兼谈清代卖田契中的土地表述问题》,载《南昌大学学报(人文社会科学版)》2012年第3期。
2 土地委员会编:《全国土地调查报告纲要》,1937年版,第26~27页。
3 [美]赵冈:《永佃制的经济功能》,载《中国经济史研究》2006年第3期。
4 吴量恺:《清代的农民永佃权及其影响》,载《江汉论坛》1984年第6期。
5 高富平:《中国物权法:制度设计和创新》,中国人民大学出版社2005年版,第244页。

佃地上永为佃户。[1] 在永佃制不被外力打破情况下，很难设想永佃农会脱离佃地而主动加入工商雇工的行列。当他对工商业新领域不了解或没有足够信心的时候，他们不会去冒着未知的风险进行职业转换从而失去已有的生活，让永佃农自觉离开佃地而成为资本主义产业工人，基本上是不太可能的。

最后，永佃权阻碍了"耕者有其田"土地改革目标的实现。"耕者有其田"是千年来中国小农的期盼，也是近代国共两党土地改革所追求的基本目标，以改变土地占有的不均衡，进而解决由此带来的深层次社会矛盾，增进社会正义，维护社会稳定，并在一定程度上解放农业生产力。无论对于国民党主张的通过和平赎买实现的"耕者有其田"，还是中共主张的暴力革命方式没收地主土地分给民众并给予土地所有权，永佃权的存在都是一种拖累，不利于产权的变动。近代以来定期租佃之租期趋于缩短，不定期租佃业方可得随时终止，因此从法律上讲，定期或不定期租佃关系易于终止，而永佃权从传统意义上讲佃方不欠租业方不得撤佃，附有永佃权之土地在产权变动上势必又多了一层利益纠葛，前述的永佃权存在不利于土地的流转，于土地产权制度之法律改革上是同样的道理。进一步讲，无论是国民党的扶植自耕农土地政策，还是中共在民主革命阶段的"耕者有其田"土地政策，都是为了让农民拥有自己的土地，更实质的意义上讲是让农民有属于自己的地种，减少地租剥削从而获得一份生活保障，当然并不否定租佃经济的存在。对中共而言，减租只是抗战时期对土地政策的暂时调整和缓和，中共的革命立场和使命决定了，必须彻底解决农民的土地问题，因此改革封建半封建土地占有关系、实现耕者有其田是迟早的事情。在未来土改时如允许既有的永佃权继续延续，获得地权的农民无法实现对自己土地的耕种，土改意义无法实现，如届时打破和终止永佃关系，从公正角度讲势必又面临着利益补偿问题，毕竟永佃权是一笔不小的财富。受地之小农可能无力支付这笔补偿款，不补偿可能又会存在改革的正义性问题，而且拥有永佃权的通常也是佃农，也是应受法律充分保护的弱势群体，因而永佃权的延续对未来的土地改革会带来一些负面影响。

四、抗日根据地土地法对永佃权之规范

正因为近代以来永佃权消极性日渐明显，清末民国的成文立法对其做了一定的扬弃。但永佃权有利佃农这一特点仍未根本改变，而且在根据地减租

---

[1] 段本洛：《永佃制与近代江南租佃关系》，载《苏州大学学报（哲学社会科学版）》1991年第3期。

和保障佃权背景下,永佃权稳定租佃之意义更应得到褒扬。维护佃农权益是新民主主义革命应有的立场,在停止了土地革命不改变封建土地所有制社会背景下,维护既定的永佃秩序以保障广大佃农权益符合抗战的阶级立场和新民主主义革命的根本方向。由于陕甘宁边区大部分地区已经经历过土地革命,废除了永佃权制度,因此陕甘宁边区土地法中没有永佃权内容,而其他根据地永佃现象仍然大量存在。在理性看待永佃权之价值利弊基础上,各根据地土地法对已有永佃权的保障和未来永佃权的设定采取了不同的态度,并做出迥然有别的规定。

(一)保障既有永佃权

在根据地土地法出现之前,现实生活中永佃关系就大量存在,这些已然的永佃权都是历史延续下来,为永佃农通过各种途径取得,也曾为此付出了一定的代价,对于永佃农的这笔地产财富,根据地法给予了较为充分的保障。

首先,在永佃关系的具体认定上,实事求是,尊重当事人的真意和习惯。认定方法大同小异,主要有三种:①明示的永佃权。当事人之间存有书面永佃契约,即契约内容上写明了"永佃"或载有永佃含义的类似语句,可断然无疑地确认永佃关系的存在。1942年《山东省租佃暂行条例》、1944年《盐阜区减租条例》等土地法规定,在租佃契约上有永佃权者保留之。只要契约是真实的,该永佃权之存在没有任何疑问,在认定上少有分歧,根据地土地法通常予以保障,但1945年《太岳区租佃单行条例》明确规定只保障民国三十年(1941年)11月1日边区土地使用暂行条例颁布前已有的永佃权,对于此后成立的永佃权原则上不予认可。②习惯上的永佃权。由于清末以前永佃权本为习惯法,租约内容没有强行性的统一规范,设定永佃关系之租约不一定都载有永佃之类的字样。对于租地改良形成的永佃权,有的是发生在普通租佃关系过程中,改良后业佃双方是否将普通租约更换为永佃租约也不一定,或许只是口头上的转换承诺而已。甚至还会出现在长期累世佃种中永佃租约毁损灭失,或者永佃关系之设定自始只是一个口头约定并无书面契约。对于这些非明示之永佃关系,是否认定,如何认定,根据地土地法通常依据租佃习惯来决定。具体言之,1942年《山东省租佃暂行条例》、1944年《盐阜区减租条例》、1945年《浙东行政区减租交租及处理其他佃业关系暂行办法》均规定,习惯上有永佃权者保留之;1943年《土地使用暂行条例太行区施行细则草案》在认可习惯上之永佃权同时,强调原未订立文契者应订立之。③推定之永佃权。对于存在长久甚至累世佃种事实的租佃关系,由于当初并没有明确租佃关系之性质,或者契约丢失且无法得知当初是否具有习惯上能认定为永佃关系之情形,在减租运动中对于此类租佃性质如何认定,常会产生业佃纠纷。对此一些根据地土地法做了相应的规定,如 1943 年《晋察冀边区租佃债息条例》规定,累世承佃的土地视为承佃人取得永佃权,非承佃人自愿放弃使用权者,出佃人不得夺佃。紧接着出台的 1943 年《晋察冀边区行政委员会关于贯彻减租政策的指示》,将累世进一步明确为两世或两世以上,但连续订立有期租约者不属此类,该指示在认定此类永佃关系时强调无论有无租约皆可。1943 年《土地使用暂行条例太行区施行细则草案》也确认了三世以上之累世承租,视为承租人取得永佃权。对于这种累世租佃现象,上述根据地法推定其永佃权之存在,以稳定现实的租佃秩序,更好地维护佃方利益。

认定具体租佃关系中永佃权是否存在,是保护永佃权的前提,对于这种已然之永佃权的认定,根据地法采取了客观包容的态度,在一定程度上作了有利于弱势方佃农之扩大化解释。相对于国民政府《民法物权编》和 1930 年《土地法》中均未涉及永佃权认定问题,根据地法这一做法显然是个进步。

其次,对永佃权权能之合理设定。永佃农能长期占有、使用永佃地,获得较非永佃农更高的收益,同时对佃地还具有较大的处分权,这是永佃制历来的习惯,根据地法对永佃权的这些权能多有肯定。根据地土地法赋予佃农耕地改良权、买卖不破租佃权以及佃地转让时的承典承买优先权,由于永佃关系也是一种租佃关系,且永佃农的权利大于非永佃农,因此这些基本权利永佃农当然享有,而且也作为广义上保障佃权的重要内容。但在近代以来永佃权渐趋衰落、国民政府法律中永佃权权能大为缩小以及根据地减租运动的社会背景下,以下几方面权能是否应当限制,根据地土地法又是如何规范?

（1）永佃权是否有期限限制。在传统习惯法中永佃权没有期限限制,《大清民律草案》将永佃权期限上限限定为 50 年,民国民法没有强制性地为永佃权设定期限,只是有永佃权设定期限者视为租赁语句,可以理解为通常情形下永佃权没有期限,但当事人也可以设定期限,调和了《大清民律草案》与传统永佃习惯之矛盾,在这一点上也是对传统永佃习惯之理性回归。根据地土地法对此态度则是彻底回归永佃习俗,在各根据地土地法中均没有永佃权期限限制的条文。应该说,根据地法取消永佃权期限之限制,是值得充分肯定的认真负责态度。永佃权在习俗上本无期限,无端为其设定期限违背了社会的善良习惯或者说公序良俗,而且为永佃权设定期限实质是将永佃转化为租期较长的定期租佃,无疑是宣布永佃的终结。在民国法律中又将这种有期限之永佃当作租赁处理,将其由物权降格为债权,权能范围和保护手段都大为减损。再者,《大清民律草案》将永佃设定期限,在这一转变过程中并没有提及支付永佃农对价问题,无偿损害永佃农权益做法违背了法律的公正精神。

(2)永佃权人可否转让永佃权和转租永佃地。民国民法允许永佃权人转让永佃权,但禁止将永佃地出租,这一规定较为合理,它尊重了由最初的转顶到后来的永佃权、田面权之市场化的自由转让习俗,有利于经济的流通和资源的优化配置,同时禁止了永佃地转租中收取小租的二地主剥削。对于永佃权可否转让,根据地法没有明文规定,按照法无禁止即自由的原则来理解,应该是允许转让,而且永佃权是永佃农一项重要的财产,将自己的财产有偿转让只要不侵害他人利益及社会公益,法律无由禁止。根据地法之所以未作明文规定,笔者以为原因还是有民国民法和永佃习俗可供援引。至于永佃权人可否将佃地转租,有些根据地土地法没有规定,做出规范的也莫衷一是,大体精神分为三种:其一,禁止。1942年《豫晋联办减租减息暂行条例》规定,二五减租之后只要承租人按时交清租额且不减低佃地原有生产力,承租人即可享有永佃权,但承租人不得将佃地之一部或全部转租他人。这是减租运动初期,为了防止地主撤佃而提出的"一切佃户均有永佃权之口号"[1],相应的在法律中对永佃权作了"左倾"扩大化规定,禁止承租人转租永佃地是为了防止转租给佃佃农带来的进一步剥削。其二,虽不明确禁止,但转租永佃地将会给永佃农带来不利的后果。如1945年《晋冀鲁豫边区土地使用暂行条例》规定,出现承租人(包括永佃在内)将租地转租者,出租人得缩短租佃年限,或者收回佃地一部或全部自耕。虽未明文禁止,但限制转租之意甚为明显,毕竟转租又增加了一层寄食剥削,体现了法律对实际耕作者之保护。其三,允许永佃权人转租佃地,这是多数根据地法的态度。1943年《晋察冀边区租佃债息条例》第17条规定的永佃关系中出租人可得要求撤佃的各种情形中,不包括永佃权人转租佃地;1944年《苏中区土地租佃条例(修正草案)》第42条规定,无永佃权之承租人将佃地转租谋利者,出租人得收回佃地或者直接出租于现承种人,言外之意有永佃权之承租人可以将永佃地转租谋利;1944年《浙东敌后临时行政委员会处理三北地区二五减租及其他佃业关系暂行办法》则明确规定:有永佃权之佃地转租者,依其习惯,但对小租也要实行二五减租。允许永佃地转租既是对永佃习俗的尊重,同时也防止了永佃权成为永佃农的一种负担,有利于永佃农职业的转换,有利于工商业的发展。

---

1 彭真:《关于晋察冀边区党的工作和具体政策报告》,中共中央党校出版社1981年版,第94页。

（3）永佃权人是否享有减租权。近代减租运动下的减租包括正常租额的二五减租（或三七五减租）以及灾歉减租。《大清民律草案》明文规定原则上永佃权人没有灾歉减租权，但有特别习惯者除外，至于正常年景永佃地之减租更是免谈，在传统上永佃地一般也没有灾歉减租习俗。1930年民国《土地法》规定了永佃地也实行三七五减租，即租额不得超过耕地正产物收获总额的375‰，如原租额低于这一比例依原租额。民国《民法物权编》对永佃权人之灾歉减租权作了明确确认，在不可抗力致使收益减少或全无时永佃权人可以请求减免租额。民国法律赋予永佃权人此两种减租权，也是从保障佃农和发展农业生产角度出发的，有一定积极意义。出于同样的考虑，根据地土地法对于永佃农的这两种减租权也作了确认和保障。减租法令规定的三七五减租（或其他比例的减租）大都同时包括了永佃和非永佃，对于灾歉减租之规定同样涵盖了永佃和非永佃两种情形。根据地土地法中永佃农的这两种减租权，显然是传统永佃习俗中不具有或少有的，这是永佃权中少有的一项扩大了的权能。

最后，对出租人可得撤永佃情形之规范。认可已然的永佃权是为了保障永佃权，1943年《晋察冀边区行政委员会关于贯彻减租政策的指示》规定，对于已取得永佃权的土地，地主不得巧借名目违法收地。1943年《晋察冀边区租佃债息条例》规定，永佃土地非承佃人自愿放弃使用权者，出佃人不得夺佃，但法定的可得撤销永佃的情形除外。永佃权的存在也不是绝对的、永恒的，当出现永佃农严重违反了对出租人应尽的义务等法定事由时，一些根据地土地法赋予了出租人撤佃权，这并非根据地法首创，在永佃习俗和民国物权法都早有相关内容，只是可得撤永佃之具体情形存在一些差异而已，而且各根据地法在对可得撤永佃情形是否规定及规定的内容上也存在较大差异。规定的方式上，少数是单独规定，如1943年《晋察冀边区租佃债息条例》；更多的是将永佃与非永佃之可得撤佃情形放在一起笼统规定，从实质上看这种规定更多的是针对非永佃，因此其规定的具体情形中哪些可适用于永佃，还得细加甄别。就整体情况而言，根据地土地法规定的可得撤永佃情形主要有以下几种：①欠租。交租是永佃权人首要义务，欠租是撤永佃的重要理由，《大清民律草案》规定永佃权人继续两年以上怠于支付佃租，土地所有人可得做出消灭永佃权之意思表示，民国物权法将可得撤佃之欠租情形修改为积欠达2年地租之总额。1942年《豫晋联办减租减息暂行条例》规定，永佃权人非因天灾或者其他意外积欠地租达2年之久时，出租人有撤佃权。1943年《晋察冀边区租佃债息条例》中的欠租撤佃条件则规定为，永佃权人力能缴租而无故不缴租或者积欠地租达 2 年总额。将撤佃标准由积欠的时间改为积欠的数量,更为合理。1944 年《苏中区土地租佃条例(修正草案)》则规定为永佃户力能交租而故意抗不交租在 1 年以上者,1945 年《太岳区租佃单行条例》也做了类似规定,都明确了此种情形下出租人可以撤永佃,相对而言还是 1945 年《晋冀鲁豫边区土地使用暂行条例》中的该项规定较为灵活,规定永佃权人非因不可抗力而无故连续 1 年不耕种且不交地租者,出租人得缩短租佃年限或收回土地一部乃至全部自耕。②永佃权人损坏租地附属物不负法律责任时。按照通常理解,永佃地也是永佃权人的产业,永佃地之附属物也常是永佃权人自备,永佃权人一般不会做出损坏租地及其附属物的行为,否则自己也是受害者。《大清民律草案》规定永佃权人不得对土地为足生永久损害之变更,但并未赋予出租人此种情形下的撤佃权,民国物权法和绝大多数根据地土地法也皆未规定永佃权人破坏租地及其附属物不负法律责任时,出租人可得撤佃。但 1942 年《豫晋联办减租减息暂行条例》规定,永佃权人损毁租地附属物而不负法律补偿责任时,出租人有撤佃权。与此不同的是,其他根据地土地法只将承租人毁损租地附属物不负赔偿责任作为租约尚未期满之非永佃下的出租人可得撤佃情形。③出租人无法生活时。永佃权人尤其田面权人与出租人各自在不同层面行使土地权利,只要永佃权人没有违约,出租人对佃地可得行使的权利只有收租和转让权,当永佃地较低的租额不能满足出租人生活时,出租人是否可以撤佃,在《大清民律草案》和民国物权法中均未规定,即是说这种情况下不能撤佃。法律要兼顾双方利益,不能因为出租人无法生活就可以单方面行使撤佃权,而且即使赋予出租人此种权利对永佃权人又如何补偿,毕竟永佃权具有较高的市场价值。在根据地土地法中,有些赋予了出租人在无法生活时,可得酌情行使一定的撤佃请求权。1942 年《豫晋联办减租减息暂行条例》规定,出租人无法生活需要自耕时可得撤永佃,但如因撤佃使得永佃权人无法生活者,由抗日政府进行设法调剂或者延长其租佃权 1 或 2 年。1945 年《晋冀鲁豫边区土地使用暂行条例》规定,永佃地出租人确系无以为生,经业佃双方协商同意时,可得缩短年限或者由出租人收回一部或全部佃地自耕。根据地法所作的如上规定,主要是为了保障业佃双方都能正常生活,而且是建立在协商基础上,兼顾双方的利益。④永佃权人转租永佃地、永佃权人放弃租佃权,或者永佃权人死亡无继承人时。前已述及,有些根据地法禁止永佃权人转租佃地,并将此种情形作为撤佃事由,如 1942 年《豫晋联办减租减息暂行条例》,在民国物权法中同样将永佃权人转租永佃地作为出租人可得撤永佃之情事。永佃权为永佃权人权利,从法理上讲权利即自由,可以行使也可以放弃,永佃权人放弃租佃权时,出租人之土地负担即得解除,所有权的永久性和回归性决定了此时出租人可得收回永佃地。永佃权可以继承,永佃权之继承即为权利主体的变更,但当永佃权人死亡而无继承人时,该权利主体彻底消亡了,永佃权主体不存在永佃权也就终止了,出租人收回永佃地乃名至实归。在出现永佃权人放弃租佃权或者永佃权人死亡无继承人时,1943年《晋察冀边区租佃债息条例》、1944年《苏中区土地租佃条例(修正草案)》以及1945年《晋冀鲁豫边区土地使用暂行条例》均赋予了出租人撤永佃收地权利。

(二)审慎设定未来永佃权

虽然近代以来永佃权暴露出不少负面价值,永佃权在社会中也渐趋衰落,但《大清民律草案》和民国物权法并没有禁止设定新的永佃权,根据地土地法在保障既有永佃权的同时,对可否设定未来永佃权秉持客观审慎态度。在具体规范上,各根据地法存在一定的差异。

(1)原则上不提倡设立新的永佃权。在减租运动刚开始的宣传工作中,中共并没有提出农民有永佃权的口号,而且中共也并不希望这种封建剥削长期存在,永佃权本是土地革命的对象,陕甘宁边区经历过土地革命的地方废除了永佃权制度即为明证。减租运动初期面临地主的撤佃行为,有些根据地甚至提出了一切租地皆有永佃权之过左口号,禁止地主任何形式的撤佃,结果出现了佃农不缴租甚至抛荒不耕,地主奈何不得,实际上相当于变相暂时没收了地主的土地,[1]这一极端做法无疑损害了地主合法权益并破坏了正常的租佃秩序,也不利于生产力的发展。1940年《中共中央北方分局关于农民永佃权的规定》规定,契约未规定而且习惯上又非永佃权者,不提保障永佃权口号。[2] 采取客观实际的态度,不将非永佃扩大化为永佃权。多数根据地土地法对于新的永佃权之设立,不禁止但也不积极倡导。1945年《太岳区租佃单行条例》甚至规定原则上废止永佃权,但在租约上、习惯上,于民国三十年(1941年)十一月一日之边区土地使用暂行条例颁布以前已有永佃权者,应保留之。对规定日期之前已有的永佃权和未来的永佃权采取不同的态度,既保护了原永佃农的利益,也防止了永佃权进一步扩大化带来的消极影响。

---

1 彭真:《关于晋察冀边区党的工作和具体政策报告》,中共中央党校出版社1981年版,第93页。
2 《中共中央北方分局关于农民永佃权的规定》(1940年8月13日),载《晋察冀抗日根据地》史料丛书编审委员会、中央档案馆编:《晋察冀抗日根据地》(第1册 文献选编 上),中共党史资料出版社1989年版,第405页。

(2)不得强行设定永佃权。明确提出原则上禁止永佃权的根据地土地法很少,多数根据地土地法则规定为租佃契约或习惯上有永佃权者保留之,无永佃权者不得强迫规定,如1942年《山东省租佃暂行条例》、1944年《苏中区土地租佃条例(修正草案)》和1944年《盐阜区减租条例》。不得强迫规定,意为可以设定新的永佃权,但法律并不强制推行,从中可以领会到法律的态度并不鼓励设定新的永佃权,这既有对永佃权弊端之认识,也有维护地主合法权益的考虑。在不主张设定未来永佃权的同时,为了稳定租佃秩序,使得农民能够安心生产,防止佃权转移过于频繁而妨碍生产,有些法律倡导无永佃权者业佃双方协议订立5年以上的租约,如1944年《盐阜区减租条例》和1945年《晋冀鲁豫边区土地使用暂行条例》。不提倡设立新的永佃权而倡导签订租期较长的租约,其中或许包含了中共对减租土地政策的暂时性和过渡性之认识。即便承租人没有违约,定期租佃到期即可解约,而永佃则不可以,永佃的过多存在会增大未来土地制度改革的阻力。一方面订立较长时期的租约,另一方面加强对农民佃权的保护,在永佃权衰落的形势下赋予佃权较大的权能,以至于在根据地土地法中这两种权利之权能相差甚小。以较长租期之租佃逐渐取代永佃以保障佃农权益,达到扬长避短的效果,无疑是个明智和进步的选择。除了久佃成业形成的事实上永佃外,永佃权之设立本是因契约而起,契约的精神就是意思自治基础上的合意,永佃权本来就不能也不应该强行设定,或者说,强行设定本身就是违法的,故而民国民法中根本没有禁止强行设定永佃权这一规定,也不需要规定。笔者以为,根据地法中禁止强迫设定永佃权之规定,既是对一切租地都有永佃权过左口号的纠正,又能防止在保障佃权、防止地主撤佃方面可能会出现的矫枉过正。不得强迫设定永佃权,也是对减租纪律的一种强调。也有些根据地土地法没有写明这一措辞严厉的语句,而是采取了较为宽和的态度,如1942年《淮海区重订减租条例》规定,永佃权订立与否随业佃双方之自由,是否订立未来之永佃权属于业佃双方自由协议的范围,1944年《浙东敌后临时行政委员会处理三北地区二五减租及其他佃业关系暂行办法》更是明确规定,永佃权之获得和保障依照习惯,对永佃权问题援引习惯法来处理。此类规范同样可以理解为允许设定新的永佃权,但不得强行设立。

(3)对荒地承垦人永佃权之鼓励。抗战时期,为了发展生产,改善群众生活,保障抗战物资有效供给,各根据地对开荒行为予以充分鼓励,并辅之以法律上的激励措施。早在1938年的《晋察冀边区军政民代表大会决议案》的《经济问题决议案》中就鼓励农民抢荒,经地方政府核准后,无论公荒私荒,准许农民自由开垦,地主不得禁止或要求收回,战争时期垦荒农民不纳地租。[1] 对于垦荒的优待,根据公荒与私荒之不同,各根据地法通常给予垦种者所有权、永佃权、较长时期的租佃权、较低的租额以及免除一定年限的税赋等等多少不一的优惠措施。1943年皖中地区贯彻"谁开谁种,谁种谁收"政策,临江垦荒局放垦条例规定,公荒每亩400—600元,领荒时只要先交半价,贫苦抗属八折优待,领垦人对所垦荒地有永佃权,垦熟后政府仅收租利实物15%。[2] 1942年琼崖东北区政府《暂行土地条例》规定,无论公荒、私荒,还是生荒、熟荒,已荒芜2年以上者,农民皆得向政府请求开垦,农民开垦公荒者,政府确认其永远使用权。当然此处的永久使用权并非严谨的法律术语,意为没有期限的租佃权,除了不能转让之外其权能与永佃权几乎没什么差异。1944年《苏中区垦荒条例》明确规定,公荒承垦人有永佃权,并在垦竣后5年内免交地租及各种公益负担。与此不同的是,有些根据地土地法直接给予公荒承垦人土地所有权,如1943年《盐阜区垦荒条例》规定,公荒由政府分给抗属、难民、贫民垦种,并归其所有,1943年《胶东区开垦荒地暂行办法》也赋予了公荒承垦人之土地所有权。《山东抗日根据地土地纠纷问题》则作了相对灵活的规定,对向政府领垦公荒之农民,3年后给以所有权或永佃权。从这些具体规范不难发现,对承垦公荒之农民给以永佃权是最起码的底线,而给予承垦土地所有权的,除了奖励垦荒之外,其性质上更多的带有分地的性质,有土地占有均衡和对困难者生活救济的考虑。

私荒业主有开垦优先权,但如业主自己不垦也不让别人垦种而任其荒芜,将会出现一面是地主占地不耕、一面是贫农无地可种的供需不平衡现象,既造成了土地资源和人力资源的双重浪费,也不利于农业经济总量的增加。对此,根据地土地法进行了强制干涉,如1943年《盐阜区垦荒条例》规定,私荒无论生荒熟荒,限业主1个月内开垦,逾期区政府得招人开垦。为了鼓励承垦私荒,各根据地土地法除了给以承垦佃农3年或5年内不交地租甚至免除一些公益负担优惠外,通常许之以永佃权或较长期间的租佃权,使得承垦人能收回成本并获得充足的利益。在对承垦佃农于垦地之具体权属设定上,有三种情形:第一,明确赋予承垦人永佃权,1941年《晋西北行政公署修正垦荒条例》和1943年《胶东区开垦荒地暂行办法》即是如此规定。第二,承垦人没有永佃权,

---

[1]《晋察冀边区军政民代表大会决议案》(1938年1月),载《晋察冀抗日根据地》史料丛书编审委员会、中央档案馆编:《晋察冀抗日根据地》(第1册文献选编上),中共党史资料出版社1989年版,第78页。

[2] 应兆麟等主编:《皖江抗日根据地财经史稿》,安徽人民出版社1985年版,第71页。

但享有较长时期的租佃权。1944年《苏中区垦荒条例》规定,如系业主给以资本者,承垦私荒之佃户享有10年以上租佃权,如佃户自备承垦资本者,得享有20年以内租佃权。第三,或者永佃权,或者较长期的租佃权,任由当事人协定。1943年《盐阜区垦荒条例》规定,开垦私荒后土地所有权仍归原主,业主15年内不得收地,并尽可能给垦荒者永佃权。《山东抗日根据地土地纠纷问题》规定,农民开垦地主私荒,3年后可依法取得永佃权,或者订立10年以上长期租约。从总体上看,规定可得给予私荒承垦人永佃权的根据地土地法占绝大多数。

可见,在未来永佃权之设定上,根据地土地法既尊重事实,尊重习惯,又顺应时代的特点,做出灵活规定,实现了原则性与灵活性的良好结合,不得强迫设立永佃权是公平和秩序的需要,赋予垦荒人永佃权充分体现了效率价值。对既有永佃权权能的适当限制以及对未来新设永佃权总体上的不倡导,无疑顺应了永佃权渐行衰落这一历史趋势。

具体举证责任理论下现代诉讼事实证明难题之化解

胡学军[*]

摘要：社会现代化导致诉讼证明呈现多方面的现代特征，包括信息社会主体之间的举证能力落差、风险社会中事实证明要求的弱化与事实审理的集中化、多元社会中作为证明背景知识的文化观念意识形态的冲突加大等方面。现代诉讼中事实疑难案件包括最具有普遍性与代表性的现代型诉讼、由于现代科技的发展导致证据信息的强化与诉讼程序过程中的法律价值选择在真相发现上的内在矛盾以及主要由于现代意识的多方变化导致虽然案件中证据的类型与数量增长，但特定事实的判断在现代社会相对以前时代似乎更加困难的三种类型。现代诉讼中证明难题的解决之道在于：而对事实疑难案件，证明责任这一理论框架是其他理论的制度环境，是民事诉讼的脊梁。现代型诉讼中证明责任分配仍可依循证明责任分配的一般思路，并且在穷尽其他所有可能方法与手段仍无法查明事实的情形下，确实需要依证明责任分配的结果下裁判。但在这种最终的或兜底的裁判之前，现代诉讼证明难题应当在具体证明行为方面优先考虑穷尽具体举证责任理论下的多种步骤与方法。

关键词：现代型诉讼；证明责任分配；具体举证责任

引 言

具体举证责任论在现代型案件的证明难题解决方面具有的作用在前述章节已有所涉及，但这一理论并非仅仅为解决现代型案件而提出。具体举证责任解决的不仅是在当事人制度或请求形态方面具有区别于传统诉讼形式的程序特征的"现代型诉讼"，也包括传统型诉讼中的现代性证明问题。"现代诉讼"相对于"现代型诉讼"虽然只是一字之差，但涉及的案件范围差别很大。

---

[*] 胡学军，法学博士，现为南昌大学法学院教授，博士生导师。本文节选自胡学军：《具体举证责任论》，法律出版社2014年版。该书获得"江西省第十六次社会科学优秀成果奖"二等奖、"第四届全国中青年民事诉讼法学研究成果奖"著作类一等奖、中国法学会"第四届中国法学优秀成果奖"著作类二等奖。

"现代型诉讼"这一概念在我国法学界并不陌生,其含义却很少有精确的表述。其实这并非我国特有的现象,在这一概念较早兴起的日本,虽然学说上对这一问题域探讨较多,但也没有标准的定义。这种定义模糊的状况当然有使其可根据不同的角度回应现代社会纠纷类型的多元化导致对概念弹性的多种要求,而使其具有内在的空灵性,但确实也导致了其外延的界定困难。[1] 尽管如此,作为与传统型诉讼相对的一个概念,我们仍然可以根据其多方面的"现代"特征来大致把握其基本类型。在已有的研究中,现代型诉讼的界定主要是从当事人制度或诉讼形态的角度切入的,一般意义上是指称那些按照实体法律关系性质划分的特殊案件类型。虽然在对现代型诉讼的研究中,学者们基本都注意到了这类新型诉讼在事实认定及证明责任问题上的特殊性,却并未将其作为分类的一个基本依据。虽然现代型诉讼在证明方面也有其显著特征,但并非证明方面有特殊性的案件均可归之为现代型诉讼,故笔者提出"现代诉讼"一词来从更宽泛的角度分析现代社会民事诉讼中的证明方面特征。现代诉讼不是根据案件的任何性质与类型,而是从问题出发的。现代诉讼可能指代的情形比现代型诉讼更加宽泛,凡是可能在诉讼证明中因社会现代化而遇到证明困境的案件都可称为现代诉讼。从证明行为角度来看,传统性质的案件也可能遇到因社会现代性而出现现代性证明难题。

在笔者看来,证明难题确实已成为现代诉讼中的现实困难,大陆法系的证明责任理论的发展就是围绕着这一问题展开的。尤其是现代型案件的证明问题是传统证明责任分配理论的突破口,也往往成为各种证明责任分配新理论的试金石。自现代证明责任概念确立以来,理论上就倾向于以证明责任理论规范诉讼证明行为。大陆法系证明责任分配的通说是法律要件分类说("规范说"),但针对现代化过程中出现的新型案件(现代型案件),最先是由法官在司法实践中突破"规范说"的窠臼,在个案中实行证明责任分配的司法裁量,后来

---

[1] 现代型诉讼是一个在我国法律界出现越来越频繁的概念,这一概念据说产生于日本,但在日本、美国等现代型诉讼案件影响很大的国家,对此概念也缺失清晰的界定。基本上可以说,现代型诉讼是一个发展中的概念,其核心特征显著,但内涵与外延则相对模糊不清,这正好为这一概念的发展提供了弹性的空间,可以从不同角度来描述这一概念。如日本侧重从公民对于社会化大规范侵害寻求救济的角度来界定,典型是公害诉讼,从20世纪60年代著名的四大公害诉讼开始,发展到后来的大阪国际机场以及名古屋新干线噪音诉讼。这一系列公害诉讼相对于传统诉讼的变化在于从当事人制度的扩张、诉讼请求形态的变化、判决既判力效力扩张等方面引起诉讼程序制度的变革,使传统的作为私权保护的民事诉讼制度具有了更大的社会作用。而在美国,现代法治国家法院的社会功能本来就很大,现代型诉讼的出现使民事司法更为注重公共政策形成功能,侧重从司法的政治功能扩张或宪法权利的司法维护角度来界定,典型是种族歧视诉讼。

由于经验的积累形成类型化的"证明责任倒置",并且进一步出现了企图分割"规范说"调整领域的"危险领域说",以及企图取代"规范说"的盖然性说、损害归属说等新学说。但在证明责任分配问题上的后来学说都未能完全取代"规范说"的地位,"规范说"或"修正规范说"仍是大陆法系国家证明责任分配问题上的主流。晚近学说的发展是在不撼动证明责任分配学说的前提下通过发展证明责任减轻学说来弥补这一理论规范与调整证明行为功能的不足。而在笔者看来,证明责任减轻理论的重点不再是客观证明责任,而是已转向主观证明责任。总之,各国法律实践的现实经验证明:以证明责任理论调控诉讼证明活动的这一思路是行不通的,证明责任非此即彼的分配思路过于简单,不足以解决现代型诉讼的证明问题。类型化的证明责任倒置或个别化的证明责任分配的司法裁量均是误入歧途,而且破坏了证明责任分配理论上的统一性与基本规律。如今,证明责任主客观两重含义混同的状况已造成理论概念的混乱与实践的无所适从,故笔者提出抽象证明责任与具体举证责任"二元分立"以实行对证明活动的"双层调控"的具体举证责任论来化解事实疑难案件的证明难题。

本文所考察的并非精确定义意义上的所谓"现代诉讼",主要涉及以下几种领域内的案件:与现代社会化大生产紧密相关的生活领域(如产品责任、消费者保护、反垄断、反不正当竞争)、与现代生活环境密切相关的生活领域(高危环境、危险物品、高危作业致损)、与现代社会意识相关的诉讼案件(环境侵权、新闻侵权、隐私权保护、性骚扰侵权)及与现代科技发展密切相关的诉讼案件(专利侵权、网络侵权、生物科技、医学科技)。针对现代诉讼,我国以往强调以客观/抽象证明责任机制来处理这一类新型案件,但这种表面的"捷径"其实流弊很大。本文将以此类现代诉讼中事实证明难题的解决方案为线索对此类解决方案进行整体检视与比较分析,笔者的分析将显示:证明责任理论在面对现代诉讼证明难题似乎已是"山重水复",只有打破对证明责任理论的路径依赖,探索建立具体举证责任及其分担机制,才有可能走出个"柳暗花明"。

一、社会现代化与诉讼证明的现代特征

(一)信息社会主体之间的举证能力落差

现代社会是信息社会,社会的信息化,信息总量的激增使人们对事物的认识比以往时候更加精确,对事物之间的相互关系有更好的理解与把握。但应当注意的是,社会信息总量的极大增长并不一定就会使纠纷事实在司法中能

呈现得总体上比过去时代更加清晰,起码目前并看不出二者存在某种正相关关系。现代人们对司法的满意程度并不明显比古代高,一个典型的指标就是,冤案的数量并不见明显减少。这其中的一个原因就在于诉讼中的事实呈现建立在一个利益对立、相互竞争的二元主体关系基础上(另一个原因将在下文涉及)。如果仅从事实真相呈现的程度上来说的话,职权主义诉讼模式可能倒能比当事人主义模式具有某种优势。但这需要建立在国家职权过度介入民事主体私人生活领域的基础上,对主体的自由与隐私等现代社会主体所珍视的价值造成伤害。"两造对抗"以呈现事实的结构使主体之间基于利益考虑而隐藏证据信息的倾向抵消了社会总体信息量增长带来的可能益处。如何除弊兴利是需要在现代诉讼中着力化解的一个普遍性问题。现代信息社会主体之间的主要不平等是所谓的信息鸿沟。而从诉讼证明方面的特征来看,现代型诉讼中的原被告相互间在证据占有方面的关系是:被告方往往处于信息优势一方,掌握着有关产品、服务等方面的内部信息,原告方个体由于时间、经济、专业知识方面的弱势而与被告之间存在巨大的信息落差。原告诉讼请求要想获得认可,甚至会在主张和证明方面遇到困难。现代型诉讼的这几方面特征使其在诉讼证明与事实认定方面与传统诉讼具有很大不同,往往存在(对一方当事人来说)证据偏在或新颖的科学证明困境(对双方当事人来说)等难以克服的困难。

广义的举证能力包括提供证据能力和说服能力。证据所持,证据距离,举证成本的负担能力均可归之为提供证据能力;而说服能力则并非简单的能言善辩,而是要掌握专门知识,即信息优势,此种说服能力而是对讼争所涉领域的全方位的了解与研究,对该领域前沿新材料、新方法的掌握,以及对可能风险的了解与掌握。如生产者对于原料、配方、工艺等的掌握是消费者不清楚的;医疗机构对疾病、药物、医疗器械及医疗方法的了解是高度专业化的,并且是因地域存在差异,并随时间不断更新的。普通患者不但不能够提供证据,甚至也很难对对方的证据提出质证,只有在专业人员的辅助下提出怀疑。环境破坏者也往往对环境破坏的原因及机理有更多的了解,毕竟现代环评报告往往是项目立项的必备程序。只不过如果没有设定一种合理的压力机制,信息优势方在诉讼中往往会"揣着明白装糊涂"。

针对现代社会主体之间这种信息占有的落差,在诉讼上制度上首先应承担这种差别的存在,并探索建立制度上的信息共享机制。在现代西方有些国家实体法上发展出弱势一方的信息公开请求权("答复请求权"或"阐释义务"),[1]是因为立法者敏感地意识到信息不平等可能造成的结果不公平从而通过立法确立实体上的理想秩序;或者是在不断的纠纷解决实践中逐渐创设诉讼中的开示义务(事案阐明义务或证据协力义务)。总体上看,这种实体规范上的信息请求权与诉讼上的信息开示义务存在互为因果的关系。关于信息享有的这种权利或义务正如任何其他权利义务一样,并非天经地义的,而是随社会发展形成的社会关系要求的反映,并最终通过法律的承认成为法律上的权利义务。这种趋势提示我们在此类案件诉讼过程中,与时俱进地通过放松界定摸索证明或创设不同限度的事案阐明义务来逐步弥合不同社会角色群体之间的信息落差,并逐步形成制度化的手段来实现最大限度的接近事实。

西方发达国家在这方面也已尝试了众多的制度方法,为我们提供了有益经验,摸索证明与事案阐明义务就是其中的代表性方案。信息占有的不对称,使信息弱势一方进行某种程度的推测或猜测性主张逐渐被承认,在西方国家,某种形式的摸索证明的容许或某种程度上的证据开示义务的强加成了问题的可能解决方案。这不仅在典型的现代型案件如医疗纠纷、产品责任、专利侵权、环境污染案件中常见,在一些传统型案件中也会因信息技术的发展而产生这种需要。典型的如亲子关系诉讼中,现代DNA科技使亲子鉴定成为判断亲子关系的利器,从而彻底淘汰了传说中的"滴血验亲"这种前信息时代的反科学证据。但任何时代证据信息的获取都需要付出一定的代价,也需要具备一定的条件,如果只是在需要时就要求证据持有人无条件的提供,则将对公民的自由、人权、隐私等现代公民所珍视的价值造成伤害。因此,这种证据的提出不宜作为一般的权利或义务来加以规定,而作为特定情境中的具有一定弹性的"责任"(具体举证责任)则能恰当维护发现案件真相与维护公民自由之间的平衡。

(二)风险社会中事实证明要求的弱化与事实审理的集中化

现代社会与现代科技的发展在生产提供了过去时代难以想象的丰富物质便利的同时,也制造了同等比例的危险源(想想我们日常生活中面临的食品风险、产品风险、交通安全风险、环境污染风险,甚至即使你在家中坐着,也可能

---

[1] [德]罗尔夫·施蒂尔纳:《民事诉讼中案件事实阐明时的当事人义务——兼论证明妨碍理论》,载《德国民事诉讼法学文萃》,赵秀举译,中国政法大学出版社2005年版,第355页;[德]彼得·阿伦斯:《民事诉讼中无证明责任当事人的阐明义务》,载《德国民事诉讼法学文萃》,赵秀举译,中国政法大学出版社2005年版,第305页。

遭遇邻居高空抛物损害连坐的风险),这种便利与风险也形塑了人类的现代生活方式与社会秩序。这就是贝克断言的"工业社会由其自身系统制造的危险而身不由己地突变为风险社会"。[1] 按照贝克的观点,现代社会之所以成为风险社会是因为我们所面临的主要风险已不再是传统社会所面对的自然风险。现代社会,风险的主要来源是人类本身的决策与行为。相应的,这种风险也不再是一个消极的概念,不再是人类努力防范与消除的危险可能性,而成了一个中性的概念。风险的本质是后果的不确定性,这种不确定性在使现代人面临可能不利的后果的同时,也有了更多的自由选择的机会。现代社会的风险具有建构性,其既是受概率和后果严重程度影响的一种客观实在,更是一种社会建构的产物,与文化感知及定义密切相关。[2] 现代风险的特性要求政策、法律及司法诉讼的目标不是根除与防范风险,而是应尽可能控制会导致不合理的类型化危险的风险,并尽量公正地分配风险。风险社会中风险的实质是一种不确定性,法律制度也要适应风险社会降低与分担风险的时代要求。诉讼法的目的不仅是回复原状,也包含某种程度的法律秩序维护,通过一次次具体的诉讼宣告法律规范的有效性,尽可能降低甚至消除不确定性。风险社会的影响体现在诉讼证明领域的影响主要有两个方面。

首先,风险社会风险管理的目标在诉讼证明上体现为证明要求的降低。从裁判者角度往往理解为证明标准的降低,而从当事人角度看,体现为证明对象的可操作性界定,以及多种灵活证明方法的引入。风险的不确定性对现代法律制度的冲击引起法律要件事实界定的变化,尤其突出体现在侵权法上。例如,风险防控的价值目标使法律对民事损害的界定不再等同于或仅仅局限于现实生活中的物质与精神损失,也可能是不确定的预期不利后果;现代风险的不确定性还体现在形成现实危害的原因往往是不明确不清晰的,甚至超出现代科技认知水平。因应这种变化的是,现代诉讼中侵权行为与结果之间的因果关系也基本抛弃了传统的必然因果关系,而发展出相当因果关系甚至是部分因果关系;[3] 风险社会中侵权法对过错的要求与定义也一直在变化,从主观过错到客观过错,从过错责任到过错推定再到严格责任。这些变化显然都将对作为诉讼证明对象的要件事实,如损害、过错、因果关系等的证明产生指

---

[1] [德]乌尔里希·贝克:《世界风险社会》,南京大学出版社2004年版,第102页。
[2] Adam·Beck & Van Loon (eds). *The Risk Society and Beyond*. London: Sage Publications, 2000.2.转引自廖斌、张亚军:《风险社会下刑法之危机与扩张》,载《学习论坛》2012年第11期。
[3] 胡学军:《环境侵权中的因果关系及其证明问题评析》,载《中国法学》2013年第5期。

引性的影响,或者说这些实体法律构成要件要从诉讼证明的可操作性角度来重新界定。在诉讼证明中,此类要件事实的证明往往不是通过单一证据直接证明,而是不可避免存在法律拟制、法律推定、经验介入。表现在证明方式方法上则是多借助于表见证明、事实推定、间接反证等证明方法来接近事实。总之,对特定要件事实的重新界定为诉讼证明提供了可操作性基础,从而使这些要件事实的证明与判断成为可能。而在传统观念与做法下,抽象规定的这些事实往往无从证明,最终只有依靠证明才能做出裁判,使得在这些案件中,"证明责任之所在,即败诉风险之所归",价值判断的滥用使个案正义难以实现。

其次,体现为事实证明过程或证明机制的变化。风险社会要求现代司法具有更为高远的视野,能够针对不同阶层与群体的多元利益展开精细的平衡与把握。要求司法裁判不仅仅是通过具体案件重申立法所设定的普遍正义,而且强调能够满足更高质量的个案正义、裁量正义的实现。同时,也要求裁判接受者的当事人及波及的利害相关人,作为生活在一个法律制度整体上可以接受社会的代价,必须有时接受不受欢迎的判决。在事实认定上,强调具体问题具体分析,对事实的判断重视情境性因素的精确把握。这就内在要求在诉讼程序设置上改变传统的流水作业式的渐进式审判,主张所有的沟通和商谈、多元规则的辩论全部放在法庭审理的阶段,高度集约化地协同考量。"证明责任-证明标准"裁判是一种便于案卷审理、阶段审理与事后监督的案件处理机制。当前,证明标准的把握与证明责任的分配几乎成了事实查明中的教条。而集中审理更有利于情境化地依具体举证责任对案件事实进行的裁判。具体举证责任机制就是强调案件事实查明过程中的情境性因素,强调法官依自由裁量权对案件事实进行细致的甄别,根据双方的实质性参与及其在事实解明过程中的行为与态度,在程序公正的基础上做出合理的精确的判断。

职权主义的民事审判方式就是一种事实判断上的单边主义,在这种模式下的事实认定观念中,证据是一种纯客观的存在,证明评价有一种可量化的标准。当事人在事实判断中的作用只是证据这种"原材料"的提供者,而事实判断的好坏取决于法官这种"厨师""厨艺水平"的高低。而在多边主义下的司法,不但证据材料是事实判断的根据,而且当事人双方的举证行为也是重要的考量因素,法官不再是亲自烹饪的厨师,而是美食家,要根据双方的行为及结果来进行裁判。具体举证责任正是这样一种强调当事人双方实质参与,法官情境依赖的判断方式。

传统审判方式下,书面案卷与静态的证据材料成了案件事实传递的唯一载体,证明标准成为事实判断及对这种判断予于监督的基本规则。于是,情境化的案件事实不是在多元沟通中被甄别和认定,前后逻辑一致成为科层式法律程序的教条,借此所产生的裁判往往合法而不合理。风险社会的不确定性及结构和制度趋于复杂、偶然,已使得这种情况出现的概率大为提高。而立足于司法多边主义立场,就必须正视这种变化的复杂性,应当注意到指导或补白性的事实认定裁判规则很难在案卷中以证据形式加以记载,但却往往左右裁判结论。[1] 为了因应这种变化的复杂性,避免唯以法定证据可能造成的合法而不合理的后果,多边的协调性实现,就需要改变科层式法律程序以案卷为中心的信息传递模式,通过程序本身的改造来构建不同信息的竞争格局。改渐进式审判为集中式审判,强调将不同主体的商谈和辩论放在庭审之中,近距离、真切互动地观察正义分配给各方乃至利害相关人带来的影响,尤其是那些很难以以文本形式固定下来的区域或组织潜在规则的作用力。[2]

(三)多元社会中作为证明背景知识的文化观念意识形态的冲突加大

当代中国社会正处在一场深刻的历史变革中:正从转型前权力精英主宰的总体性社会,转向更多利益主体争夺话语权的多元性社会。在这种多元社会中,不断变化和组合的特定阶层和利益群体,导致司法判决的社会效果越来越受重视,价值判断往往面临巨大争议。事实判断也不再被视为一个完全客观化过程,而价值的涉入不可避免,需要特别注重程序设置中的理性沟通。

证明的领域其实并非就是通过证据拼图来恢复真相。其实,证据(即便是确保真实的证据)只是事实的碎片,将这些碎片联系在一起还需要拼图"底版"的指引,还需要"黏合剂"的衔接甚至填补某些情节上的空白。而"底版"与"黏合剂"就是作为事实判断者关于该案故事可能如何发生的主观的故事版本与生活经验。在一个同质社会,不同主体之间的日常生活经验及关于特定事件的理解常常具有高度的一致性,他们共享一些典型的故事模式,所谓"典型事象经过",在遇到同类疑似事件时,就不需要进行细致的甄别,而能在头脑中迅速做出判断。当然这种第一感觉的判断是不精确的,可能存在误判风险,这也就是判断时速度与准确性的交换原理。因此在制度设计上就应在程序上保障

---

[1] 杨力:《中国司法多边主义如何成为可能》,载《上海交通大学学报(哲学社会科学版)》2011年第2期。

[2] 杨力:《中国司法多边主义如何成为可能》,载《上海交通大学学报(哲学社会科学版)》2011年第2期。

因此不利的一方当事人有纠错的机会。

而在现代多元社会,文化观念等背景知识的多元化使主体之间越来越难以在同一问题上共享思维的背景与框架。如依日常生活经验判案曾是古代社会一种普遍的司法知识,甚至也还有人认为我国当今的法官类型还是一种"经验型法官"。[1] 但如今社会,依经验判案会被认为是一种专业性不够的表现,经验法则的运用似乎遇到很大的问题。但笔者并不认为这一现象导致的结论就是压缩经验法则在事实判断活动中的参与度,从古到今,事实判断中的经验参与是不可避免的。如今,能将证据与事实直接对号入座式的"直接证据"或"直接证明"概念日益受到质疑,而推导、事实推定或间接证明可能被承认为诉讼证明的常态。[2] 这些证明方式都是借助于经验参与。经验法则具有主体间性,是绝对客观性与主体性之间的沟通桥梁。解决问题的思路不是排斥或压缩经验的参与,而是对不同经验的选择及通过程序设置规范经验参与的方式,具体来说,就是通过对将运用的经验法则的充分辩论并公开理由来明确选择与显示其正当性,这也正是符合经验法则本身性质的一种利用方式。在多元社会,司法裁判中的事实推定的运用非常慎重,在事实推定所基于的生活经验中,只有经验基本原则才能构成作为裁判理由的证明,而盖然性更低的普通生活经验就可能不能作为裁判的理由。多元社会中多元主体意识的强化使裁判做出中当事人的参与要求得到强化,事实认定最好是在每个回合的短兵相接的证据较量中直观地看到高下,而不是只在最终裁判中得到一个笼统的结果。事实上,"参与命题"是现代程序正义理论的重要发展。诉讼事实认定应当建构在当事人充分参与的基础上,这也就是为什么从职权角度表述的"事实推定"概念在现代逐渐被从当事人角度表述的"表见证明"或"间接证明"之类的概念所取代的深层原因。法院在运用这种事实推定时,还特别要保证受推定不利影响的当事人有充分的反证机会,并且在对方实际提出反证(而非充分的反面证明)的情况下,就要否定这种推定的效力。在此情形下,负证明责任的当事人不得不转而寻求实质证据的证明。表见证明就正是这样的一种制度或习惯做法。

---

[1] 李启成:《"常识"与传统中国州县司法》,载《政法论坛》2007年第1期。
[2] 胡学军:《推导作为诉讼证明的逻辑》,《法学研究》2011年第6期;纪格非:《"直接证据"真的存在吗?对直接证据与间接证据划分标准的再思考》,载《中外法学》2012年第3期;《直接证据与间接证据划分标准的反思与重构》,载《法学论坛》2013年第1期。

二、现代诉讼中事实疑难案件的三种类型

正是由于上述现代诉讼证明的三方面特征,在我国当前司法实践中,呈现出多种形态的事实疑难案件,具体来看,大致可分为三种类型。需要注意的是,三种类型的大致归纳虽然与前述现代诉讼在证明上的特征密切相关,并且三种类型在所反映的特征上各有侧重,但并不存在严格的对应关系。

第一种类型是最具有普遍性与代表性的现代型诉讼。其在证明方面的共同性表现在:一方面是当事人地位的固定性,原告方多为受到加害或加害危险的个体公民,被告方多为现代公司企业等机构加害方。而且当事人之间在社会结构关系上的地位基本被固定,缺乏互换性;另一方面,传统诉讼的争执焦点是当事人之间的个别权利义务,完全属于私益性质,而在现代型诉讼中的争点表现在社会化方面。有学者认为,现代型诉讼是一种围绕着离散性利益、扩散性利益、集团性利益,当事人之间缺乏对等性,并带有强烈的公益性色彩的纷争。[1] 在现代型诉讼中,公益和私益往往处于紧张、交错的状态,诉讼的意义随着这种双重性发生动摇。甚至可能出现过分强调公共性问题而模糊了问题的实质性状况。[2] 与上述两方面特征相联系的是,现代型诉讼中事实疑难的原因在于一是当事人举证能力的差异导致作为败诉风险的客观证明责任的配置与证明责任负担方实际举证能力的反向矛盾;二是作为证明对象的争点的社会化与传统民事诉讼处理范围私人化之间的矛盾。(这一矛盾的存在往往使诉讼关注的重点越出本案过去发生的客观事实本身,而扩展为与本案有关但并非本案产生的事实问题,如对于社会损害的界定,因果关系的界定等。)解决的办法就是明确各种具体情境下当事人的证据提供与说服责任,使证明链条不至于因证据的所在而发生卡壳,作为证明对象的要件事实尽可能具体化、特定化,并能作可操作性界定,从而使事实细节得以尽可能地真实呈现。这也就是具体举证责任理论的功能。

第二种类型是由于现代科技的发展导致证据信息的强化与诉讼程序过程中的法律价值选择在真相发现上的内在矛盾。现代社会信息化导致借助于某些现代技术在科学上事实可能较易查明,实际诉讼中却因法律方面问题难以处理。典型的如文书的真实性(借助于笔迹鉴定)与亲子血缘关系(借助于DNA鉴定)的证明。这类案件在前信息时代即使当事人提出所有当时可能提出的证据,理论上事实很有可能也非常难以判断,但在信息化时代,通过鉴定

1　刘永祥:《现代型诉讼对民事证据理论的冲击与反思》,载《当代法学》2002年第5期。
2　小岛武司:《诉讼制度改革的法理与实证》,陈刚,等译,法律出版社2001年版,第170页。

等科学证据在理论上几乎不可能出现"真伪不明"情形,因此在理论上客观(抽象)证明责任的重要性会大大降低,证明的难题成为具体举证责任问题,即谁应对此予以举证证明。但这仍是一个问题,因为即使该证据一出,事实就将真相大白,现代国家(法院)亦不能强行要求持有证据的主体无条件提出该证据,否则就将对普通公民的自由与权利(隐私)造成普遍性的伤害。在具体案件具体情境下,谁应当负具体举证责任的判断取决于多方面的程序因素,如证据所持或举证能力、事实的盖然性、举证可能性、对待证据的态度、期待可能性、经验法则,等等,都是应予考虑的因素。但这里不存在一个关于上述各因素优位顺序或固定比例的公式,而是需要法官职业生涯中形成的分寸感。其中当然包括在职业共同体内部通过司法经验或法解释学形成的非正式制度,如摸索证明、表见证明等机制。

第三种类型与上述类型正好相反,虽然证据的类型与数量增长,但特定事实的判断在现代社会相对以前时代似乎更加困难,这主要是由于现代意识导致的多方变化。典型的如疑似撞人/碰瓷事件。可以想象,在以往时代应当也不乏人与车或相互之间的相撞事件,并且假设概率大体与现代社会相当。但以往似乎不成问题的判断在现代中国似乎成为典型的判断难题。同样可以想象的是,在以往时代,以此案件所可能呈现的证据不可能在数量上比现代更加丰富。但为什么在以前不成其为疑难的问题如今倒成为民事疑案的典型例证了呢?如果我们认为事实的证明均应当是通过举出证据达到证明标准的话,可以说以前的案件更容易达到这一标准而现在反而不易达到证明标准了。可见证明标准是随时代变化的,其不是由证据数量甚至也不是仅由证据质量而决定的,证明标准从根本上来说是一个社会建构的概念。现代社会是多元社会,价值观念与意识形态及根本上利益代表的多元化使事实的判断更难以建立在共同的背景知识基础上,裁判理由更难以寻求到普遍共鸣。司法裁判的职权主义包揽一切的做法如今已变得不再可能,而当事人的程序参与成为现代意识的一个重要内容,是程序正义的典型体现。如有一则古代故事讲到一名贵公子驾驶马车与另一辆小车发生了相撞,但当事人双方关于是谁撞谁的问题各执一词,结果县官根据小车的位置及运动惯性原理做出大车撞小车,应对小车主人赔偿的判决,并使大车贵公子不得不服气。[1] 而现代社会类似"彭宇案""许云鹤案"这种撞车或者撞人的事件双方均可能诉诸不同的生活经验,并充分利用现代传媒手段放大某种背景知识以混淆视听,从而进一步加大了

---

[1] 参见夏咸淳、孙克道:《古代趣闻百则》,上海教育出版社1981年版,第23页。

事实判断的难度。相对于古代信息短缺，现代信息社会的问题是信息过量。但正所谓过犹不及，过量信息也并不一定使争议事实呈现得更加清晰，主体的判断能力不一定会提升，反而会形成更多的信息依赖。如今，在各种特定案件类型中人们都会期待某种"标配"证据（就如在交通事故案件中的事故鉴定，医疗侵权案件中的医疗鉴定、亲子关系案件中的亲子鉴定、文书真实性争议中的笔迹鉴定等）或者专家意见。而风险社会中"科学证据"不一定代表科学，"专家"不一定代表可信（也可能是"砖家"），事实判断因此陷入困境。但此类信息比较充分的案件如过于频繁地依靠客观证明责任分配认定案件事实真伪不明则又使法院面对信任危机，从而使双方当事人及其道义上的支持者怀疑司法不公。解决之道同样是通过具体举证责任在事实证据的提出与证明过程的具体情境下做出判断，使这种事实判断建立在更加直接具体理由的基础上。

三、现代案件证明责任的分配的误区与具体举证责任的引入

事实疑难案件如何处理确是一个非常现实的问题，不同国家长期以来的司法经验积累了多种处理该案的办法，不同方案在具体处理结果上会产生基本相同或迥异的结果。曾有学者以"彭宇案"为例比较了几种主要不同方式之间的差异。[1] 一是通过扩张自由心证，在证据短缺时强行认定事实，再硬性适用实体法做出判决；二是曲解实体法的公平责任原则来实现比例裁判，即错误适用实体法；三是通过某种程度上的强制调解，回避适用实体法。[2] 上述三种方式都没有正确适用实体法和程序法，而只有适用证明责任裁判才是正确的适用法律（依证明责任裁判，按罗森贝克的理论是"不适用法律"，但其实也是

---

[1] "彭宇案"，是起因于2006年末发生于中国江苏南京市的一起后来引起极大争议的民事诉讼案件。2006年11月20日，南京市民彭宇陪同一名在路上跌倒的徐寿兰老太太前往医院检查，检查结果表明徐寿兰髋骨骨折。徐寿兰随即向彭宇索赔医疗费，彭宇自称是乐于助人，怎么反倒被指成是肇事者，拒绝了老人的要求。后在各种调解失败后，于2007年1月4日在南京市鼓楼区人民法院提出民事诉讼。2007年9月5日，南京市鼓楼区法院主审法官王浩对彭宇案做出一审判决，判决书主要根据事实推定彭宇与徐寿兰发生相撞，应根据公平原则合理分担损失，判决酌定被告补偿原告损失的40%较为适宜。后经媒体报道后引起社会巨大反响，事件最大的争议来自于一审法院的判定书，其判定大量的使用"常理"并不符合社会认识。后二审法院对本案进行了调解，但调解结果并未对媒体公布，相关细节不得而知。参见张卫平：《司法公正的法律技术与政策——对"彭宇案"的程序法思考》，载《法学》2008年第8期。2012年南京市委常委、市政法委书记刘志伟接受《瞭望》新闻周刊专访时指出，舆论和公众认知的"彭宇案"并非事实真相。事实真相是：徐寿兰经过一辆公交车后门时，彭宇正从这辆车后门第一个下车，双方在不经意间发生相撞。关于彭宇案真相的最新披露，参见忻才良：《"彭宇案"真相大白引发的思考》，载《新闻记者》2012年第5期。

[2] 吴泽勇：《证明疑难案件的处理之道——从彭宇案切入》，载《西部法学评论》2011年第5期。

间接适用实体法)。实际上,我国一直有学者考察过"避免通过证明责任裁判的方法技术",涉及的方案还包括如悬置裁判、比例裁判等。[1] 绝大多数学者研究的预设结论却都是指向通过证明责任来裁判,认为客观证明责任分配是解决问题的"唯一正解"。根据笔者的观察,学界一直在向实务界推销证明责任理论,但效果并不理想。应当注意的是,证明责任裁判的前提是认定案件事实的真伪不明状态,不宜扩大化使用。否则尽管在法律上不能认为此种方式存在什么问题,但实际社会效果是不理想的。极端的例子就是"莫兆军事件"。[2]

针对事实疑难案件,基于证明责任理论的基本思路是以不同于一般原则的特殊规则来分配案件的败诉风险。具体来说不外乎两大类:一是以证明责任倒置来解决系统性或称结构性的现代型案件;二是以证明责任的司法裁量应对个别性的或情境性的特殊案件。笔者并不否定证明责任倒置可以部分解决现代型诉讼中的结构性不平衡问题,但这需要在及时进行相关"准据法"修正的前提下。而且此种情形下的倒置只是一个解释性的概念,而不能作为分配的方法论来使用。证明责任倒置本质上不是解决实际证明困难而产生的,而只是立法时的价值取向选择。如在产品制造方法发明专利侵权案件上,新产品制造方法发明专利侵权及已知产品方法发明专利侵权证明责任分配的规范变迁就可说明,证明责任分配主要是由于实体法上基于价值取向方面的考虑,而并非从实际证明困难方面考虑,否则就不应出现同等证明难度的案件类型而证明责任分配不同的情形。[3]

以证据责任分配的调整思路来解决现代型诉讼中的事实证明难题不外乎就是通过某种意义上的证明责任倒置来使败诉风险从一方转移至另一方。以

---

[1] 参见李浩:《事实真伪不明处置办法之比较》,载《法商研究》2005年第3期;张永泉:《论诉讼上之真伪不明及其克服》,载《法学评论》2005年第2期等。

[2] "莫兆军事件":2001年9月27日,四会市法院法官莫兆军开庭审理李兆兴状告张坤石夫妇等4人借款1万元纠纷案。李兆兴持有张坤石夫妇的借条,而张坤石夫妇辩称借条是被李兆兴及冯志雄持刀威逼所写的。莫兆军按照民事诉讼的"谁主张、谁举证"的原则,根据张坤石夫妇不能提供证据证明该借条是受胁迫形成的情况来认定法律事实,从而判决张坤石夫妇败诉,被告应予还钱。2001年11月14日中午,不满判决的张坤石夫妇在四会市法院大楼外喝农药自杀身亡。2001年11月15日,公安机关传唤冯志雄、李兆兴两人,两人承认借条系他们持刀威逼张坤石等人所写,后二人分别被四会市法院一审以抢劫罪判处有期徒刑14年和7年。而法官莫兆军则因涉嫌玩忽职守罪被刑拘,虽然最终法官认为莫兆军的行为不构成犯罪,但该法官的判决是否合理则引起争议。有学者认为:在本案中,莫法官完全可以以另外的、同样是合乎法治的方式处理本案,从而尽可能给予当事人更多的公正,尽可能避免可以避免的负面作用。参见姜明安:《关于莫兆军案件的几点看法》,http://article.chinalawinfo.com/ArticleHtml/Article_29059.shtml,最后访问日期:2017年3月22日。

[3] 胡学军:《分合之道:两种方法发明专利侵权举证责任的规则变迁评析》,载《当代法学》2014年第1期。

败诉风险作为威慑当然也能对当事人产生一种内在的压力,但这种调控机制也确实会导致实际案件的事实判断经常滑向"真伪不明"认定,从而最终适用证据责任裁判。因为在这种案件中,相对于传统型案件中的一般情况性事实,特定要件事实(倒置证明责任的对象)的证明往往有很大的困难,总是难以完全"真相大白"。运用证明责任分配将使一方当事人背负足够的压力,却不一定会最终导向事实的"真相大白"。负证明责任方必须澄清某种要件事实,因为"证明责任之所在即败诉风险之所归",但这类事实往往是难以完全清楚的,尤其是"过错"或"因果关系"之类事实。而且,具有证据优势的一方着力的方向往往是证明不存在某种事实(如不存在侵权、不存在过错、不存在因果关系等)证明责任的行为意义关键是说服责任,具有知识与信息优势的一方确实会利用其知识优势进行说服,但这往往无助于事实判断,因为这种与请求方的诉求反向着力的行为往往会使事实处于相对模糊的地带,但又很难完全排除请求方的主张。因为在科学上有一个常识,说"没有"通常比"有"更难。这么一来,知识优势一方说服行为的履行如果不能证明本案请求方完全是无中生有,则事实裁判往往是"真伪不明"。如果存在能使案件事实真相大白的"铁证",往往是证明某种事实存在,因此案件请求方权利能够成立的证据。但即使存在这种证据,证据持有方也多半不会自动披露,即使倒置证明责任由其承担,该方会宁愿承受最终败诉结果也不会选择披露这种材料。要促使证据持有者披露,除非有更具体的压力,使败诉判决基于更直接的理由。

相对而言,具体举证责任机制则是一种着力于在事实疑难案件中促进证据信息最大化、将程序功能发挥最大化的机制,从而尽可能避免事实疑难案件转化为真伪不明案件。利用具体举证责任来调控,是在具体证明手段与方法的利用上尽可能平衡双方的信息落差,使案件能在尽可能多的证据信息基础上予以认定。当所有证据材料在具体举证责任的明确指引下得以呈现,事实裁判者将更倾向于深入案件事实的具体情境,对当事人过错与否及事实的是非曲直进行仔细的甄别,从而可能训练出对该类事实的敏感判断力,并为今后处理类似案件积累经验,从而促进疑难案件的事实认定方法与技术不断走向成熟,真伪不明不是相对于通常案件中的一般性事实,而是同类案件上的同类事实,真伪不明的判断会得到精确控制。具体举证责任机制其实可作为证明责任裁判的过滤机制,只有经过这种过滤,证明责任裁判的适用才具有正当性。相对于其他替代性方案来说,具体举证责任是在接近事实的情况下正确适用实体法,是一种更细致的事实问题解决方案,虽然运用起来相对复杂,却能产生最佳的法律效果,是值得的。

如果说客观证明责任是一种结果导控机制的话,具体举证责任就是诉讼的一种程序"内聚压力"机制。主流理论均认为证明责任的分配应当考虑的是实体法的价值取向,依据的是实体法的条文表述及其规范结构。但如果不考虑证明过程中竞争的当事人双方的地位、实力对比及与此相关的举证难易、证明成本及证明可能性等等证明的情境性因素,则可能导致案件处理结果的实质不公平。但如果欲以客观证明责任机制来调整现代型诉讼的结果不公正,则往往直接从某类型案件处理结果的社会期待出发来直接决定案件的最终后果。通过证明责任倒置或法官分配证明责任来迎合社会对此类案件处理的一般期待。证明责任分配及事实查明问题沦为一种意识形态选择。判决理由中充斥着类似如"弱势群体保护""环境保护""公平负担""有损害必有救济"等抽象"大词"或道德化话语。影响性案件多被民粹主义的意识形态所裹挟而使裁判者丧失客观冷静的判断力。而具体举证责任理论则希望回到尽可能利用程序技术产生的内聚压力机制使得案件事实问题回到具体问题具体分析上来,尽可能使复杂案件的事实层面问题得以真实浮现。如违反文书提出命令、事案阐明义务或构成某种意义上的举证妨碍作为当事人具体举证责任的某种体现,均会产生在事实判断上的直接不利后果,从而使案件事实认定建立在更直接的基础上。有了具体举证责任的压力机制,则此类案件的证明责任分配尽可以仍然遵循一般原则,即"攻击者负担原理"。事实判断的困难交由合理程序设置促使证据信息的尽可能最大化及事实判断尺度的因具体情形的调整(如证明标准的降低)才是回归事实裁判的正途。而证明责任应当被还原为一种特殊的法律适用问题,与一般意义上在对案件事实做肯定或否定认定情况下直接适用实体法不同的是,证明责任的适用是间接适用法律。

在诉讼中,事实问题与价值问题的区分一般情形下应当是泾渭分明的。只有在出现法律漏洞时才应当寻求价值考量。在事实查明阶段暂不需要价值介入,只有自由心证用尽,最终案件事实真伪不明,而证明责任分配的准据法模糊或阙如时,价值权衡才是正当的选择。而如果总体上来说,具体举证责任方案并不是与证明责任方案争夺地盘,而是为更好地适用证明责任创造条件。事实疑难案件最好不要最终转化为真伪不明案件,因为证明责任裁判其实是在事实判断失败情况下向价值判断转向,事实判断应先于价值判断。如果欠缺或放弃具体举证责任机制这一工具,则事实疑难案件几乎都会滑向真伪不明这一证明责任主宰的区域。在其他手段未能用尽的情形下运用证明责任裁判则有违理论上的正当性与实践中的公正性,应当归为价值判断的滥用。

总之,司法与法官主要应对的是真实世界当事人之间过去发生了什么及其对错与否的判断,这比单纯的非此即彼的证明责任分配远为复杂。面对事实疑难案件,法官有多种选择方案,而在我国当前,学界着力推销的是学理上探讨比较充分的证明责任理论,证明责任的运用往往是放弃复杂的事实判断,或美其名曰事实判断的谦抑。现代社会的外在复杂性需要司法判断工具的升级以司法的内在复杂性来予以应对。法官要在比较不同方案的基础上选择一种合乎情理的结果,但又不能仅是凭司法的直觉。依据证明责任判断结论的得出是逻辑上最简洁的,也是一种可论证可辩驳的结果,但这种以事实判断的真伪不明为前提的处理方案难以产生最佳的法律效果与社会效果。任何时候,当公众获知案件真相时,才会增加对司法的信任。在事实判断领域,法官毋庸置疑拥有裁量权,但法官的裁量权不存在于证明责任分配领域,证明责任分配规则的存在就否定了司法裁量的存在,法官必须在更宽广的理论范围内寻求最优的解决该案。具体举证责任就是解决事实疑难案件的最优方案,在我国当今制度环境下也是一种合理的方案。

四、现代诉讼中证明难题的解决之道

而对事实疑难案件,证明责任理论与制度仍是现代诉讼理论上的重要发现,证明责任这一理论框架是其他理论的制度环境,是民事诉讼的脊梁。现代型诉讼中证明责任分配仍可依循证明责任分配的一般思路,并且在穷尽其他所有可能方法与手段仍无法查明事实的情形下,确实需要依证明责任分配的结果下裁判。但在这种最终的或兜底的裁判之前,现代诉讼证明难题应当在具体证明行为方面优先考虑穷尽以下步骤与方法。

第一,要件事实的重新界定。在现代型案件中,尤其是在侵权责任法领域,作为诉讼证明对象的传统法律要件事实可能需要根据风险社会对社会安全的要求进行新的诠释与重新界定。有些抽象笼统的要件事实只有通过具体化、标准化解释与界定才可能成为在诉讼程序中通过具体证据加以证明与判断的事实。如在医疗侵权领域,过错的界定就经历了一个复杂的历程。一旦对过错实行具体化、标准化界定,就会纠正过错要件的证明责任倒置,通过具体举证责任也可以解决此类案件的证明难题。[1] 又如在环境侵权领域,因果关

---

[1] 胡学军:《解读无人领会的语言——医疗侵权诉讼举证责任分配规则评析》,载《法律科学》2011年第3期。

系证明责任倒置并不能使案件证明问题顺利化解,诉讼证明首先要解决证明的标准问题,在此即如何界定因果关系的判断标准问题。实际上只有明确了因果关系的类型,才能在实际诉讼证明中通过具体举证责任分配的手段来通过案件事实信息的最大化技术,实现尽可能对因果关系的实际证明。[1]

第二,信息开示的促进机制。大陆法系国家理论上的当事人真实义务、诚信义务、事案阐明义务或证据协力义务,英美法系国家诉讼程序设置上的证据开示程序(discovery),日本民事诉讼法上的当事人照会制度,都是促进诉讼中证据信息开示的经验做法。但我国目前司法解释上的证据开示制度还只是形式上、表面上、程序上的开示,即只是当事人已收集证据的出示与交换。而真正的开示制度是实质上的,是证据的收集制度的内容,其核心是当事人向对方收集证据,并在遇到阻力时寻求法院的帮助。信息的尽可能开示不但能使司法裁判更接近事实接近正义,往往也能够收到促进纠纷的提前解决或诉讼外解决的效果。

第三,证明过程的经验参与。证明行为不仅是提供证据,也包括当事人运用证据进行的说服。当事人的说服与裁判者的心证不可避免地有经验介入,运用事实推定、表见证明、间接反证都是某种程度上在运用经验法则。我们应当破除证据客观性的迷信,任何类型的案件都不应该存在"标配"证据,否则就有可能滑向法定证据主义。不错,我们的实体法律制度是应尽可能促使主体在社会交往中形成现代证据意识,但纠纷之所以发展成诉讼,往往就是因为情况特殊,证据并非显而易见。从这方面,可以说,见之于法庭上的纠纷总是证据短缺的那一部分。当事人之所以诉诸法院,也正是希望法官能根据个案具体情境来对这种特殊情况做出裁判。事实证明不同于数学证明,不是纯客观性的活动。严肃地说,能"自己说话"的证据是不存在的,证据越是短缺,就越需要法官的经验参与。可以说,法官事实判断能力越强,特定时期的司法越能够"明察秋毫",就越能够将那些事实相对清楚的案件排除在法庭之外。

第四,灵活多样的证明方式。目前学界对司法事实认定的关注越来越从静态的证据走向动态的证明。民事诉讼中的证明的重心是说服,而不是举证。因此,证明阶段的重点是庭审"证据调查"而不是庭外的"调查取证"。证明方式方法也应根据具体证明对象灵活多样。本文所涉及摸索证明、事案阐明义务、表见证明、间接反证、举证妨碍都可看作当事人的不同证明方式方法的运用。理想状态的直接证明的情形可能是很少见的,间接证明应当被承认为诉

---

[1] 胡学军:《环境侵权中的因果关系及其证明问题评析》,载《中国法学》2013年第5期。

讼证明的常态。但这也就要求我们能认真对待经验法则，在司法实践中逐渐归纳总结各种不同形式的灵活证明的规则或准规则。

第五，证明协力的保障机制。摸索证明、表见证明、事案阐明义务其实也都是促使诉讼当事人双方在事实查明中协力配合的具体机制。如果从宽泛意义上认为当事人的协力行为既包括积极的配合，也包括禁止消极不配合，则证明妨碍制度可涵盖几乎所有前述机制，或说前述多种方式都可得到证明妨碍制度的保障。如果将法院也作为事实查明活动的协力主体的话，这种保障机制还包括法官释明的制度化、法官心证公开的及时与适度。

第六，直接集中的审理方式。疑难案件的事实的判断不应仅仅依据静态的证据材料与明确的证据规则，而更多依赖于在诉讼证明情境中当事人的具体举证责任，或所谓"辩论全趣旨"，法官的心证将更多依赖于对证据的精细分析，甚至是某种司法隐性知识，[1] 这就要求传统的分阶段的流水作业式的审理方式要让位于更适合具体举证责任机制运行的集中直接的审理方式，以使法官能根据证明的情境性因素做出准确而精致的事实认定。

五、具体举证责任作为调控诉讼证明行为的基础理论

现代诉讼证明难题解决思路中，上述摸索证明、表见证明、间接反证、事案阐明义务、举证妨碍、举证必要等等概念都是关涉负证明责任方证明的方式方法问题，是整个事实疑难案件解决机制的典型制度方法。也即在特殊情形下区别于通过以证据证明主要事实的证明方式。简单地说，摸索证明是猜测性质地提出事实主张，表见证明是不借助于证据而借助于高度概然性的经验法则，间接反证是从反面证明相排斥事实来证明一定主张的不成立。事案阐明义务与举证妨碍是从证明的顺利完成的保障角度来调整证明行为对方的行为。而如果从事实裁判者的角度来看，对应的则是事实推定、大致推定、经验法则的采纳、辩论旨趣的斟酌、证明标准的降低等习惯做法。

上述非正式制度与方法的列举并无严格的顺序，在诉讼进行程序中也并非线性安排，而是互相渗透的各种方法，各种方式的解释扩张会使各自界限变得非常模糊，从功能上看却可以统一到尽可能的信息发现与接近事实，如果从传统理论来看，就是所谓的证明责任减轻，而依笔者提倡的概念，就是具体证明过程中具体举证责任的转换。证明分配确定初始的具体举证责任承担，之

---

[1] 关于司法隐性知识，参见胡学军：《司法裁判中的隐性知识论纲》，载《现代法学》2010年第5期。

后即开始了临时心证的形成与游移及由此导致的具体举证责任转换及多种不同效果的产生。案件事实的查明由此暂时脱离证明责任分配的调控而由具体举证责任机制来接管，由具体举证责任产生的内聚压力更直接有效地引导诉讼当事人双方投入适当的证明动力，由此使案件事实在恰当的精力投入与适量的信息来源基础上接近真相。"需要注意的是，以上所介绍的从不同的角度或侧面分别构成的概念和做法，其实相互之间都存在着内在关联，因为发挥的功能作用大同小异，不少场合它们甚至可以互相代替。例如，极端一点设想的话，用降低证明标准这一种方法就足够涵盖其他所有方法的作用。不过，为了避免把一切困难问题都委诸法院的裁量，在法解释学上针对类型化的具体案情并区别不同程序场境以构成多元的操作性概念这种努力仍然是有价值的。因此，我国民事诉讼法学界今后还需注意这个研究方向。"[1]笔者无比同意这一观点，但也认为为这类多元化的概念寻求共同的基础理论是在同一方向上的深化研究，同样是有重要意义的。

既然西方国家已经开发出摸索证明等系列概念工具，以解决现代诉讼中的证明难题，在我国民事司法实务和诉讼法学界，类似的工作也已经开始起步，那么具体举证责任论的提出是否还有必要？这一概念是否会成为一种"无用之中介"？[2] 对此，我的回答是否定的。首先，具体举证责任不是这些概念工具与其功能之间的"中介"，而是这一系列概念的"根基"。西方国家理论探索表明，何种情形能够容许摸索证明，何种情形下产生事案阐明义务，肯定不能完全归之于实体法律关系，也不能归为诉讼程序上的一般性义务规定，而只能归之于具体证明情境下的当事人责任。具体举证责任是这类概念的共同的理论基础与来源，不提出具体举证责任，这些概念会缺乏统一的理论解释，并可能导致概念设置的矛盾冲突及概念之间的相互竞争，从而形成概念的重叠与混乱。其次，这些概念甚至其外延的合并也不能涵盖全部具体举证责任转换的情形。这些概念工具只是相对定型化的、可表述的，但也往往还只是主要停留在法律解释学上的非正式制度，而非正式立法中的实定法制度。这些非正式但"有名"的制度只是具体举证责任规范的典型体现。而具体举证责任可能包涵更多的内容，包括那些实际影响司法诉讼证明活动但尚未命名的隐性机

---

[1] 王亚新：《民事诉讼中的举证责任》，载《证据科学》2014年第1期。
[2] 日本学者高桥宏志就曾对"具体的证据提出责任"这一概念的实际效用表示过质疑，认为这一概念有"无用之中介"的嫌疑。参见[日]高桥宏志：《民事诉讼法：制度与理论的深层分析》，林剑锋译，法律出版社2003年版，第431页。

制。具体举证责任其全部机能的运行将使诉讼证明过程更加充满动力,运行通畅,而如果只是照搬不同法律文化及制度背景下的典型成例,总有削足适履的不适感。那么,除了本书分析列举到的这些典型规则,还有哪些导致具体举证责任转换的制度呢？我的回答只能是,完全列举甚至仅仅是主要列举此类制度都是将来教科书的任务,而非开拓性专著所能完成。

从性质上看,具体举证责任是反映特定情境下诉讼证明过程中当事人之间动态关系的概念。意味着卷入诉讼的当事人一定程度上负有协力澄清争议事实的责任。具体举证责任的承担使该方当事人负有提供特定证据并说服法官相信某事实的行为责任,但违反这种行为责任的后果却并非固定的某种制裁,而是根据具体情境由法官灵活裁量的某种证明效果上的不利。但这种义务违反的不利后果不会是额外附加的不利处罚,其后果的范围不会超出该行为本身的目的方向。所有诉讼证明行为的目的方向均是促成接近事实澄清争议。不同于作为证明责任后果的固定的败诉风险的是,具体举证责任的后果在转换替代证明方式、降低证明要求、形成不利心证甚至直接认定某种不利事实之间灵活选择。具体举证责任与摸索证明等概念的关系是:具体举证责任是这一系列非正式或半正式制度背后共同的理论基础,如前面章节所述,何谓摸索证明,并在何种情形下容许摸索证明？如何界定事案阐明义务,何种情形下存在事案阐明义务？何种情形构成举证妨碍并可予以何种救济措施？这些问题全部存在灵活掌握的尺度,均需要根据特定情形下的具体举证责任来裁量掌握。

但反映这种动态的程序上的责任的概念与典型的实体上的法律责任有所区别。这种"责任"不是实定法律义务所附带的制裁。这就是,这种"责任"的后果体现为一种非典型的义务(如真实义务、证据协力义务或事案阐明义务)。义务的定义本来就是一种行为的必要性,但违反此种义务的后果不一定就是法律上的不利制裁,这种义务本来可能仅是一种特定情境下或道义上的要求。对于另一方当事人来说,对方承担具体举证责任时就代表了自己实施某种特定证明行为的可能性,这种证明行为相对于通常情形下的证明行为降低了要求,或许对应的也可视之为某种性质的"权利"。即所谓"证明权"[1],如当事人

---

[1] 所谓证明权,是在20世纪80年代初法治国家证据法的讨论中出现的一个新概念,对证明的权利(das Recht auf Beweis),简称证明权。证明权是指在诉讼中当事人对事实确认享有的权利,属于司法请求权的内容。参见瓦尔特·哈布沙伊德:《证明权》,载米夏埃尔·施蒂尔纳:《德国民事诉讼法学文萃》,赵秀举译,中国政法大学出版社2005年版,第313页。

在诉讼中进行摸索证明或提出表见证明在某种意义上均可视之为"权利"。总体来说,这些"权利"与"义务"是在诉讼实践中生成发展的,不排除有些权利义务在条件成熟时会成为真正的法定权利义务,只不过这种法定义务往往要附上某种特别界定的条件限制[1],只有小部分因为社会的发展其限制的条件已一般化而会从中分离出来成为较具普遍性的程序法定义务,如许多国家诉讼法上已明确的"文书提出义务"。其实以权利(摸索证明、表见证明、间接反证都可理解为一种广义上的对对方的信息请求权或对法官的事实认定请求权,都可以归为一般意义上的"证明权")或义务(真实义务、阐释义务、具体化义务、证据协力义务或事案阐明义务)来调整这种具体情境依赖的事实查明活动都显得过于僵化,具体举证责任的特殊"责任"属性能够更好地调整这种情境依赖性的活动,并提供足够的弹性。

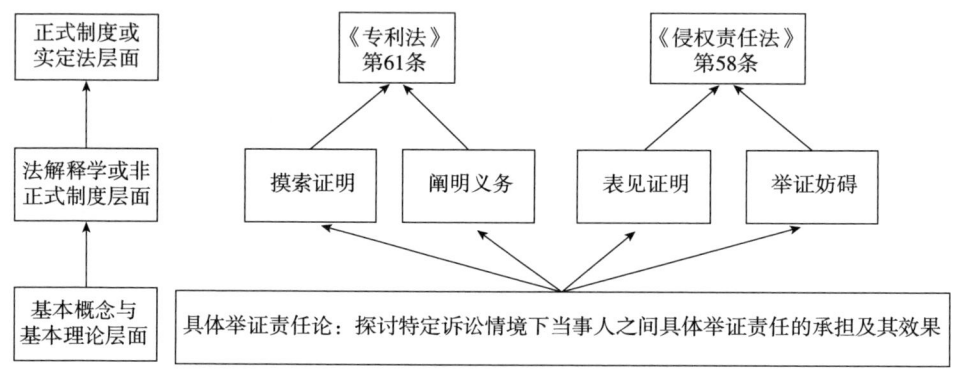

图1　具体举证责任与摸索证明等非正式制度的关系

具体举证责任论研究特定诉讼情境下当事人之间具体举证责任的承担及其效果,是关于诉讼证明程序上的基本概念(基础理论层面),在该层面上,探讨的问题域是基本概念的定义及其适用领域或范畴的界定及影响因素;而摸索证明等非正式制度是法解释学层面的问题,这一层面的概念基本上都是内涵界定不明,法律效果有弹性的。这方面的实践探索与理论研讨都是致力于探明形成内涵清晰、效果明确的正式法律制度。但相对于学理探讨的非正式制度,实定法上的正式制度往往要经过严格的条件或范围的限制。也就是说,实际上可能只有部分法律解释学上的制度会经过某种限定上升为实定法上的

---

[1]　这种义务上升为法定义务的途径往往是从实践中总结经验,经学理归纳,逐渐推广,最终相对明确的一小部分成为法定义务。如占善刚根据法定证据形式归纳总结出的一系列"证据协力义务"就是典型例子。参见占善刚:《证据协力义务之比较法研究》,中国社会科学出版社2009年版。

法律制度。此三层次形成一种金字塔式结构,上层制度由下层基础所产生,但在可能的规范调整范围上,上层制度只是下层理论所可能产生的一小部分内容。[1]

本文题为"具体举证责任论",但首先谈论的是客观证明责任理论的限度,接着用大部分篇幅分析了摸索证明、事案阐明义务、表见证明、举证妨碍等一系列学理上的非正式制度的大致界定及其实际效果选择。但本文主旨并不在于呼吁引进或建构这一系列非正式制度,虽然我国司法解释或司法实践中确实已有部分类似制度正在形成(如《证据规定》第75条之举证妨碍,作为免证事实中事实推定的规定,以及某些特定法律领域中有关证据权利或义务的规范),而是探讨之所以产生这一系列非正式制度的共同的法理根源,也即一种"寻根之旅"。这一理论基础的探寻有助于我们揭开摸索证明等系列术语(非正式制度)的面纱,发现其实均可还原为诉讼证明中当事人采取某种行为的可能性或必要性。而这种可能性与必要性的确认与保障都不是也不可能是实定法,而只能是法官的自由裁量。如此看来,在现代型诉讼中,对事实问题的判断引入上述理论与制度似乎带来了更多的麻烦,相对于证明责任分配理论的简捷解决方案,似乎是更复杂化了。笔者并非不懂得"奥卡姆剃刀"定律[2],但在事实判断问题上,司法必须穿越这种错综复杂。我们之所以需要司法,就是为了甄别各种具体情形,这也是司法区别于立法的关键所在,司法的重点不是确立一般规范,而是必须放在具体问题具体分析层面上。

提到法官的自由裁量,在我国当前就会引起一种自然的法官会滥用这种自由裁量权的担忧,这其实是司法公信力不足时代的一种过敏反应。具体举证责任理论如同摸索证明等理论一样,并不改变任何的司法权力配置,而只是

---

[1] 《专利法》第61条:专利侵权纠纷涉及新产品制造方法的发明专利的,制造同样产品的单位或者个人应当提供其产品制造方法不同于专利方法的证明。专利侵权纠纷涉及实用新型专利或者外观设计专利的,人民法院或者管理专利工作的部门可以要求专利权人或者利害关系人出具由国务院专利行政部门对相关实用新型或者外观设计进行检索、分析和评价后做出的专利权评价报告,作为审理、处理专利侵权纠纷的证据。

[2] 奥卡姆剃刀定律(Occam's Razor),是由14世纪逻辑学家、圣方济各会修士奥卡姆(William of Occam,1285—1349)提出。奥卡姆对当时无休无止的关于"共相""本质"之类的争吵感到厌倦,于是著书立说,宣传唯名论,只承认确实存在的东西,认为那些空洞无物的普遍性要领都是无用的累赘,应当被无情地"剃除"。他主张的思维经验原则就是:"如无必要,勿增实体",即"简单有效原理"。自奥卡姆提出这一"剃刀"后,剃秃了几百年间争论不休的经院哲学和基督教神学,使科学、哲学从神学中分离出来,引发了欧洲的文艺复兴和宗教改革。同时,这把剃刀曾使很多人感到威胁,被认为是异端邪说,奥卡姆本人也受到伤害。然而,这并未损害这把刀的锋利,相反,经过数百年越来越快,并早已超越了原来狭窄的领域而具有广泛的、丰富的、深刻的意义。

显现了自由裁量的存在及其所在。为缓解一下紧张的神经，我最好也提示一下如何规范这种一直都存在的自由裁量权。一般来说，对于法官自由裁量权的规制几乎构成了诉讼程序制度的主体部分：对抗辩论制度、裁判说理制度、公开审判制度、诉讼审级制度、审判监督制度，以及在更宽泛的程序意义上还包括法官的选任、培训及考核制度。但这些制度均超出了笔者需要在本文中讨论的问题。我想特别重申的只是：事实判断中法官的自由裁量权不可避免，自由裁量权既不是具体举证责任论所增添的，也不能由这一理论本身所规范。

总之，笔者初步论证了具体举证责任机制是解决事实疑难案件证明难题的合理方案，但又必须承认，笔者理论上建构的具体举证责任论尚无法归纳出可作为裁判依据的明确规范，也未总结出具体举证责任承担的公式性的准则。具体举证责任是一种非典型"责任"，具体举证责任的后果也不如证明责任的败诉风险承担这样明确，只能大致说是证明标准降低直至不利心证的情境化处理。这一理论更多地属于事实解释层面，而非规范性的制度建构层面，是基于对现有理论的反思批判性的，因此结论更多的是否定性的。诉讼理论必须回应现实的纠纷解决的需要，具体举证责任概念的提出是对我国司法实践中对于证明责任偏重于行为责任理解现状的因势利导。必须承认，总体来说，我的这一研究尚处于"待续"的未完成状态，这一理论的命运也取决于其对司法现实的解释力。限于篇幅，笔者不打算在本文中分析具体案件类型及具体现实个案，虽然这样可能会更能看到笔者提出的替代解决思路相对于证明责任分配理论的更强的解释力。实际上，笔者也已经开始了一些尝试并将继续在实证调研的基础上完善相关的理论与制度建构。

《南昌大学法律评论》征稿启事

　　《南昌大学法律评论》是由南昌大学法学院独立运作的连续性学术类公开出版物，2016年创刊，由厦门大学出版社出版，计划每年出版一辑，现已加入中国知网全文数据库。现向广大法学研究者和法律职业者征稿。来稿题材、体裁不限，举凡论文、评论、书评、译文、调研报告、案例评析者，均在接收之列。尤其欢迎关注学界及实务界有关当前法治动态、彰显法律人社会责任感、言之有物、论证充分的稿件。本刊同样以南昌大学法学院奉行之"经世致用、推动地方法治建设"为办刊特色，常设"江西法治""学术专论""判解实务""大家讲坛""学术新锐""南大法学"六大板块，每辑还可能根据当时我国法治热点动态特设专栏。

　　1.江西法治：本栏目立足赣鄱大地，关注和检视地方社会、经济、民生中的法治问题，对江西地方法治动态和学术研究动向作及时介绍。

　　2.学术专论：本栏目反映我国法学理论研究前沿，不限学科，原则上不少于1万字的学术论文；有200字左右的内容提要及3～5个关键词，严格遵守学术规范。

　　3.判解实务：本栏目反映当前法治与司法实务动向，特别欢迎司法实务人员撰写的调研报告，以及对疑难案例与影响性判例的深度分析。

　　4.大家讲坛：本栏目围绕南昌大学法学论坛，介绍来赣讲座专家学者有关讲座内容的最新观点的重要文章。

　　5.学术新锐：本栏目为有志于法学研究的青年学人提供一个发表自己原创性真知灼见的平台，从青年学人尤其是法学博士、硕士研究生中发掘学术新苗。

　　6.南大法学：本栏目为推出南昌大学法学院学术精品、推广南昌大学法学院标志性学术成果的平台。

　　《南昌大学法律评论》编辑部将对所有来稿采取匿名评审制，并按照规范流程进行评审。本刊不收取任何费用，目前也不支付稿酬，刊物出版后及时向每位作者赠阅当期样刊2本；我们诚挚欢迎海内外法学学者及实务界法律人士、硕博士研究生惠赠佳作！

　　来稿推荐使用电子版，发送至本刊电子邮箱：huxuejun@sina.com，投稿邮件标题注明"稿件题目+作者姓名";并请注明作者姓名、单位、职称职务、邮编以及联系电话与电子邮箱;纸面稿件邮寄地址:南昌市红谷滩新区学府大道999号南昌大学法学院《南昌大学法律评论》编辑部,邮编330031。

《南昌大学法律评论》编辑部